Volker M. Haug

Fallbearbeitung im Staats- und Verwaltungsrecht

Volker M. Haug

Fallbearbeitung im Staats- und Verwaltungsrecht

Basiswissen, Übersichten, Schemata

8., neu bearbeitete Auflage

C.F. Müller

Ministerialrat Prof. Dr. iur. *Volker M. Haug* lehrt seit 1992 Staats- und Verwaltungsrecht an der Universität Stuttgart, was zunächst neben einer hauptberuflichen Tätigkeit im Wissenschaftsministerium Baden-Württemberg erfolgte. Seit 2011 leitet er an der Universität Stuttgart die Abteilung für Rechtswissenschaft im Institut für Volkswirtschaftslehre und Recht. Dabei befasst er sich insbesondere mit politiknahen Gebieten des Öffentlichen Rechts (Parlaments-, Gesetzgebungs-, Partizipations- und Föderalismusrecht) sowie dem Hochschul- und Internetrecht. In verschiedenen Publikationen hat er sich zu rechtlichen Fragestellungen aus diesen Gebieten geäußert, etwa in dem von ihm herausgegebenen Praxis-Handbuch „Das Hochschulrecht in Baden-Württemberg" und dem Lehrbuch „Internetrecht".

Bibliografische Information der Deutschen Nationalbibliothek

Die Deutsche Nationalbibliothek verzeichnet diese Publikation in der Deutschen Nationalbibliografie; detaillierte bibliografische Daten sind im Internet über <http://dnb.d-nb.de> abrufbar.

Bei der Herstellung des Werkes haben wir uns zukunftsbewusst für umweltverträgliche und wiederverwertbare Materialien entschieden. Der Inhalt ist auf elementar chlorfreies Papier gedruckt.

ISBN 978-3-8114-9665-1

E-Mail: kundenservice@hjr-verlag.de
Telefon: +49 62221/489-515
Telefax: +49 6221/489-410

Satz: Gottemeyer, Rot
Druck: Westermann Druck Zwickau

**Für Gaby,
Nina, Niko und Nadine**

Vorwort

Der treue Zuspruch, den die bisherigen Auflagen erfahren haben, belegt den anhaltenden Bedarf an einem Buch, das nicht nur einfach Lehrstoff vermittelt, sondern auch das nötige Handwerkszeug für die Anwendung erklärt. Denn Jura-Einsteiger tun sich mit der Falllösungstechnik oft mindestens so schwer wie mit den juristischen Inhalten. Dieses Buch versucht beides: Die Vermittlung essentieller Basiskenntnisse im Staats- und Verwaltungsrecht und – vor allem – deren Anwendung im konkreten Rechtsfall.

Dabei kann und will dieses Buch – zumindest für Jurastudierende – das eigentliche „Stoff-Lehrbuch" nicht ersetzen. Um deshalb die Arbeit mit diesem Buch noch stärker mit begleitender Lehrbuchliteratur zu verzahnen, enthält die neue Auflage erstmals 22 „Vertiefungskästen". Darin wird für jedes wichtige Thema auf die Fundstellen vieler gängiger Lehrbücher verwiesen (dazu näher in Rdnr. 8a). Hat man sich also für eines dieser Bücher entschieden, kann man es bequem „parallel lesen" und die nötigen fachlichen Vertiefungen „mitnehmen".

Außerdem habe ich die Neuauflage dafür genutzt, drei weitere Grafiken (Rechtssubjekte, Misstrauensvotum und Vertrauensfrage, Behördenbegriffe) einzuarbeiten. Des Weiteren waren die Fälle 14 und 19, bei denen es um die Einberufung eines Priesters zum Wehrdienst ging, nach der erfolgten Wehrpflicht-Aussetzung umzuschreiben. Jetzt geht es um einen haarsträubenden – weil städtischen – Exmatrikulationsbescheid gegen einen Studenten, was aber die Thematik und Struktur der beiden Fälle im Kern nicht verändert.

Mein besonderer Dank gilt – wie schon in den Vorauflagen – denjenigen Studierenden, die mir per E-Mail wertvolle Rückmeldungen gegeben haben. Neben dem Lob, über das sich jeder freut, waren auch viele hilfreiche Verbesserungsvorschläge dabei, die auch dieses Mal in die Neuauflage eingeflossen sind. Das gilt ebenso für die Zukunft: Ich freue mich über jedes Feedback meiner Leserinnen und Leser (per E-Mail an haug@ivr.uni-stuttgart.de), die dadurch zur Optimierung des Buches beitragen.

Schließlich wünsche ich allen, die mit diesem Buch arbeiten, eine gute Bewältigung des eventuellen „Kulturschocks" bei ihrer ersten Begegnung mit dem (wie ich finde) sehr spannenden Fach „Recht" und viel Erfolg im Studium!

Stuttgart, im März 2013   *Volker M. Haug*

Aus den Vorworten zur ersten bis dritten Auflage

Dieses *Fallbearbeitungslehrbuch für Staats- und Verwaltungsrecht* wendet sich an alle Studierenden der Rechtswissenschaften in den Anfangssemestern sowie an Studierende der Wirtschafts- und Politikwissenschaften, soweit ihr Studium auch das Öffentliche Recht umfasst. Nicht nur aus eigener Erfahrung weiß ich, wie sehr man bei den ersten Klausuren und Hausarbeiten mit den hier im Mittelpunkt stehenden „handwerklichen Dingen" – Stil- und Aufbaufragen einerseits, Subsumtionstechnik andererseits – noch so seine Schwierigkeiten hat.

Der Schwerpunkt dieses Buches liegt folglich darin, die spezifische juristische Arbeits- und Denkweise nahezubringen, die doch erheblich von der anderer Fächer abweicht. Wer mit diesem Buch gearbeitet hat, soll juristische Überlegungen nachvollziehen und – auf einfacherer Ebene – selbst anstellen können. Daneben werden – im Form vieler einprägsamer Schaubilder, Übersichten und Schemata – wesentliche Teile des Staats- und allgemeinen Verwaltungsrechts systematisch dargestellt und anhand von Fallösungen exemplarisch aufgearbeitet. Damit wird zugleich nachvollziehbar demonstriert, *wie* die juristische Fallbearbeitung technisch und sprachlich vorgeht. Außerdem enthalten viele Fußnoten zur Koordination mit der allgemeinen Lehrstoffliteratur weiterführende Hinweise auf gängige Lehrbücher und Kommentare; so können hier nur angeschnittene Probleme in anderen Büchern nachgelesen und vertieft werden.

Mit dem Buch verbinde ich die aus mehrjähriger Lehrtätigkeit gestärkte Hoffnung, dass damit möglichst vielen Studierenden der – zugegeben nicht einfache – Zugang zu dem von vielen (zu Unrecht!) als trocken empfundenen Fach „Recht" ermöglicht oder doch zumindest erleichtert wird.

Mein Dank gilt zunächst Herrn Prof. Dr. *Siegfried F. Franke*, Universität Stuttgart, für die Anregung, ein solches Buch zu schreiben. Ebenso danke ich meiner Familie für die Nachsicht, dass ich manchen Urlaubstag und manches Wochenende weniger ihr als diesem Buch gewidmet habe.

Stuttgart, im September 1995/Juli 2002

Inhaltsverzeichnis

Abkürzungsverzeichnis

Auf die Erläuterung von Abkürzungen, die allgemein – und nicht nur juristisch – gebräuchlich sind, wird weitgehend verzichtet.

a. A.	andere Ansicht
a. a. O.	am angegebenen Ort
a. E.	am Ende
Abg.	Abgeordnete(r)
Abs.	Absatz
AEUV	Vertrag über die Arbeitsweise der Europäischen Union
AGG	Allgemeines Gleichbehandlungsgesetz
Alt.	Alternative
Art.	Artikel
BAföG	Bundesausbildungsförderungsgesetz
Ba.-Wü.	Baden-Württemberg
BauGB	Baugesetzbuch
BBG	Bundesbeamtengesetz
Bd.	Band
BeamtSctG	Beamtenstatusgesetz
BGB	Bürgerliches Gesetzbuch
BGH	Bundesgerichtshof
BImSchG	Bundesimmissionsschutzgesetz
BprAzRG	Bundespräsidentenamtszeitregelungsgesetz (fiktiv)
BT-Drs.	Bundestagsdrucksache
BVerfG	Bundesverfassungsgericht
BVerfGE	Amtliche Sammlung der Entscheidungen des Bundesverfassungsgerichts
BVerfGG	Bundesverfassungsgerichtsgesetz
BVerwG	Bundesverwaltungsgericht
BVerwGE	Amtliche Sammlung der Entscheidungen des Bundesverwaltungsgerichts
BWL	Betriebswirtschaftslehre
ders.	derselbe
DVBl	Deutsches Verwaltungsblatt
EinsprG	Einspruchsgesetz
EU	Europäische Union
f.	und die folgende (Seite, Randnummer, …)
Fa.	Firma
ff.	und die folgenden (Seiten, Randnummern, …)
Fn.	Fußnote
G	Gesetz
GastG	Gaststättengesetz
gem.	gemäß
GemO	Gemeindeordnung
GeschO BT	Geschäftsordnung des Deutschen Bundestages
GewO	Gewerbeordnung
GewV	Verordnung zur Durchführung der Gewerbeordnung (Bayern)
GG	Grundgesetz
GmbHG	Gesetz betreffend die Gesellschaften mit beschränkter Haftung
h. M.	herrschende Meinung
HATG	Hausarbeitstagsgesetz (fiktiv)
HRG	Hochschulrahmengesetz
HS	Halbsatz

i. d. R.	in der Regel
i. e. S.	im engeren Sinn
i. V. m.	in Verbindung mit
i. w. S.	im weiteren Sinn
JurBüro	Das juristische Büro (Fachzeitschrift)
JZ	Juristenzeitung
LBO	Landesbauordnung
LG	Landgericht
LHG	Landeshochschulgesetz
LVG	Landesverwaltungsgesetz
m. E.	meines Erachtens
m. w. N.	mit weiteren Nachweisen
NatSchG	Naturschutzgesetz
NJW	Neue Juristische Wochenschrift
NVwZ	Neue Zeitschrift für Verwaltungsrecht
ÖR	Öffentliches Recht
OWiG	Gesetz über Ordnungswidrigkeiten
PartG	Parteiengesetz
PDS	Partei des demokratischen Sozialismus
PolG	Polizeigesetz
RA	Rechtsanwalt
Rdnr.	Randnummer
RGZ	Amtliche Sammlung der Entscheidungen des Reichsgerichts in Zivilsachen
Rspr.	Rechtsprechung
RVO	Rechtsverordnung
S.	Seite, Satz
SG	Soldatengesetz
StGB	Strafgesetzbuch
StPO	Strafprozessordnung
StVZO	Straßenverkehrszulassungsordnung
TierSchG	Tierschutzgesetz
TMG	Telemediengesetz
usf.	und so fort
VA	Verwaltungsakt
VersG	Versammlungsgesetz
Vorb.	Vorbemerkung(en)
VwGO	Verwaltungsgerichtsordnung
VwVfG	Verwaltungsverfahrensgesetz
WHG	Wasserhaushaltsgesetz
WPflG	Wehrpflichtgesetz
ZPO	Zivilprozessordnung
ZR	Zivilrecht
ZRP	Zeitschrift für Rechtspolitik
Zust.	Zustimmung
ZustG	Zustimmungsgesetz

Übersichten/Schaubilder/Schemata

Vertiefungskästen

Einführung

1. Abschnitt:
Zielsetzung und Vorgehensweise des Buches

A. Ziele des Buches

I. Erstes Ziel: Vermittlung der juristischen Denk- und Arbeitsweise

Das Hauptziel des Buches besteht darin, die für juristische Laien häufig (und zu recht) **1** schwer verständliche juristische Denk- und Arbeitsweise transparent und nachvollziehbar darzustellen.

1. Besonders wichtig ist in diesem Zusammenhang das Problembewusstsein; wer mit diesem Buch arbeitet, soll sensibilisiert werden für die juristischen Stolpersteine, die ein Fall enthalten kann. Oder anders gesagt: Der Leser[1] soll lernen, die Haare in der Suppe zu finden.

2. Es soll außerdem deutlich werden, dass hinter umständlich klingenden Definitio- **2** nen („das kann man doch viel einfacher erklären") oder überflüssig erscheinenden Differenzierungen („das ist doch eigentlich dasselbe") meistens (zugegebenermaßen nicht immer) wohlbegründete rechtliche Erwägungen stehen. So haben Definitionen oft nicht nur die Aufgabe, einen Begriff näher zu erläutern, sondern ihn gleichzeitig

---

1 Wenn ich hier nur „den Leser" anspreche, so bitte ich die weiblichen Leserinnen um Entschuldigung und gleichzeitig um ihr Verständnis. Der männliche Begriff soll alle Leser und Leserinnen unabhängig von ihrem Geschlecht umfassen; dies erfolgt lediglich aus sprachlichen Vereinfachungsgründen und keineswegs mit der Absicht, die Leserinnen zurückzusetzen oder gar auszuschließen. Die Nennung beider Geschlechter würde die ohnehin schwierige und komplizierte Materie noch unübersichtlicher machen. Ein besonders „schönes" Beispiel bietet dafür § 986 I BGB; er lautet (noch) wie folgt: *„Der Besitzer kann die Herausgabe der Sache verweigern, wenn er oder der mittelbare Besitzer, von dem er sein Recht zum Besitz ableitet, dem Eigentümer gegenüber zum Besitze berechtigt ist. Ist der mittelbare Besitzer dem Eigentümer gegenüber zur Überlassung des Besitzes an den Besitzer nicht befugt, so kann der Eigentümer von dem Besitzer die Herausgabe der Sache an den mittelbaren Besitzer oder, wenn dieser den Besitz nicht wieder übernehmen kann oder will, an sich selbst verlangen."*
Diese – sehr wichtige – Vorschrift ist schon so kaum verständlich; würde man nun beide Geschlechter nennen, würde sie so lauten: *„Der Besitzer oder die Besitzerin kann die Herausgabe der Sache verweigern, wenn er oder sie oder der mittelbare Besitzer oder die mittelbare Besitzerin, von dem er oder sie sein oder ihr Recht zum Besitz ableitet, dem Eigentümer oder der Eigentümerin gegenüber zum Besitze berechtigt ist. Ist der mittelbare Besitzer oder die mittelbare Besitzerin dem Eigentümer oder der Eigentümerin gegenüber zur Überlassung des Besitzes an den Besitzer oder die Besitzerin nicht befugt, so kann der Eigentümer oder die Eigentümerin von dem Besitzer oder der Besitzerin die Herausgabe der Sache an den mittelbaren Besitzer oder die mittelbare Besitzerin oder, wenn dieser oder diese den Besitz nicht wieder übernehmen kann oder will, an sich selbst verlangen."*

gegenüber anderen, „benachbarten" Begriffen abzugrenzen. Auch die Kunst des Differenzierens, die oft als „juristische Haarspalterei" angesehen wird, ist ein ganz zentraler Bestandteil der juristischen Denk- und Arbeitsweise; denn schon sehr geringfügige Unterschiede können erheblich andere rechtliche Folgen nach sich ziehen.

3   3. Das juristische Denken ist stark geprägt von Rechtsnormen, von Rechtsverhältnissen, von einzelnen – strikt voneinander zu trennenden – Prüfungsschritten und Überlegungen. Oft erlebe ich es, dass juristische Laien einen Fall „ganzheitlich" lösen wollen, also anhand eines allgemeinen (und damit recht schwammigen) Gerechtigkeitsgefühls. Die juristische Arbeitsweise geht dagegen ganz anders vor; sie zerlegt den Fall in viele kleine Einzelfragen, die dann zunächst einzeln für sich geklärt werden müssen. Denn nur so wird sauber herausgearbeitet, wo in einem Fall die rechtlichen Schwierigkeiten und Fehler liegen können. Das Verständnis für eine solche klare und differenzierte juristische Aufarbeitung eines Falles soll mit diesem Buch vermittelt werden.

4   4. Schließlich will dieses Buch noch das praktische „Handwerkszeug" für eine juristische Fallbearbeitung mit auf den Weg geben. Dabei geht es vor allem darum, wie eine Rechtsnorm in ihre einzelnen Bestandteile zerlegt und auf den zu untersuchenden Sachverhalt angewendet wird; Letzteres nennt man die Subsumtion, ein Schlüsselbegriff in der juristischen Methodik. Eine weitere wichtige Rolle spielen hier außerdem die juristischen Stilarten; ein besonderes Gewicht soll auf den Gutachtenstil gelegt werden, da dieser der juristischen Denk- und Arbeitsweise entspricht. Der Urteilsstil setzt das Ergebnis dagegen schon voraus, wobei man sich auch dann – zumindest in Gedanken – vorher „im Gutachtenstil" die Lösung erarbeitet haben muss.

II. Zweites Ziel: Vermittlung juristischen Wissens[2]

5   Das zweite Ziel besteht darin, besonders wichtige Teile des Öffentlichen Rechts in etwas vereinfachter und teilweise schematisierter Form inhaltlich zu vermitteln. Dabei handelt es sich sozusagen um ein „Nebenprodukt" der ersten Zielsetzung; denn die Fallösungstechnik kann nur anhand von Fällen sinnvoll demonstriert werden, was wiederum die für die jeweiligen Fälle erforderlichen juristisch-inhaltlichen Grundlagen voraussetzt. Daher wurden die Fälle so ausgewählt, dass sowohl im Staats- wie im (Allgemeinen) Verwaltungsrecht viele zentrale Problemkreise auch gleich inhaltlich dargestellt und erläutert werden.

Allerdings handelt es sich um keine systematisch-vollständige Darstellung des Lehrstoffes, weshalb die Hinzuziehung (mindestens) eines weiteren Lehrbuches unbedingt anzuraten ist (s.u. Rdnr. 8a).

---

2 Zur Aneignung juristischen Wissens hat Haft (Einführung in das juristische Lernen) ein ebenso lesenswertes wie unkonventionelles Buch geschrieben, das ich Jurastudierenden nachdrücklich empfehle.

B. Vorgehensweise des Buches und Bearbeitungstipps

Das Buch geht zur Erreichung dieser Ziele folgendermaßen vor: Im ersten Kapitel wird **6** zunächst die juristische Methodik dargestellt und erklärt. In den beiden nachfolgenden Kapiteln werden dann diese Arbeitstechniken anhand konkreter Fälle (Staatsrecht im 2. Kapitel und Verwaltungsrecht im 3. Kapitel) regelmäßig wiederholt und durch eine Randspalte mit methodischen und (klausur-)taktischen Erläuterungen verdeutlicht. Soweit es für die Fälle notwendig ist, werden jeweils vor einem Fall die dort behandelten Rechtsprobleme systematisch (möglichst vereinfacht) dargestellt; teilweise erfolgen derartige Darstellungen auch zu Beginn eines ganzen Abschnitts. Es ist ratsam, bei einem Fall zunächst die theoretischen Vorbemerkungen (sofern vorhanden) sowie den Sachverhalt mit der Aufgabe zu lesen und sich anschließend erst einmal selber Gedanken über die Fallösung (vor allem deren Strukturierung) zu machen, bevor man sich die Fallösung ansieht. Diese kann man dann mit den eigenen Überlegungen – die zumindest stichwortartig zu Papier gebracht sein sollten – vergleichen; auf diese Weise sind am ehesten eigene Schwachstellen zu erkennen (und damit zu beheben), aber vielleicht auch Fehler in meinen Lösungen zu entdecken. In letzterem Fall wäre ich für eine schriftliche Nachricht an die Abteilung für Rechtswissenschaft im Institut für Volkswirtschaftslehre und Recht der Universität Stuttgart oder für eine E-Mail (haug@ ivr.uni-stuttgart.de) dankbar.

Zum Schluss noch ein wichtiger Hinweis: Eine sinnvolle Bearbeitung juristischer Fälle **7** ohne Gesetzestexte ist völlig unmöglich. Die Anschaffung dieses grundlegenden „Arbeitsgerätes" ist daher unumgänglich. Für die Arbeit mit diesem Buch benötigt man die Texte folgender Gesetze:

- Grundgesetz,
- Bundesverfassungsgerichtsgesetz,
- Verwaltungsverfahrensgesetz und
- Verwaltungsgerichtsordnung.

Die kostengünstigste, mir bekannte Gesetzessammlung, die alle diese Gesetze (und **8** noch ein paar mehr) beinhaltet, stellt das Buch „Staats- und Verwaltungsrecht Bundesrepublik Deutschland" aus der Reihe „Textbuch Deutsches Recht" (C. F. Müller Verlag) dar. Auch empfehlenswert ist die Textsammlung „Stud jur – Öffentliches Recht" aus dem Nomos-Verlag, die etwas mehr kostet, dafür aber wesentlich umfangreicher ist und viele wichtige Gesetze aus dem Besonderen Verwaltungsrecht beinhaltet. Soweit jedoch für die Fälle dieses Buches Normen des Besonderen Verwaltungsrechts erforderlich sind, werden diese bei den jeweiligen Fällen auszugsweise abgedruckt.

C. Lehrbuchliteratur

Wie erwähnt wird zur Arbeit mit diesem Buch die Ergänzung durch grundlegende Lehr- **8a** buchliteratur empfohlen. Sowohl zum Staatsrecht als auch zum Allgemeinen Verwaltungsrecht gibt es eine beinahe nicht mehr zu überschauende Flut von guten und – was besonders wichtig ist – verständlichen Lehrbüchern. Außerdem gibt es Lehrbücher zu den Grundlagen des Öffentlichen Rechts, in denen Staats- und Verwaltungs- recht zusammengefasst dargestellt sind. Empfehlungen sind wegen der erheblichen Unterschiede in Darstellung, Duktus, Sprache und Aufbau immer sehr subjektiv. Im Zweifel sollte man sich in einer Fachbuchhandlung oder –bibliothek einmal die (auch von Umfang und Preis her) infrage kommenden Bücher ansehen und jeweils ein paar Seiten lesen, um festzustellen, welches Buch einem liegt. Je nach persönlichem „An- forderungsprofil" könnte sich der Blick in folgende Bücher lohnen (ohne mit nachfol- gender Aufstellung einen Anspruch auf Vollständigkeit zu erheben!):

1. Überblicks- und erste Einführungsliteratur
   (eher für Nebenfächler als für Jura-Anfänger geeignet):
   - Zum Staatsrecht:
     - Bethge, Herbert/von Coelln, Christian: Grundriss Verfassungsrecht
     - Kloepfer, Michael: Staatsrecht kompakt
   - Zum Staats- und Verwaltungsrecht:
     - Detterbeck, Steffen: Öffentliches Recht im Nebenfach

2. Standard-Lehrbücher
   (gut geeignet für Jura-Anfänger und ambitionierte Nebenfächler):
   - Zum Staatsrecht:[3]
     - Badura, Peter: Staatsrecht
     - Degenhart, Christoph: Staatsrecht I
     - Gröpl, Christoph: Staatsrecht I
     - Hufen, Friedhelm: Staatsrecht II Grundrechte
     - Katz, Alfred: Staatsrecht, Grundkurs im öffentlichen Recht
     - Manssen, Gerrit: Staatsrecht II
     - Maurer, Hartmut: Staatsrecht I
     - Papier, Hans-Jürgen/Krönke, Christoph: Grundkurs Öffentliches Recht 1 und 2
     - Pieroth, Bodo/Schlink, Bernhard: Staatsrecht II
     - Stein, Ekkehart/Frank, Götz: Staatsrecht
   - Zum Verwaltungsrecht:
     - Bull, Hans Peter/Mehde, Veit: Allgemeines Verwaltungsrecht mit Verwaltungs- lehre
     - Erbguth, Wilfried: Allgemeines Verwaltungsrecht
     - Detterbeck, Steffen: Allgemeines Verwaltungsrecht
     - Ipsen, Jörn: Allgemeines Verwaltungsrecht
     - Maurer, Hartmut: Allgemeines Verwaltungsrecht
     - Peine, Franz-Joseph: Allgemeines Verwaltungsrecht
     - Schenke, Wolf-Rüdiger: Verwaltungsprozessrecht
   - Zu beidem:
     - Detterbeck, Steffen: Öffentliches Recht
     - Sodan, Helge/Ziekow, Jan: Grundkurs Öffentliches Recht

---

3 Zum Staatsrecht gehören im Schwerpunkt das Staatsorganisationsrecht und die Grundrechte (s.u., Rdnr. 93 ff.). Sofern die Bücher einschränkend „Staatsrecht I" heißen, wird dort nur das Staatsorganisationsrecht (tlw. mit Grundlagen und Verfassungsprozessrecht) erläutert; bei „Staatsrecht II" handelt es sich um Darstellungen des Grundrechte-Stoffes.

Um die Verknüpfung zwischen diesem Buch und ergänzender Lehrbuchliteratur zu erleichtern, werden in der Regel bei allen wichtigen Fachthemen in einem „Vertiefungskasten" Verweise mit den jeweiligen Fundstellen in den genannten Standard-Lehrbüchern angegeben.

Für Jurastudierende der mittleren und höheren Semester gibt es auch vertiefende Literatur zur Fallbearbeitung. Hierzu zählen etwa

- Schwerdtfeger, Gunther/Schwerdtfeger, Angela: Öffentliches Recht in der Fallbearbeitung,
- Kilian, Michael/Eiselstein, Claus: Grundfälle im Staatsrecht,
- Degenhart, Christoph: Klausurenkurs I und II im Staatsrecht,
- Peine, Franz-Joseph: Klausurenkurs im Verwaltungsrecht.

2. Abschnitt:
Standort des Öffentlichen Rechts[4]

A. Rechtskosmos

Eine besondere Faszination des Rechts besteht in seiner Allgegenwärtigkeit in allen **9** Bereichen unseres Lebens. Von der Wiege bis zur Bahre, im Berufsleben wie im Privatleben, in Deutschland wie an jedem anderen Ort der Welt, stehen wir in Rechtsbeziehungen und nehmen viele rechtlich erhebliche Handlungen vor, ohne dass wir uns dessen bewusst wären. Natürlich weiß jeder, dass es etwas mit dem Recht zu tun hat, wenn man z. B. ein Bußgeld wegen überhöhter Geschwindigkeit bezahlen muss, eine Körperverletzung begangen hat, heiratet, ein Auto kauft, eine Arbeitsstelle antritt, in den Genuss einer Erbschaft gelangt, BAföG bekommt oder eine Gaststättenkonzession erhält. Doch noch viele andere Dinge sind rechtlich erheblich und geregelt, so z. B. wenn man getauft wird (Begründung der Mitgliedschaft in einer Religionsgemeinschaft, u. U. mit der späteren Folge einer Kirchensteuerpflicht), in die Schule kommt (Beaufsichtigungsvertrag, Erfüllung der Schulpflicht) und dort Zensuren erhält (behördliche Vorbereitungsmaßnahmen für einen Verwaltungsakt [Versetzung bzw. Nichtversetzung]), eine Zeitung am Kiosk kauft (drei Verträge), mit der Straßenbahn fährt (Beförderungsvertrag bzw. Erschleichen von Leistungen gem. § 265a StGB), als Autofahrer den befreundeten Fußgänger mit einer Hupe grüßt (Ordnungswidrigkeit) oder seine Schreibtischlampe brennen lässt (Höhe des Entgeltanspruchs des Elektrizitätswerks). Auch die öffentliche Kritik eines Justizministers an einem Urteil kann als Verletzung der Fürsorgepflicht des Dienstherrn rechtlich bedeutsam sein.

Mit dieser Allgegenwärtigkeit geht natürlich ein nicht mehr zu überschauender Umfang **10** an Rechtsnormen verschiedenster Art einher. Um einen gewissen Überblick zu ermöglichen, werden die ganz unterschiedlichen rechtserheblichen Lebensvorgänge verschiedenen Rechtsbereichen zugeordnet. So hat sich inzwischen ein vielschichtiger

---

4 Siehe auch Katz, Staatsrecht, Rdnr. 17 (mit Übersicht)

und differenzierter Rechtskosmos herausgebildet. Die Übersicht auf S. 5 soll diesen Rechtskosmos zeigen und dabei insbesondere den Standort des hier interessierenden Öffentlichen Rechts innerhalb des gesamten Rechts verdeutlichen.

11

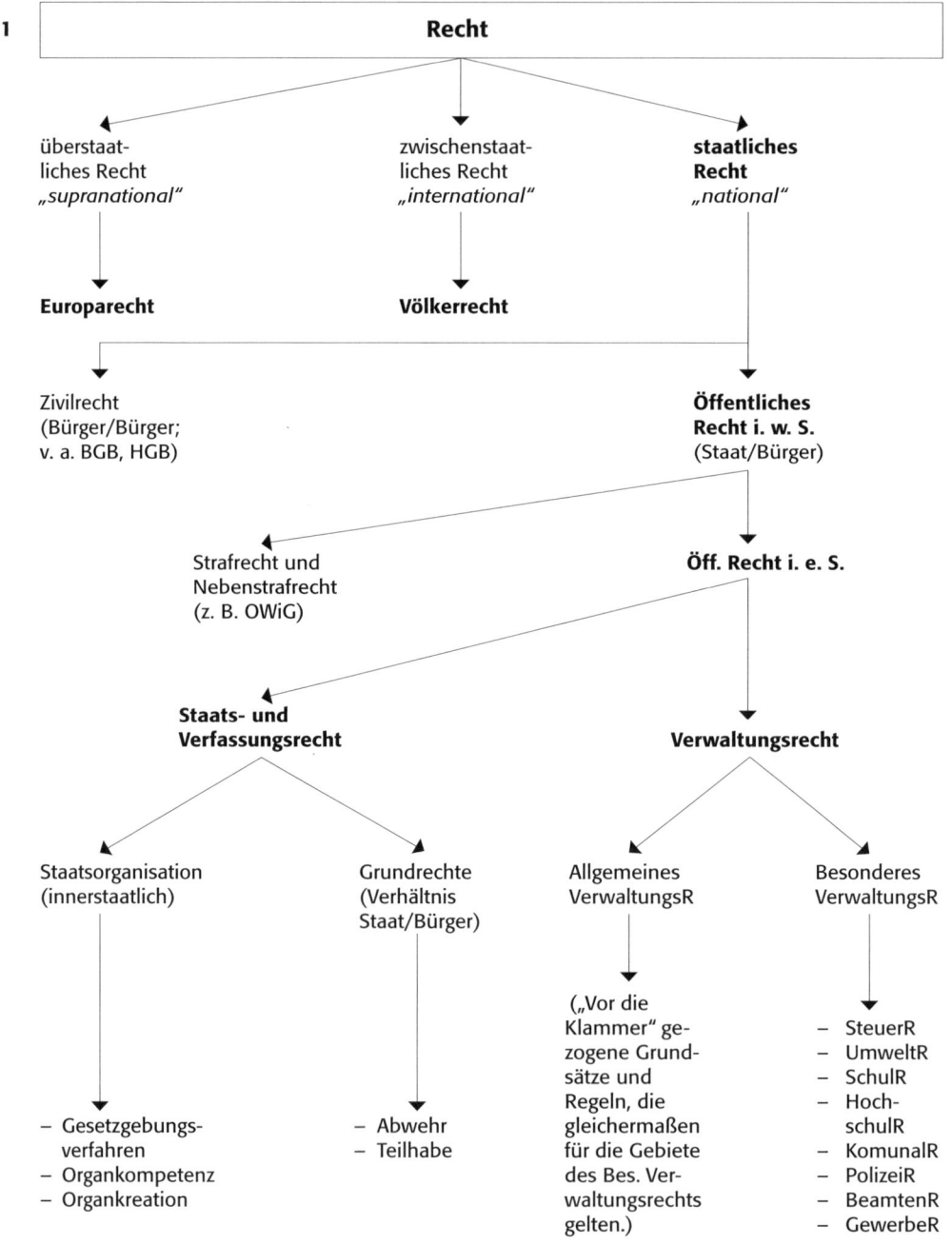

B. Abgrenzung zwischen Öffentlichem Recht und Zivilrecht

Von besonderer Bedeutung ist die – nicht einfache – Abgrenzung zwischen den beiden **12** praktisch umfangreichsten Rechtsgebieten, nämlich zwischen dem Zivilrecht (auch Bürgerliches Recht oder Privatrecht genannt) und dem Öffentlichen Recht (i. e. S.)[5].

(1) Vorbemerkung: Was sind Rechtssubjekte?

Rechtssubjekt ist jeder, der Träger von Rechten und Pflichten sein kann. Dies sind alle **12a** natürlichen und juristischen Personen.

Unter „natürlichen" Personen versteht man alle lebenden Menschen von Vollendung ihrer Geburt (§ 1 BGB) bis zu ihrem Tod,[6] unabhängig von ihrer Nationalität, ihrer Geschäftsfähigkeit (§§ 104 ff. BGB), ihrem Geschlecht (Art. 3 II GG) oder sonstigen Anforderungen. Andere Lebewesen allerdings, also Tiere, sind dagegen nicht rechtsfähig (§ 90a BGB); sie können daher z.B. weder als Erben eingesetzt werden noch im juristischen Sinn Eigentum erwerben.

Demgegenüber bezeichnet der Begriff der „juristischen" Person rechtliche Konstruktionen, die dann als solche rechtsfähig sind, also unabhängig von ihren Mitgliedern o. ä. selbst Verträge schließen oder Eigentum haben können. Man unterscheidet zwischen den juristischen Personen des Privatrechts, in denen etwa (mehrere) natürliche Personen oder Gesellschaftsanteile unter einem gemeinsamen rechtlichen Dach zusammengefasst werden (z. B. GmbHs, AGs, Stiftungen des Privatrechts oder eingetragene Vereine), und juristischen Personen des öffentlichen Rechts.

Die juristischen Personen des öffentlichen Rechts wiederum gliedern sich in Körperschaften, Anstalten und Stiftungen des öffentlichen Rechts. Die Körperschaften gibt es als Gebietskörperschaften (die sich durch ein bestimmtes Territorium definieren: Bund, Länder, Kreise und Gemeinden) und als Personenkörperschaften (die sich durch bestimmte mitgliedschaftliche Personenverbände definieren: Universitäten, berufliche Kammern). Anstalten des öffentlichen Rechts stützen sich auf einen bestimmten Anstaltszweck, wie etwa die Studentenwerke, die Kreissparkassen oder die Sendeanstalten von ARD und ZDF. Stiftungen des öffentlichen Rechts sind beispielsweise die Stiftung preußischer Kulturbesitz und die Evaluationsagentur Baden-Württemberg.

---

5 Auf den ersten Blick mag es erstaunen, dass diese beiden Gebiete am umfangreichsten sind; wird doch – dank der einschlägigen TV-Serien – häufig das Recht insgesamt im Wesentlichen mit dem Strafrecht gleichgesetzt. Aber erfreulicherweise kommt es immer noch wesentlich häufiger vor, dass Verträge geschlossen oder Verwaltungsentscheidungen getroffen als Straftaten begangen werden.

6 Mit Ausnahmen: So ist der Nasciturus im Mutterleib dank einer Fiktion in § 1923 II BGB bereits erbfähig; ebenso gibt es postmortale (Persönlichkeits-)Rechte, die dann allerdings nicht mehr vom Rechtsinhaber selbst, sondern von den Erben wahrgenommen werden müssen (vgl. BVerfGE 30, S. 173, 194 f. – Mephisto).

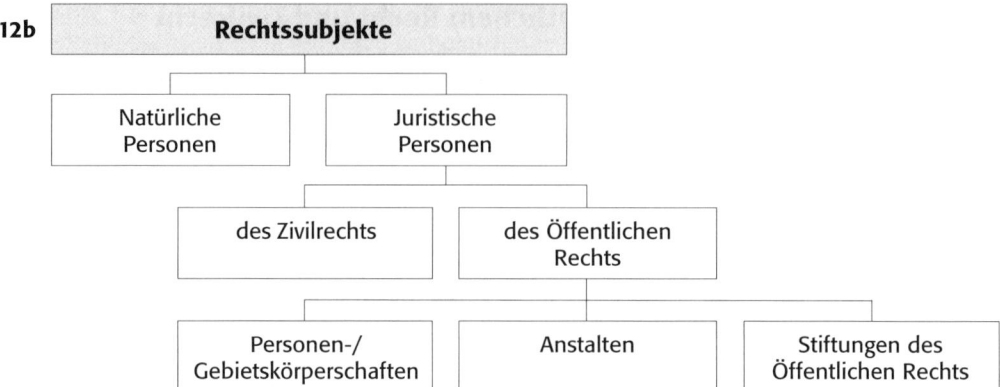

12b

(2) Die Abgrenzungstheorien[7]

13   Für diese Abgrenzung wurden im Wesentlichen drei Abgrenzungstheorien entwickelt. Keine dieser Theorien kann Allgemeingültigkeit beanspruchen; jede Theorie versagt jeweils bei bestimmten Fällen. Die nachfolgende Darstellung der Theorien macht dies anhand von Beispielen deutlich. Deshalb müssen zur Abgrenzung jedes Mal alle drei Theorien herangezogen werden; wenn die Theorien – was häufig vorkommt – zu unterschiedlichen Ergebnissen gelangen, bedarf es noch einer wertenden Gesamtbetrachtung, welchen Argumenten stärkeres Gewicht zukommt, denen für das Öffentliche Recht oder denen für das Zivilrecht.

I.   Subordinationstheorie

14   1.   Die Subordinationstheorie stellt auf die „Ausgewogenheit" des Rechtsverhältnisses zwischen den beteiligten Rechtssubjekten ab; deshalb sollte bei der Prüfung nach dieser Theorie festgestellt werden, um welches Rechtsverhältnis (und zwischen wem) es eigentlich geht.

2.   Nach dieser Theorie liegt Öffentliches Recht dann vor, wenn dieses Rechtsverhältnis durch eine Über-/Unterordnung (Subordination) geprägt ist; diese liegt beispielsweise bei Befehl, Zwang oder ähnlich einseitigem Handeln vor.

3.   Zivilrecht liegt nach dieser Theorie dagegen bei Gleichgeordnetenverhältnissen vor, wenn also die Rechtssubjekte (rechtlich, nicht unbedingt faktisch) in dem Rechtsverhältnis gleichberechtigt sind. Dies ist z. B. bei einem Vertragsabschluss der Fall.

15   4.   Diese Theorie kommt aber nicht in allen Fällen zum richtigen Ergebnis.

---

7   Siehe auch Katz, Staatsrecht, Rdnr. 10–16; Papier/Krönke, Öffentliches Recht 1, Rdnr. 79–81; Gröpl, Staatsrecht I, Rdnr. 103–106; Detterbeck, Verwaltungsrecht, Rdnr. 16–32 mit Problembsp. in Rdnr. 33–46; Ipsen, Verwaltungsrecht, Rdnr. 15–33; Sodan/Ziekow, Öffentliches Recht, § 67 Rdnr. 5–9.

a) In einem arbeitsrechtlichen Rechtsverhältnis ist der Arbeitgeber nicht nur wirtschaftlich, sondern aufgrund seiner Weisungsbefugnis auch rechtlich dem Arbeitnehmer übergeordnet. Deshalb müsste es sich nach der Subordinationstheorie hierbei um Öffentliches Recht handeln. Die ganz herrschende Meinung ordnet ein solches Rechtsverhältnis aber dem Zivilrecht zu.

b) Das Rechtsverhältnis zwischen Eltern und (minderjährigen) Kindern ist durch die §§ 1626 ff. BGB geprägt, wonach die Eltern die Sorgerechtsgewalt über das Kind ausüben. Auch dies stellt eine rechtliche Subordination dar, wes-halb hier diese Theorie zum Öffentlichen Recht käme. Doch das Elternrecht wird ebenfalls dem Zivilrecht zugerechnet.

c) Auf der anderen Seite kommt es vor, dass sich Gemeinden zur Erfüllung ihrer gesetzlichen Aufgaben zusammentun und dafür Verträge abschließen, so z. B. über die Errichtung einer Kläranlage zur gemeinsamen Abwasserentsorgung. Hier sind die Vertragspartner rechtlich einander gleichberechtigt, weshalb man hier mit der Subordinationstheorie zum Zivilrecht käme. Doch diese Verträge sind öffentlich-rechtlicher Natur (sog. „koordinationsrechtliche Verträge" gem. § 54 VwVfG, vgl. unten Beispiel 3).

II. Interessentheorie

1. Die Interessentheorie geht auch auf den Inhalt des Rechtsverhältnisses (bzw. der streitentscheidenden Norm) ein und fragt danach, wessen Interesse vom zu prüfenden Rechtsverhältnis überwiegend betroffen ist.   **16**

2. Demnach läge dann Öffentliches Recht vor, wenn das Rechtsverhältnis (zumindest vorrangig) im Interesse der Allgemeinheit liegt. Dies ist vor allem dann der Fall, wenn das Gemeinwohl tangiert ist, so beispielsweise bei der Sicherheit des öffentlichen Straßenverkehrs, bei der Gesundheit der Bevölkerung oder bei der Sicherung des allgemeinen Beschäftigungsstandes.

3. Zivilrecht dagegen wäre dann gegeben, wenn das Rechtsverhältnis (zumindest vorrangig) im Interesse einer Einzelperson liegen würde. Dies ist vor allem bei Individualinteressen der Fall, wozu etwa die wirtschaftlichen Interessen wie Gewinnerzielung zählen.

4. Problematisch ist diese Theorie im Bereich des Verwaltungsprivatrechts und der subjektiv-öffentlichen Rechte.   **17**

a) Wenn die öffentliche Hand zur Erfüllung ihrer allgemeinwohlorientierten Aufgaben (z. B. Landesverteidigung) Gegenstände (z. B. Gewehre) einkauft, ist zwar das Allgemeinwohlinteresse betroffen; es liegt aber trotzdem ein zivilrechtlicher Kaufvertrag vor. Diesen Bereich nennt man Verwaltungsprivatrecht.

b) Andererseits gibt es subjektiv-öffentliche Rechte, die jeder Einzelne in seinem Individualinteresse einklagen kann, aber trotzdem dem Öffentlichen Recht zugeschlagen werden. Dies sind vor allem die Grundrechte, die überwiegend dem Individualinteresse des einzelnen Bürgers dienen (besonders deutlich beim Grundrecht auf Kriegsdienstverweigerung gem. Art. 4 III GG); aber auch auf einfach-gesetzlicher Ebene gibt es subjektiv-öffentliche Rechte wie z. B. der BAföG-Anspruch bei Vorliegen der gesetzlich festgelegten Voraussetzungen (mit dem freilich zugleich das öffentliche Interesse an gut ausgebildetem Nachwuchs verbunden ist, vgl. auch Rdnr. 332).

III. Sonderrechtstheorie (oder: modifizierte Subjektstheorie[8])

18   1. Die Sonderrechtstheorie geht nicht auf den Inhalt des fraglichen Rechtsverhältnisses ein; sie orientiert sich mehr an äußerlichen Dingen. So fragt sie nach der rechtlichen Qualität der beteiligten Rechtssubjekte und nach der rechtlichen Grundlage des Rechtsverhältnisses.

2. Deshalb liegt nach der Sonderrechtstheorie Öffentliches Recht dann vor, wenn auf mindestens einer Seite des Rechtsverhältnisses als Rechtssubjekt ein Hoheitsträger (also eine juristische Person des Öffentlichen Rechts) steht *und* dieser Hoheitsträger aufgrund eines Sonderrechts handelt. Ein Sonderrecht ist eine gesetzliche Vorschrift, die ein bestimmtes Handeln nur Hoheitsträgern vorbehält. So kann z. B. nur ein Hoheitsträger eine Fahrerlaubnis erteilen, nicht jedoch eine Privatperson; dieses Sonderrecht ergibt sich aus § 2 StVG.

3. Daraus folgt, dass Zivilrecht vorliegt, wenn eine oder beide Bedingungen nicht erfüllt sind, also z. B. ein Hoheitsträger aufgrund einer allgemeinen Rechtsvorschrift handelt (die Universität Stuttgart kauft Lehrbücher für die Universitätsbibliothek gem. § 433 BGB, wonach jeder Kaufverträge abschließen kann) oder aber gar kein Hoheitsträger beteiligt ist.

19   4. Doch auch diese – noch zuverlässigste – Theorie kann nicht alle Fälle befriedigend lösen. Denn sie erfasst nicht diejenigen Fälle, in denen Beliehene handeln. Beliehene sind natürliche oder juristische Personen des Privatrechts, die von einem Hoheitsträger zur selbstständigen Wahrnehmung öffentlicher Aufgaben ermächtigt (= „beliehen") worden sind. Diese Privatpersonen handeln aufgrund eines Sonderrechts, stellen selbst aber trotz der Beleihung keinen Hoheitsträger dar. Ein bekanntes Beispiel stellt der Technische Überwachungsverein e. V. (TÜV) dar, der als privatrechtlicher Verein (insoweit rechtlich ohne Unterschied zu jedem eingetragenen Kaninchenzüchterverein) organisiert ist, aber mit Hoheitsrechten beliehen worden ist. Denn die Prüftätigkeit des TÜVs wird unstreitig dem Öffentlichen Recht zugeordnet. Dennoch gelangt die Sonderrechtstheorie aufgrund der privatrechtlichen Rechtsform des TÜV zum Zivilrecht.

---

8 Aus Vereinfachungsgründen habe ich hier die (einfache) Subjektstheorie unterschlagen; sie fragt nur danach, ob an dem fraglichen Rechtsverhältnis ein Hoheitsträger beteiligt ist. Schon dann bejaht sie Öffentliches Recht. Da dieses Erfordernis als Teilvoraussetzung in der modifizierten Subjekts-/Sonderrechtstheorie enthalten ist, halte ich die separate Darstellung dieser Theorie für entbehrlich.

IV. Übersicht: Abgrenzungstheorien Öffentliches Recht/Zivilrecht

Um eine endgültige Abgrenzungsentscheidung treffen zu können, müssen die Theo-   **20**
rien im Wege einer Gesamtschau angewendet werden. Dies gilt vor allem dann, wenn
nicht alle Theorien zum gleichen Ergebnis gelangen; es bedarf dann einer besonderen
Begründung dafür, welche Gesichtspunkte – und damit welche Theorie(n) – im konkreten Fall besonders schwer wiegen, weshalb danach sich die Endentscheidung richtet. Deshalb kann man auch nicht schematisch danach gehen, für welche Einordnung
mehr Theorien sprechen (z. B. „2 : 1 für Öffentliches Recht").

Bezeichnung und Inhalt der Theorie	Anwendungs-beispiel	Anwendungsschwierigkeiten
Subordinationstheorie ÖR: Über-/Unterordnungs- verhältnis (Befehl/Zwang)	Steuerbescheid	Im Verhältnis von Arbeitgeber und -nehmer sowie im Verhältnis von Eltern und Kindern besteht ein recht-liches Über-/Unterordnungsverhältnis; trotzdem sind diese Rechtsverhältnisse zivilrechtlich.
ZR: Gleichordnungsver- hältnis der Beteiligten	Kaufvertrag	Bei koordinationsrechtlichen Verträgen zwischen Hoheitsträgern bei der Wahr-nehmung hoheitlicher Aufgaben liegt ein Gleichordnungsverhältnis vor; den-noch zählen diese Verträge zum ÖR.
Interessentheorie ÖR: Allgemeininteresse, Gemeinwohl	Überholverbot (Sicherheit des Straßenverkehrs)	Handeln des Staates im Allgemeininte-resse wie z. B. der Einkauf von Geweh-ren zur Landesverteidigung gehört zum Zivilrecht (Verwaltungsprivatrecht).
ZR: Individualinteresse des Einzelnen	Darlehen (Wirtschaftliches Profitinteresse)	Die subjektiv-öffentlichen Rechte (z. B. auf Kriegsdienstverweigerung) beste-hen vorrangig aus Gründen des Indi-vidualinteresses, zählen aber zum ÖR.
Sonderrechtstheorie *(modif. Subjektstheorie)* ÖR: Auf mindestens einer Seite des Rechtsverhältnisses muss ein Hoheitsträger stehen: nur er darf aufgrund eines Sonderrechts handeln.	Das Landratsamt (Landkreis) erteilt eine Fahrerlaubnis, wozu gem. § 2 StVG nur die zuständige Behörde ermächtigt ist (also nicht (jedermann).	Die Beliehenen sind Privatpersonen, nehmen aber aufgrund der Beleihung hoheitliche Aufgaben aufgrund von Sonderrechten wahr. Als Privatperso-nen können sie nicht Hoheitsträger sein; ihr Handeln wird dennoch als öffentlich-rechtlich qualifiziert.
ZR: Wenn eine der Bedingungen nicht erfüllt ist.	Die Universität kauft Lehrbücher (Hoheitsträger, aber kein Sonderrecht, da jeder etwas kaufen kann).	

21

(3) **Abgrenzungsbeispiele**

Beispiel 1:   Der eingetragene Verein TÜV e. V. vergibt eine Prüfplakette an einen Kfz-Halter.

22   1. Nach der Subordinationstheorie würde dann Öffentliches Recht vorliegen, wenn ein Über-/Unterordnungsverhältnis bestünde. Da der TÜV über die Vergabe der Prüfplakette allein entscheidet, erfolgt diese einseitig. Insofern steht der weisungsberechtigte TÜV über dem Kfz-Halter.

2. Die Interessentheorie spräche für Öffentliches Recht, wenn durch die Vergabe von Prüfplaketten das öffentliche Interesse tangiert wäre. Die Vergabe von Prüfplaketten dient dem Nachweis der regelmäßigen Untersuchung des Fahrzeuges auf seine Verkehrssicherheit. Sie dient damit der Sicherheit des öffentlichen Straßenverkehrs, die ein erhebliches öffentliches Interesse darstellt.

3. Schließlich ist die Sonderrechtstheorie zu prüfen, mit der man dann zum Öffentlichen Recht gelangt, wenn ein Hoheitsträger aufgrund eines Sonderrechts handelt. Fraglich ist, ob der TÜV e. V. ein Hoheitsträger ist. Als Hoheitsträger kommen nur Körperschaften, Anstalten oder Stiftungen des Öffentlichen Rechts in Betracht. Der TÜV ist jedoch ein privatrechtlicher Verein, weshalb er nur Beliehener, nicht aber ein Hoheitsträger sein kann. Allerdings handelt er hier aufgrund eines Sonderrechts, da nur besonders ermächtigten Stellen die Vergabe von Prüfplaketten für Kraftfahrzeuge im Straßenverkehr gestattet ist.

4. Zusammenfassend ist festzustellen, dass sowohl die Subordinations- wie die Interessentheorie hier für eine Einordnung des Falles in das Gebiet des Öffentlichen Rechts sprechen. Die Sonderrechtstheorie bejaht zwar das Sonderrecht, nicht aber die Eigenschaft des Hoheitsträgers. Bei Vorliegen aller anderen Gesichtspunkte kann die formale Rechtsnatur der handelnden Stelle nicht von ausschlaggebender Bedeutung sein, sodass insgesamt vorliegend von Öffentlichem Recht auszugehen ist.

23   **Beispiel 2:**   Die Bundesbaudirektion beauftragt den Architekten A mit den Planungen und der Bauaufsicht bei den Sanierungs- und Umbauarbeiten im Schloss Bellevue, dem Amtssitz des Bundespräsidenten.

1. Nach der Subordinationstheorie würde dann Öffentliches Recht vorliegen, wenn ein Über-/Unterordnungsverhältnis bestünde. In diesem Fall wird ein Auftrag erteilt, den A nicht annehmen muss. Die Bundesbaudirektion handelt folglich nicht mit Zwang, sondern steht vielmehr als Auftraggeberin mit dem A als Auftragnehmer auf einer Ebene. Daher fehlt es hier an einem Subordinationsverhältnis.

2. Die Interessentheorie spräche für Öffentliches Recht, wenn durch die Auftragserteilung das öffentliche Interesse tangiert wäre. Die Beauftragung des A soll die Arbeitsfähigkeit des Bundespräsidenten und des Bundespräsidialamtes sichern. Die Arbeitsfähigkeit des Staatsoberhauptes und damit die Funktionsfähigkeit eines wichtigen Verfassungsorgans liegt ganz erheblich im öffentlichen Interesse.

3. Schließlich ist die Sonderrechtstheorie zu prüfen, mit der man dann zum Öffentlichen Recht gelangt, wenn ein Hoheitsträger aufgrund eines Sonderrechts handelt. Die Bundesbaudirektion ist eine Behörde, die selbst mangels eigener Rechtspersönlichkeit nicht Hoheitsträger sein kann. Sie handelt jedoch nicht in eigenem Namen, sondern für die Bundesrepublik Deutschland als Eigentümerin und Bauherrin. Als Gebietskörperschaft ist die Bundesrepublik Hoheitsträgerin. Fraglich ist jedoch, ob hier aufgrund eines Sonderrechts gehandelt wird. Den Auftrag zu Architekturleistungen kann rechtlich jeder erteilen; die bloße Eigentümerstellung kann noch nicht das Sonderrecht begründen. Hier wird vielmehr ein Werkvertrag gem. § 631 BGB abgeschlossen.

4. Zusammenfassend ist festzustellen, dass sowohl die Subordinations- wie – im Ergebnis – die Sonderrechtstheorie gegen eine Einordnung des Falles in das Gebiet des Öffentlichen Rechts sprechen. Die Sonderrechtstheorie bejaht zwar das Vorliegen des Hoheitsträgers, aber die für das Rechtsverhältnis maßgeblichen Vorschriften ergeben sich aus dem zivilrechtlichen Werkvertragsrecht. Auch die Subordinationstheorie unterstützt dies, da hier gleichberechtigte Vertragspartner beteiligt sind. Das öffentliche Interesse allein kann aufgrund des Gewichts dieser Gesichtspunkte der zivilrechtlichen Einordnung des Vertrages nicht entgegenstehen.

Beispiel 3:   Die zwei Gemeinden A und B schließen einen Vertrag zur Gründung einer   **24**
GmbH, die die Abwasserentsorgung im Gebiet beider Gemeinden übernehmen soll.

1. Nach der Subordinationstheorie würde dann Öffentliches Recht vorliegen, wenn ein Über-/Unterordnungsverhältnis bestünde. A und B schließen hier jedoch einen Vertrag ab und sind insofern – zumindest rechtlich – gleichgestellte Vertragspartner. An einem Subordinationsverhältnis fehlt es demnach.

2. Die Interessentheorie spräche für Öffentliches Recht, wenn durch den Vertragsabschluss das öffentliche Interesse tangiert wäre. Der Vertrag soll der Gründung einer GmbH dienen, die ihrerseits für die Abwasserentsorgung zuständig sein soll. Damit wird eine effektivere und kostengünstigere Erledigung dieser für die Allgemeinheit wichtigen Aufgabe angestrebt. Folglich ist das öffentliche Interesse hier betroffen.

3. Schließlich ist die Sonderrechtstheorie zu prüfen, mit der man zum Öffentlichen Recht gelangt, wenn ein Hoheitsträger aufgrund eines Sonderrechts handelt. Die Gemeinden A und B stellen Gebietskörperschaften und damit Hoheitsträger dar. Fraglich ist jedoch, ob sie aufgrund eines Sonderrechts handeln. Denn der Abschluss von GmbH-Verträgen steht allen natürlichen und juristischen Personen offen. Allerdings ist die Abwasserentsorgung eine den Gemeinden durch Sonderrecht zugewiesene Aufgabe. Wie beim Beispiel zuvor kommt es auf den typisierten Vertragsinhalt an, d. h. auf den Vertragsgegenstand unabhängig davon, welches Gemeindegebiet hier betroffen ist (bzw. wer im vorigen Beispiel Eigentümer ist). In diesem Fall geht es nun um die Abwasserentsorgung, die – im Gegensatz zu einem Umbaumaßnahmen betreffenden Werkvertrag – nicht jedermann, sondern eben nur eine Gemeinde vornehmen darf. Folglich wird beim Abschluss dieses Vertrages ein Sonderrecht ausgeübt.

4. Zusammenfassend ist festzustellen, dass sowohl die Interessen- wie die Sonderrechtstheorie hier für eine Einordnung des Falles in das Gebiet des Öffentlichen Rechts sprechen. Die Gleichordnung der beteiligten Rechtssubjekte muss als Einordnungsgesichtspunkt hinter dem größeren Gewicht des öffentlichen Interesses und des sonderrechtsgeprägten Handelns von Hoheitsträgern zurücktreten, sodass dieser Fall als öffentlich-rechtlich anzusehen ist.

25   **Beispiel 4:**   Der Student S erhält für seine Abschlussarbeit bei Professor P die Note 3,0 (befriedigend).

1. Nach der Subordinationstheorie würde dann Öffentliches Recht vorliegen, wenn ein Über-/Unterordnungsverhältnis bestünde. Da P die Note ohne Einflussmöglichkeiten des S (hinsichtlich der Notenfindung) festsetzt, handelt er einseitig und damit dem S gegenüber von einer entscheidungsbefugten Warte aus. Insofern steht P über dem S.

2. Die Interessentheorie spräche für Öffentliches Recht, wenn durch die Benotung einer Abschlussarbeit das öffentliche Interesse tangiert wäre. Die Notenfestsetzung dient dem Nachweis einer bestimmten Befähigung, insbesondere im Verhältnis zu Mitbewerbern. Folglich wird damit eine (relative) Vergleichbarkeit akademischer Leistungen gewährleistet, was für den Arbeitsmarkt von erheblicher Bedeutung ist. Denn so wird die Wahrscheinlichkeit erhöht, dass Stellen angemessen nach der Qualifikation besetzt werden können. Damit liegt diese Vergleichbarkeit im öffentlichen Interesse. Daran ändert der Umstand nichts, dass von der Benotung auch die Individualinteressen der einzelnen Absolventen in ihrem jeweiligen Bemühen um einen Arbeitsplatz betroffen sind.

3. Schließlich ist die Sonderrechtstheorie zu prüfen, die dann zum Öffentlichen Recht gelangt, wenn ein Hoheitsträger aufgrund eines Sonderrechts handelt. Der Professor P handelt hier für die das Prüfungsrecht übertragende Universität, die eine Personenkörperschaft und damit einen Hoheitsträger darstellt. Da die Festsetzung der Noten für Prüfungsleistungen nur bei besonderer rechtlicher Grundlage möglich ist – z. B. die regelmäßig in Satzungsform ergangene Prüfungsordnung –, handelt es sich hierbei auch um ein Sonderrecht.

4. Zusammenfassend ist festzustellen, dass nach allen Theorien Öffentliches Recht vorliegt und folglich eine Gesamtabwägung überflüssig ist.

Erstes Kapitel

Juristische Methodik[9]

1. Abschnitt:
Normenlehre

A. Kollisionsregeln mit Erläuterungsbeispielen

(1) Kollisionsregeln

Nicht selten tritt der Fall auf, dass auf einen zu untersuchenden Fall mehrere Normen **26** – soweit man sie isoliert betrachtet – anwendbar zu sein scheinen. Derartige Kollisionsfälle sind vor allem dann misslich, wenn damit unterschiedliche rechtliche Folgen verbunden sind. Deshalb hat die Rechtswissenschaft die nachstehenden drei Kollisionsregeln entwickelt, die dem Rechtsanwender Auskunft darüber geben, welche der kollidierenden Normen – allein! – anzuwenden ist[10].

I. Rangregel: Die höherrangige Norm geht der niederrangigen Norm vor
(Lex superior derogat legi inferiori)

Diese erste und wichtigste Regel bezieht sich auf die rechtsdogmatisch sehr wichtige **27** Rangordnung von Normkomplexen innerhalb des Rechts[11]. Diese Rangordnung gliedert sich in zwei Schritte:

1. Innerhalb der Gesamtrechtsordnung besteht eine Rangordnung zwischen den von **28** den verschiedenen rechtssetzenden Körperschaften geschaffenen Rechtsbereichen:

---

9 Die Literaturlage zur juristischen Methodenlehre ist zwar nicht so umfangreich, wie bei den inhaltlichen Lehrgebieten. Aber auch hier lohnt sich sicherlich ein Blick in folgende Bücher:
   – Horst Bartholomeyczik, Die Kunst der Gesetzesauslegung (älteres Grundsatzwerk),
   – Hans Blasius/Hans Büchner, Verwaltungsrechtliche Methodenlehre (leider seit 1984 nicht neu aufgelegt),
   – Franz Bydlinski, Juristische Methodenlehre und Rechtsbegriff (umfangreicheres Werk),
   – Wolfgang Gast, Juristische Rhetorik (zur Vertiefung für Jurastudierende sehr zu empfehlen),
   – Fritjof Haft, Einführung in das juristische Lernen – Unternehmen Jurastudium (sehr plastisch-anschauliche Darstellung),
   – Philippe Mastronardi, Juristisches Denken (geht über rein juristische Kategorien weit hinaus),
   – Reinhard Nemitz, Die Schemata, Band I – Technik der Fallbearbeitung (sehr anschaulich und gut verständlich, im Beispielbereich allerdings stärker am Zivilrecht orientiert),
   – Hans-Martin Pawlowski, Methodenlehre für Juristen, Theorie der Norm und des Gesetzes (sehr komplexe Darstellung).
10 Vgl. Blasius/Büchner, Methodenlehre, S. 144–148; Sodan/Ziekow, Öffentliches Recht, § 4 Rdnr. 18–22; Nemitz, Schemata I, S. 23 ff., 36 f., der allerdings die Rangregel und die beiden anderen Regeln in verschiedene Kategorien trennt.
11 Zur Normenhierarchie siehe Katz, Staatsrecht, Rdnr. 8; Sodan/Ziekow, Öffentliches Recht, § 4 Rdnr. 21 (mit Übersicht).

Ganz oben steht – mittlerweile unstreitig – das dem nationalen Recht übergeordnete Europarecht; seit dem sog. „Solange II"-Beschluss des BVerfG gilt dies auch für die Grundrechte[12]. An der Spitze des nationalen (deutschen) Rechts steht das Bundesrecht, dem das Landesrecht in der Regel[13] untergeordnet ist (vgl. Art. 31 GG: *„Bundesrecht bricht Landesrecht"*). Dem Landesrecht wiederum untersteht das autonome Recht (beispielsweise der Gemeinden oder Universitäten). Um es an einem einfachen Beispiel zu verdeutlichen: Das Baugesetzbuch des Bundes geht bauplanungsrechtlichen Durchführungsbestimmungen der Länder vor. Diese wiederum stehen über den autonomen – von den Gemeinden beschlossenen – Bebauungsplänen. An diesem Beispiel kann man auch erkennen, dass – in aller Regel – die Vorschriften von oben nach unten zunehmend konkreter und von unten nach oben zunehmend grundsätzlicher werden.

**Europarecht
über
Bundesrecht
über
Landesrecht
über
autonomem Recht**

29   2. Innerhalb des Bundes- und des Landesrechts gilt eine weitere – quasi rechtsbereichsinterne – Rangfolge. Diese knüpft nun nicht an die erlassende Körperschaft, sondern an das erlassende Organ und das Rechtssetzungsverfahren an.

a) Hier steht die Verfassung ganz oben, die vom Volk selbst oder durch eine verfassunggebende Versammlung[14] beschlossen bzw. vom verfassungsändernden Gesetzgeber (mit qualifizierten Mehrheiten, vgl. Art. 79 II GG) verändert worden ist.

**Verfassung
über
Gesetz i. formellen Sinn
über
Rechtsverordnung
über
Satzung**

b) Der Verfassung untersteht das formelle Gesetz (oder: Gesetz im formellen Sinn); darunter versteht man ein Ge-

---

12 Vgl. Arndt/Fischer/Fetzer, Rdnr. 342 ff. Ursprünglich wurde das Europarecht (genauer: das Recht der Europäischen Union bzw. Gemeinschaften) als zwischenstaatliches Recht angesehen, das den gleichen Rang mit dem einfachen Bundesrecht beanspruchen konnte. Durch die fortschreitende europäische Integration und Ausdehnung der Tätigkeitsfelder der EU hat sich das Europarecht vom zwischen- zum überstaatlichen Recht (siehe auch die Übersicht zum Rechtskosmos, S. 5) entwickelt.

13 Die Föderalismusreform 2006 hat eine bedeutende Ausnahme zu diesem Prinzip gebracht: Nach Art. 72 III GG dürfen die Länder nun auf bestimmten Sachgebieten von Bundesrecht – für dessen Erlass der Bund die Gesetzgebungszuständigkeit hat! – abweichen; dasselbe gilt gem. Art. 84 I 2 GG für Behörden- und Verfahrensregelungen. Macht davon ein Land Gebrauch, geht dann das Landesrecht dem (gültigen) Bundesrecht vor. Im Verhältnis von Bundes- und Landesrecht ist in diesen Fällen der zeitliche Prioritätsgrundsatz maßgeblich, vgl. Art. 72 III 3 GG. Wird also später der Bund wieder gesetzgeberisch aktiv, gilt erneut das Bundesrecht; in diesem Zusammenhang spricht man bereits von einer „Ping-Pong-Gesetzgebung".

14 Etwas komplizierter war es beim GG: Der Parlamentarische Rat ist nur als verfassungsberatende Versammlung anzusehen, da der von ihm ausgearbeitete Verfassungstext noch der Ratifizierung durch die Landtage bedurfte; da bei deren Wahl jedoch diese wichtige Aufgabe noch gar nicht zu erkennen war, umfasste die demokratische Legitimation der Landtage diese Ratifizierung nicht. Die demokratische Bestätigung des GG wird daher in der hohen Wahlbeteiligung bei der ersten Bundestagswahl (sowie bei den folgenden Wahlen) gesehen, vgl. Ossenbühl, Probleme

setz, das in dem von der Verfassung vorgesehenen förmlichen Gesetzgebungsverfahren zustandegekommen ist. Weil dies immer eine Beschlussfassung des Parlaments voraussetzt, spricht man mitunter auch vom Parlamentsgesetz. Von diesem Begriff des formellen Gesetzes ist der des materiellen Gesetzes scharf zu trennen: Hierunter versteht man jede allgemeinverbindliche (generell-abstrakte) Norm, also jeden Rechtssatz, der gegenüber jedermann Geltungsanspruch erhebt. Das bedeutet, dass der Begriff des materiellen Gesetzes sehr viel weiter reicht; er umfasst neben dem des formellen Gesetzes auch die Verfassung sowie die nachfolgend dargestellten Rechtsnormformen der Rechtsverordnung und der Satzung sowie – sogar – das (ungeschriebene) Gewohnheitsrecht[15].

c) Unter dem formellen Gesetz steht die Rechtsverordnung; dabei handelt es sich um Rechtsnormen, die von der vollziehenden Gewalt (Exekutive) aufgrund formell-gesetzlicher Ermächtigung (vgl. Art. 80 I GG) erlassen werden. Diese Durchbrechung des Gewaltenteilungsgrundsatzes (wonach eigentlich nur die Legislative zur Rechtssetzung berufen ist) rechtfertigt sich dadurch, dass nachgeordnete Details aufgrund von tatsächlichen Veränderungen häufig kurzfristig auch rechtlich geändert werden müssen, wofür das formelle Gesetzgebungsverfahren zu schwerfällig und zeitraubend wäre. Außerdem soll der parlamentarische Gesetzgeber sich auf die wesentlichen Fragen konzentrieren können. Das schließt aber nicht aus, dass es zum Teil sehr bedeutende Verordnungen gibt, wie beispielsweise die jedem Führerscheininhaber gut bekannte Straßenverkehrsordnung (StVO). Im Bereich des Landesrechts sind zahlreiche Verordnungsermächtigungen auch auf untergeordnete Behörden übertragen worden; so darf z. B. das Regierungspräsidium Naturschutzgebiete durch eine Naturschutzverordnung oder das Landratsamt Wasserschutzgebiete durch eine Wasserschutzverordnung festlegen (§§ 26 I, 73 III, 60 I Nr. 2 NatSchG Ba.-Wü., 110 I WasserG Ba.-Wü.).

d) Ganz unten in dieser Normenpyramide steht die Satzung. Diese Rechtsform steht den autonomen Rechtssetzungskörperschaften zu. So ist beispielsweise ein vom Gemeinderat beschlossener Bebauungsplan eine Satzung, ebenso eine vom Senat der Universität verabschiedete Prüfungsordnung. Aber auch die Geschäftsordnungen der Parlamente werden als Satzungen angesehen, weil die Parlamente aufgrund von Verfassungsvorschriften in der Regelung ihrer Organisation und ihres Verfahrens frei („autonom") sind (vgl. Art. 40 I 2 GG)[16].

3. Zur Verdeutlichung: Die erstgenannte Rangordnung (Gesamtrechtsordnung, vorstehend 1.) geht der zweitgenannten Rangfolge (nach „Gesetzesqualität", vorstehend 2.) vor. Das bedeutet, dass *jedes* Bundesrecht *jedem* Landesrecht – unabhängig von der „Gesetzesqualität" – vorgeht. Deshalb steht z. B. auch eine einfache Bundesverordnung im Rang über jeder Landesverfassung.   **30**

---

der Verfassungsreform in der Bundesrepublik Deutschland, DVBl. 1992, S. 468 (471 f.). Zur Entstehungsgeschichte des GG siehe auch Badura, Staatsrecht, A 18 ff.

15 Vgl. Katz, Staatsrecht, Rdnr. 7; Maurer, Staatsrecht I, § 1 Rdnr. 45 f.

16 Wobei dies nur eine sehr verkürzte Darstellung der Problematik ist; vgl. Haug, Bindungsprobleme, S. 184 ff

II. Spezialitätsregel: Die speziellere Norm geht der allgemeineren Norm vor
(Lex specialis derogat legi generali)

31   Wenn die kollidierenden Rechtsnormen ranggleich sind, also zum Beispiel in formellen Bundesgesetzen verankert sind, muss auf die zweite Regel zurückgegriffen werden: Danach muss geprüft werden, welche der Normen am speziellsten den Sachverhalt trifft. Dafür sind die Anwendungsbereiche der Normen maßgeblich.

Um es an einem – etwas ungewöhnlichen, dafür aber plastischen – Beispiel zu verdeutlichen: Nehmen wir an, es gäbe im Tierreich ein Huldigungsgesetz mit folgenden Bestimmungen:

§ 1. Alle Säugetiere haben einmal im Kalenderjahr vor dem König (Löwe) zu erscheinen und ihm die Treue zu geloben.

§ 2. Die Meeressäuger haben einmal innerhalb von zwei Kalenderjahren vor dem König zu erscheinen und ihm die Treue zu geloben.

33   Nehmen wir weiter an, der Walfisch W wollte Auskunft darüber erhalten, wie oft er jetzt eigentlich vor dem König zu erscheinen habe. Der Walfisch ist sowohl ein Säugetier wie auch ein Meeressäuger. Es sind also beide Normen auf den ersten Blick anwendbar, weshalb es einer Kollisionsentscheidung bedarf. Der Anwendungsbereich des § 1 erfasst alle Säugetiere, wohingegen der des § 2 nur einen kleinen Teil der Säugetiere, nämlich die Meeressäuger, erfasst. Daher ist § 2 wegen des engeren Anwendungsbereichs die speziellere Vorschrift, die nach der hier dargestellten zweiten Regel den § 1 verdrängt. W muss daher nur alle zwei Jahre zum König.

III. Altersregel: Die jüngere Norm geht der älteren Norm vor
(Lex posterior derogat legi priori)

34   Als letzte der drei Regeln ist die Altersregel heranzuziehen. Wenn also die kollidierenden Normen derselben Rangebene angehören und in ihrem Anwendungsbereich gleichermaßen speziell sind, dann ist auf das jeweilige Datum des Erlasses der Normen abzustellen. Früher galt einmal, dass im Zweifel das ältere Gesetz vorrangig sei, da dieses wegen seines Alters auch entsprechend „weise" sein müsse. Heute hat sich diese Einstellung gewendet: Das jüngere Gesetz gibt im Zweifel den aktuelleren Stand der Rechtslage wieder. Wenn das jüngere Gesetz eine andere rechtliche Folge als das ältere Gesetz vorsieht, so geht man davon aus, dass das ältere Gesetz (das zumindest theoretisch dem Normsetzer bei Erlass des jüngeren Gesetzes bekannt war) insofern eben konkludent[17] für ungültig erklärt wurde.

---

17   „Konkludent" ist ein von Juristen häufig gebrauchter Begriff und bedeutet „durch schlüssiges Verhalten". Er ist damit ein Gegenbegriff zu „ausdrücklich". So kann man sich beispielsweise zu einem Seminar anmelden, indem man sich in die am Lehrstuhl aushängende Liste einträgt (ausdrücklich). Man kann aber auch erst zu der angekündigten Seminarvorbesprechung erscheinen und damit durch sein bloßes Verhalten – ohne etwas gesagt, geschrieben oder durch Zeichen ausgedrückt zu haben – den Anmeldewunsch erklären (konkludent).

(2) Erläuterungsbeispiele

Beispiel 1

Eine Kneipe soll geschlossen werden. § 1 GastG definiert das Gaststättengewerbe u. a. damit, dass z. B. „Getränke zum Verzehr an Ort und Stelle verabreicht" werden. Daneben existiert aber auch die Gewerbeordnung, wobei der Gewerbebegriff jede auf Gewinnerzielung gerichtete, nicht nur vorübergehende, selbstständige und erlaubte Tätigkeit umfasst[18].   **35**

Welches der beiden formellen Bundesgesetze ist hier anzuwenden?

Die Kneipe erfüllt sowohl die Voraussetzungen von § 1 GastG für das Gaststättengewerbe wie die Voraussetzungen für den Gewerbebegriff der GewO[19]. Daher ist vorliegend ein Kollisionsfall gegeben. Da beide Normen formelle Bundesgesetze darstellen, hilft die Rangregel nicht weiter. Es ist daher zu prüfen, ob die Spezialitätsregel das Problem lösen kann. Nach dieser Regel geht die speziellere Norm vor. Der Anwendungsbereich des GastG betrifft nur einen ganz bestimmten Zweig des Gewerbes, während die GewO für alle Formen des Gewerbes gilt. Folglich stellt das GastG die speziellere Norm dar, die deshalb der GewO vorgeht. In diesem Fall ist daher das GastG anzuwenden.

Beispiel 2

Der Angeklagte A hat ohne behördliche Genehmigung ungeklärtes Abwasser aus seinem Betrieb in einen Fluss eingeleitet. § 324 I StGB (formelles Bundesgesetz) stellt dies unter Strafe (bis zu fünf Jahren Haftstrafe oder Geldstrafe). Nehmen wir an, dass nach dem Erlass des § 324 I StGB (aber vor der Tat des A) ein einheitliches Umweltgesetzbuch (UmwGB) erlassen worden wäre[20]. Dieses formelle Bundesgesetz enthält nun auch das Umweltstrafrecht, ohne dass der Gesetzgeber die Paragraphen des StGB außer Kraft gesetzt hätte; § 145 I UmwGB sieht für die Tat des A eine Strafe bis zu 8 Jahren Freiheitsstrafe vor.   **36**

Nach welcher Vorschrift muss A nun bestraft werden?

Die Tat des A ist nach zwei Vorschriften unter Strafe gestellt, wobei die Höhe des Strafrahmens unterschiedlich ist. Es ist daher zu untersuchen, welche der beiden Strafnormen in diesem Fall angewendet werden muss. Das StGB ist ebenso wie das UmwGB ein formelles Bundesgesetz, weshalb die Rangregel nicht hilft. Ausgehend von dem insofern nicht nähere Einzelheiten nennenden Sachverhalt betreffen beide Vorschriften das unerlaubte Verunreinigen von Gewässern. Ein Unterschied im Anwendungsbereich von § 324 I StGB und § 145 I UmwGB ist demnach nicht ersichtlich. Eine Problemlösung mithilfe der Spezialitätsregel scheidet somit ebenfalls aus. Daher kann die Kollision nur noch durch die Altersregel geklärt werden, wonach die jüngere Norm vorrangig ist. Da das UmwGB später als das StGB erlassen wurde, stellt es die jüngere Norm von beiden dar. Folglich muss A hier nach § 145 I UmwGB bestraft werden.

---

18 Zum Gewerbebegriff siehe unten Fall 16.

19 In einer Fallbearbeitung müsste hier bereits eine saubere Subsumtion erfolgen. Da dies jedoch noch nicht besprochen wurde, wird an dieser Stelle (ausnahmsweise) darauf verzichtet.

20 Bisher gliedert sich das Umweltrecht in privatrechtliche Normen im BGB, strafrechtliche Normen im StGB und die einzelnen Umweltgesetze wie z. B. das Bundesnaturschutzgesetz, das Wasserhaushaltsgesetz, das Bundeswaldgesetz oder das Abfallgesetz. Deshalb wird im Umweltbundesamt an einem solchen Umweltgesetzbuch schon lange gearbeitet; es sind auch schon Entwürfe vorgelegt worden. Doch bislang ist es noch nicht zu dieser wichtigen gesetzgeberischen Leistung gekommen.

37 *Beispiel 3* Nehmen wir an, das (formelle) Abfallgesetz eines Landes enthielte eine Vorschrift, wonach jeder Endverbraucher berechtigt wäre, seinen Verpackungsmüll bei dem Geschäft, in dem er das Produkt erwirbt, zurückzulassen. Nun würde der Bundesumweltminister (BMU) – später – eine auf das Kreislaufwirtschaftsgesetz des Bundes (KrWG) gestützte Verordnung erlassen, wonach ein Zurücklassungsrecht nicht besteht, sondern vielmehr ein kostenloses Abgaberecht an das „Duale System" gewährt wird.

Wo kann ich jetzt meine Verpackung kostenlos entsorgen?

Sowohl das Landesabfallgesetz wie auch die Verordnung des BMU regeln die Frage, wo ich meine Verpackung kostenlos entsorgen kann. Sie widersprechen sich jedoch in dem Punkt, ob ich ein Recht habe, die Verpackung im Supermarkt zurückzulassen. Deshalb liegt eine Normenkollision vor, die der Klärung bedarf. Hierfür ist zunächst die Rangregel heranzuziehen. Das LAbfG gehört dem Rechtsbereich des Landesrechts an, während die VO des BMU Bundesrecht darstellt. Da das Bundesrecht immer dem Landesrecht vorgeht, ist die VO des BMU maßgeblich. Der Umstand, dass das LAbfG ein formelles Gesetz und die VO des BMU nur eine Verordnung darstellt, ist unerheblich. Denn diese Rangfolge nach der Normqualität gilt nur innerhalb eines Rechtsbereichs; so steht über dieser VO natürlich das KrWG, nicht aber ein formelles Landesgesetz (ja nicht einmal die Landesverfassung). Ebenfalls kein Kriterium kann hier die zeitliche Reihenfolge sein, da die Altersregel erst als dritte Regel greift; hier wird die Kollision jedoch bereits mit der ersten Regel (Rangregel) entschieden. Ich kann meine Verpackung folglich nur noch an das „Duale System" kostenlos abgeben.

B. Aufbau einer Rechtsnorm

(1) Aufbau einer Rechtsnorm

I. Tatbestand und Rechtsfolge

38 1. Rechtsnormen sind für juristische Streitfragen in aller Regel ursächlich und zugleich entscheidungsmaßgeblich. Dies setzt voraus, dass der Bearbeiter eines Falles, der auch Rechtsfragen zu klären hat, mit den einschlägigen Normen handwerklich umgehen kann. Hierfür ist das Erkennen von Aufbau und Struktur der Rechtsnormen von ganz herausragender Bedeutung.

39 2. Jede Rechtsnorm (mit wenigen Ausnahmen[21]) gliedert sich in zwei Teile, und zwar in den Tatbestand und in die Rechtsfolge. Der Tatbestand nennt die verschiedenen Voraussetzungen für die Anwendbarkeit der Rechtsnorm, während die Rechtsfolge Auskunft über die rechtlichen Auswirkungen und Konsequenzen der Norm gibt. Um es an einem ganz einfachen Beispiel zu demonstrieren: „Wer einen Diebstahl begeht, wird

---

21 Vereinzelt gibt es „programmatische" Rechtsnormen, die Ziele des Gesetzes nennen oder bloße Begriffsdefinitionen enthalten. Dies ist besonders deutlich im Umweltrecht zu beobachten. So legt beispielsweise § 1 BImSchG den Zweck des Gesetzes (Schutz- und Vorsorgegrundsatz) fest, während § 3 BImSchG Begriffsbestimmungen enthält (was sind schädliche Umwelteinwirkungen, was sind Immissionen, was sind Anlagen u.a.).

bestraft.[22]" Der Tatbestand umfasst den ersten Teil „Wer einen Diebstahl begeht", weil es sich dabei um die Voraussetzung für die Anwendbarkeit der Vorschrift handelt. Der zweite Halbsatz „wird bestraft" stellt dagegen die Rechtsfolge dar, weil hier zum Ausdruck gebracht wird, was bei Anwendbarkeit der Vorschrift passiert. Aus alledem folgt, dass innerhalb einer Rechtsnorm ein Stufenverhältnis besteht: Das Vorliegen des Tatbestandes ist die Voraussetzung dafür, dass die Rechtsfolge eintritt.

II. Tatbestandsmerkmale

In aller Regel enthält der Tatbestand nicht nur eine, sondern mehrere Voraussetzungen.   **40**
Diese nennt man Tatbestandsmerkmale; sie treten in verschiedenen Beziehungen zueinander und in unterschiedlichen Formen auf.

1. Besonders wichtig ist zunächst die Unterscheidung in kumulative und alternative   **41**
Tatbestandsmerkmale. Diese Bezeichnungen beziehen sich auf das Verhältnis der Merkmale zueinander. Während die kumulativen Tatbestandsmerkmale eines Tatbestandes vollständig gegeben sein müssen, reicht bei alternativen Tatbestandsmerkmalen eines von mehreren aus, damit der Tatbestand erfüllt ist. Kumulative Tatbestandsmerkmale sind in der Regel mit Wörtern wie „und" oder „sowie" miteinander verbunden. Bei alternativen Tatbestandsmerkmalen erfolgt die Verbindung meist mit „oder" oder einem alternativen „und"[23]. Es ist empfehlenswert, sich die dadurch bedingte Struktur des Tatbestandes grafisch vor Augen zu führen, indem man kumulative Merkmale in Kästchen nebeneinander und alternative Merkmale in Kästchen übereinander einträgt.

Zur Veranschaulichung ein paar Beispiele[24]:

a) *„Wenn es regnet* und *das Autodach geöffnet ist, werden die Sitze nass."*   **42**

Der erste Halbsatz „wenn es regnet und das Autodach geöffnet ist" umschreibt den Tatbestand, während der zweite Halbsatz die Folge nennt. Der Tatbestand enthält zwei Merkmale, nämlich erstens, dass es regnet und zweitens, dass das Autodach geöffnet ist. Die Folge tritt nur ein, wenn beide Merkmale zusammen (kumulativ) vorliegen.

wenn es regnet	wenn das Autodach geöffnet ist	werden die Sitze nass

---

22 Die richtige Strafvorschrift für Diebstahl (§ 242 I StGB) ist natürlich nicht so einfach gestrickt, sondern lautet – juristisch differenziert – folgendermaßen: „Wer eine fremde bewegliche Sache einem anderen in der Absicht wegnimmt, dieselbe sich rechtswidrig zuzueignen [Tatbestand], wird mit Freiheitsstrafe bis zu fünf Jahren oder mit Geldstrafe bestraft [Rechtsfolge].

23 Ein alternatives „und" ist ein „und", das eigentlich „oder" meint. So kann z.B. Beispiel b) auch so formuliert werden: „Beim Lesen eines guten Buches und beim Hören klassischer Musik kann ich mich besonders gut entspannen." Der Sachzusammenhang macht deutlich, dass das „und" sprachlich nicht zum Ausdruck bringen will, dass beides gleichzeitig vorliegen muss; vielmehr werden mit dem „und" mehrere Möglichkeiten in Form einer Aufzählung dargestellt, die jeweils für sich allein schon für den Eintritt der Folge ausreichen

24 Um die Problematik nicht noch durch juristische (Sprach-)Schwierigkeiten zu komplizieren, habe ich hier einfache, nichtjuristische Beispiele gewählt.

43 b) *„Beim Lesen eines guten Buches* oder *beim Hören klassischer Musik kann ich mich besonders gut entspannen.*"

Der Tatbestand wird in der ersten Satzhälfte (bis „Musik") umschrieben, der weitere Teil (ab „kann") bezeichnet die Folge. Für deren Eintreten reicht es aus, wenn nur eines der beiden Tatbestandsmerkmale – Buch lesen/Musik hören – erfüllt ist. Folglich stehen die Merkmale hier in einem alternativen Verhältnis zueinander.

| beim Lesen eines guten Buches | kann ich mich besonders gut entspannen |
| beim Hören klassischer Musik | |

44 c) *„Wer vom Nachbarn abschreibt* oder *einen Spickzettel verwendet* und *dabei erwischt* wird, erhält die Note ‚sechs'."*

Die Folge „erhält die Note ‚sechs'," setzt einen in drei Merkmale aufgegliederten Tatbestand voraus: Abschreiben vom Nachbarn, Verwenden eines Spickzettels und Erwischtwerden. Da nur derjenige, der erwischt wird, eine sechs bekommen kann, muss dieses Merkmal auf jeden Fall gelten. Es steht folglich kumulativ zu den beiden anderen Merkmalen. Bei diesen jedoch reicht es aus, wenn eines vorliegt: Abschreiben oder Spickzettel. Demnach stehen diese Merkmale untereinander in einem alternativen und jeweils zum dritten Merkmal „Erwischen" in einem kumulativen Verhältnis. Es ist also ohne weiteres möglich, alternative und kumulative Merkmale miteinander zu kombinieren.

| wer vom Nachbarn abschreibt | wer dabei erwischt wird | erhält die Note ‚sechs' |
| wer einen Spickzettel verwendet | | |

45 2. Außerdem können die Tatbestandsmerkmale positiv oder negativ sein. Die Begriffe positiv bzw. negativ sind dabei nicht als Wertungen zu verstehen (etwa im Sinn von „gut" und „schlecht"), sondern im Sinn von „vorhanden" und „nicht vorhanden". Ein positives Tatbestandsmerkmal muss demnach „positiv" vorliegen, um erfüllt zu sein, während ein negatives Tatbestandsmerkmal nicht („negativ") vorliegen darf, um erfüllt zu sein. Auch dazu ein Beispiel:

„Wer ohne Entschuldigung zu spät kommt, wird vom Spiel ausgeschlossen."

Der Tatbestand umfasst hier wieder den ersten Halbsatz „wer ohne Entschuldigung zu spät kommt", während der zweite Halbsatz die Folge darstellt. Der Tatbestand umfasst zwei Merkmale: Das Zuspätkommen und das Fehlen einer Entschuldigung (kumulativ). Das Zuspätkommen ist eine positive – nämlich tatsächlich erforderliche – Voraussetzung, während die Entschuldigung für die Erfüllung des Tatbestandes gerade nicht vorliegen darf. Deshalb stellt das Fehlen der Entschuldigung ein negatives Tatbestandsmerkmal dar. Dies wird deutlich, wenn man den Spieß herumdreht: Bei einem entschuldigten Zuspätkommen ist das Tatbestandsmerkmal „keine Entschuldigung" und damit der (kumulative) Tatbestand insgesamt nicht erfüllt.

| wer *ohne* Entschuldigung (negativ) | zu spät kommt (positiv) | → | wird vom Spiel ausgeschlossen |

III. Rechtsfolge

Wie der Tatbestand kann auch die Rechtsfolge in mehrere Teile zerfallen, die ebenfalls **46** kumulativ oder alternativ zueinander stehen können. Insofern kann auf die obigen Ausführungen verwiesen werden.

Eine Besonderheit der Rechtsfolge besteht – vor allem im Verwaltungsrecht – darin, dass sie in zwei Arten auftritt: So gibt es die *gebundene Rechtsfolge*, die bei Vorliegen des Tatbestandes zwingend eintritt. Daneben gibt es aber auch die *Ermessensrechtsfolge*, die – auch bei Vorliegen des Tatbestandes – nicht zwingend eintreten muss. Vielmehr kommt hier in der Regel der handelnden Behörde ein Ermessensspielraum zu, ob sie nun gemäß der Rechtsfolge handeln will oder nicht. Da diese Problematik im Dritten Kapitel behandelt wird, gehe ich hier nicht näher darauf ein[25].

(2) Strukturbeispiele

Vor der Anwendung einer Norm bei einer Fallbearbeitung sollte man die Struktur der **47** Norm erfasst haben. Dies erfolgt in aller Regel nur gedanklich, jedoch ist es im Anfängerstadium ratsam, sich die Struktur grafisch zu verdeutlichen. Die Vorgehensweise ist immer dieselbe und gliedert sich in folgende Arbeitsschritte:

1. Trenne Tatbestand und Rechtsfolge!
2. Gliedere den Tatbestand in seine einzelnen Merkmale auf!
3. Bestimme das Verhältnis der Merkmale zueinander!
4. Überprüfe die Merkmale darauf hin, ob sie positiv oder negativ sind!

Hier werden nun vier („echte") Rechtsnormen als Anschauungsbeispiele strukturiert. Dabei wird der Tatbestand gerade und die Rechtsfolge kursiv gedruckt dargestellt.

Art. 46 I GG: Ein Abgeordneter darf zu keiner Zeit wegen seiner Abstimmung oder wegen einer **48** Äußerung, die er im Bundestage oder in einem seiner Ausschüsse getan hat, *gerichtlich oder dienstlich verfolgt oder sonst außerhalb des Bundestages zur Verantwortung gezogen werden.* Dies gilt nicht für verleumderische Beleidigungen.

Beispiel 1

Abgeordneter	Abstimmung	im Bundestag	keine Verleumdung (negativ)	→	Unbefristetes Verfolgungs-verbot außer-halb[26] des Bundestages.
	Äußerung	in einem Ausschuss			

---

25 Siehe unten, Rdnr. 295 ff.
26 Eine Verfolgung innerhalb des Bundestages – also mit den parlamentarischen Ordnungsmitteln (z.B. Ordnungsruf, Ordnungsgeld, Saalverweis) – ist von der Rechtsfolge nicht erfasst und daher möglich (vgl. §§ 36–41 GeschO BT).

49 **Beispiel 2** **Art. 68 I GG:** Findet ein Antrag des Bundeskanzlers, ihm das Vertrauen auszusprechen, nicht die Zustimmung der Mehrheit der Mitglieder des Bundestages, *so kann der Bundespräsident* auf Vorschlag des Bundeskanzlers binnen einundzwanzig Tagen *den Bundestag auflösen*. Das Recht zur Auflösung erlischt, sobald der Bundestag mit der Mehrheit seiner Mitglieder einen anderen Bundeskanzler wählt.

Antrag des Bundeskanzlers, ihm das Vertrauen auszusprechen	*keine* Zustimmung der Mehrheit der Mitglieder des Bundestages (neg.)	Vorschlag des Bundes kanzlers, den Bundestag aufzulösen	binnen 21 Tagen	*keine* Kanzlerneuwahl (negativ)	Der Bundespräsident kann den Bundestag auflösen.

50 **Beispiel 3** **§ 50 I i.V.m. Anhang, Nr. 9 a) – c) LBO (Ba.-Wü.):** Im Bau- und Umweltrecht neigt der Gesetzgeber mitunter dazu, zur Wahrung der Lesbarkeit des Haupttextes detaillierte oder technische Tatbestandsmerkmale in einen Anhang zum Gesetz „auszulagern" (besonders konsequent bei der 4. Verordnung zum BImSchG). Für die Erarbeitung der Struktur muss man dann die gesetzliche Norm und die Präzisierungen im Anhang zusammenziehen:

§ 50 I: Die Errichtung der Anlagen …, die im Anhang aufgeführt sind, *ist verfahrensfrei*.

Anhang … 9. Werbeanlagen, …
a)   Werbeanlagen im Innenbereich bis 1 m² Ansichtsfläche,
b)   Werbeanlagen in durch Bebauungsplan festgesetzten Gewerbe-, Industrie- und vergleichbaren Sondergebieten an der Stätte der Leistung bis zu 10 m Höhe über der Geländeoberfläche,
c)   vorübergehend angebrachte oder aufgestellte Werbeanlagen im Innenbereich an der Stätte der Leistung oder für zeitlich begrenzte Veranstaltungem, …

Errichtung	Anlage, hier: Werbeanlage	im Innenbereich	bis 1 m² Ansichtsfläche		ist verfahrensfrei
			vorübergehend	zeitlich begrenzte Veranstaltungen	
			Stätte der Leistung		
	Gewerbegebiet	bis 10 m Höhe über der Geländeoberfläche			
	Industriegebiet				
	vergleichbares Sondergebiet				

51 **Beispiel 4** **§ 244 I Nr. 1 StGB:** *Mit Freiheitsstrafe von sechs Monaten bis zu zehn Jahren wird bestraft,* wer
1.   einen Diebstahl begeht, bei dem er oder ein anderer Beteiligter
a)   eine Waffe oder ein anderes gefährliches Werkzeug bei sich führt,
b)   sonst ein Werkzeug oder Mittel bei sich führt, um den Widerstand einer anderen Person durch Gewalt oder Drohung mit Gewalt zu verhindern oder zu überwinden, …

Diebstahl, bei dem	er selbst	Waffe					bei sich führt	wird mit Freiheitsstrafe von 6 Mon. bis zu 10 Jahren bestraft
		anderes gefährliches Werkzeug						
	ein anderer Beteiligter	Werkzeug	zur Überwindung	des Widerstandes	durch Gewalt			
		Mittel	zur Verhinderung	einer anderen Person	durch Drohung mit Gewalt			

2. Abschnitt:
Fallbearbeitungstechnik

A. Subsumtion[27]

I. Begriff

Der Begriff der Subsumtion beschreibt den zentralen Arbeitsschritt der juristischen **52** Fallbearbeitung; hierbei geht es darum, den zu untersuchenden Sachverhalt daraufhin zu prüfen, ob er die Voraussetzungen (Tatbestand) der Rechtsnorm erfüllt. Köbler definiert Subsumtion wie folgt: „Subsumtion ist die vergleichende Unterordnung oder Zuordnung (Gleichsetzung) eines konkreten Sachverhalts unter eine(n oder zu einem Tatbestand einer) abstrakte(n) Norm."[28]

II. Vorbereitungsarbeiten

1. Auffinden der einschlägigen Rechtsnorm

Bevor man eine Norm konkret anwenden (also subsumieren) kann, muss man sie **53** gefunden haben. Daher besteht der erste Arbeitsschritt immer darin, die für den Fall maßgebliche(n) Rechtsnorm(en) zu suchen und zu finden. Bei dieser Suche orientiert man sich an der jeweiligen Rechtsfolge der infrage kommenden Rechtsnormen; denn (in aller Regel) muss man eine Rechtsnorm finden, die ein bestimmtes Handeln (beispielsweise Wahl des Bundeskanzlers, Auflösung des Bundestages, Untersagung eines Gewerbes, Rücknahme eines Verwaltungsaktes) erlaubt bzw. anordnet. Diese Handlungserlaubnis bzw. -anordnung ist naturgemäß immer in der Rechtsfolge zu finden.

2. Zerlegung des Tatbestandes

Nachdem man die einschlägige(n) Rechtsnorm(en) gefunden hat, gilt es, diese für die **54** Subsumtion aufzubereiten. Das bedeutet, dass man anhand der im vorigen Abschnitt dargestellten Arbeitsschritte die Rechtsnorm(en) strukturiert und in die einzelnen Tatbestandsmerkmale zerlegt. Es gilt also die schon bekannte Schrittfolge:

a) Trennung von Tatbestand und Rechtsfolge.
b) Bestimmung der einzelnen Tatbestandsmerkmale.
c) Bestimmung des Verhältnisses der Merkmale zueinander.
d) Feststellung des Charakters der einzelnen Merkmale (positiv/negativ).

III. Subsumtion

Die Subsumtion bezieht sich nun auf die einzelnen Tatbestandsmerkmale; die nachfol- **55** gend beschriebene Arbeitsweise ist demnach für jedes Tatbestandsmerkmal getrennt und einzeln gültig. Wie bereits bei der Begriffserläuterung dargelegt wurde, geht es nun

---

27 Zur Bedeutung der Subsumtion siehe Schwerdtfeger/Schwerdtfeger, Fallbearbeitung, Rdnr. 037.
28 Köbler, Wörterbuch, Stichwort „Subsumtion".

darum, den Sachverhalt und das Tatbestandsmerkmal gegeneinander abzugleichen. Oder anders formuliert: Nun ist zu prüfen, ob der Sachverhalt unter das gesetzliche Tatbestandsmerkmal passt[29].

1. Benennung des Tatbestandsmerkmals

56 Hierfür wird zunächst einmal das zu überprüfende Tatbestandsmerkmal benannt. Häufig ist das Tatbestandsmerkmal jedoch noch sehr unbestimmt, weshalb man noch gar nicht sicher sagen kann, was damit eigentlich gemeint ist. Dann ist aber auch noch keine Aussage darüber möglich, ob der Sachverhalt davon erfasst wird oder nicht.

2. Konkretisierung des Tatbestandsmerkmals durch eine Definition

57 In diesen Fällen muss das Tatbestandsmerkmal durch eine Definition konkretisiert werden. Ein ganz wesentlicher Teil juristischer Arbeit besteht darin, Begriffe durch Definitionen zu präzisieren und schärfer gegen nahe liegende Nachbarbegriffe abzugrenzen[30].

58 a) Manchmal nimmt einem der Gesetzgeber diese Arbeit ab, indem er selbst die Begriffe definiert; man spricht dann von „Legaldefinitionen". Diese können in gesonderten Begriffsbestimmungsparagraphen (wie z.B. § 3 BImSchG) oder im laufenden Gesetzestext auftreten. Im letzteren Fall wird der definierte Begriff nach der (ausführlicheren) Definition in Klammern hinzugefügt, wie z.B. in § 38 I 1 VwVfG: „Eine von der zuständigen Behörde erteilte Zusage, einen bestimmten Verwaltungsakt später zu erlassen oder zu unterlassen (Zusicherung), …".

59 b) Der überwiegende Teil der Definitionsarbeit wird von den Gerichten und der Rechtswissenschaft geleistet. So kann es also auch dem (Klausur-)Fallbearbeiter passieren, dass ihm ein zu konkretisierendes Tatbestandsmerkmal unterkommt. In einer solchen Situation ist – sofern man dazu noch keine Definition kennen gelernt hat – Kreativität gefragt; dabei sind die unten in Teil B erläuterten Auslegungsregeln heranzuziehen. Allerdings sollte man bei seinen Bemühungen, den Begriff zu definieren und damit konkreter fassbar zu machen, nicht völlig unübersichtliche und letzlich auch schwer verständliche Mammutdefinitionen liefern[31]. Ein besonders abschreckendes Beispiel dafür, wohin es Juristen in ihrem Definitionseifer treiben kann, bietet folgende vom Reichsgericht (Vorgängergericht des heutigen Bundesgerichtshofes als Revisionsinstanz der ordentlichen Gerichtsbarkeit) gebotene Definition der Eisenbahn[32]:

„Eine Eisenbahn ist ein Unternehmen, gerichtet auf wiederholte Fortbewegung von Personen oder Sachen über nicht ganz unbedeutende Raumstrecken auf metallener Grundlage, welche durch Konsistenz, Konstruktion und Glätte den Transport großer Gewichtsmassen bzw. die Erzielung einer

---

29 Anschaulich erklärt bei Nemitz, Schemata I, S. 38–45; siehe auch Gast, Rhetorik, Rdnr. 57–151.
30 Zur Bedeutung und Methodik der juristischen Definitionskunst siehe Gast, Rhetorik, Rdnr. 876–908.
31 Siehe auch Blasius/Büchner, Methodenlehre, S. 148–151. Unverständliche Definitionen führen außerdem zu einem Rückgang der Akzeptanz in der breiten Bevölkerung; Recht muss jedoch eingeübt und gelebt werden, wenn es seinen Geltungsanspruch durchsetzen will.
32 RGZ 1, S. 247 (252).

verhältnismäßig bedeutenden Schnelligkeit der Transportbewegung zu ermöglichen bestimmt ist, und durch diese Eigenart in Verbindung mit den außerdem zur Erzeugung der Transportbewegung benutzten Naturkräften – Dampf, Elektrizität, tierische oder menschliche Muskeltätigkeit, bei geneigter Ebene der Bahn auch schon durch die eigene Schwere der Transportgefäße und deren Ladung usf. – gewaltige, je nach den Umständen nur bezweckterweise nützliche oder auch Menschenleben vernichtende und menschliche Gesundheit verletzende Wirkung zu erzeugen fähig ist."

Der Sprachwissenschaftler Reiners hat diese völlig überladene Definition, die auch zahlreiche unnötige Abgrenzungen und Präzisierungen enthält, zum Anlass genommen, nun seinerseits das Reichsgericht wie folgt zu definieren[33]:

„Ein Reichsgericht ist eine Einrichtung, welche dem allgemeinen Verständnis entgegenkommen sollende, aber bisweilen durch sich nicht ganz vermeiden lassende, nicht ganz unbedeutende bzw. verhältnismäßig gewaltige Fehler im Satzbau auf der schiefen Ebene das durch verschnörkelte und ineinander geschachtelte Perioden ungenießbar gemachten Kanzleistils herabgerollte Definition, welche eine das menschliche Sprachgefühl verletzende Wirkung zu erzeugen fähig ist, liefert."

3. Feststellung des maßgeblichen Sachverhaltsausschnittes

Nachdem nun das abstrakte Tatbestandsmerkmal – gegebenenfalls durch eine (verständliche!) Definition – subsumtionsgerecht aufbereitet ist, muss man das „Gegenstück", nämlich den für das Tatbestandsmerkmal in Betracht kommenden Punkt aus dem Sachverhalt, also den konkreten Sachverhaltsausschnitt, herausarbeiten. **60**

4. Subsumtion

Das Tatbestandsmerkmal wird dann daraufhin überprüft, ob es den dazugehörigen Sachverhaltsausschnitt erfasst oder nicht. Soweit dies nicht – aufgrund der geleisteten Vorarbeiten – schon ohne weiteres zu erkennen ist, bedarf es einer argumentativen Begründung der zu treffenden Entscheidung. Das bedeutet, dass gesondert darzulegen ist, warum dieser Sachverhaltsausschnitt vom Tatbestandsmerkmal (bzw. seiner Definition) erfasst wird oder nicht. **61**

5. Ergebnisfeststellung

Wenn die Subsumtion zu einem positiven Ergebnis gelangt ist, der Sachverhaltsausschnitt also vom Tatbestandsmerkmal erfasst wird, dann ist – vor allem bei einer aufwändigeren Prüfung – abschließend festzustellen, dass das Tatbestandsmerkmal in diesem Fall erfüllt ist. Anschließend wird das nächste Tatbestandsmerkmal wieder von vorne geprüft (1.–5.). Diese Prüfungsfortsetzung gilt – zumindest im hier maßgeblichen und unten erläuterten Gutachtenstil – auch dann, wenn die Subsumtion kein positives Ergebnis hat (Hilfsgutachten, s. u., Rdnr. 82). **62**

---

33 Reiners, Stilkunst, S. 97; s. auch Beaumont, Definitionen, JurBüro 1993, S. 397.

IV. Nacharbeiten

63   Hat man in der unter II. und III. beschriebenen Weise alle Tatbestandsmerkmale geprüft und als gegeben erkannt, dann ist insgesamt festzustellen, dass der Tatbestand erfüllt ist. Dies hat dann zur Folge, dass die Rechtsfolge eintritt bzw. eintreten kann und damit die im Sachverhalt vorgenommene Handlung (s. o.) erlaubt bzw. angeordnet war. Gelangt man dagegen zu dem Ergebnis, dass einzelne Tatbestandsmerkmale nicht gegeben sind, so muss anhand der ermittelten Struktur geprüft werden, ob die nicht erfüllten Tatbestandsmerkmale entbehrlich sind. Dies ist nur der Fall, wenn von mehreren alternativen Tatbestandsmerkmalen jedenfalls eines gegeben ist. Dann ist der Tatbestand insgesamt trotz des Fehlens von Tatbestandsmerkmalen erfüllt, weshalb auch dann die Rechtsfolge eintritt. Sind jedoch unentbehrliche – also kumulative – Tatbestandsmerkmale nicht gegeben, dann ist der Tatbestand insgesamt nicht erfüllt; die Rechtsfolge kann dann nicht eintreten. Soweit die im Sachverhalt thematisierte Handlung nicht auf eine andere Rechtsnorm gestützt werden kann, war diese folglich nicht erlaubt bzw. angeordnet und damit (zumindest) rechtswidrig.

V. Beispiel

64   Der Student S erhält von der Universitätskasse eine schriftliche Aufforderung über die Zahlung der Studiengebühr von 500 € für das kommende Semester und möchte wissen, um was es sich dabei rechtlich handeln könnte.

1. Auffinden der einschlägigen Rechtsnorm	Es könnte sich um einen Verwaltungsakt handeln; dieser ist in § 35, 1 VwVfG normiert. Folglich handelt es sich dabei um die maßgebliche Vorschrift.
2. Zerlegung des Tatbestandes[34]	§ 35, 1 VwVfG enthält sechs kumulative Tatbestandsmerkmale: Maßnahme[35], Behörde, Öffentliches Recht, Regelung, Außenwirkung, Einzelfall[36].
3. Prüfung des ersten Tatbestandsmerkmals	
a) Benennung des Tatbestandsmerkmals	Dafür müsste es sich zunächst um eine Maßnahme handeln.
b) Konkretisierung durch eine Definition	Eine Maßnahme wird definiert als jede Handlung mit Erklärungsgehalt.

---

34 Dieser Bearbeitungsschritt wird im Gegensatz zu den übrigen Schritten in der ausformulierten Fallösung nicht ausdrücklich dargelegt, weil dies der unerwünschten Wiederholung des bekannten Gesetzeswortlautes weitgehend entspräche; man fängt daher sofort mit dem ersten Merkmal an.

35 Bei exakter Lektüre des Tatbestandes von § 35, 1 VwVfG wird man feststellen, dass zum Tatbestandsmerkmal der Maßnahme noch die hier unterschlagenen Merkmale „Verfügung" und „Entscheidung" in einem alternativen Verhältnis stehen. Allerdings handelt es sich dabei nicht um echte alternative (nämlich andere) Tatbestandsmerkmale, sondern nur um Beispiele zum Überbegriff der „Maßnahme"; dies ergibt sich aus der Formulierung „oder andere … Maßnahme".

36 Im Einzelnen zum VA-Begriff siehe 3. Kapitel (Verwaltungsrecht), 2. Abschnitt (Rdnr. 230 ff.).

c) Feststellung des maßgeblichen Sach verhaltsausschnittes	In diesem Fall geht es um eine schriftliche Aufforderung zur Zahlung einer Studiengebühr von 500 €.
d) Subsumtion	Als Handlung ist hier die Zusendung des Schreibens zu sehen. Der Erklärungsgehalt besteht darin, dass S zur Zahlung von € 500 aufgefordert wird.
e) Ergebnisfeststellung	Demnach handelt es sich hierbei um eine Maßnahme.
4.–8. Prüfung des zweiten bis sechsten Tatbestandsmerkmals analog 3. a) bis e).	Außerdem müsste eine Behörde handeln [Benennung des Tatbestandsmerkmals]. Diese wird nach § 1 IV VwVfG als jede Stelle, die öffentliche Aufgaben wahrnimmt, definiert [Definition]. Die hier handelnde Universitätskasse [Benennung des Sachverhaltsschnitts] hat die Aufgabe, die Finanzangelegenheiten der Universität abzuwickeln, was eine öffentliche Aufgabe darstellt [Subsumtion]. Folglich ist die Universitätskasse eine Behörde, womit auch dieses Merkmal erfüllt ist [Ergebnisfeststellung].
	... *[Die weitere Prüfung – entsprechend zu den beiden ersten Merkmalen – käme zu dem Ergebnis, dass auch die übrigen Merkmale (Öffentliches Recht, Regelung, Außenwirkung, Einzelfall) vorliegen.]* ...
9. Endergebnis	Folglich sind alle Tatbestandsmerkmale des § 35, 1 VwVfG gegeben. Demnach stellt die Zahlungsaufforderung einen Verwaltungsakt dar.

B. Auslegungsregeln und Argumentationstechniken der Rechtsfortbildung

Bei der Fallbearbeitung können im Wesentlichen zwei Schwierigkeiten bei der Rechtsanwendung auftreten: Die Norm ist hinsichtlich des Wortlautes mehrdeutig oder es gibt keine (unmittelbar) anwendbare Norm.   65

I. Auslegungsregeln (bei Mehrdeutigkeit)

Im erstgenannten Fall, dass ein Begriff in der Rechtsnorm mehrdeutig ist, muss die Präzisierung durch Auslegung erfolgen. Hierfür hat die Rechtswissenschaft fünf Auslegungsregeln entwickelt[37]:   66

---

37 Siehe auch die Darstellungen bei Bydlinski, Methodenlehre, S. 436–463; Gast, Rhetorik, Rdnr. 640–850; Pawloswkl, Methodenlehre, Rdm. 359 ff.; Nemitz, Schemata I, S. 46 53; Katz, Staatsrecht, Rdnr. 109–124; Maurer, Staatsrecht I, § 1 III; Sodan/Ziekow, Öffentliches Recht, § 2.

1. Grammatische Auslegung

Die grammatische Auslegung orientiert sich am Wortlaut der Norm und legt diesen nach allgemeinem (und juristischem) Sprachverständnis aus. Allerdings lässt die grammatische Auslegung meist noch zahlreiche verschiedene Auslegungen zu, sodass mit dieser Auslegungstechnik allein nur selten Ergebnisse erzielt werden können. Dennoch ist diese Auslegungstechnik sehr wichtig, weil sie praktisch die anderen Auslegungstechniken in ihrer Reichweite beschränkt; so ist eine vom Wortlaut (also grammatisch) nicht mehr gedeckte Auslegung nach den übrigen Regeln nicht möglich.

Beispiel Im römischen Recht regelte das aquilische Gesetz über Schaden die Ersatzpflicht (auch der Höhe nach), wenn jemand „ein (fremdes) Stück vierfüßiges Vieh" erschlagen hatte. Fraglich war, ob der Begriff „Vieh" neben Pferden, Rindern und Eseln auch Hunde und Bären erfasste. Das allgemeine Sprachverständis verstand herkömmlicherweise unter dem Begriff „Vieh" Nutz- und Schlacttiere, nicht aber Haustiere (Hunde) oder wilde Tiere (Bären)[38].

2. Systematische Auslegung

67 Die systematische Auslegung orientiert sich an Struktur und Aufbau (= Systematik) des Normenkomplexes (z. B. des Gesamtgesetzes) sowie der einzelnen Norm (z. B. des Artikels). So wird beispielsweise die hohe Bedeutung der Grundrechte für das Grundgesetz auch damit begründet, dass die Grundrechte den ersten Abschnitt im GG darstellen, also systematisch an herausragender Stelle normiert sind.

Beispiel Art. 5 I GG normiert die Grundrechte der Meinungs-, Informations- und Pressefreiheit. Art. 5 III GG enthält die Grundrechte der Kunst- und Wissenschaftsfreiheit. Art. 5 II GG beschränkt „diese Rechte" (vor allem) durch die allgemeinen Gesetze. Durch Auslegung ist zu ermitteln, was Art. 5 II GG mit „diese(n) Rechte(n)" meint, ob also diese Schranken für die Grundrechte von Art. 5 I GG und Art. 5 III GG gelten sollen. Diese Frage ist durch die Systematik des Art. 5 GG zu klären. Dabei ist von entscheidender Bedeutung, dass die Schranken in Abs. 2 – also noch vor den Grundrechten des Abs. 3 – genannt sind. Die Formulierung „diese Rechte" kann sich systematisch nicht auf Nachfolgendes, sondern nur auf Vorangegangenes beziehen. Deshalb gelten die Schranken des Art. 5 II GG nur für die Grundrechte des Art. 5 I GG. Wäre die Reihenfolge der Absätze anders, nämlich Abs. 1, Abs. 3, Abs. 2, dann würden die Schranken für alle Grundrechte des Art. 5 GG gelten. Der Aufbau einer Norm kann folglich ganz erhebliche Bedeutung haben.

3. Historische Auslegung

68 Bei der historischen Auslegung ist der Wille des die fragliche Norm seinerzeit erlassenden Gesetzgebers zu ermitteln. Das bedeutet, dass man in den in Bibliotheken (und bei jüngeren Normen auch im Internet) meist vorhandenen Antragsbegründungen und Protokollen nachsehen muss, welche Vorstellung damals die Beteiligten im Rechtssetzungsverfahren von dem mehrdeutigen Begriff hatten. Nicht selten wird man dabei frustriert feststellen müssen, dass man sich damals der Mehrdeutigkeit gar nicht bewusst war bzw. zumindest in den Protokollen keine Anhaltspunkte dafür ersichtlich sind. Doch auch wenn man den historischen Gesetzgeberwillen ermitteln kann, ist er

---

38 Liebs, Römisches Recht, S. 199.

häufig für eine Auslegung wenig hilfreich[39]. Denn seit dem Erlass der Norm hat sich – je nach zeitlicher Entfernung – viel geändert, so auch die Bedeutung von Werten, Grundsätzen und eben auch von Begriffen. Diesem Bedeutungswandel kann die historische Auslegung nicht Rechnung tragen, weshalb sie – deutlich – das schwächste Argument unter den Auslegungstechniken darstellt.

Beispiel
Nach Art. 19 III GG gelten die Grundrechte nicht nur für natürliche Personen (Menschen), sondern „auch für inländische juristische Personen" (also GmbHs u.Ä.. mit Sitz in Deutschland). Streitig und auslegungsbedürftig ist die Frage, ob damit ausländische juristische Personen aus der Grundrechtsgeltung ausgeschlossen sein sollen. Der Wortlaut ist unklar, weil es nicht heißt: „nur für inländische juristische Personen". Die h.M. lehnt die Grundrechtsgeltung für ausländische Personen ab und stützt sich dabei u.a. auf die historische Auslegung, wonach im Parlamentarischen Rat bei der Erarbeitung des GG die Auffassung vorherrschte, nur inländische juristische Personen in den Genuss der Grundrechte gelangen zu lassen[40].

4. Teleologische Auslegung

Die wichtigste Auslegungsregel orientiert sich an Sinn und Zweck der Norm. Es wird also objektiv (im Gegensatz zur subjektiven, an der Gesetzgebervorstellung orientierten historischen Auslegung) ermittelt, worin Sinn und Zweck (griechisch: telos) der Norm liegen. Hieraus ergibt sich dann das Verständnis, wie der mehrdeutige Begriff auszulegen ist. Die teleologische Auslegungsmethode stellt wegen ihres objektiven Charakters und ihrer Abhängigkeit vom Normzweck die wichtigste Auslegungsmethode dar.

69

Beispiel
Art. 79 III GG verbietet (u.a.) alle Grundgesetzänderungen, die die Grundsätze der Art. 1 und 20 GG tangieren. Deshalb nennt man diese Vorschrift die „Ewigkeitsgarantie" des GG. Allerdings ist es nach Art. 79 III GG nicht verboten, diese Vorschrift selbst zu ändern. Der böswillige verfassungsändernde Gesetzgeber müsste also nur zuerst Art. 79 III GG aufheben, bevor er dann die Art. 1 oder 20 GG ändern könnte. Hier greift die teleologische Auslegung ein: Sinn und Zweck des Art. 79 III GG ist die Unabänderlichkeit bestimmter Grundsätze des GG. Dieser Zweck könnte gerade nicht erreicht werden, wenn eine Änderung des Art. 79 III GG möglich wäre. Deshalb folgt aus diesem Zweck, dass Art. 79 III GG selbst ebenfalls nicht änderbar ist.

5. Verfassungskonforme Auslegung

Unter dem Grundgesetz gibt es neben den bisher dargestellten vier klassischen Auslegungsregeln noch die der „verfassungskonformen Auslegung". Wenn von mehreren verschiedenen Auslegungsmöglichkeiten (nach den klassischen Methoden) alle bis auf eine Auslegung zu einem mit dem GG unvereinbaren Ergebnis gelangen, so ist diejenige Auslegung zu wählen, die mit der Verfassung in Einklang steht („verfassungskonform" ist)[41]: „Ein Gesetz ist nicht verfassungswidrig, wenn eine Auslegung möglich ist,

70

---

39 Mitunter kann die Erforschung des historischen Gesetzgeberwillens zu dem frustrierenden Ergebnis gelangen, dass die Mehrdeutigkeit beabsichtigt war, weil (aus politischen Gründen) die Einigung auf eine eindeutige Formulierung nicht möglich war.

40 Vgl. Krebs, in: v. Münch/Kunig, GG, Art. 19 Rdnr. 35; ein gesondertes Streitthema ist die Frage, ob nicht zumindest juristische Personen aus den EU-Mitgliedstaaten im Hinblick auf das allgemeine Diskriminierungsverbot gem. Art. 18 AEUV grundrechtsberechtigt sind, vgl. Krebs. a.a.O., Rdnr. 36 ff.

41 Katz, Staatsrecht, Rdnr. 124.

die im Einklang mit dem GG steht, und das Gesetz bei dieser Auslegung sinnvoll bleibt."[42]

Beispiel Der 1972 mit der DDR abgeschlossene Grundlagenvertrag konnte in einer zentralen Frage unterschiedlich ausgelegt werden. Man konnte darin die Anerkennung der DDR als selbstständigen und ausländischen Staat durch die Bundesrepublik sehen, was dem Einigungsgebot der damaligen Präambel des GG zuwidergelaufen wäre. Es war aber auch die Auslegung möglich, dass damit diese Anerkennung der DDR als Ausland nicht verbunden ist. Im letzteren Sinn hat das BVerfG den Vertrag verfassungskonform ausgelegt: „Der Vertrag bedarf daher, um verfassungskonform zu sein, der Auslegung, dass die DDR auch in dieser Beziehung nach dem In-Kraft-Treten des Vertrags für die Bundesrepublik Deutschland nicht Ausland geworden ist."[43]

II. Rechtsfortbildung bei fehlender (unmittelbar anwendbarer) Rechtsnorm[44]

1. Analogie („entsprechende Anwendung") bei unbewusster (echter) Lücke

71 Wenn nicht eine Unklarheit der Norm, sondern das Fehlen einer für den Fall einschlägigen Norm vorliegt, kann eine Analogie in Betracht kommen. Das würde bedeuten, dass die Rechtsfolge einer vorhandenen Norm auf einen von keiner Norm geregelten Fall „analog" (also „entsprechend") angewendet wird[45]. Eine solche Analogie setzt das Vorliegen einer echten Lücke und die Vergleichbarkeit des geregelten Falles mit dem ungeregelten Fall voraus:

a) Unbewusste (echte) Lücke

72 Die gesetzliche Lücke, in die der zu untersuchende Fall fällt, darf nicht bewusst vom Gesetzgeber gelassen worden sein. Man muss sich also überlegen, warum dieser Fall vom Gesetz ungeregelt geblieben ist. Das kann verschiedene Gründe haben[46]:

(1) Der jetzt vorliegende, ungeregelte Fall ist die Folge fortlaufender Entwicklungen, die zum Zeitpunkt des Erlasses der analog heranzuziehenden Norm noch gar nicht absehbar waren.

(2) Die analog anzuwendende Norm ist „mit heißer Nadel" gestrickt worden, sodass der Normgeber den jetzt vorliegenden Fall schlicht übersehen hat.

(3) Der Normgeber hat bei Erlass der analog heranzuziehenden Norm den jetzt vorliegenden Fall gesehen, wollte ihn aber in dieser Norm mit dieser Rechtsfolge nicht regeln, etwa weil die Rechtsfolge nicht als angemessen oder diese Art von Fällen noch nicht als regelungsreif angesehen wurde.

---

42 BVerfGE 2, S. 266 (Leitsatz).
43 BVerfGE 36, S. 1 (30 f.).
44 Ausführliche Darstellungen bei Gast, Rhetorik, Rdnr. 1040–1069; Pawlowski, Methodenlehre, Rdnr. 453 ff.; siehe auch Nemitz, Schemata I, S. 53 ff.
45 Die Analogie ist ein nicht ganz problemloser Kunstgriff; im Strafrecht ist die Analogie zulasten des Täters verboten, was sich aus § 1 StGB und aus dem Rechtsstaatsprinzip ableiten lässt.
46 Aus: Bartholomeyczik, Gesetzesauslegung, S. 82.

In den ersten beiden Fällen ist eine Analogie möglich, nicht jedoch im dritten Fall der bewussten Lücke, also in der dritten Fallgruppe (heute z.B.: keine Analoganwendung eherechtlicher Vorschriften auf die nichteheliche Lebensgemeinschaft; ebenso: keine Analogie von der Providerhaftung gem. §§ 8 ff. TMG zur Haftung für verlinkte Inhalte im Internet).

b) Vergleichbarkeit

Zweitens muss der Fall mit dem in der zur analogen Anwendung herangezogenen Norm geregelten Fall tatsächlich und rechtlich vergleichbar sein, d.h. die Interessenkonstellationen im geregelten und im ungeregelten Fall müssen sich weitgehend entsprechen. **73**

c) Beispiel[47]

Im römischen Recht haftete der Eigentümer von „Vierfüßern" für Schäden, die diese anderen zufügten. Bestand ein solcher Schadensersatzanspruch auch dann, wenn der Schaden durch einen afrikanischen Strauß verursacht wurde? **74**

(1) Mithilfe der Auslegung kann der zweifüßige Strauß nicht unter den Begriff des „Vierfüßers" subsumiert werden, weil der Wortlaut dem entgegensteht und dieser stets die Grenze für Auslegungen darstellt. Es lag also insofern eine Lücke vor, dass für Schäden durch einen Strauß keine Regelung gegeben war. Der römische Gesetzgeber hatte kein Begriff wie „das Tier" (vgl. § 833 BGB); es gab in Rom aber damals auch keine gefährlichen zweifüßigen Tiere, sodass man glaubte, mit dem „Vierfüßer" alle schadensträchtigen Tiere erfasst zu haben. An den Import afrikanischer Strauße hat keiner gedacht. Somit liegt eine unbewusste Lücke im Sinne der ersten Voraussetzung (s.o.) vor.

(2) Die Schadensersatzvorschrift hatte den Zweck, die Interessenlage bei tierbedingt verursachten Schäden zu regeln, betrifft also alle nennenswerten Tiergefahren. Der Strauß ist als Zweifüßer mit den Vierfüßern hinsichtlich der Gefährlichkeit vergleichbar, weshalb auch diese Analogievoraussetzung vorliegt.

2. Erst-recht-Schluss

Bei *unbewussten* Lücken gibt es außerdem den Erst-recht-Schluss, um vom Wortlaut nicht erfasste Fälle unter eine bestimmte Norm zu subsumieren[48]. Der Erst-recht-Schluss tritt in zwei Formen auf[49]: **75**

a) Schluss vom Kleineren auf das Größere (argumentum a minore ad maius)

Dieser Erst-recht-Schluss betrifft den Tatbestand und meint Folgendes: Wenn der nicht geregelte Fall schwerwiegender als der geregelte Tatbestand ist, muss die Rechtsfolge für den ungeregelten Fall erst recht gelten.

---

47   Bei Bartholomeyczik, Gesetzesauslegung, S. 84 f.

48   Streitig ist das Verhältnis des Erst-recht-Schlusses zur Analogie; Bydlinski, Methodenlehre, S. 479, sieht darin eine „verstärkte Abart des Analogieschlusses"; Blasius/Büchner, Methodenlehre, S. 180, sprechen von einer unstreitigen „Affinität zum Analogieschluss".

49   Die dritte Variante, das argumentum a fortiori, stellt kein eigenständiges Argument mehr dar, sondern bezeichnet im Wesentlichen nur „das den beiden Argumenten gemeinsame logische Schlussverfahren", vgl. Blasius/Büchner, Methodenlehre, S. 181.

Beispiel

Beispiel

(1) Unterstellt, im Tierreich würde eine Vorschrift existieren, wonach es Elefanten, Nashörnern und Nilpferden wegen ihres hohen Gewichts untersagt ist, über zugefrorene Seen zu laufen. Nun stellt sich für den Dino D die Frage, ob diese Vorschrift für ihn auch gilt. Da von Dinos keine Rede ist, liegt insofern eine Lücke im Tatbestand vor. Offensichtlich hat sich der Normgeber mit der Problematik der Dinos gar nicht befasst; vielmehr war er irrig (in Unkenntnis von Jurassic Park) davon ausgegangen, dass Dinos ausgestorben seien. Die Lücke ist folglich nicht beabsichtigt gewesen. Da ein Dino ein noch sehr viel höheres Gewicht als die genannten Tierarten aufweist, gilt diese Vorschrift erst recht für D.

(2) Art. 14 III GG verpflichtet den Staat zur Entschädigungsleistung bei einer rechtmäßigen Enteignung. Dies muss bei einer rechtswidrigen (also „schwerwiegenderen") Enteignung erst recht gelten.[50]

b) Schluss vom Größeren auf das Kleinere (argumentum a maiore ad minus)

Dieser Erst-recht-Schluss betrifft die Rechtsfolge. Danach ist bei Vorliegen des Tatbestandes nicht nur die geregelte Rechtsfolge möglich, sondern auch eine weniger weitgehende Rechtsfolge, die nicht geregelt ist.

Beispiel

Wenn ein bestimmtes Verhalten (Tatbestand) eine fristlose Kündigung (geregelte Rechtsfolge) erlaubt, so ist davon die weniger weitgehende Rechtsfolge einer fristgemäßen Kündigung erst recht erfasst. Gemäß § 543 II Nr. 3 BGB kann der Vermieter einer Wohnung den Mietvertrag fristlos – also mit sofortiger Wirkung – kündigen, wenn der Mieter zwei Monate lang keine Miete mehr bezahlt hat. In einem solchen Fall kann der Vermieter jedoch – erst recht – eine Kündigung unter Einhaltung der gesetzlichen Kündigungsfrist gem. § 573c I BGB aussprechen, ohne dass es dafür einer gesetzlichen Regelung bedarf.

3. Umkehr- oder Gegenschluss (argumentum e contrario) bei bewusster (unechter) Lücke

76 Wenn die für den ungeregelten Fall nahe liegende Norm diesen nicht enthält, kann das schließlich auch bedeuten, dass der Gesetzgeber auf den ungeregelten Fall diese Rechtsfolge gerade nicht angewendet haben wollte. Diese Argumentation nennt man den Umkehr- oder Gegenschluss.

Dieser setzt – im Gegensatz zur Analogie – voraus, dass die heranzuziehende Norm *abschließend* ist; die „Lücke", in die der ungeregelte Fall gehört, muss also gerade absichtlich vom Gesetzgeber geschaffen worden sein. Eine solche Lücke stellt eigentlich gar keine Lücke im Rechtssystem dar, sondern eine bewusste Nichtregelung (deshalb: „unechte" Lücke)[51].

Beispiel

Steht man mit einem Auto vor einer ebenso alten wie wackelig aussehenden Steinbrücke, die über einen Fluss führt, stellt sich die Frage, ob die Brücke überhaupt für Autos zugelassen ist. Befindet sich dort nun ein Schild, wonach die Brücke für Kraftfahrzeuge mit einem Gesamtgewicht von mehr als 1,5 t gesperrt ist, kann von der Zulässigkeit der Benutzung der Brücke mit einem weniger gewichtigen Fahrzeug ausgegangen werden. Obwohl über Fahrzeuge mit einem Gewicht von bis zu 1,5 t nichts direkt gesagt ist (Lücke), ergibt sich dies im Umkehrschluss aus der getroffenen Aussage über die schwereren Fahrzeuge.

---

50 Blasius/Büchner, Methodenlehre, S. 181. Siehe aber die Übersicht Rdnr. 207.
51 Das Verhältnis von Analogie und Umkehrschluss ist in der Rechtswissenschaft im Einzelnen streitig, worauf hier nicht näher eingegangen werden kann; vgl. Bartholomeyczik, Gesetzesauslegung, S. 91 ff.; Bydlinski, Methodenlehre, S. 476 f., weist in diesem Zusammenhang auf den wesentlichen Unterschied hin: Der Umkehrschluss stützt sich nur auf die Buchstaben, die Analogie dagegen auf den Zweck des Gesetzes.

c. Gutachtenstil [52]

I. Bedeutung des Gutachtenstils

Für juristische Arbeiten gibt es zwei zentrale Stilarten: Den Gutachtenstil und den Ur- **77**
teilsstil. Während der Gutachtenstil die Lösung noch nicht kennt und sich über die
Aufstellung und Bestätigung bzw. Verwerfung von Hypothesen zum Ergebnis vorarbei-
tet, kennt der Urteilsstil bereits zu Beginn das Ergebnis, das nachfolgend nur noch begründet wird. Da aber kein Jurist (auch kein Richter) die Lösung eines Falles kennt,
bevor er ihn gründlich durchdacht hat, geht *jede* juristische Fallbearbeitung zumindest
gedanklich *immer* zuerst gutachtlich vor. Damit entspricht der Gutachtenstil der juristischen Denk- und Arbeitsweise. Deshalb wird bei der (klausurmäßigen) Behandlung
juristischer Fälle an Hochschulen in aller Regel diese Stilart verwendet.

Allerdings scheint den Studierenden der Urteilsstil viel mehr zu liegen; denn Antworten
auf Fragen in den Übungen enthalten fast immer zuerst ein Ergebnis, dem häufig keine
Begründung folgt. In der Rechtswissenschaft ist aber ein Ergebnis ohne überzeugende
Begründung nichts wert. Denn erst anhand der Begründung kann man das Ergebnis
messen und überprüfen. Die Rechtswissenschaft ist eine Wertungs- und Meinungs-
wissenschaft, weshalb ein letztinstanzliches – und damit kraft staatlichen Gewaltmo-
nopols verbindliches – Urteil etwa des Bundesverwaltungsgerichts noch lange nicht
richtig zu sein braucht; die häufige Kritik der rechtswissenschaftlichen Literatur auch
an Urteilen höchster Gerichte zeigt, wie relativ ein juristisches Ergebnis sein kann.
Auch die nicht selten starken Abweichungen von Ober- und Untergerichten sind meist
darin begründet, dass die Gerichte bestimmte Rechtsfragen einfach anders gewertet
und entschieden haben – deswegen hat keiner „mehr" Recht. Es gibt (von wenigen
unstreitigen Grundsätzen abgesehen) keine juristische Wahrheit und (innerhalb eines
breiten Toleranzrahmens) keine „richtigen" oder „falschen" Entscheidungen, sondern
nur mehr oder weniger überzeugende Argumente und mehr oder weniger vertretbare
Ansichten. Ein besonders eindrucksvolles Beispiel hierfür bietet das über vier Gerichts-
instanzen hinweg gegebene Ping-Pong-Spiel zur Frage, ob Bürgschaftsverträge von
Banken mit gerade volljährig gewordenen Kindern ihrer Darlehensnehmer sittenwidrig
sind oder nicht. Während die eine Seite zu Recht auf die Bedeutung der vollwertigen
Geschäftsfähigkeit Volljähriger hinweist und die damit verbundene Verantwortung ein-
fordert, betont die andere Seite mit nicht minder guten Argumenten die Ausnutzung
des besonderen emotionalen Eltern-Kind-Bandes aus pekuniärem und übersteigertem
Absicherungsstreben der Banken ohne eigenes wirtschaftliches Interesse des Bürgen.[53]

Wegen dieses starken Wertungs- und Argumentationscharakters der Rechtswissenschaft können auch die im 2. und 3. Kapitel dieses Buches angebotenen Falllösungen
keinen Anspruch auf Wahrheit und Richtigkeit erheben; wenn Sie mit *guten Argumenten* eine Frage anders beurteilen wollen, sollen Sie das auch tun.

---

52 Zu Gutachten- und Urteilsstil: Stein/Frank, Staatsrecht, § 59; Schwerdtfeger/Schwerdtfeger,
    Fallbearbeitung, Rdnr. 836; Nemitz, Schemata I, S. 62-74; siehe auch Haft, Einführung, S. 382 ff.
53 Wer sich im Einzelnen für diesen Meinungskampf interessiert, an dem sich Land- und
    Oberlandesgerichte ebenso beteiligt haben, wie der BGH und schließlich auch das BVerfG, siehe
    BVerfGE 89, S. 214 m. zahlr. Nachw.

II. Praktische Vorgehensweise des Gutachtenstils

Beispiel: B will seinem Freund F einen Streich spielen und zerlegt dessen Taschenuhr in alle Einzelteile.

78 *1. Der Gutachtenstil stellt zunächst eine Hypothese auf; sprachlich erfolgt dies im Konjunktiv („könnte") oder im Indikativ mit entsprechender Formulierung („in Betracht kommt", „möglicherweise", „fraglich ist, ob").*

B könnte sich wegen Sachbeschädigung strafbar gemacht haben.

97 *2. Der Hypothese folgt die Nennung ihrer Voraussetzungen, wobei häufig das möglichst exakte Zitat[54] der maßgeblichen Norm (ggf. nach Absatz, Satz und Nummer) ausreicht. Der Gesetzeswortlaut mit den dort genannten einzelnen Voraussetzungen darf nie einfach wiedergegeben werden, da der Gesetzestext auch beim Leser des Gutachtens als bekannt vorauszusetzen ist.*

Dies ist anhand von § 303 I StGB zu prüfen[55].

80 3. Nachdem nun das „Arbeitsprogramm" umrissen ist, werden die einzelnen Voraussetzungen (häufig: Tatbestandsmerkmale) im Gutachtenstil subsumiert, also etwa so: „Dafür müsste zunächst Tatbestandsmerkmal 1 vorliegen. Dieses ist definiert als … *[Definition, Subsumtion]* … Folglich ist das Tatbestandsmerkmal hier erfüllt."

a) Dies würde zunächst voraussetzen, dass die Taschenuhr eine für B fremde Sache gewesen ist; er dürfte also nicht Eigentümer der Uhr gewesen sein. Laut Sachverhalt gehörte die Uhr dem F, womit diese Voraussetzung erfüllt ist.

b) Des Weiteren müsste B die Uhr beschädigt oder zerstört haben. In diesem Fall könnte eine Zerstörung vorliegen. Zerstörung liegt bei völliger Aufhebung der Gebrauchsfähigkeit der Uhr vor.

Eine vollständig zerlegte Uhr kann – in diesem Zustand – nicht auch nur eingeschränkt zweckbestimmt genutzt werden, sodass deren Gebrauchsfähigkeit hier völlig aufgehoben ist. Das Tatbestandsmerkmal der Zerstörung liegt folglich ebenfalls vor.

---

54 Zur Zitierweise siehe unten, D.
55 § 303 I StGB lautet: „Wer rechtswidrig eine fremde Sache beschädigt oder zerstört, wird mit Freiheitsstrafe bis zu zwei Jahren oder mit Geldstrafe bestraft."

| | c) *Schließlich müsste B mit Vorsatz gehandelt haben. Beim Zerlegen der Uhr hat er die Aufhebung der Gebrauchsfähigkeit der Uhr und damit deren Zerstörung vorausgesehen und gewollt, womit auch dieses Erfordernis erfüllt ist.* |
| 4. *Schließlich muss als Schlussfolgerung aus dem Vorstehenden das Ergebnis (bezogen auf die Hypothese) – sprachlich im Indikativ – festgestellt werden („also", „folglich", „somit", „mithin", „demnach", „demgemäß").* | *Somit ist der Tatbestand des § 303 I StGB (rechtswidrig und schuldhaft)[56] erfüllt. B hat sich demnach wegen Sachbeschädigung strafbar gemacht.* |

81

Der Gutachtenstil tritt innerhalb einer Bearbeitung also mehrfach und ineinander geschachtelt auf; er gilt sowohl für den großen Rahmen (Vorliegen der Sachbeschädigung) wie für die Einzelnen darunter zu untersuchenden Tatbestandsmerkmale (fremde Sache, Zerstörung, …).

III. Hilfsgutachten

Eine Besonderheit des alle vernünftigen Möglichkeiten in Betracht ziehenden Gutachtenstils liegt darin, dass auch nach einem schon erzielten Ergebnis die Prüfung *hilfsgutachtlich* fortzusetzen ist, wenn noch nicht alle im Sachverhalt aufgeworfenen Rechtsprobleme erörtert worden sind. Würde man im obigen Beispiel das Tatbestandsmerkmal „fremde Sache" deshalb verneinen, weil die Taschenuhr B gehört, hätte man bereits das Ergebnis erzielt, dass B keine Sachbeschädigung begangen hat; denn die Tatbestandsmerkmale stehen kumulativ zueinander. Hier müsste man dennoch das Vorliegen des abgelehnten Tatbestandsmerkmals unterstellen und dann *hilfsgutachtlich* die weiteren Tatbestandsmerkmale „Zerstörung" und „Vorsatz" untersuchen, da in einem Gutachten auch hierzu Ausführungen erwartet werden. Überflüssig ist ein Hilfsgutachten nur dann, wenn der Sachverhalt zu den übrigen Prüfungspunkten ohnehin keine Anhaltspunkte mehr enthält und eine Subsumtion insofern gar nicht mehr sinnvoll möglich ist[57].

82

---

56 Rechtswidrigkeit und Schuld sind im Strafrecht (nach der herrschenden Lehre vom dreistufigen Deliktsaufbau) nach dem Tatbestand selbstständig zu untersuchende Prüfungsschritte. Da diese strafrechtliche Besonderheit für das hier interessierende Öffentliche Recht ohne Belang ist, wird nicht näher darauf eingegangen.

57 Im Einzelnen ist nicht immer einfach abzuschätzen, ob ein Hilfsgutachten wirklich notwendig und sinnvoll ist; vgl. zu diesem Problemkreis den eingehenden, aber auch keine einfachen Antworten anbietenden Beitrag von Schwabe, Geheimnisvolle Gutachtentechnik, Jura 1996, S. 533. Letztlich wird es – zumindest bei der Fallbearbeitung in der Klausur – darauf ankommen, ob der zu lösende Fall im Sachverhalt genügend Anhaltspunkte enthält, die ein Hilfsgutachten lohnend erscheinen lassen. Siehe hierzu auch Schwerdtfeger/Schwerdtfeger, Fallbearbeitung, Rdnr. 832 f.; Nemitz, Schemata I, S. 72 f.

IV. Abgrenzung zum Urteilsstil

83 Der Urteilsstil beginnt mit dem Ergebnis und schiebt die Begründung – natürlich auch durch Subsumtion der einzelnen Tatbestandsmerkmale – nach, wobei jeder Satz durch *nach*folgende Sätze begründet wird.

Deshalb erfolgt die Verknüpfung des einleitenden Ergebnissatzes mit den Begründungssätzen nicht – wie im Gutachtenstil – mit Wörtern wie „also", „deshalb" u. Ä., sondern mit Begriffen wie „weil", „denn"; die Formulierung erfolgt durchgängig im Indikativ.

Eine Ergebnisfeststellung am Ende unterbleibt, weil ja das Ergebnis schon voran gestellt wurde und alles Nachfolgende nur die Begründung darstellt.

1. B hat sich wegen Sachbeschädigung gem. § 303 I StGB strafbar gemacht.

2. Denn der Tatbestand des § 303 I StGB liegt (rechtswidrig und schuldhaft verwirklicht) vor.

a) Die Taschenuhr stellt eine für B fremde Sache dar, weil er nicht deren Eigentümer war. Die Uhr gehört nämlich dem F.

b) Außerdem hat B die Uhr zerstört, da bei einer vollständig zerlegten Uhr keine bestimmungsgemäße Nutzung möglich ist und B dadurch deren Gebrauchsfähigkeit völlig aufgehoben hat.

c) Schließlich hat B vorsätzlich gehandelt, denn beim Zerlegen der Uhr hat er die völlige Aufhebung deren Gebrauchsfähigkeit und damit die Zerstörung der Uhr vorausgesehen und gewollt.

84 Eine dem Hilfsgutachten entsprechende Prüfung von weiteren Fragen, nachdem das Ergebnis begründet worden ist, gibt es seiner Natur nach beim Urteilsstil nicht. Denn die Ausführungen müssen und dürfen nur soweit reichen, bis das Ergebnis abschließend begründet ist. Wenn also ein Tatbestandsmerkmal fehlt, wird im Urteilsstil ohne Erwähnung der übrigen Merkmale nur das Fehlen des einen Merkmals begründet. Bei dem unter III. gewählten Beispiel würde das also so lauten: „B hat keine Sachbeschädigung begangen. Die Uhr stellte keine fremde Sache dar, weil sie ihm selbst gehört." Ausführungen zu den übrigen Merkmalen wären hier überflüssig und damit – im Urteilsstil – sogar verfehlt.

D. Zur Zitierweise von Normen

85 Eine gute Fallbearbeitung hält sich gleichermaßen eng an den Sachverhalt und an die maßgeblichen Normen. Letzteres setzt voraus, dass dem Leser einer Bearbeitung durch Zitat gesagt wird, welche Norm – möglichst genau – eigentlich gerade angewendet werden soll. Das bedeutet aber nicht, dass man den Gesetzeswortlaut wiederholen soll (s. o.), sondern dass man die anzuwendende Gesetzesstelle möglichst exakt zu bezeichnen hat. Bei dieser Bezeichnung (Zitat) sind folgende Regeln zu beachten:

I. Zitierregeln

1. Immer den Namen des Gesetzes (in zulässiger Abkürzung) angeben, also nicht **86** einfach „§ 218", sondern z. B. „§ 218 **StGB**". Zulässig ist allerdings ein Hinweis zu Beginn der Fallbearbeitung (etwa als Fußnote) auf den Namen des Gesetzes: „Alle Artikel ohne Gesetzesangabe sind solche des GG" oder „alle Paragraphen ohne Gesetzesangabe sind solche der VwGO". Das setzt aber voraus, dass alle anzuwendenden Normen oder zumindest der überwiegende Teil hiervon zu dem genannten Gesetz gehören.

2. Die meisten Gesetze sind nach Paragraphen (§) geordnet, manche wichtigere (vor **87** allem das Grundgesetz!) aber auch nach Artikeln. Man sollte darauf achten, immer die korrekte Gliederungsbezeichnung zu verwenden, also z. B.: Art. 5 GG, § 40 VwGO. Denn es wirkt nicht besonders professionell, wenn solche einfachen Dinge nicht beachtet werden.

3. Die einzelnen Paragraphen/Artikel sind meistens – aber nicht immer – weiter ge- **88** gliedert; das kommt auf die Länge an. Besonders häufig ist die Gliederung in Absätze, die wiederum meist mehrere Sätze enthalten. Ein durch ein Komma oder eine sonstige grammatikalische oder inhaltliche Zäsur abgeteilter Satz stellt einen Halbsatz dar; ein Satz kann aber auch mehrere Möglichkeiten (Alternativen) enthalten. Mitunter arbeitet das Gesetz auch mit Nummern und Buchstaben, was beim Zitieren deutlich werden muss. Häufig wird der Fehler gemacht, die Nummer ohne den Zusatz „Nr." zu zitieren, wodurch der Unterschied zur Bezeichnung eines Satzes fehlt.

Diese weiteren Gliederungen müssen mitzitiert werden, damit deutlich wird, welche **89** der u. U. zahlreichen Einzelvorschriften oder -merkmale des Paragraphen/Artikels gemeint sind. Für diese Zitierung gibt es zwei Schreibweisen: eine ausführlichere und eine kürzere (die unter Fachleuten völlig ausreicht und auch in diesem Buch verwendet wird).

Gliederungsarten	Zitat (längere Fassung)	Zitat (kürzere Fassung)
(1) Absätze	Abs.	*römische Ziffern* (keine arabische Ziffern in Klammern!);
(2) Sätze und Halbsätze	S. Halbs.	*arabische Ziffern;* „HS" mit *arabischer Ziffer;*
(3) Alternativen	Alt.	*arabische Ziffer* mit „Alt.";
(4) Nummern	Nr.	„Nr." mit *arabischer Ziffer;*
(5) Buchstaben	Buchst.	„lit." mit *lateinischem Buchstaben.*

Es ist gleichgültig, welche Schreibweise man verwendet; allerdings sollte man in einer **90** Fallbearbeitung immer bei der gleichen Schreibweise bleiben. Auch sollte man nicht die Abkürzungen beider Schreibweisen miteinander kombinieren, etwa „§ 7 III S. 2"; Absatz 3 als römische Ziffer zu schreiben gehört zur kurzen Schreibweise, während die Voranstellung von „S." beim Satz vor die arabische Ziffer zur längeren Schreibweise gehört (s. o.).

II. Beispiele

91 1. Ein Dieb bemächtigt sich – mit einem Messer in der Hosentasche bewaffnet – der Weinflasche eines auf einer Parkbank schlafenden Landstreichers, ohne dass dieser es merkt. Dies ist strafbar (s. o., Rdnr. 51) gem.

a) (lang) § 244 Abs. 1 Nr. 1 Buchst. a), 1. Alt. StGB,

b) (kurz) § 244 I Nr. 1 lit. a, 1. Alt. StGB (nicht: § 244 I 1 …, denn das würde „Satz 1" bedeuten).

2. Ein Bundestagsabgeordneter soll wegen einer Äußerung im Bundestag bestraft werden. Das verstößt gegen

a) (lang) Art. 46 Abs. 1 S. 1, 1. Halbs., 2. Alt. GG,

b) (kurz) Art. 46 I 1 HS 1, 2. Alt. GG.

3. Die Rücknahme eines rechtswidrigen BAföG-Bescheids, den der Adressat durch unwahre Angaben bekommen hat, ist zulässig gem.

a) (lang) § 48 Abs. 2 S. 3 Nr. 1, 1. Alt. VwVfG,

b) (kurz) § 48 II 3 Nr. 1, 1. Alt. VwVfG.

E. Begriffliches

92 Häufig können juristische Aussagen nicht mit einer absoluten Allgemeingültigkeit aufgestellt werden; deshalb wird oft der Begriff „grundsätzlich" verwendet. Sofern in einem juristischen Zusammenhang (in diesem Buch: immer) dieses Wort auftaucht, ist Vorsicht geboten: Es bedeutet nämlich gerade nicht (wie juristische Laien meist glauben), dass die Aussage sehr bedeutsam sei und daher in jedem Fall gelte, sondern nur *in der Regel*. Der Begriff „grundsätzlich" lässt also immer eine Hintertür für Ausnahmen offen. Insofern kann man dieses Wort mit einem Schweizer Käse vergleichen: Manchmal sind die Löcher größer, mal kleiner – aber sie sind immer da. In extremen Einzelfällen wird das mit der „grundsätzlichen" Aussage angedeutete Regel-Ausnahme-Verhältnis sogar umgekehrt, sodass es mehr Löcher als Käse gibt. Wenn eine juristische Aussage wirklich mal für jeden Fall gelten soll, so wird das durch Begriffe wie „generell" oder „schlechthin" verdeutlicht; es liegt in der Natur der Unwägbarkeit der Rechtswissenschaft, dass man auf diese Wörter jedoch ungleich seltener stößt, als auf „grundsätzliche" Aussagen[58].

---

58 Nach den Worten von Gast, Rhetorik, Fn. 4, ist grundsätzlich „der juristische Fachausdruck dafür, dass es auch anders sein könnte"; siehe auch Köbler, Wörterbuch, Stichwort „Grundsatz".

Zweites Kapitel

Staatsrecht

Einleitung

Das Staatsrecht der Bundesrepublik Deutschland umfasst im Kern zwei Teile: die **93** Staatsorganisation einerseits und die Grundrechte und Staatsziele andererseits. Es lässt sich deshalb auch in die zwei Kategorien „Staatsordnung" und „Wertordnung" gliedern[59].

Mit dem Begriff der Staatsordnung wird umschrieben, wie die Wahrnehmung und **94** Ausübung der staatlichen Gewalt geregelt und verteilt ist. Im föderalen System findet zunächst einmal eine Gewaltenteilung zwischen Bund und Ländern (Art. 30, 70, 83 GG) statt; weil diese Teilung zwischen „oben" und „unten" unterscheidet, spricht man auch von der „vertikalen Gewaltenteilung". Auf jeder dieser zwei Ebenen ist die staatliche Gewalt weiter aufgeteilt in die gesetzgebende Gewalt (Legislative), in die vollziehende Gewalt (Exekutive) und in die rechtsprechende Gewalt (Judikative); da diese Aufteilung auf einer staatsrechtlichen Ebene erfolgt, nennt man dies die „horizontale Gewaltenteilung". Die ersten beiden Abschnitte dieses Kapitels gehen darauf näher ein; so werden im ersten Abschnitt einige wichtige oberste Bundesorgane und ihre jeweiligen Kompetenzen behandelt. Der zweite Abschnitt befasst sich dann mit der Verfassungsmäßigkeit von Bundesgesetzen, wobei ein besonderer Schwerpunkt bei den staatsorganisationsrechtlichen Aspekten der Gesetzgebungskompetenzen und des Gesetzgebungsverfahrens gesetzt wird; sowohl hier wie im nachfolgenden dritten Abschnitt sind die Fälle komplexerer Natur, weshalb dafür jeweils zur Erleichterung der Strukturen Lösungsschemata vorangestellt werden.

Die Wertordnung wird durch die Grundrechte und Staatsziele konstituiert. Während **95** Letztere „nur" objektiv-rechtliche Wertungen des GG wiedergeben, auf die sich der Einzelne nicht berufen kann, regeln die Grundrechte über diesen Wertungscharakter hinaus unmittelbar das Rechtsverhältnis des einzelnen Bürgers zum Staat. Dies wird im dritten Abschnitt näherer behandelt, wobei in der Fallbearbeitung vor allem die Wirtschaftsgrundrechte eine Rolle spielen.

Die Bandbreite des Staatsrechts in seinen Untergliederungen wird von nachfolgender **96** Übersicht veranschaulicht.

---

59 Diese begriffliche Gegenüberstellung von Staats- und Wertordnung ist in der Literatur in dieser Form nicht verbreitet. Dies liegt vor allem daran, dass einzelne Staatsziele wie z.B. das Demokratieprinzip natürlich auch staatsorganisatorische Dimensionen umfassen. Ich favorisiere diese Zweiteilung dennoch, weil sie die Basisstrukturen des Staatsrechts anschaulich und nachvollziehbar hervorhebt; damit sollen und können Wechselwirkungen zwischen Staats- und Wertordnung freilich nicht ausgeschlossen werden.

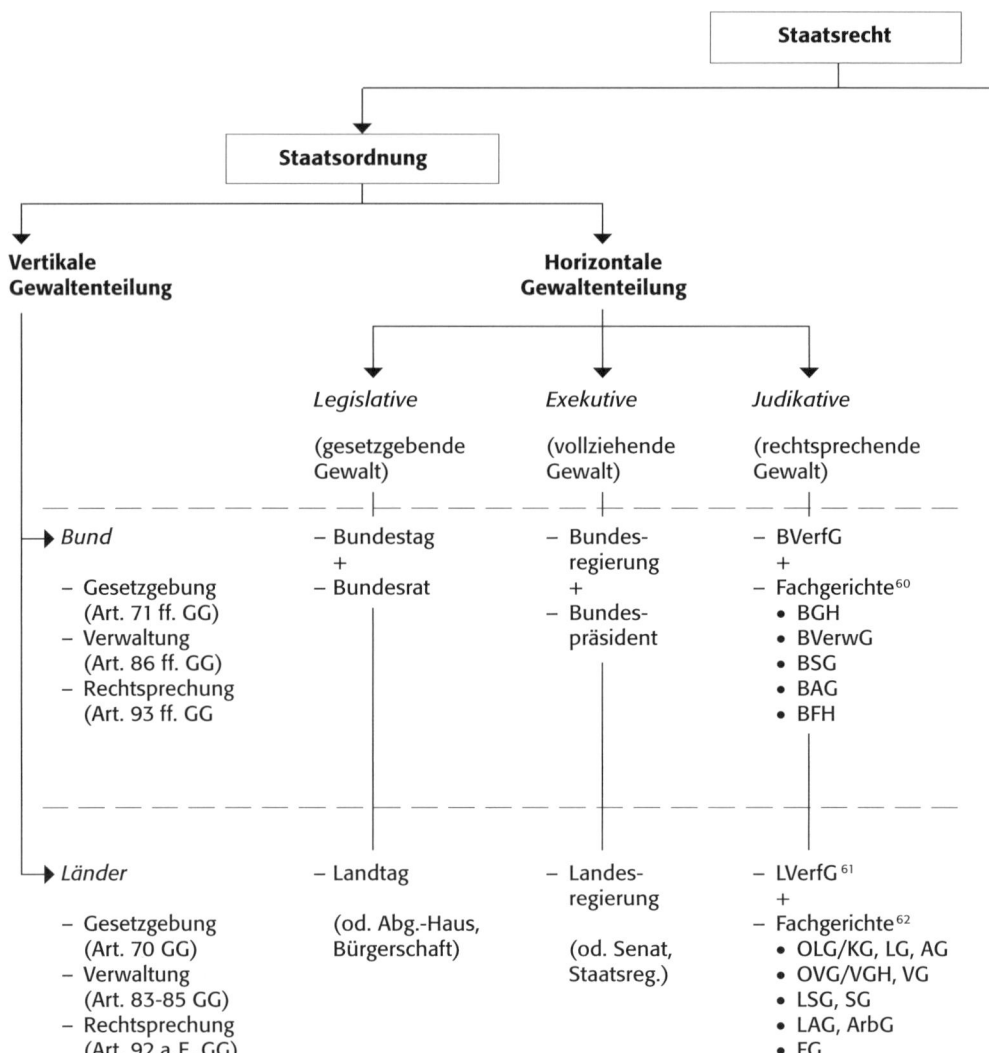

60   Diese Abkürzungen bedeuten: Bundesgerichtshof, Bundesverwaltungsgericht, Bundessozialge-
     richt, Bundesarbeitsgericht, Bundesfinanzhof (siehe auch Fn. 142).
61   Mittlerweile haben alle Länder ein Landesverfassungsgericht. Die Bezeichnung der Gerichte
     variiert von Land zu Land; in Baden-Württemberg heißt es „Staatsgerichtshof", in Hamburg
     „Hamburgisches Verfassungsgericht" und in Bayern „Bayerischer Verfassungsgerichtshof". Wo
     früher kein Landesverfassungsgericht vorhanden war, nahm das BVerfG dessen Aufgabe – Aus-
     legung der Landesverfassung – wahr (Art. 99 GG). Da die Landesverfassungsgerichte das Popu-
     larinstrument der Verfassungsbeschwerde oft nicht kennen (und wenn, dann i.d.R. subsidiär
     zur Verfassungsbeschwerde zum BVerfG), sind sie lange nicht so ausgelastet und bekannt, wie
     das BVerfG. Dennoch fällen auch diese – überwiegend mit ehrenamtlichen Richtern besetzten –
     Gerichte aufsehenerregende Urteile; so hat z.B. der „Berliner Verfassungsgerichtshof" die Freilas-

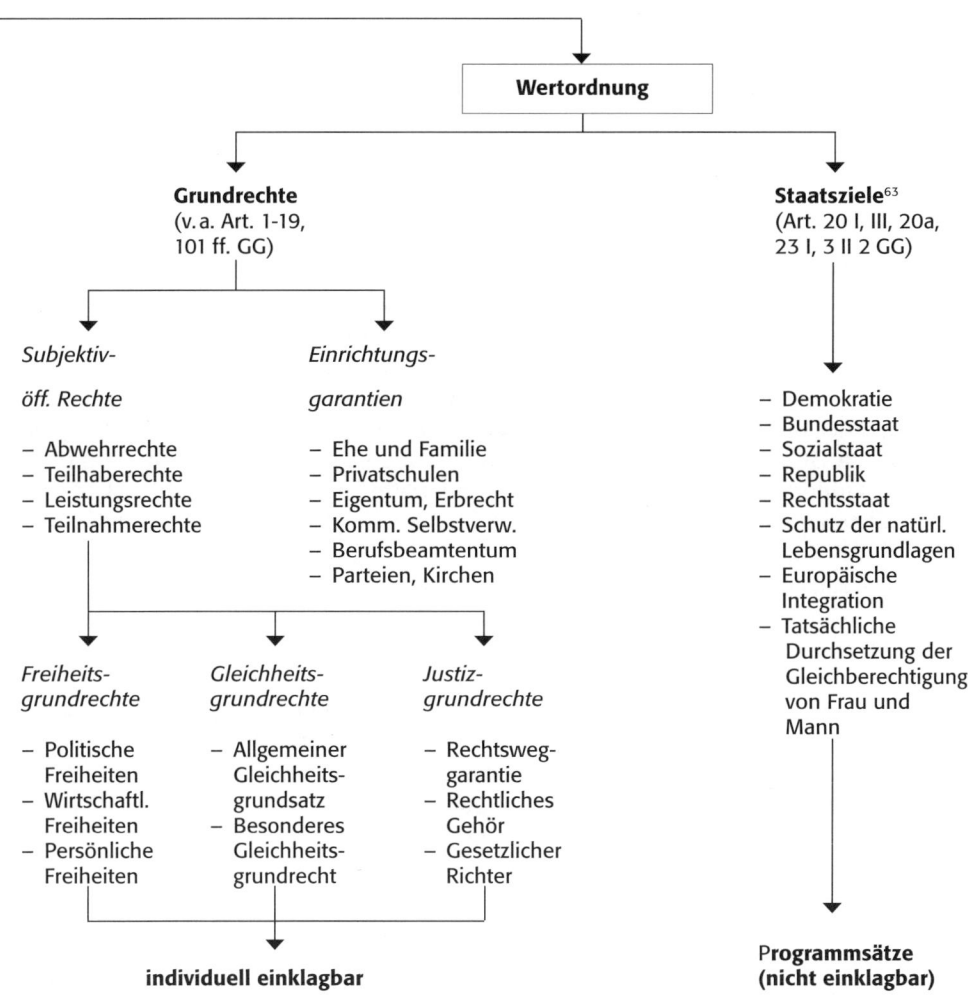

Wertordnung

Grundrechte
(v. a. Art. 1-19,
101 ff. GG)

Staatsziele[63]
(Art. 20 I, III, 20a,
23 I, 3 II 2 GG)

Subjektiv-

öff. Rechte

- Abwehrrechte
- Teilhaberechte
- Leistungsrechte
- Teilnahmerechte

Einrichtungs-

garantien

- Ehe und Familie
- Privatschulen
- Eigentum, Erbrecht
- Komm. Selbstverw.
- Berufsbeamtentum
- Parteien, Kirchen

- Demokratie
- Bundesstaat
- Sozialstaat
- Republik
- Rechtsstaat
- Schutz der natürl.
  Lebensgrundlagen
- Europäische
  Integration
- Tatsächliche
  Durchsetzung der
  Gleichberechtigung
  von Frau und
  Mann

Freiheits-
grundrechte

- Politische
  Freiheiten
- Wirtschaftl.
  Freiheiten
- Persönliche
  Freiheiten

Gleichheits-
grundrechte

- Allgemeiner
  Gleichheits-
  grundsatz
- Besonderes
  Gleichheits-
  grundrecht

Justiz-
grundrechte

- Rechtsweg-
  garantie
- Rechtliches
  Gehör
- Gesetzlicher
  Richter

individuell einklagbar

Programmsätze
(nicht einklagbar)

---

sung von Erich Honecker verfügt (vgl. NJW 1993, S. 515 ff.). Einen sehr guten Überblick über die Landesverfassungsgerichte einschließlich der dort möglichen Verfahrensarten bietet Degenhart, Staatsrecht I, § 12.

62 Diese Abkürzungen bedeuten: Oberlandesgericht/Kammergericht (letzteres ist die Bezeichnung des OLG in Berlin), Landgericht, Amtsgericht; Oberverwaltungsgericht/Verwaltungsgerichtshof (von Land zu Land unterschiedliche Bezeichnung für dasselbe Gericht), Verwaltungsgericht; Landessozialgericht, Sozialgericht; Landesarbeitsgericht, Arbeitsgericht; Finanzgericht.

63 Teilweise wird in der Literatur begrifflich noch weiter differenziert, indem zwischen Staatsstrukturprinzipien oder Staatsgrundsätzen (Art. 20 GG) einerseits und Staatszielen (Art. 3 II 2, 20a, 23 I GG) andererseits unterschieden wird, vgl. z. B. Sodan/Ziekow, Öffentliches Recht, vor § 6, und Hufen, Staatsrecht II, § 9 Rdnr. 32.

1. Abschnitt:
Allgemeines Staatsorganisationsrecht

A. Gegenstand des Staatsorganisationsrechts

97   Das Staatsorganisationsrecht ist die nähere Ausformung der Staatsrechtsuntergliederung „Staatsordnung". Hier geht es um den konkreten Aufbau des Staates, um die Bildung, Zusammensetzung und Kompetenzen seiner Organe sowie – im föderalen System – das Zusammenwirken von Bundesstaatsorganen und Gliedstaatsorganen.

98   Einen Überblick über die Staatsorganisation der Bundesrepublik Deutschland vermittelt die nachfolgende Übersicht (Rdnr. 106). Sie stellt alle obersten Bundesorgane dar und macht die wechselseitige Abhängigkeit sowohl bei der Aufgabenerfüllung wie auch (häufig) bei der „Organkreation" (Wahl, Entsendung o. Ä.) deutlich. Die drei Grundlinien des Staatsorganisationsrechts sind in den drei nebeneinander liegenden Bereichen der Übersicht angelegt: Links sind mit Bundestag und Bundesregierung die unitarischen Organe genannt, während rechts mit den Länderorganen und dem Bundesrat das föderale Element dargestellt ist. In der Mitte finden sich die zahlreichen und für den „kooperativen Föderalismus"[64] des GG typischen „Mischorgane", in denen unitarische und föderale Kräfte zusammenwirken (müssen) – auch nach der auf Entflechtung der staatlichen Ebenen gerichteten Föderalismusreform I von 2006.

99   Die dargestellten obersten Bundesorgane haben folgende Aufgaben:

- Der *Bundestag* (Art. 38–48 GG) wählt den Bundeskanzler und kontrolliert durch parlamentarische Anfragen und Anträge – aber auch durch besondere Einrichtungen wie z. B. den Wehrbeauftragten (Art. 45b GG) – die Tätigkeit der Bundesregierung. Nötigenfalls kann er durch ein konstruktives Misstrauensvotum gem. Art. 67 GG die Regierung auch abwählen (s. u., Fall 1, Rdnr. 111 ff.)[65]. Außerdem ist er als unmittelbar demokratisch legitimiertes Organ für die Bundesgesetzgebung vorrangig zuständig (s. u., 2. Abschnitt, Teil C.).

Zur Vertiefung: Stellung und Aufgaben des Bundestages

Badura, Staatsrecht, E 1–12 und E 23–55; Bumke/Voßkuhle, Verfassungsrecht, S. 373 ff.; Degenhart, Staatsrecht I, § 7; Detterbeck, Öffentliches Recht, § 5; Gröpl, Staatsrecht I, Rdnr. 1004–1109; Katz, Staatsrecht, § 16; Maurer, Staatsrecht I, § 13; Papier/Krönke, Öffentliches Recht 1, Rdnr. 325 –362; Sodan/Ziekow, Öffentliches Recht, § 12; Stein/Frank, Staatsrecht, § 9.

---

64 Zu den zahlreichen Facetten dieses Begriffes vgl. Katz, Staatsrecht, Rdnr. 261 ff.; der kooperative Föderalismus äußert sich nicht nur in den hier genannten formellen Verfassungsorganen, sondern auch in einer Vielzahl informeller Gremien und Absprachen (Bund-Länder-Ausschüsse, die Kultusministerkonferenz der Länder u. v. a. m.); siehe auch Maurer, Staatsrecht I, § 10 III; Gröpl, Staatsrecht I, Rdnr. 682–711.

65 Zwar richtet sich das Misstrauensvotum nach Art. 67 GG nur gegen den Bundeskanzler; verliert dieser jedoch sein Amt (egal, ob dies aufgrund eines Misstrauensvotums, seines Rücktritts oder seines Todes erfolgt), sind auch alle Bundesminister automatisch ihr Amt los (Art. 69 II 2. HS GG). Insofern führt das Misstrauensvotum letztlich doch zum Sturz der gesamten Regierung.

- Durch den *Bundesrat* (Art. 50–53 GG), der von den Länderregierungen beschickt   **100**
  wird, nehmen die Länder ihre Interessen auf Bundesebene wahr; insbesondere
  wirken sie auf diesem Weg durch Einspruchsrechte und Zustimmungsvorbehalte an
  der Bundesgesetzgebung mit (s. u., 2. Abschnitt, Teil C.).

> *Zur Vertiefung: Stellung und Aufgaben des Bundesrates*
>
> Badura, Staatsrecht, E 56–70; Bumke/Voßkuhle, Verfassungsrecht, S. 402 ff.; Degenhart, Staats-
> recht I, § 8; Detterbeck, Öffentliches Recht, § 6; Gröpl, Staatsrecht I, Rdnr. 1110–1169; Katz,
> Staatsrecht, § 17; Maurer, Staatsrecht I, § 16; Papier/Krönke, Öffentliches Recht 1, Rdnr. 363–
> 376; Sodan/Ziekow, Öffentliches Recht, § 13; Stein/Frank, Staatsrecht, § 13 III.

- Sind Bundestag und Bundesrat bei einem Gesetzgebungsvorhaben unterschiedli-   **101**
  cher Auffassung – was besonders häufig bei unterschiedlicher parteipolitischer Do-
  minanz der beiden Organe vorkommt –, versucht der von beiden Seiten paritätisch
  besetzte *Vermittlungsausschuss*[66] (Art. 77 II GG), eine Einigung herbeizuführen[67].

- Die *Bundesregierung* (Art. 62–69 GG) steht an der Spitze der vollziehenden Gewalt   **102**
  und leitet die Politik. Angeführt wird sie vom *Bundeskanzler*[68], der die Richtlinien
  der Politik bestimmt (Art. 65, 1 GG)[69].

> *Zur Vertiefung: Stellung und Aufgaben der Bundesregierung*
>
> Badura, Staatsrecht, E 89–111; Bumke/Voßkuhle, Verfassungsrecht, S. 406 ff.; Degenhart, Staats-
> recht I, § 9; Detterbeck, Öffentliches Recht, § 7; Gröpl, Staatsrecht I, Rdnr. 1372–1432; Katz,
> Staatsrecht, § 19; Maurer, Staatsrecht I, § 14; Papier/Krönke, Öffentliches Recht 1, Rdnr. 396–
> 402; Sodan/Ziekow, Öffentliches Recht, § 15; Stein/Frank, Staatsrecht, § 10.

- Der *Bundespräsident* (Art. 54–61 GG) vertritt die Bundesrepublik als Staatsober-   **103**
  haupt nach außen und nimmt überwiegend „staatsnotarielle" Funktionen (Geset-
  zesausfertigung, Ernennungen u. Ä.) wahr. Nur in bestimmten Krisensituationen hat
  er erheblichen politischen Einfluss, so z. B. bei einer gescheiterten Vertrauensfrage
  (s. u., Fall 2, Rdnr. 123 ff.). Gewählt wird er von der *Bundesversammlung*[70] (Art. 54
  GG), die aus allen Bundestagsabgeordneten und einer gleichen Zahl von Delegier-
  ten der Landtage besteht.

---

66 Zur Funktion des Vermittlungsausschusses siehe Katz, Staatsrecht, Rdnr. 437; Degenhart, Staats-
    recht I, Rdnr. 216 ff.; Badura, Staatsrecht, F 53.
67 Zumindest theoretisch. Wie am Ende der 13. Wahlperiode des Bundestages (1994–1998)
    anschaulich demonstriert wurde, kann der Bundesrat erstaunlich konsequent als parteipoliti-
    sches Blockadeinstrument eingesetzt werden; da hilft dann auch kein Vermittlungsausschuss
    mehr. Allerdings hat die Föderalismusreform I von 2006 zu einer starken Reduzierung der zu-
    stimmungspflichtigen Gesetze geführt (s.u., Rdnr. 160), was auch die Bedeutung des Vermitt-
    lungsausschusses empfindlich beeinträchtigt. Bei Einspruchsgesetzen sind der Bundesrat und
    ggf. auch der Vermittlungsausschuss auf den Goodwill der Bundestagsmehrheit angewiesen.
68 Zu den besonderen Funktionen des Bundeskanzlers siehe Katz, Staatsrecht, Rdnr. 409, 413;
    Degenhart, Staatsrecht I, Rdnr. 705 ff.; Badura, Staatsrecht, E 96–98.
69 Deshalb spricht man bei der bundesdeutschen Demokratieform – in Anlehnung an den Be-
    griff der Präsidialdemokratie bei besonders starken Präsidenten wie z. B. in den USA und in
    Frankreich – von einer „Kanzlerdemokratie"; vgl. auch Katz, Staatsrecht, Rdnr. 408.
70 Zu Zusammensetzung und Funktion der Bundesversammlung siehe Katz, Staatsrecht, Rdnr. 382
    (mit Schaubild); Badura, Staatsrecht, E 76.

104   Schaubild: Die Staatsorganisation Deutschlands

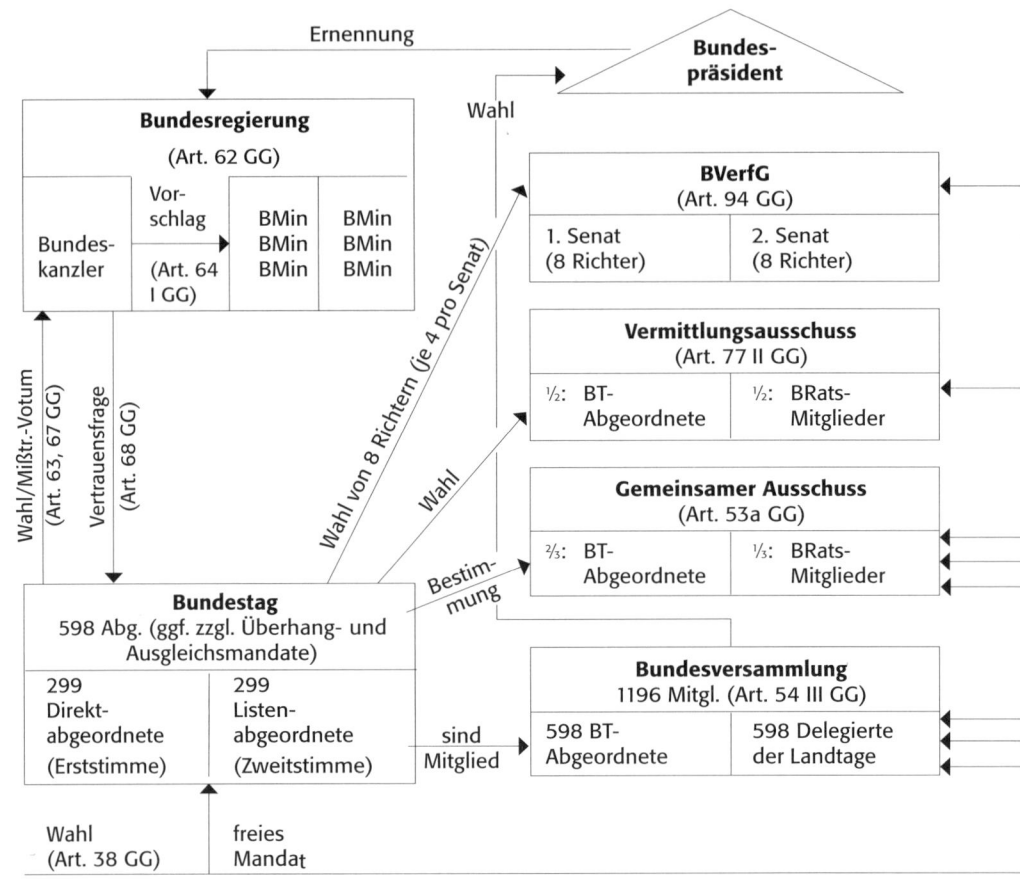

Volk (deutsches)

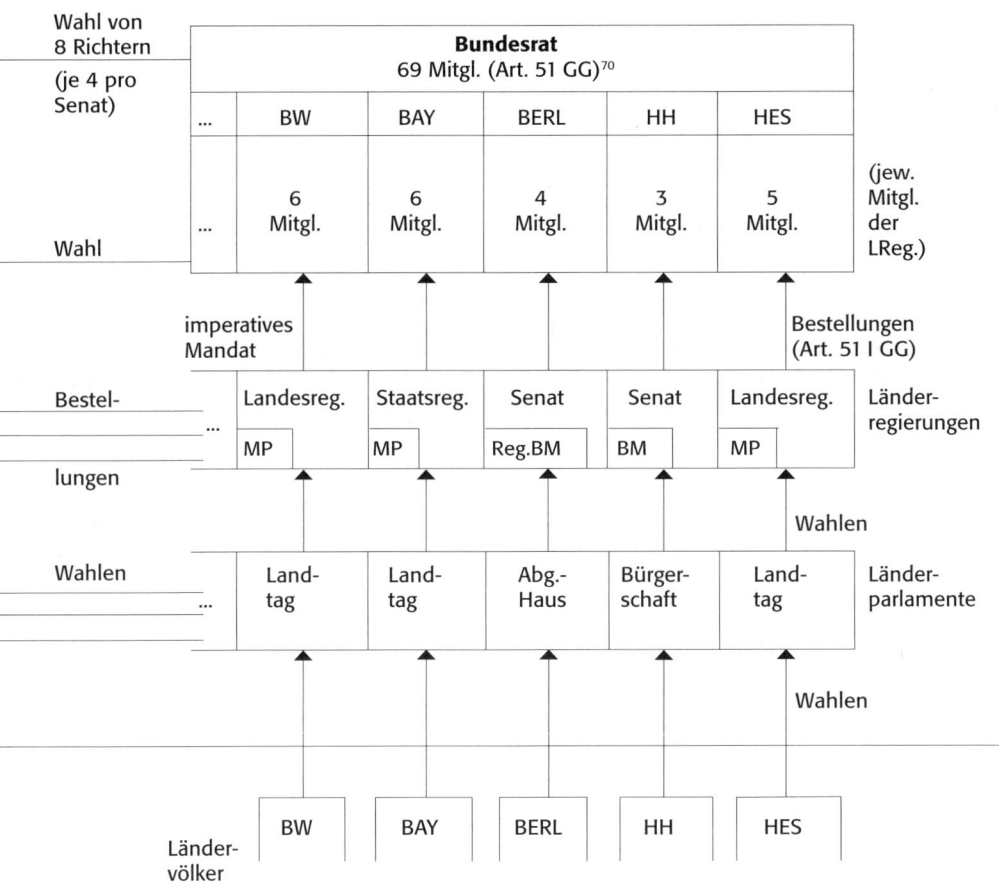

71 Zur stimmenmäßigen Zusammensetzung des Bundesrates siehe die Übersichten bei Gröpl, Staatsrecht I, Rdnr. 1124; Katz, Staatsrecht, Rdnr. 375.

> *Zur Vertiefung: Stellung und Aufgaben des Bundespräsidenten*
>
> Badura, Staatsrecht, E 71–88; Degenhart, Staatsrecht I, § 10; Detterbeck, Öffentliches Recht, § 8; Gröpl, Staatsrecht I, Rdnr. 1433–1472; Katz, Staatsrecht, § 18; Maurer, Staatsrecht I, § 15; Papier/Krönke, Öffentliches Recht 1, § 10; Sodan/Ziekow, Öffentliches Recht, § 14; Stein/Frank, Staatsrecht, § 11.

105   ▪ Das *Bundesverfassungsgericht* (Art. 93 f. GG) legt im Rahmen bestimmter Verfahrensarten (siehe nachfolgend Teil B.) das GG aus und entscheidet so mit letztverbindlicher Wirkung Rechtsstreite verschiedenster Art.

> *Zur Vertiefung: Stellung und Aufgaben des Bundesverfassungsgerichts*
> *(zu den einzelnen Verfahrensarten siehe Hinweise bei Rdnr. 109)*
>
> Degenhart, Staatsrecht I, § 11; Hillgruber/Goos, Verfassungsprozessrecht, §§ 1, 2; Katz, Staatsrecht, Rdnr. 526 ff.; Maurer, Staatsrecht I, § 20; Papier/Krönke, Öffentliches Recht 1, Rdnr. 442 f.; Sodan/Ziekow, Öffentliches Recht, § 16.

106   ▪ Der *Gemeinsame Ausschuss*[72] (Art. 53a GG) hat im Verteidigungsfall die Aufgabe eines Notparlaments, wenn Bundestag und Bundesrat nicht mehr handlungsfähig sein sollten (vgl. Art. 115a II, 115e GG). Daher erklärt sich auch sein geringer Bekanntheitsgrad – er wurde erfreulicherweise noch nie gebraucht.

B. Die wichtigsten Verfahrensarten vor dem Bundesverfassungsgericht

(1) Vorbemerkung

107   I. Es ist eine alte Weisheit, dass der schönste Vertrag oder die beste Rechtsposition nichts wert sind, wenn man seine Rechte nicht wirkungsvoll durchsetzen kann. Entsprechend hoch ist die Bedeutung der Gerichte. Was für einen Wert hätten die Grundrechte, wenn man ihre Beachtung nicht einklagen könnte? Welchen praktischen Sinn hätten Kompetenzabgrenzungen zwischen Bund und Ländern oder zwischen einzelnen Organen, wenn der Schwächere seine Rechte nicht notfalls vor dem BVerfG geltend machen könnte? Damit weder der Bürger als Grundrechtsträger noch staatliche Körperschaften oder Organe allein auf den guten Willen des jeweiligen Gegenübers angewiesen sind, hat das GG in Art. 92 GG unter anderen Gerichten das BVerfG als oberstes Gericht geschaffen und in Art. 93 GG mit weitreichenden Kompetenzen ausgestattet, die bis hin zur Nichtigkeitserklärung von Gesetzen reicht (§ 78 BVerfGG).

108   II. Die Machtfülle des BVerfG ist sowohl historisch wie auch international nicht selbstverständlich, sondern stellt eine besonders starke Betonung des rechtsstaatlichen Charakters der grundgesetzlichen Ordnung dar. Allerdings hat diese Machtfülle zur Folge, dass das BVerfG – nicht zuletzt wegen abnehmender Fähigkeit der jeweiligen politischen Minderheiten, Mehrheitsentscheidungen zu akzeptieren – in immer stärkerem

---

72 Zu Stellung und Aufgaben des Gemeinsamen Ausschusses siehe Badura, Staatsrecht, E 20–22.

Maß mit politischen Fragen behelligt wird; und trotz der – vor allem im Urteil zum Grundlagenvertrag postulierten – Doktrin des „judicial self restraint" entwickelt das BVerfG zunehmend eine politisch geprägte Rechtsprechung[73]. Bei manchen Laien ist sogar schon der Eindruck entstanden, die Überprüfung von Gesetzen durch das BVerfG sei ein Bestandteil des Gesetzgebungsverfahrens[74]. Es findet so eine schleichende und nicht ungefährliche Verschiebung der Staatsgewalt im Rahmen der Gewaltenteilung statt – vor allem zulasten des demokratisch unmittelbar legitimierten parlamentarischen Gesetzgebers[75].

III. In Art. 93 I, II GG sind die einzelnen Verfahrensarten geregelt, die vor dem BVerfG   **109** durchgeführt werden können. Für den Privatbürger von ganz besonderer Bedeutung ist die in Nr. 4a geregelte Verfassungsbeschwerde, die jeder erheben kann, der sich in seinen Grundrechten verletzt glaubt. Im Grundrechtsteil wird auf die Verfassungsbeschwerde noch näher eingegangen. Für Konflikte zwischen Bund und Ländern – etwa wegen unterschiedlicher Kompetenzauffassungen – gibt es den Bund-Länder-Streit; bei Unstimmigkeiten unter den Ländern können diese vor dem BVerfG einen Länder-Streit durchführen. Oberste Bundesorgane oder Teile von ihnen (z. B. Fraktionen oder einzelne Abgeordnete als Teile des Bundestages) können ein Organstreitverfahren gegeneinander anstrengen[76]. Große praktische Auswirkungen haben (im Erfolgsfall) die Normenkontrollverfahren. Die konkrete Normenkontrolle setzt einen bestimmten, bei einem unteren Gericht anhängigen Rechtsstreit voraus; wenn das Gericht die für den Prozess entscheidende Rechtsnorm für verfassungswidrig hält, kann es die Norm nicht selbst für nichtig erklären[77], sondern muss die Norm mit der Bitte um Prüfung dem BVerfG[78]

---

73 Vgl. zum politischen Gewicht des BVerfG Katz, Staatsrecht, Rdnr. 528, 543 f.; Detterbeck, Öffentliches Recht, § 17; Badura, Staatsrecht, H 67 ff.

74 Für eine entsprechende Äußerung eines BWL-Studenten an der Universität Stuttgart kann ich mich verbürgen. Gröpl, Staatsrecht I, behandelt dementsprechend konsequent die Verwerfungskompetenz des BVerfG für Gesetze am Ende seiner Darstellung des Gesetzgebungsverfahrens (Rdnr. 1293–1296).

75 Letztlich birgt diese Entwicklung auch Gefahren für die Judikative selbst, vgl. Haug, Ableitung detaillierter Verfahrensvorschriften für den parlamentarischen (Hochschul-)Gesetzgeber aus Art. 5 III GG?, NVwZ 1997, S. 754 (756). Eine Zusammenstellung der kritischen Stimmen hierzu bietet Meyer, in: v. Münch/Kunig, GG, Art. 93, Rdnr. 66. Zum Verhältnis BVerfG/Gesetzgeber siehe auch Pieroth, in: Jarass/Pieroth, GG, Art. 93 Rdnr. 4.

76 So hat beispielsweise ein fraktionsloser Abgeordneter im Organstreitverfahren Redezeit und (beratende) Ausschussmitgliedschaft für sich eingefordert (Wüppesahl-Entscheidung, BVerfGE 80, S. 188 ff.). Auch die von den Grünen in ihrer ersten Wahlperiode im Bundestag erhobene Klage wegen Nichtwahl eines Grünen-Vertreters in den Ausschuss zur Überwachung der Haushalte der Geheimdienste (BVerfGE 70, S. 324 ff.) und die von der PDS-Gruppe (Vorgängerorganisation der heutigen „Linken") zu Beginn der 12. Wahlperiode des Bundestages eingeforderte Berücksichtigung von Gruppen in Ausschüssen (BVerfGE 84, S. 304 ff.) gehören in diese Kategorie.

77 Das gilt allerdings nur dann, wenn die Norm „nachkonstitutionell" ist, also nach dem In-Kraft-Treten des GG am 24.5.1949 entstanden (oder zumindest im Rahmen einer Novellierung bestätigt worden) ist; ältere Normen, die vom nachkonstitutionellen Gesetzgeber nicht bestätigt wurden, können von den Fachgerichten selbst verworfen werden.

78 Beruht der vom Fachgericht bejahte Verstoß gegen das GG auf einer europarechtlichen Vorgabe (ohne eigenen Umsetzungsspielraum des nationalen Gesetzgebers), kann keine Vorlage an das BVerfG erfolgen. Denn dieses misst Europarecht nicht mehr am Maßstab der deutschen Grundrechte, solange die EU selbst einen vergleichbaren Grundrechtsschutz gewährleistet (vgl.

vorlegen[79]. Die abstrakte Normenkontrolle hingegen setzt keinen konkreten Anwendungsfall voraus, kann jedoch nur von der Bundesregierung, einer Landesregierung oder einem Drittel des Bundestages eingeleitet werden[80]. Beide Normenkontrollverfahren können mit einer allgemeinverbindlichen Nichtigkeitserklärung bezüglich der vorgelegten Norm enden (§§ 78, 82 I i.V.m. 78 BVerfGG).

Zur Vertiefung: Verfahrensarten beim Bundesverfassungsgericht

Badura, Staatsrecht, H 50–55; Degenhart, Staatsrecht I, Rdnr. 759–800; Detterbeck, Öffentliches Recht, § 18; Gröpl, Staatsrecht I, Rdnr. 1663–1780; Hillgruber/Goos, Verfassungsprozessrecht, Rdnr. 61–71 (Überblick) und §§ 3–10; Katz, Staatsrecht, Rdnr. 530–539; Maurer, Staatsrecht I, § 20 III–IX; Papier/Krönke, Öffentliches Recht 1, Rdnr. 449–455; Sodan/Ziekow, Öffentliches Recht, §§ 51–56; Stein/Frank, Staatsrecht, §§ 23, 28.

---

(2) Übersicht über die wichtigsten Verfahrensarten

110

Verfahrensart	Gegenstand	Beispiel	(Zulässigkeits-) Voraussetzungen
Organstreit- verfahren gem. Art. 93 I Nr. 1 GG, §§ 13 Nr. 5, 63 ff. BVerfGG.	Oberste Bundes- organe oder Teile von ihnen streiten sich über ihre Rechte und Pflichten.	Ein fraktionsloser Abgeordneter klagt gegen den Bundes- tag, weil dieser ihm nicht genug Redezeit einräumt.	1. Antragsberechtigung und zulässiger Antragsgegner, § 63 BVerfGG *BPräs, BTag, BRat oder Teile davon* 2. Prüfungsgegenstand, § 64 BVerfGG *Verhalten des Antragsgegners* 3. Rechtsschutzinteresse 4. Form § 64 II BVerfGG 5. Frist § 64 III BVerfGG

BVerfG NJW 2012, S. 45). Verstößt die in Rede stehende Norm (auch) gegen europarechtlich gewährleistete Grundrechte, erfolgt die Vorlage des Fachgerichts direkt an den EuGH (Vorabentscheidungsverfahren gem. Art. 267 AEUV).

79   Ein spektakuläres Beispiel ist der Vorlagebeschluss des LG Lübeck, das die Strafnormen des Betäubungsmittelrechts hinsichtlich des Besitzes von Cannabis-Produkten wegen Verstoßes gegen den Gleichbehandlungsgrundsatz (im Verhältnis zu Nikotin und Alkohol) für verfassungswidrig hielt und deshalb einen Strafprozess gegen einen wegen Haschischbesitzes Angeklagten ausgesetzt und die Strafnorm dem BVerfG zur Prüfung vorgelegt hat. Das Bundesverfassungsgericht hat in diesem Fall jedoch keine verfassungswidrige Ungleichbehandlung anerkannt, vgl. BVerfGE 90, S. 145 (195 ff.). Als Beispiel für eine erfolgreiche konkrete Normenkontrolle ist die Entscheidung zum Ehenamensrecht zu nennen (BVerfG NJW 91, S. 1602). Ein Amtsgericht hatte beim Bundesverfassungsgericht gerügt, dass § 1355 II BGB bei fehlender gemeinsamer Erklärung der Brautleute zu ihrem Familiennamen (z.B. wegen Uneinigkeit) automatisch den Namen des Ehemannes zuteilte und so gegen Art. 3 II GG verstieß. Daraufhin hat der Gesetzgeber § 1355 BGB neu gefasst und sieht keinen Zwang mehr zu einem gemeinsamen Familiennamen vor; bei Uneinigkeit behält jeder seinen bisherigen Namen auch nach der Eheschließung

80   In dieser Verfahrensart haben die bayerische Staatsregierung und eine ausreichende Anzahl von Bundestagsabgeordneten die vom Bundestag beschlossene Fristenlösung zum Schwangerschaftsabbruch (§ 218 StGB) dem BVerfG – in der Sache erfolglos – vorgelegt. Mehr Erfolg hatten die sechs Bundesländer, die das Studiengebührenverbot des Bundes über die abstrakte Normenkontrolle zu Fall gebracht haben (BVerfGE 112, S. 226).

110

Verfahrensart	Gegenstand	Beispiel	(Zulässigkeits-) Voraussetzungen
Abstrakte Normenkontrolle gem. Art. 93 I Nr. 2 GG, §§ 13 Nr. 6, 76 ff. BVerfGG.	Verfassungsmäßigkeit eines Bundesgesetzes (auch VO) ohne konkreten Fall als Aufhänger (oder Übereinstimmung von Landesrecht mit Bundesrecht).	Das vom Bundestag beschlossene Gesetz, das Abtreibung in den ersten drei Monaten straffrei stellt, wird von einer Landesregierung zur Prüfung vorgelegt	1. Antragsberechtigung, § 76 BVerfGG *BReg, eine LReg, ein Viertel der BT-Mitglieder* 2. Prüfungsgegenstand: *Jede vor- und nachkonstitutionelle materielle Bundes- oder Landesrechtsnorm* 3. Rechtliche Meinungsverschiedenheit i. S. v. § 76 Nr. 1, 2 BVerfGG
Konkrete Normenkontrolle gem. Art. 100 I GG, §§ 13 Nr. 11, 80 ff. BVerfGG.	Verfassungsmäßigkeit eines Gesetzes, das für die Entscheidung eines konkreten Falls erheblich ist; → Vorlage nur durch ein Gericht möglich.	Ein Gericht soll einen Haschischkonsumenten verurteilen; es hält aber die Strafnorm für verfassungswidrig (Ungleichbehandlung mit Nikotin, Alkohol) und legt die Norm vor.	1. Anhängiger konkreter Rechtsstreit beim vorlegenden Fachgericht 2. Prüfungsgegenstand *a) Gesetz im formellen Sinn* *b) Nachkonstitutionelles Gesetz* *c) Vom Gericht für verfassungswidrig gehalten* *d) Entscheidungserheblich* *e) Keine europarechtlich zwingend vorgegebene Norm*
Bund-Länder-Streit gem. Art. 93 I Nr. 3 GG, §§ 13 Nr. 7, 68 ff. BVerfGG.	Streit zwischen dem Bund und einem oder mehreren Ländern über die jeweiligen verfassungsrechtlichen Rechte und Pflichten.	Ein Land geht gegen den Bund vor, weil dieser ein Gesetz erlassen hat, das in die Gesetzgebungskompetenz der Länder fällt.	1. Zulässiger Antragsteller und -gegner, § 68 BVerfGG 2. Prüfungsgegenstand: § 69 i.V.m. § 64 I BVerfGG 3. Frist: § 69 i.V.m. § 64 III BVerfGG
Verfassungsbeschwerde gem. Art. 93 I Nr. 4a GG, §§ 13 Nr. 8a, 90 ff. BVerfGG.	Jedermann-Beschwerde des Inhalts, durch einen Akt der öffentlichen Gewalt in einem Grundrecht verletzt worden zu sein.	Ein Apotheker geht gegen die staatliche Verweigerung der Zulassung seiner Apotheke vor (vgl. Fall 8, Rdnr. 197 ff.)	Vgl. gesonderte Übersicht (Rdnr. 194)

c. Fall 1: Der Kanzlersturz

(1) Vorbemerkung zur Kanzlerwahl

Das GG unterscheidet zwei Arten der Kanzlerwahl.

I. Regelfall: Art. 63 GG

111 1. Der Regelfall ist in Art. 63 GG geregelt; er tritt immer dann auf, wenn das Amt des vorherigen Bundeskanzlers – außer durch ein Misstrauensvotum gem. Art. 67 GG – endet. Dies kann durch Rücktritt oder Tod des Amtsinhabers geschehen, aber auch durch das Erreichen des Endes der Wahlperiode desjenigen Bundestages, von dem der Bundeskanzler sein Amt übertragen bekommen hat; denn der Kanzler bezieht – aufgrund des parlamentarischen Regierungssystems – seine Legitimation vom jeweils auf vier Jahre gewählten Bundestag. Der Bundestag wird in diesem Zusammenhang nicht als Organisationseinheit, sondern als ein jeweils für vier Jahre gewählter Personenverband verstanden[81]. Mit dem ersten Zusammentreten des nächsten Bundestages verliert der alte Bundestag sein Mandat und damit seine Legitimationskraft, Art. 39 I 2 GG; daher endet zu diesem Zeitpunkt automatisch auch das Amt des Kanzlers, Art. 69 II 1.HS GG. Folglich bedarf auch der in der Bundestagswahl politisch bestätigte Kanzler einer erneuten Legitimation durch den neuen Bundestag am Beginn der Legislaturperiode; rechtlich gesehen ist es völlig unerheblich, ob der Kanzler der neuen Wahlperiode mit dem der Vorgängerperiode personenidentisch ist oder nicht.

112 2. In allen diesen Fällen hat die Beendigung des Amtes des Bundeskanzlers zur Folge, dass der Bundeskanzler (wenn überhaupt) nur noch geschäftsführend im Amt ist. Nun ist gem. Art. 63 I GG der Bundespräsident aufgerufen, dem Bundestag einen Kanzler vorzuschlagen. Bisher ist dem Vorschlag des Bundespräsidenten immer im ersten Wahlgang gem. Art. 63 II GG (also mit der „Kanzlermehrheit") entsprochen worden, wobei sich die Bundespräsidenten natürlich immer an den politischen Mehrheiten orientiert haben; so hat z.B. Karl Carstens (CDU) 1980 dem Bundestag nach dem Wahlerfolg der sozialliberalen Koalition Helmut Schmidt (SPD) zur Wahl vorgeschlagen. Das Vorschlagsrecht ist daher eher formeller Natur. Für den Fall jedoch, dass der Vorschlag des Bundespräsidenten keine Mehrheit findet, räumt das GG dem Bundestag in Art. 63 III GG eine – relativ knappe – Frist von 14 Tagen ein, einen anderen zum Bundeskanzler zu wählen; der Bundespräsident hält sich jetzt heraus. Sollte auch dies nicht zum Erfolg führen, findet gem. Art. 63 IV GG sofort nach dem Ende der 14-Tage-Frist ein letzter Wahlgang statt, bei dem die relative Mehrheit reicht; allerdings hat in diesem Fall der Bundespräsident eine bedeutende Stellung, da er anstelle der Ernennung eines nur mit relativer Mehrheit gewählten Kanzlers auch die Möglichkeit hat, den Bundestag aufzulösen.

---

81 Dies schlägt sich auch in der Parlamentspraxis nieder, die dem Bundestag eine (auf die Wahlperiode bezogene) Zählung voranstellt; so wurde am 27. September 2009 der „17. Bundestag" gewählt. Übrigens ist diese Zählung auch bei Parteitagen u.Ä. üblich; vgl. Haug, Bindungsprobleme, S. 80 f.

II. Ausnahmefall: Art. 67 GG

Eine Ausnahme zur „normalen" Kanzlerwahl bildet das in Art. 67 GG geregelte kon- **113**
struktive Misstrauensvotum. Diese Form der Kanzlerwahl findet während der laufenden Amtszeit eines anderen Kanzlers statt, der nicht bereit ist, auf sein Amt zu verzichten. Da aber das parlamentarische Regierungssystem darauf beruht, dass das
Parlament, das dem Kanzler sein Amt übertragen hat, ihm dieses auch wieder entziehen kann, muss es die Möglichkeit der Abwahl geben; diese Funktion erfüllt das Misstrauensvotum. Allerdings finden sich häufig schneller genug Unzufriedene zusammen,
um einen Kanzler in die Wüste zu schicken, als dass sich eine Mehrheit zugunsten eines neuen Kanzlers bildet. Weil dies vor allem in der Weimarer Republik ein oft und
gern gebotenes Spiel darstellte, wollte man dem bei der Schaffung des GG einen Rie-
gel vorschieben. Dem Misstrauensvotum wurde daher eine konstruktive Komponente
beigefügt, indem die Abwahl des amtierenden Kanzlers zwingend an eine gleichzeitige
Neuwahl eines anderen Kanzlers gekoppelt wurde. Bisher wurden zwei konstruktive
Misstrauensanträge gestellt; Rainer Barzel (CDU) scheiterte 1972 knapp gegen Bundeskanzler Willy Brandt (SPD), während Helmut Kohl (CDU) zehn Jahre später auf diesem
Weg Bundeskanzler Helmut Schmidt (SPD) erfolgreich ablösen konnte.

(2) Vorbemerkung zu den Mehrheitsbegriffen des GG

Das GG operiert mit verschiedenen Mehrheitsbegriffen, weshalb man genau hinsehen **114**
muss, welcher im gegebenen Fall maßgeblich ist.

I. Unterschiedliche Bezugsgrößen

1. So gibt es verschiedene Mehrheitsbegriffe hinsichtlich der Bezugsgröße, nämlich **115**
die (absolute) Mehrheit der *abgegebenen Stimmen* und die (absolute) Mehrheit der
Mitglieder, also der „möglichen" Stimmen. Der Unterschied liegt darin, dass häufig
nicht alle Mitglieder im Parlament anwesend sind und dann der erstgenannte Mehrheitsbegriff weniger Stimmen voraussetzt als der Zweitgenannte[82].

2. Das GG sieht als Regelfall die Mehrheit der abgegebenen Stimmen[83] an; dies ergibt **116**
sich aus Art. 42 II GG. So reicht diese Mehrheit beispielsweise für Gesetzesbeschlüsse
aus (Art. 77 I 1 GG). Es kann daher passieren, dass bei nur 60 anwesenden Bundes-

---

82 Mitunter wird die (absolute) Mehrheit *der Stimmen* als „relative" Mehrheit bezeichnet, vgl.
Kloepfer, Staatsrecht kompakt, Rdnr. 117. Dies stellt jedoch eine zumindest missverständli-
che Vermischung von Bezugsgrößen und Quoren dar; der Begriff der „relativen" Mehrheit
bezeichnet vielmehr ein unter 50 % liegendes Quorum, das aber höher ist, als die für die Ab-
stimmungsalternativen abgegebenen Stimmen (z. B. 40 % für Variante A gegenüber 35 % für
Variante B und 25 % für Variante C). Das GG kennt das Quorum der relativen Mehrheit bei der
Kanzlerwahl gem. Art. 63 IV 1 GG („die meisten Stimmen"), vgl. Rdnr. 118.
83 Problematisch ist allerdings, ob auch Enthaltungen als „abgegebene Stimmen" im Sinne dieses
Mehrheitsbegriffs gelten. Näher dazu unten (Fn. 101)

tagsmitgliedern (von insgesamt mindestens 598[84]) ein Gesetz mit 32 gegen 28 Stimmen beschlossen wird. Zwar ist der Bundestag nur beschlussfähig, wenn mehr als die Hälfte seiner Mitglieder im Sitzungssaal anwesend ist (§ 45 I GeschO BT); allerdings muss die Beschluss*un*fähigkeit ausdrücklich festgestellt werden, was nur auf Antrag geschieht. Deshalb sind alle bis zu einer solchen Antragstellung gefassten Beschlüsse unabhängig von der Anzahl der anwesenden Abgeordneten gültig.

117 3. Nur bei besonderer Anordnung des GG gilt der „strengere" Mehrheitsbegriff des Art. 121 GG, der auf die Mitgliederzahl abstellt. Eine solche Anordnung hat das GG z. B. bei der Kanzlerwahl nach Art. 63 II GG und auch beim Konstruktiven Misstrauensvotum nach Art. 67 I GG getroffen. Das bedeutet, dass bei nur 400 anwesenden Abgeordneten die Mehrheit nicht schon mit 201 Stimmen, sondern erst mit (598 : 2 + 1 =) 300 Stimmen erreicht ist. Deshalb wird dieser Mehrheitsbegriff im politischen Sprachgebrauch auch gerne „Kanzlermehrheit" genannt, obwohl er auch in anderen Fällen als der Kanzlerwahl maßgeblich ist (z. B. Zurückweisung eines Bundesratseinspruchs gem. Art. 77 IV GG).

II. Unterschiedliche Quoren

118 1. Neben diesen verschiedenen Bezugsgrößen gibt es aber auch unterschiedliche Quoren, nämlich neben der absoluten Mehrheit die qualifizierte Mehrheit von zwei Dritteln, ebenfalls wieder bezogen auf die abgegebenen Stimmen (bei der Zurückweisung eines mit 2/3-Mehrheit beschlossenen Einspruchs des Bundesrates, Art. 77 IV 2, 2. HS GG) oder auf die volle Mitgliederzahl (bei Verfassungsänderungen, Art. 79 II 1. Alt. GG). Außerdem gibt es bei der Kanzlerwahl nach Art. 63 IV 1 GG den Fall einer relativen Mehrheit, wenn der Bundestag innerhalb von 14 Tagen nach Beschlussfassung über den Vorschlag des Bundespräsidenten (Art. 63 I GG) keinen Kanzler gewählt hat (siehe oben, Rdnr. 112).

119 2. Auf den Höhepunkt treibt das GG die Verwirrung um die Mehrheitsbegriffe bei Art. 77 IV 2; hier werden nämlich die verschiedenen Quoren und Bezugsgrößen miteinander kombiniert: Beschließt der Bundesrat mit 2/3-Mehrheit einen Einspruch gegen ein vom Bundestag beschlossenes Gesetz, muss der Bundestag mit 2/3 der abgegebenen Stimmen und zugleich der absoluten Mehrheit der Mitgliederzahl den Einspruch zurückweisen. Votieren z. B. 280 von 400 abgegebenen Stimmen für die Einspruchszurückweisung, ist das nicht ausreichend; zwar ist die 2/3-Mehrheit der abgegebenen Stimmen deutlich erfüllt, aber nicht das kumulativ erforderliche Merkmal der absoluten Mehrheit der Mitglieder (300). Umgekehrt reichen auch nicht 317 von 542 abgegebenen Stimmen; dann ist zwar die Mehrheit der Mitglieder erfüllt, nicht aber die 2/3- Mehrheit der abgegebenen Stimmen. Das Gleiche gilt übrigens für die Feststellung des Verteidigungsfalles (Art. 115a I 2 GG).

---

84 Zu dieser gesetzlich vorgegebenen „Basiszahl" (§ 1 I 1 BWahlG) kommt noch die – von Wahlperiode zu Wahlperiode unterschiedliche – Zahl zusätzlicher Überhang- und Ausgleichsmandate hinzu, weshalb der Bundestag in der Praxis immer – tlw. deutlich – mehr als 598 Abgeordnete umfasst.

III. Übersicht

Zur Erleichterung eines Überblicks über die verschiedenen Mehrheitsbegriffe folgende   **120**
Übersicht:

Quorum \ Bezugsgröße	abgegebene Stimmen (Art. 42 II GG)	Mitgliederzahl (Art. 121 GG)
relative Mehrheit	Nur bei der Notwahl des Kanzlers nach Art. 63 IV 1 GG.	–
absolute Mehrheit	Regelfall bei den Bundestagsabstimmungen, v.a. bei Gesetzesbeschlüssen.	Bei bedeutenden Angelegenheiten wie z.B. Kanzlerwahl, Misstrauensvotum, Zurückweisung eines Bundesratseinspruchs (Art. 77 IV GG).
2/3-Mehrheit	Zurückweisung des mit 2/3-Mehrheit beschlossenen Bundesratseinspruchs (kumulativ zur abs. Mehrheit der Mitgl.).	Verfassungsänderungen (Art. 79 II GG).

Sachverhalt   **121**

Im aus 603 Abgeordneten bestehenden Deutschen Bundestag wird über einen Antrag abgestimmt:

„Der Deutsche Bundestag möge den Abgeordneten Dr. A zum Bundeskanzler wählen und den Bundespräsidenten ersuchen, Bundeskanzlerin Prof. B zu entlassen."

An der Abstimmung nehmen 587 Abgeordnete teil. Für den Antrag stimmen 299 Abgeordnete, mit Nein stimmen 285 Abgeordnete, zwei enthalten sich der Stimme und eine Stimme ist ungültig.

Aufgabe

Wer ist jetzt Bundeskanzler?

Lösung   **122**

Dr. A könnte Bundeskanzler geworden sein.

Hypothese als Einstieg.

Dies würde voraussetzen, dass er durch eine Kanzlerwahl in das Amt gelangt wäre. Im vorliegenden Fall ist mangels eines Vorschlages des Bundespräsidenten sowie aufgrund der Antragsformulierung nicht vom Regelfall des Art. 63 GG, sondern vielmehr von einem konstruktiven

Formulierung der Voraussetzungen für die Bejahung der Hypothese.

Misstrauensvotum gem. Art. 67 GG auszugehen. Dieses müsste in korrekter Antragsform gestellt und erfolgreich gewesen sein.

Art. 67 GG setzt zunächst die Aufforderung an den Bundespräsidenten, Prof. B als Kanzlerin zu entlassen, voraus. Dieses Erfordernis ist mit der Antragsformulierung, „den Bundespräsidenten zu ersuchen, ... Prof. B zu entlassen", erfüllt.

1. Voraussetzung für die Bejahung der Hypothese, die hier erfüllt ist (Subsumtion).

Das Misstrauensvotum wäre dann erfolgreich, wenn Dr. A mit der Mehrheit der Bundestagsmitglieder zum neuen Bundeskanzler gewählt worden wäre. Diese Mehrheit orientiert sich gem. Art. 121 GG an der gesetzlichen Mitgliederzahl, die ausweislich des Sachverhalts 603 (also 598 und 5 Überhangmandate) beträgt. Die Mehrheit hiervon würde demnach 302 Stimmen erfordern.

Präzisierung der 2. Voraussetzung.

Der Misstrauensantrag zugunsten Dr. A hat jedoch laut Sachverhalt nur 299 Stimmen erhalten, womit die erforderliche Mehrheit der Mitglieder nicht erreicht ist; die absolute Mehrheit der abgegebenen Stimmen, die Dr. A erreicht hat, genügt nicht.

Subsumtion, d. h. Heranziehung des Sachverhalts und Überprüfung bezüglich der präzisierten 2. Voraussetzung der Hypothese.

Demnach ist der Misstrauensantrag gescheitert und Dr. A nicht Bundeskanzler geworden.

Ergebnis der Subsumtion: Hypothese (hier) zu verneinen.

Folglich ist Prof. B Bundeskanzlerin geblieben.

Das Ergebnis bezogen auf die Fallfrage sollte immer der letzte Satz einer Fallösung sein.

D. Fall 2: Folgen einer folgenlosen Vertrauensfrage

Vorbemerkung zur Vertrauensfrage

I. Systematische Stellung und Grundgedanke der Vertrauensfrage

123   Die Vertrauensfrage stellt eine Ausprägung des Prinzips der parlamentarischen Regierungsform dar, in der die Regierung vom ständigen Vertrauen des Parlaments abhängig ist[85]. Deshalb muss die Regierung feststellen können, ob sie im Parlament noch den für ihre Arbeit notwendigen Rückhalt hat. Insofern stellt die Vertrauensfrage ein Ge-

---

85   Zur parlamentarischen Regierungsform siehe näher Degenhart, Staatsrecht I, Rdnr. 23–43.

genstück zum Misstrauensvotum dar: Beim Misstrauensvotum geht die Initiative vom Parlament aus, das der Regierung mitteilt, dass sie nicht mehr das parlamentarische Vertrauen besitzt; bei der Vertrauensfrage geht die Initiative nun von der Regierung (genauer: vom Bundeskanzler) aus, um vom Parlament zu erfahren, ob das Vertrauensverhältnis noch in ausreichendem Maß besteht. Beide Rechtsinstitute regeln die parlamentarische Abhängigkeit der Regierung. Daraus folgt für den Grundgedanken der Vertrauensfrage, dass diese bei unklaren Mehrheitsverhältnissen (etwa Verringerung der parlamentarischen Basis durch Austritt einer Fraktion aus der Regierungskoalition) oder sonstigen Anzeichen mangelnden parlamentarischen Vertrauens (etwa heftige öffentliche Attacken von führenden Abgeordneten der Regierungsfraktionen auf die Regierung oder das Sachprogramm der Regierung)[86] vorgesehen ist.

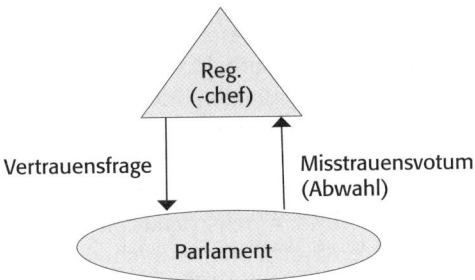

123a

II. Die Vertrauensfrage in der politischen Praxis

In der politischen Praxis der Bundesrepublik hatte die Vertrauensfrage bislang zwei Funktionen: **124**

1. Zum einen eröffnet die Vertrauensfrage einem „amtsmüden" Parlament, das sich laut Grundgesetz nicht selbst auflösen kann, das verfassungsrechtlich umstrittene „Hintertürchen", dennoch zu Neuwahlen zu gelangen. Die Vertrauensfrage des Bundeskanzlers wird dann von den Regierungsfraktionen mit einer Enthaltung und der Opposition mit Ablehnung beantwortet, sodass die eigentlich erforderliche positive Kanzlermehrheit nicht erreicht wird. Dann ist der Weg dafür frei, dass der Bundeskanzler aufgrund der (fingiert) „verlorenen" Vertrauensfrage dem Bundespräsidenten die Parlamentsauflösung vorschlagen kann. Diese Vorgehensweise entspricht zwar den Buchstaben des Art. 68 I GG, nicht jedoch seinem (oben dargelegten) Sinn. Dennoch ist schon dreimal so verfahren worden:

- Nach dem nur sehr knapp gescheiterten Misstrauensvotum Barzels gegen Bundeskanzler Brandt hat dieser auf dem o. a. Weg die Neuwahlen von 1972 herbeigeführt. Allerdings ist zuzugeben, dass die parlamentarische Vertrauensbasis – wie das Misstrauensvotum gezeigt hatte – extrem dünn war; zur Herbeiführung stabiler

---

86 Dies war die zentrale Begründung der Vertrauensfrage von Bundeskanzler Schröder vom 1.7. 2005, der hierfür vor allem die Akzeptanzprobleme seines sozialpolitischen Reformprogramms „Agenda 2010" bei seiner eigenen Partei nannte (vgl. BT-Plenarprotokoll 15/185, S. 17465 ff., 17467).

politischer Verhältnisse waren Neuwahlen geboten, was ja auch der Sinn des Auflösungsrechts in Art. 68 I GG ist.

- Die zweite zur Auflösung führende Vertrauensfrage wurde 1982 (gut zwei Monate nach dem durch ein erfolgreiches Misstrauensvotum herbeigeführten Regierungswechsel Schmidt/Kohl) gestellt; die parlamentarische Basis des neuen Kanzlers Kohl war – der Zahl der ihn tragenden Abgeordneten nach – sehr stabil. Die Auflösung, die auch das BVerfG eher aus Gründen der Staatsräson billigte, wurde mit der inneren Instabilität des Koalitionspartners FDP begründet, die ja bei der vorigen Bundestagswahl 1980 noch als Koalitionspartner für Helmut Schmidt gewählt worden war[87].

- Die jüngste Vertrauensfrage von 2005 durch Bundeskanzler Schröder geht im Kern zurück auf eine dramatische Erosion der politischen Machtbasis der Kanzlerpartei; die SPD hatte nach einer beispiellosen Serie verlorener Landtagswahlen schließlich im Mai 2005 auch ihr Stammland Nordrhein-Westfalen (vorübergehend) an CDU/FDP verloren, woraufhin Neuwahlen über das Instrument der Vertrauensfrage angekündigt wurden. Zur Begründung nannte Kanzler Schröder zunächst die Unionsdominanz im Bundesrat, die durch ein plebiszitäres Votum des Wählers für die Schröderregierung beeindruckt werden sollte[88]; später stellte er auf die Akzeptanzprobleme seiner Sozial- und Arbeitsmarktpolitik („Agenda 2010") bei seiner eigenen Partei ab. Das BVerfG akzeptierte auch diese Bundestagsauflösung; es attestierte dem Kanzler das Recht auf eine „höchstpersönliche Prognose", trotz äußerlich vorhandener parlamentarischer Mehrheit die „Stetigkeit des Vertrauens" durch die eigene Partei zu verneinen[89].

Die politischen Motivationen 1982 wie 2005 entsprechen angesichts der parlamentarischen Mehrheiten, die die Regierung in beiden Fällen hatte, nicht dem ursprünglichen Zweck des Art. 68 I GG, so politisch sinnvoll und notwendig die Neuwahlen in beiden Fällen auch gewesen sind. Es wäre ehrlicher, endlich ein klar definiertes Selbstauflösungsrecht des Bundestags in das GG aufzunehmen, wie dies im übrigen in allen Landesverfassungen vorgesehen ist. Zuletzt wurde dies in den Beratungen über die Verfassungsreform 1994 diskutiert und abgelehnt[90].

---

87 BVerfGE 62, S. 1 ff. (= NJW 1983, S. 735 ff.); lesenswert sind die dazu abgegebenen Sondervoten der Richter Dr. Rinck, BVerfGE 62, S. 70 ff., und Dr. Rottmann, ebenda, S. 108 ff. Kritisch auch Mager, in: v. Münch/Kunig, GG, Art. 68 Rdnr. 16 f., die die These eines „nur begrenzt erteilten Vertrauens" überzeugend widerlegt und unter Bezugnahme auf die Bundestagsauflösung 2005 von einer „konsequenten Fortentwicklung der ‚kanzlerdemokratischen' Interpretation des Art. 68" durch das BVerfG spricht.

88 Degenhart, Staatsrecht I, Rdnr. 702, betont, dass die parlamentarische Demokratie des GG „keine Referendumsdemokratie" ist.

89 BVerfGE 114, S. 121. Die Entscheidung ist auf Kritik gestoßen, weil damit dem Kanzler ein „Freibrief" ausgestellt werde, Neuwahlen nahezu nach eigenem Gusto herbeizuführen, vgl. Degenhart, Staatsrecht I, Rdnrn. 702, 745; letztlich hatte das BVerfG jedoch gar keine Alternative, vgl. Ipsen, Die Auflösung des 15. Deutschen Bundestags – eine Nachlese, NVwZ 2005, S. 1147.

90 BT-Drs. 12/6000, S. 86 ff.; vgl. hierzu Mager, in: v. Münch/Kunig, GG, Art. 68 Rdnr. 37, die beachtliche Gesichtspunkte gegen ein Selbstauflösungsrecht benennt (m.w.N.). Dafür votiert Busse, Auflösung des Bundestags als Reformproblem, ZPR 2005, S. 257 ff. (mit konkretem Formulierungsvorschlag für eine Ergänzung von Art. 39 GG).

2. Zum anderen wird die Vertrauensfrage als Disziplinierungsmittel des Kanzlers ge-   **125**
genüber den Abgeordneten der Regierungsfraktionen eingesetzt, wenn diese dem
Kanzler politisch nicht (mehr) folgen wollen (so auch im nachfolgenden Fall); dies erfolgt in der Regel durch Verbindung der Vertrauensfrage mit einer im Regierungslager
umstrittenen Gesetzesvorlage gem. Art. 81 I 2 GG. Denn dann muss sich jeder Abgeordnete der die Regierung tragenden Fraktionen gut überlegen, ob ihm der Bestand
der „eigenen" Regierung (womit natürlich bessere Einflussmöglichkeiten und Einblicke
in die Regierungsarbeit verbunden sind) wichtiger ist, als seine eventuellen Vorbehalte
gegenüber dem vom Kanzler mit der Vertrauensfrage verbundenen Gesetz. Außerdem
tritt hinzu, dass bei einer verlorenen Vertrauensfrage mit Neuwahlen gerechnet werden muss, was unter Umständen auch eine Nichtbestätigung des Abgeordneten zur
Folge haben kann. Dementsprechend haben einige pazifistisch ausgerichtete Abgeordneten der rot-grünen Regierungskoalition die von Bundeskanzler Gerhard Schröder im
Herbst 2001 in Verbindung mit dem Afghanistan-Einsatz der Bundeswehr gestellte
Vertrauensfrage als Erpressung bezeichnet; sie sahen sich einem schweren Konflikt
zwischen ihrem Interesse an der Fortsetzung der von SPD und Grünen getragenen
Bundesregierung einerseits und ihrer Gewissensfreiheit andererseits ausgesetzt. Allerdings kann der Bundeskanzler eine auseinander strebende parlamentarische Basis
seiner Regierung mit der Vertrauensfrage nur vorübergehend bändigen; insofern weist
das Stellen der Vertrauensfrage – unabhängig von ihrem Ausgang – auf eine proble-
matische Situation im Regierungslager hin. Besonders dramatisch zeigte sich dies in
der Schlussphase der Bundesregierung unter Bundeskanzler Helmut Schmidt. So hat
dieser im Februar 1982 mit der Vertrauensfrage (vor allem) die widerstrebende SPD-
Bundestagsfraktion auf eine wirtschaftspolitische Vorlage festlegen wollen, was ihm
auch gelang. Doch wenig später (im Oktober 1982) ist er nicht zuletzt darüber gestürzt,
dass ihm seine eigene Partei (vor allem in der Verteidigungs- und Wirtschaftspolitik)
nicht mehr folgen wollte (was Parteitagsbeschlüsse unmittelbar nach dem Ende der
Kanzlerschaft Schmidt eindrucksvoll belegen).

Sachverhalt   **126**

Die Bundesregierung hat ein tiefgreifendes Sozialreformgesetz vorgelegt, das Teile der
Regierungsfraktionen nicht akzeptieren wollen. Um dennoch die parlamentarische
Mehrheit zu erhalten, verbindet der Bundeskanzler mit der Vorlage den folgenden
Antrag:

*„Der Bundestag möge das vorstehende Sozialreformgesetz annehmen und damit
zugleich dem Bundeskanzler das Vertrauen aussprechen."*

Der Gesetzentwurf findet dennoch keine Mehrheit. Der Bundeskanzler trägt dem fehlenden parlamentarischen Vertrauen Rechnung und schlägt dem Bundespräsidenten
die Parlamentsauflösung vor. Dieser befürchtet jedoch, dass bei Neuwahlen Extremisten in den Bundestag einziehen könnten und lehnt es daher eine Woche später ab,
dem Vorschlag des Kanzlers zu entsprechen. Vielmehr fordert er diesen auf, „seine
Pflicht zu tun". Der Bundeskanzler, der dazu bereit ist, stößt auf energischen Wider-

stand der Opposition, die dem Bundespräsidenten und dem Bundeskanzler Verfassungsbruch vorwirft.

Aufgabe

a) Haben der Bundespräsident oder der Bundeskanzler gegen die Verfassung verstoßen?
b) Bestünde für den Bundespräsidenten überhaupt Handlungsbedarf, wenn der Bundeskanzler nach verlorener Vertrauensfrage ohne weitere Konsequenzen wieder zum politischen Alltag übergehen wollte?

---

127   Lösung

Aufgabe a)

I. Verfassungsverstoß des Bundespräsidenten

1. Der Bundespräsident könnte gegen die Verfassung verstoßen haben, indem er es abgelehnt hat, den Bundestag aufzulösen. Das würde voraussetzen, dass er dazu verpflichtet wäre. Eine solche Rechtsfolge enthält das GG jedoch an keiner Stelle. Insbesondere besteht nach einer gescheiterten Vertrauensfrage gem. Art. 68 I GG kein Anspruch der Opposition auf Neuwahlen. Ein Verstoß gegen Art. 68 I GG wäre jedoch auch dann denkbar, wenn er zur Bundestagsauflösung berechtigt gewesen wäre und ein Ermessensfehler[91] vorliegen würde.

Der erste Satz nimmt die Fallfrage auf und führt durch eine Ableitung von aufeinander beruhenden Sätzen auf die entscheidende Norm – hier Art. 68 I GG – hin. Dann werden die im Weiteren zu prüfenden Voraussetzungen grob umrissen; die weitere Prüfung wird somit vorstrukturiert.

2. Daher ist zunächst zu prüfen, ob der Bundespräsident vorliegend überhaupt zur Auflösung des Bundestages berechtigt gewesen ist. Die Rechtsfolge des Art. 68 I GG räumt dem Bundespräsident ein solches Recht ein, weshalb dafür die Tatbestandsmerkmale dieser Norm vorliegen müssten.

Erster Prüfungsschritt: War der Präsident zur Auflösung überhaupt berechtigt? → Tatbestand des Art. 68 I GG erforderlich.

a) Zunächst müsste dafür in zulässiger Weise die Vertrauensfrage gestellt worden sein. Dies kann nur durch einen Antrag des Bundeskanzlers selbst geschehen; dieser Antrag muss darauf gerichtet sein, dem Kanzler (nicht etwa der Regierung insgesamt) das Vertrauen auszu-

1. Zulässig gestellter Antrag des Kanzlers, ihm das Vertrauen auszusprechen.

---

91 Der Begriff des Ermessensfehlers ist eigentlich ein verwaltungsrechtlicher Terminus, der im 3. Kapitel genauer erklärt wird, s. Rdnr. 298 f.

sprechen. Ausweislich des Sachverhaltes hat der Bundeskanzler hier selbst den Antrag in den Bundestag eingebracht, ihm das Vertrauen auszusprechen. Fraglich ist aber, ob die Antragstellung hier in zulässiger Weise erfolgt ist. Dem könnte nämlich entgegenstehen, dass die Vertrauensfrage nicht selbstständig gestellt, sondern mit einer Gesetzesvorlage verbunden wurde. Ein solches Vorgehen ist jedoch durch Art. 81 I 2 GG ausdrücklich erlaubt; außerdem entspricht es der ratio der Vertrauensfrage, da eine Vertrauenskrise selten im luftleeren Raum, sondern vielmehr meist anhand von umstrittenen Sachfragen auftritt. Damit ist die Vertrauensfrage in diesem Fall zulässig gestellt worden.

→ Problem: Verbindung mit einer Gesetzesvorlage.

Subsumtionsergebnis des ersten Tatbestandsmerkmals.

b) Weiter müsste der Antrag gescheitert sein. Dies wäre dann der Fall, wenn er nicht die Mehrheit der Mitglieder („Kanzlermehrheit") gem. Art. 121 GG gefunden hätte. Ausweislich des Sachverhaltes findet der mit der Vertrauensfrage verbundene Gesetzentwurf keine Mehrheit, was folglich auch für die Vertrauensfrage selbst gilt. Somit ist die Vertrauensfrage gescheitert.

2. Scheitern des Antrages.

c) Weiter setzt Art. 68 I 1 GG voraus, dass der Bundeskanzler dem Bundespräsident den Auflösungsvorschlag unterbreitet hat. In diesem Fall hat der Bundeskanzler aus der parlamentarischen Niederlage die Konsequenz gezogen und die Auflösung des Bundestages vorgeschlagen, womit auch dieses Erfordernis erfüllt ist.

3. Auflösungsvorschlag des Bundeskanzlers.

d) Außerdem ist das Auflösungsrecht des Bundespräsidenten fristgebunden, weshalb zum Zeitpunkt seiner Entscheidung noch keine drei Wochen verstrichen sein dürfen. Laut Sachverhalt hat der Bundespräsident nach einer Woche, mithin innerhalb dieser Frist, entschieden.

4. Frist von 21 Tagen.

e) Schließlich setzt Art. 68 I 2 GG voraus, dass der Bundestag nicht inzwischen einen anderen Bundeskanzler gewählt hat, da in einem solchen Fall das Auflösungsrecht erlischt. Da der Sachverhalt hierzu keine Angaben macht, kann von der Wahl eines neuen Kanzlers nicht ausgegangen werden, womit auch dieses letzte Erfordernis gegeben ist.

5. Keine zwischenzeitliche Neuwahl eines anderen Kanzlers (negatives Tatbestandsmerkmal).

Nach alledem hatte der Bundespräsident das Recht, den Bundestag aufzulösen.

Ergebnis: Alle Tatbestandsmerkmale sind erfüllt, so daß die Rechtsfolge – Auflösungsrecht des Bundespräsidenten – eintritt.

3. Ein Verfassungsverstoß wäre daher nur denkbar, wenn der Bundespräsident dieses Recht fehlerhaft ausgeübt hätte. Möglicherweise liegt ein Ermessensfehlgebrauch vor, indem er die Auflösung aus parteipolitischen – gegen Extremisten gerichteten – Gründen ablehnt. Zu prüfen ist also, ob auch solche Gründe im Rahmen dieser Entscheidung geltend gemacht werden dürfen.

Zweiter Prüfungsschritt: Hat der Bundespräsident sein Auflösungsrecht korrekt wahrgenommen?

→ Problemformulierung.

Die Reichweite des Ermessens des Bundespräsidenten gem. Art. 68 I GG ist teleologisch zu bestimmen. Der aus dem politischen Tagesstreit – und aus der zur Vertrauensfrage führenden Regierungsinstabilität – herausgehobene Bundespräsident soll aufgrund seiner neutraleren Stellung eine abgewogene und nicht primär am Streit im Regierungslager ausgerichtete Entscheidung fällen. Er soll sich vielmehr am Wohl des Staates, so wie er es sieht, orientieren können. Wenn er das Wohl des Staates bei Neuwahlen wegen des damit zu befürchtenden Anwachsens radikaler oder extremistischer Kräfte als gefährdet ansieht und die Fortsetzung der Wahlperiode für das geringere Übel hält, liegt bei einer Auflösungsablehnung folglich kein Ermessensfehler vor[92].

Problematisch sind hier die Anforderungen an den Bundespräsidenten bei der Ausübung des Auflösungsrecht;

→ daher müssen im Weg der Auslegung diese Anforderungen entwickelt werden.

Die hier gegebene, gegen einen Parlamentseinzug von Extremisten gerichtete Begründung ist demnach vom politischen Ermessen des Bundespräsidenten getragen.

Schließlich wird der Sachverhalt unter die entwickelten Anforderungen subsumiert. Daraus folgt das Ergebnis dieses Prüfungsschrittes.

4. Der Vorwurf des Verfassungsbruchs ist demnach gegenüber dem Bundespräsidenten unbegründet.

Das letzte Ergebnis stellt eine unmittelbare Antwort auf die Fallfrage dar.

II. Verfassungsverstoß des Bundeskanzlers

Der Bundeskanzler könnte gegen Art. 68 I GG verstoßen haben, weil er trotz verlorener Vertrauensfrage im Amt bleibt. Dies würde voraussetzen, dass der Bundeskanzler

Der Einleitungssatz nimmt die Fallfrage als Hypothese auf und

---

92 Laut Mager, in: v. Münch/Kunig, Art. 68 Rdnr. 27, kommt dem Bundespräsident ein pflichtgemäß am Gemeinwohl und am Zweck des Art. 68 GG, zur Regierungsstabilität beizutragen, auszurichtendes Ermessen zu, das nicht weiter eingeschränkt ist; Degenhart, Staatsrecht I, Rdnr. 698, spricht im Anschluss an das BVerfG von einer „politischen Ermessensentscheidung". Die den Entscheidungsspielraum einschränkenden Gegenansichten (Mager, a. a. O., m. w. N.) wollen den Bundespräsident an einen etwaigen Willen der politischen Kräfte nach Neuwahlen binden. Praktisch dürfte das wenig erheblich sein, weil sich der Bundespräsident einem starken Willen nach Neuwahlen zwar rechtlich, kaum aber faktisch wird entziehen können (wie die Beispiele 1982/83 und 2005 zeigen).

bei Vorliegen des – oben geprüften – Tatbestandes von Art. 68 I GG und einer Auflösungsablehnung des Bundespräsidenten zum Rücktritt verpflichtet wäre.

formuliert die hierfür erforderlichen Voraussetzungen.

Eine solche Rechtsfolge enthält Art. 68 I GG jedoch nicht; auch wenn der Bundeskanzler kein parlamentarisches Vertrauen mehr hat und der Bundespräsident keine Neuwahlen möchte, kann der Bundeskanzler im Amt bleiben.

Dann erfolgt die Prüfung, ob diese Voraussetzungen vorliegen; wenn es keine Norm mit der gefragten Rechtsfolge gibt, kann die Prüfung sehr kurz gehalten werden.

Der Vorwurf des Verfassungsbruchs ist daher auch ihm gegenüber unbegründet.

Das Ergebnis stellt die Folge aus den vorhergehenden Ausführungen dar und beantwortet die Fallfrage.

Aufgabe b)

Nach einer Vertrauensfrage kann diesbezüglicher Handlungsbedarf des Bundespräsidenten gem. Art. 68 I 1 GG nur darin bestehen, über die Auflösung des Bundestages zu entscheiden. Dies setzt jedoch den vollständigen Tatbestand des Art. 68 I GG voraus.

Aufgreifen der Fallfrage und Formulierung der Voraussetzungen für die Bejahung der Fallfrage.

Hinsichtlich der Merkmale Stellung und Ablehnung des Antrages wird auf die obigen Ausführungen bei Aufgabe a) verwiesen, weil insofern keine Abweichung vom Ausgangsfall vorliegt.

Hinsichtlich bereits erörterter Tatbestandsmerkmale sollte zur Vermeidung von Wiederholungen auf die vorhergehenden Ausführungen verwiesen werden.

Außerdem verlangt Art. 68 I 1 GG einen Auflösungsvorschlag des Bundeskanzlers. Wenn dieser aber ohne weitere Konsequenzen weitermachen will, bedeutet das, dass er diesen Vorschlag im Abweichungsfall nicht gemacht hat. Das Tatbestandsmerkmal ist somit nicht gegeben. Zu überlegen wäre nur noch, ob der Bundeskanzler vielleicht verpflichtet wäre, dem Bundespräsident den Vorschlag zu unterbreiten und sein Pflichtversäumnis ein Auflösungsrecht des Bundespräsidenten auch ohne Kanzlervorschlag zur Folge haben könnte.

Problem hier: fehlender Auflösungsvorschlag des Bundeskanzlers.

→ Ist das Tatbestandsmerkmal unter Umständen verzichtbar?

Einer solchen Überlegung steht jedoch entgegen, dass es für eine solche Pflicht keinen Anhaltspunkt in Art. 68 I 1 GG gibt; vielmehr ist hier zu berücksichtigen, dass die Ver-

Vorschlagspflicht des Bundeskanzlers?

trauensfrage vom Kanzler ausgeht und auch ein Scheitern (im Gegensatz zum erfolgreichen Misstrauensvotum) keine rechtlichen Auswirkungen auf die Amtsstellung des Kanzlers hat. Vielmehr soll der Bundeskanzler – neben dem pflichtgemäßen politischen Ermessen des Bundespräsidenten – quasi vorgeschaltet aus seiner politischen Sicht über die Auflösung durch die Entscheidung über den Auflösungsvorschlag mitbestimmen können. Denn schließlich muss er versuchen, mit der dann nicht mehr bestehenden parlamentarischen Mehrheit zurechtzukommen. Wenn er dies aber für den besseren Weg hält, ist er weder zur Amtsaufgabe noch zu seiner Mitwirkung an der Parlamentsauflösung verpflichtet[93].

→ An Sinn und Zweck des Art. 68 I GG ausgerichtete Argumentation

Im Übrigen ist der Wortlaut des Art. 68 I 1 GG so eindeutig, dass auch bei Bejahung einer Vorschlagspflicht sich der Bundespräsident über ein Versäumnis jedenfalls nicht einfach hinwegsetzen kann; der Kanzlervorschlag ist vielmehr eine zwingende Voraussetzung für das Auflösungsrecht des Bundespräsidenten.

→ Ergebnis als Antwort auf die aufgeworfene Frage.

(Hilfsgutachtliche) Erörterung zur Verzichtbarkeit, da oben dies auch angesprochen wurde (immer alle aufgeworfenen Fragen klären).

Demnach besteht vorliegend kein Handlungsbedarf für den Bundespräsidenten.

Das aus allem vorstehenden resultierende Ergebnis beantwortet die Fallfrage.

E. Fall 3: Ministerernennung auf dem kurzen Dienstweg

128 **Sachverhalt**

Der von der A-Partei und der B-Partei getragenen Bundesregierung gehört auch der von der B-Partei gestellte Bundesminister für Wirtschaft X an.

Nach dem Rücktritt des X besteht die B-Partei darauf, das Amt wieder mit einem Kandidaten aus ihren Reihen zu besetzen. Dabei beruft sie sich zutreffend auf die schriftlich für die Dauer der laufenden Legislaturperiode abgeschlossene Koalitionsvereinbarung, die die einzelnen Ministerien den beiden Regierungsparteien zuweist und auch die jeweilige konkrete Besetzung ausdrücklich der betroffenen Partei als eigene Angelegenheit überlässt.

---

93 So auch Mager, in: v. Münch/Kunig, GG, Art. 68 Rdnr. 24; Degenhart, Staatsrecht I, Rdnr. 699.

Die Parteisatzung der B-Partei sieht in Übereinstimmung mit der B-Fraktionsgeschäftsordnung vor, dass die der B-Partei zustehenden Minister nach einem Präsidiumsvorschlag von der Fraktion gewählt werden. Die Fraktion wählt schließlich den Kandidaten Y unter mehreren Bewerbern aus, nachdem das Präsidium eine Wahlempfehlung zugunsten des Mitbewerbers Z abgegeben hatte.

Der B-Parteivorsitzende L schlägt dem Bundespräsidenten die Ernennung von Y zum Nachfolger von X als Bundeswirtschaftsminister vor. Der Bundespräsident nimmt die Ernennung in Kenntnis der Koalitionsvereinbarung vor.

Die Bundeskanzlerin, die der größeren A-Partei angehört, fühlt sich übergangen und hätte außerdem lieber Z als Wirtschaftsminister gehabt; sie will gegen die ihrer Ansicht nach verfassungswidrige Ernennung durch den Bundespräsidenten vorgehen.

Aufgabe

Wie kann die Bundeskanzlerin gegen die Ernennung des Y vorgehen und welche Aussichten hat sie hierbei?

Lösung 129

I. Zulässiger Rechtsbehelf (Zulässigkeit)[94]

Die Bundeskanzlerin könnte ein Organstreitverfahren gem. Art. 93 I Nr. 1 GG anstrengen.

Die Fallfrage gliedert sich in zwei Teilfragen; zunächst ist die erste Teilfrage nach einer möglichen Vorgehensweise zu klären. In diesem Sinn muss auch der Einleitungssatz formuliert werden.

1. Antragsberechtigung

Die Antragsberechtigung setzt voraus, dass der Antragsteller ein oberstes Bundesorgan oder ein Teil eines solchen ist. Die Bundeskanzlerin ist – allein – kein oberstes Bundesorgan, wie sich auch aus der Aufzählung in § 63 BVerfGG ergibt. Allerdings ist sie gem. Art. 62 GG ein Teil der Bundesregierung, die ihrerseits ein oberstes Bundesorgan darstellt. Die Antragsberechtigung der Bundeskanzlerin ist somit gegeben.

Vgl. die Übersicht zu den Verfahrensarten: jetzt werden die Zulässigkeitsvoraussetzungen Punkt für Punkt geprüft.

---

94 Zur Unterscheidung der Prüfung von Rechtsbehelfen in Zulässigkeit und Begründetheit siehe die Erläuterungen im Grundrechtsabschnitt anlässlich der dort besprochenen Verfassungsbeschwerde (Rdnr. 189).

2. Antragsgegner

Weiter müsste sich der Antrag gegen einen zulässigen Antragsgegner richten. Da sich die Bundeskanzlerin durch die Ernennung des Y durch den Bundespräsidenten übergangen fühlt, muss sich ihr Antrag gegen diese Amtshandlung des Bundespräsidenten richten. Daher müsste der Bundespräsident ein zulässiger Antragsgegner sein. Als Antragsgegner kommen ebenfalls nur oberste Bundesorgane oder Teile hiervon in Betracht. Der Bundespräsident stellt als Staatsoberhaupt ein oberstes Bundesorgan dar, wie sich auch aus § 63 BVerfGG ergibt. Folglich handelt es sich um einen zulässigen Antragsgegner.

3. Tauglicher Prüfungsgegenstand

Tauglicher Prüfungsgegenstand kann nur eine Amtshandlung des Antragsgegners sein, durch die sich der Antragsteller in seinen verfassungsrechtlichen Kompetenzen beschnitten fühlt. Wie bereits festgestellt wurde, ist als Prüfungsgegenstand die Ernennung des Y zum Wirtschaftsminister anzusehen. Dabei handelt es sich gem. Art. 64 I GG um eine Amtshandlung des Bundespräsidenten. Die Bundeskanzlerin macht geltend, dass sie sich dadurch in ihren Rechten bei einer Ministerernennung übergangen – also verletzt – fühlt. Folglich liegt hier ein tauglicher Prüfungsgegenstand vor.

Die Prüfung des tauglichen Beschwerdegegenstandes gliedert sich in zwei Teile: Zunächst ist zu untersuchen, worin genau der Beschwerdegegenstand besteht und dann, ob er im Sinne der zu prüfenden Verfahrensart tauglich (zulässig) ist.

4. Rechtsschutzinteresse

Außerdem müsste die Bundeskanzlerin ein Rechtsschutzinteresse haben. Dies wäre der Fall, wenn sie ihr Ziel – Rückgängigmachung der Ernennung des Y – nicht auf andere Weise einfacher und billiger erreichen könnte. Die Bundeskanzlerin könnte dem Bundespräsidenten die Entlassung des Y gem. Art. 64 I GG vorschlagen. Damit wäre ihr Ziel, dass Y nicht mehr Wirtschaftsminister wäre, erreicht; doch mit einem Entlassungsantrag würde sie die stattgefundene Ernennung akzeptieren. Der Kanzlerin geht es hier um mehr; sie möchte die Ernennung des Y für verfassungswidrig erklärt haben (vgl. § 67, 1 BVerfGG). Es ist dann Aufgabe des Bundespräsidenten, die Ernennung – etwa durch Rückforderung der Ernennungsurkunde – ohne Mitwirkung der Kanzlerin rückgängig zu machen.

Das Erfordernis des Rechtsschutzinteresses soll mutwillige und bloß rechthaberische Rechtsbehelfe unzulässig machen. Das Rechtsschutzinteresse fragt folglich danach, ob der Rechtsbehelfsführer ein schützenswertes Interesse an dem Rechtsstreit hat.

Folglich kann die Kanzlerin ihr Ziel nicht auf andere, vor allem einfachere Weise erreichen, sodass hier das Rechtsschutzbedürfnis zu bejahen ist.

Dafür muß u. U. – wie hier – sehr genau überlegt werden, worin das Begehren des Rechtsbehelfsführers liegt.

5. Form

Nach § 64 II BVerfGG muss die GG-Bestimmung bezeichnet werden, gegen die der Antragsgegner verstoßen haben soll. Die Bundeskanzlerin müsste also in ihrer Antragsschrift auf die Norm hinweisen, die ihre Mitwirkung bei einer Ministererennennung regelt. Demnach müsste sie darlegen, dass ihr Vorschlagsrecht gem. Art. 64 I GG verletzt wäre.

6. Frist

Schließlich sieht § 64 III BVerfGG eine Sechs-Monats-Frist für die Anrufung des BVerfG vor, von deren Einhaltung hier mangels anderweitiger Anhaltspunkte auszugehen ist.

Nach alledem stellt ein Organstreitantrag der Bundeskanzlerin gegen den Bundespräsidenten einen zulässigen Rechtsbehelf dar.

Als Zwischenergebnis wird die Lösung der ersten Teilfrage festgehalten.

II. Erfolgsaussichten in der Sache (Begründetheit)

1. Das Organstreitverfahren wäre für die Kanzlerin dann erfolgreich, wenn die Ernennung des Y zum Wirtschaftsminister durch den Bundespräsidenten unter Verletzung von Zuständigkeiten der Bundeskanzlerin zustandegekommen wäre. In diesem Fall könnte das Vorschlagsrecht der Bundeskanzlerin gem. Art. 64 I GG verletzt worden sein. Demnach darf *nur* die Bundeskanzlerin dem Bundespräsident die Bundesminister zur Ernennung vorschlagen. Hier aber hat der B-Parteivorsitzende L dem Bundespräsident die Ernennung des Y zum Bundeswirtschaftsminister vorgeschlagen. Fraglich ist jedoch, ob die Bundeskanzlerin ihr Vorschlagsrecht nicht in der Koalitionsvereinbarung auf L delegiert hat (2.) und dann eine Verletzung dieses Vorschlagsrechts ausscheidet (3.).

Der Einleitungssatz nimmt die Formulierung der zweiten Teilfrage als Hypothese auf und knüpft daran die dafür erforderlichen Voraussetzungen an. Die vordergründige Verletzung des Vorschlagsrecht ist hier recht offensichtlich, so dass eine kurze Subsumtion genügt. Auch die richtige Schwerpunktsetzung ist Teil der Falllösungstechnik.

2. a) Für eine solche Delegation der Wahrnehmung des Vorschlagsrechts spricht die Koalitionsvereinbarung, die ja auch die Bundeskanzlerin unterschrieben hat. Ansons-

→ Überleitung zu der hier interessierenden Koalitionsvereinbarung.

ten hätte der Bundespräsident, der die Koalitionsvereinbarung laut Sachverhalt kannte, die Ernennung des Y gar nicht vorgenommen.

b) Allerdings bedarf es einer näheren Prüfung, welche rechtliche Natur und Bindungswirkung dieser Koalitionsvereinbarung überhaupt zukommt. Um ein Gesetz oder Ähnliches kann es sich schon deshalb nicht handeln, weil an ihrem Zustandekommen nicht der (ganze) Bundestag mitwirkt. Dann kann es sich nur um einen Vertrag handeln; dafür ist zu ermitteln, wer die Vertragsparteien sind. Die Bundeskanzlerin als Staatsorgan kann es nicht sein, weil sie während des Abschlusses der Koalitionsvereinbarung in aller Regel noch gar nicht (wieder-)gewählt ist. Die Bestimmung der Vertragsparteien muss vielmehr anhand des Regelungsinhaltes erfolgen. Hier schließen sich Parteien zu einem politischen Bündnis zusammen, im Parlament eine gemeinsame Regierung mit einem vereinbarten Sachprogramm auf den Schild zu heben. Vertragsparteien können daher nur die politischen Parteien – vertreten durch ihre Vorsitzenden – sein. Der oder die Vorsitzende der größeren Koalitionspartei mag auch der Kanzler(-kandidat) bzw. die Kanzlerin sein, muss es aber nicht (Helmut Schmidt war nie Parteivorsitzender). Hieraus folgt jedoch, dass ein solcher Vertrag zwischen Parteien keine rechtlichen Folgen für Staatsorgane entfalten, sondern lediglich die Parteien binden kann. Deshalb ist die Bundeskanzlerin als Amtsträgerin an die Koalitionsvereinbarung selbst dann juristisch nicht gebunden, wenn sie sie selbst als Parteivorsitzende abgeschlossen hat. Folglich kann auch keine Delegation von staatsorganisatorischen Kompetenzen in einem solchen Vertrag erfolgen. Eine Delegation liegt hier demnach nicht vor[95].

3. Außerdem erscheint es fraglich, ob die Bundeskanzlerin als Amtsträgerin zu einer solchen Delegation über-

Der erste der beiden unter 1. am Ende bereits angekündigten Prüfungsschwerpunkte beschäftigt sich mit der Frage, ob die Bundeskanzlerin ihr Vorschlagsrecht hier delegiert hat.

→ *Hierfür ist die Rechtsnatur der Koalitionsvereinbarung zu bestimmen; denn daraus ergibt sich, wer sich in welcher Funktion daran halten muss.*

→ *Saubere Trennung innerhalb derselben Person zwischen der Bundeskanzlerin als Amtsträgerin und der Parteivorsitzenden.*

Der zweite der Prüfungsschwerpunkte betrifft das

---

95 Zu Koalitionsvereinbarungen siehe Katz, Staatsrecht, Rdnr. 407, wonach die h. M. deren Rechtsnatur in verfassungsrechtlichen Verträgen „sui generis" sieht, die nicht rechtlich durchgesetzt werden können. Die Gegenauffassung sieht genau deshalb darin lediglich politische Abreden ohne rechtliche Bedeutung, vgl. Degenhart, Staatsrecht I, Rdnr. 693, und Badura, Staatsrecht, E 95. Für diese Ansicht spricht das Wesen des Rechtsinstruments „Vertrag", das gerade auf die Erzeugung rechtlich bindender und damit auch gerichtlich durchsetzbarer Verpflichtungen ausgerichtet ist. Letztlich ist es aber ein Streit um des Kaisers Bart, weil bezüglich der fehlenden rechtlichen Durchsetzbarkeit der in einer Koalitionsvereinbarung niedergelegten „Rechte und Pflichten" Einigkeit besteht. Siehe außerdem Maurer, Staatsrecht I, § 14 Rdnr. 23–32.

haupt befugt gewesen wäre. Das GG weist den verschiedenen Staatsorganen Kompetenzen, also Zuständigkeiten, zu. Eine solche Kompetenz beinhaltet jedoch nicht die Kompetenz-Kompetenz, also die Zuständigkeit, über die Zuständigkeiten zu verfügen und diese auf andere Organe zu übertragen. Diese Kompetenz-Kompetenz liegt allein beim verfassungsändernden Gesetzgeber gem. Art. 79 II GG. Demnach kann die Bundeskanzlerin ihre ihr vom GG zugewiesenen Kompetenzen – unabhängig davon, in welcher Form – gar nicht delegieren.

Problem, ob die Bundeskanzlerin ihr Vorschlagsrecht überhaupt hätte delegieren können (hier eine hilfsgutachtliche Prüfung).

4. Aus diesen Gründen hat die Koalitionsvereinbarung keine Auswirkungen auf das allein dem Inhaber des Amtes des Bundeskanzlers zugewiesene Vorschlagsrecht für Ministerernennungen gem. Art. 64 I GG. Der Ernennungsvorschlag des L war demnach verfassungsrechtlich unbeachtlich. Die hierauf erfolgte Ernennung durch den Bundespräsidenten entbehrt somit des gem. Art. 64 I GG erforderlichen Ernennungsvorschlages und verletzt mithin die Bundeskanzlerin in ihrer Vorschlagskompetenz. Demnach ist der Organstreitantrag der Bundeskanzlerin auch begründet, sodass sie vor dem BVerfG in dieser Sache erfolgreich sein wird.

Abschließend werden die gewonnenen Erkenntnisse geordnet und mit Blick auf den Schlusssatz, der die Fallfrage beantwortet, ausgerichtet.

F. Fall 4: Straftaten im Hohen Haus?

Vorbemerkung zur Indemnität und Immunität der Abgeordneten

Bei der Indemnität und der Immunität gem. Art. 46 GG handelt es sich um Verfolgungsverbote zugunsten der Abgeordneten. Beide haben zur Folge, dass ein Abgeordneter wegen einer bestimmten Tat – vor allem wegen einer Straftat – nicht (außerhalb des Parlaments) zur Verantwortung gezogen werden kann. Im Einzelnen unterscheiden sich diese Privilegien jedoch erheblich: **130**

	Indemnität Art. 46 I GG	Immunität Art. 46 II GG
Erfasste Tatbestände:	Beleidigungs- und Abstimmungsdelikte.	Alle Straftatbestände und Disziplinartatbestände.
Erfasste Tatorte:	Innerhalb parlamentarischer Verhandlungen (im Plenum und in den Ausschüssen).	Überall.
Zeitliche Reichweite:	Lebenslanger Verfolgungsschutz (natürlich nur für während des Mandats begangene Taten). „zu keiner Zeit".	Nur Verfolgungshindernis für die Dauer des Mandats.

	Indemnität Art. 46 I GG	Immunität Art. 46 II GG
Aufhebbar/verzichtbar?	Nein.	Aufhebbar durch Beschluss des Bundestages. Nicht jedoch verzichtbar durch den einzelnen Abgeordneten.
Wer ist vom Schutzzweck erfasst?	Der einzelne Abgeordnete, der bei seinen parlamentarischen Handlungen (etwa einer temperamentvollen Rede) nicht jedes Wort auf die Goldwaage legen soll (Schutz der Rede- und Abstimmungsfreiheit im Parlament).	Das Gesamtparlament in seiner Arbeits- und Funktionsfähigkeit; daher auch die Aufhebbarkeit.

131 Sachverhalt

Im Deutschen Bundestag wird über eine Grundgesetzänderung zum Asylrecht debattiert. Im Lauf der sehr erregt geführten Aussprache ergreift der oppositionelle Abgeordnete Maier das Wort und wirft – nachdem einige Abgeordnete der Regierungsfraktionen von einer „drohenden notstandsähnlichen Situation" gesprochen haben – der Bundesregierung vor, sie plane, die Verfassung zu brechen, wie das die Nazis mit dem Ermächtigungsgesetz 1933 getan hätten[96]. Maier wird daraufhin von der Bundestagspräsidentin zur Ordnung gerufen.

Die Regierung fühlt sich verunglimpft und erstattet Strafanzeige gegen Maier; die Staatsanwaltschaft nimmt die Ermittlungen auf und erhebt schließlich Anklage gegen den Abgeordneten Maier.

Abwandlung:
Beim Mittagessen in der Bundestagskantine trifft der Abgeordnete Schmidlhuber (CSU) den Abgeordneten Schellmann (Grüne) und nennt ihn unter Bezugnahme auf dessen Redebeitrag in der Debatte ein „politisches Rindvieh".

Hinweis

§ 187 StGB: Verleumdung

Wer wider besseres Wissen in Beziehung auf einen anderen eine unwahre Tatsache behauptet oder verbreitet, welche denselben verächtlich zu machen oder in der öffentlichen Meinung herabzuwürdigen oder dessen Kredit zu gefährden geeignet ist, wird mit Freiheitsstrafe bis zu zwei Jahren oder mit Geldstrafe und, wenn die Tat öffentlich, in einer Versammlung oder durch Verbreiten von Schriften (§ 11 Abs. 3) begangen ist, mit Freiheitsstrafe bis zu fünf Jahren oder mit Geldstrafe bestraft.

---

96 Das Ermächtigungsgesetz vom 24.3.1933, das der von Hitler geführten Reichsregierung weitreichende Vollmachten für zunächst vier Jahre übertrug, hatte die Bezeichnung „Gesetz zur Behebung der Not von Volk und Reich". Es wurde von den Nazis unter Berufung auf die Notstandslage mit teilweise grob rechtswidrigen Methoden durch den Reichstag gepeitscht (vgl. Haug, Bindungsprobleme, S. 22 f. [s.a. Fn. 16]).

Aufgabe

a) Wie hat im Ausgangsfall der Richter zu entscheiden?
b) Kann in der Abwandlung der Abg. Schmidlhuber strafrechtlich verfolgt werden?

Lösung

132

Aufgabe a)

Der Richter könnte auf Freispruch zu entscheiden haben. Dies würde voraussetzen, dass Maier sich nicht strafbar gemacht hätte. Er könnte sich aber wegen einer Beleidigung gem. § 185 StGB strafbar gemacht haben. Der Vorwurf an die Regierung, sie plane einen Verfassungsbruch und vor allem der damit verbundene Vergleich mit den Nazis stellen eine grobe Missachtung der Ehre der einzelnen Mitglieder der Bundesregierung und damit einen beleidigenden Angriff auf deren Ehre dar. Die Beleidigung liegt damit vor. Fraglich ist jedoch, ob er dafür auch bestraft werden kann. Das wäre dann nicht der Fall, wenn ein Strafausschließungsgrund vorläge. Einen solchen Strafausschließungsgrund stellt die Indemnität gem. Art. 46 I GG dar. Wenn also die Beleidigung von der Indemnität gedeckt wäre, könnte Maier nicht bestraft werden.

Der erste Satz nimmt die Fallfrage in Form einer antwortenden Hypothese auf.

Dann werden in logischer Folge Sätze aneinander geknüpft, die zur entscheidenden Norm – hier Art. 46 I GG – führen.

Daher ist zu prüfen, ob die Voraussetzungen der Indemnität gegeben sind. Dafür müsste es sich bei Maier um einen Abgeordneten handeln. Maier ist ausweislich des Sachverhaltes ein Mitglied des Bundestages und fällt somit unter den von der Indemnität geschützten Personenkreis. Weiter müsste die den Tatvorwurf bildende Handlung ein Abstimmungsverhalten oder eine Äußerung darstellen. Laut Sachverhalt hat Maier die Beleidigung im Rahmen einer Rede ausgesprochen, was als Äußerung anzusehen ist. Außerdem müsste die Äußerung im Bundestag oder in einem seiner Ausschüsse gefallen sein; die hier inkriminierte Beleidigung fand im Rahmen einer Rede vor dem Bundestagsplenum – mithin im Bundestag – statt. Damit liegen die drei Voraussetzungen des Art. 46 I 1 GG vor; die Indemnität setzt jedoch gem. Art. 46 I 2 GG außerdem noch voraus, dass es sich um keine verleumderische Beleidigung gehandelt haben darf. Darunter versteht man gem. § 187 StGB die gegenüber Dritten oder mit Kundgabecharakter gemachte Behauptung einer unwahren Tatsache wider besseren Wis-

Dann sind einzeln die Tatbestandsvoraussetzungen der entscheidenden Norm zu prüfen, wobei jeweils das einzelne Tatbestandsmerkmal genannt wird, dann der dazugehörige Sachverhalt subsumiert und schließlich das Tatbestandsmerkmal bejaht oder verneint wird:
– Abgeordneter,
– Abstimmung/ Äußerung,
– im Bundestag/ in einem Ausschuss,
– keine Verleumdung.

sens, durch die jemand beleidigt wird. Die beleidigende Wirkung wurde bereits festgestellt. Aber aus dem Zusammenhang der Debatte ergibt sich, dass hier der Vorwurf des „Verfassungsbruchs" nicht als Tatsache, sondern „nur" als politische Wertung erhoben wurde. Solche Wertungen sollen – auch wenn sie beleidigenden Charakter haben – im Interesse einer engagierten und unzensierten Parlamentsdebatte durch die Indemnität gerade vor Strafverfolgung geschützt werden. Demnach fehlt es an der – für den Tatbestand der Verleumdung erforderlichen – Tatsachenäußerung; vielmehr wurde nur ein Werturteil abgegeben. Eine Verleumdung liegt folglich nicht vor, weshalb auch dieses (negative) Tatbestandsmerkmal der Indemnität erfüllt ist.

Ein kompliziertes Tatbestandsmerkmal – hier Verleumdung – bedarf der Konkretisierung durch eine subsumtionsfähige Definition.

Entscheidende Abgrenzung von Tatsachen- und Werturteil

Damit liegt ein persönlicher Strafausschlussgrund vor, sodass Maier freizusprechen ist.

Ergebnis der Indemnitätsprüfung und damit auch des Falles: Fallfrage aufnehmen und beantworten.

Doch selbst wenn sich Maier wegen Verleumdung nicht auf die Indemnität berufen könnte, wäre noch zu prüfen, ob der Richter auf Verfahrenseinstellung zu entscheiden hätte. Dies würde voraussetzen, dass ein Verfahrenshindernis bestünde. Ein solches Verfahrenshindernis stellt die Immunität gem. Art. 46 II GG dar. Da die Verleumdung eine gem. § 187 StGB mit Strafe bedrohte Handlung darstellt und eine Festnahme mangels entsprechender Hinweise nicht unterstellt werden kann, bedürfte es für die Verfahrensdurchführung der Genehmigung des Bundestages. Über deren Vorliegen ist nichts bekannt, sodass das Verfahrenshindernis der Immunität gegeben ist und der Richter das Verfahren dann zumindest (vorläufig) einzustellen hat.

Hilfsgutachtlich die Prüfung fortsetzen, wenn noch weitere Möglichkeiten bestehen – hier die Einstellung wegen Immunität.

→ Also Prüfung mit neuer Hypothese fortsetzen.

→ Das Ergebnis nimmt die Fallfrage auf.

Aufgabe b)

Der Abg. Schmidlhuber könnte sich wegen einer Beleidigung gem. § 185 StGB strafbar gemacht haben. Die Bezeichnung des Abg. Schellmann als „politisches Rindvieh" stellt wegen der damit verbundenen erheblichen negativen Assoziation eine grobe Missachtung der Ehre des Abg. Schellmann und damit einen beleidigenden Angriff auf dessen Ehre dar. Die Beleidigung liegt damit vor. Fraglich ist jedoch, ob er dafür auch bestraft werden

Wie oben: Der erste Satz nimmt die Fallfrage in Form einer Hypothese auf. Die weiteren Sätze führen zur entscheidenden Norm.

kann. Das wäre dann nicht der Fall, wenn ein Strafausschließungsgrund vorläge. Einen solchen Strafausschließungsgrund stellt die Indemnität gem. Art. 46 I GG dar. Wenn also die Beleidigung von der Indemnität gedeckt wäre, könnte Schmidlhuber nicht bestraft werden.

Daher ist zu prüfen, ob die Voraussetzungen der Indemnität gegeben sind. Schmidlhuber ist ausweislich des Sachverhaltes ein Mitglied des Bundestages und fällt somit unter den von der Indemnität geschützten Personenkreis. Weiter müsste die den Tatvorwurf bildende Handlung ein Abstimmungsverhalten oder eine Äußerung darstellen. Laut Sachverhalt hat Schmidlhuber die Beleidigung dem Abg. Schellmann mitgeteilt und damit von sich gegeben, womit eine Äußerung gegeben ist. Außerdem müsste die Äußerung im Bundestag oder in einem seiner Ausschüsse gefallen sein; die inkriminierte Beleidigung fand in der Bundestagskantine statt, mithin innerhalb des Bundestagsgebäudes. Allerdings ist zu prüfen, was das Tatbestandsmerkmal „im Bundestag" genau meint; hierbei ist im Weg der teleologischen Auslegung auf Sinn und Zweck der Indemnitätsregelung abzustellen. Die Indemnität soll die Diskussionsfreudigkeit der Abgeordneten sicherstellen; der einzelne Redner soll nicht aus ständiger Furcht vor strafrechtlicher Verfolgung jedes Wort auf die Goldwaage legen oder sicherheitshalber für sich behalten. Daraus folgt, dass die Indemnität nur auf die Wahrnehmung des Mandats bezogen ist und keinen Freibrief für Beleidigungsdelikte darüber hinaus darstellt. Unter diesem Gesichtspunkt muss auch das Tatbestandsmerkmal „im Bundestage oder in einem seiner Ausschüsse" gesehen werden; geschützt wird der funktionale Bereich der parlamentarischen Arbeit und nicht der räumliche Bereich der Liegenschaften des Bundestages. Der so geschützte Bereich ist durch dieses Tatbestandsmerkmal auf die parlamentarischen Verhandlungen im Plenum oder in den Ausschüssen beschränkt[97]. Während des Mittagessens befinden sich Schmidlhuber und Schellmann außerhalb des Plenums bzw. der Ausschüsse, sodass dieses Tatbestandsmerkmal in diesem Fall zu verneinen ist; die bloße Bezugnahme auf eine vom Beleidigten wahrgenommene Mandatstätigkeit – hier der Redebeitrag – reicht hierfür nicht aus. Damit

Bei der entscheidenden Norm angekommen, werden deren einzelne Tatbestandsmerkmale geprüft.

Manche sind unproblematisch und werden schnell abgehandelt. Andere dagegen – hier „im Bundestag" – sind nicht eindeutig zu bejahen oder zu verneinen. Ein guter Teil der Fallllösungskunst besteht darin, diese „Haare in der Suppe" zu entdecken und die aufgeworfenen Rechtsfragen klar herauszuarbeiten. Das bedeutet, dass das Tatbestandsmerkmal – wenn nötig – durch Anwendung der Auslegungstechniken präzisiert werden muss, bis eine Subsumtion möglich ist.

Und auch hier wieder: Das Ergebnis nimmt die Fallfrage auf und beantwortet sie.

---

97 Obwohl das GG in Art. 46 I 1 nur vom Bundestag und seinen Ausschüssen spricht, werden auch die entsprechenden Beratungen in den Fraktionen (als Untergliederungen des Bundestages) zum Schutzbereich der Indemnität gezählt, vgl. Pieroth, in: Jarass/Pieroth, GG, Art. 46 Rdnr. 2 m. w. N.

liegt keine Indemnität und folglich auch kein persönlicher Strafausschließungsgrund vor. Schmidlhuber kann also – jedoch wiederum nur mit Genehmigung des Bundestages, Art. 46 II GG – für die Beleidigung des Schellmann strafrechtlich zur Verantwortung gezogen werden.

Hilfsgutachtlich wird noch geprüft, ob die Indemnität auch nach Art. 46 I 2 GG ausscheidet; dies wäre dann der Fall, wenn die Beleidigung verleumderischen Charakter hätte. Darunter versteht man gem. § 187 StGB die gegenüber Dritten oder mit Kundgabecharakter gemachte Behauptung einer unwahren Tatsache wider besseren Wissens, durch die jemand beleidigt wird. Die Bezeichnung als „Rindvieh" stellt aufgrund der allgemeinen Verwendung des Begriffs als negatives Werturteil keine Tatsachenbehauptung dar. Außerdem erfolgt die Äußerung im Gespräch mit Schellmann, sodass mangels besonderer Hinweise davon ausgegangen werden kann, dass andere Personen davon keine Kenntnis erlangen. Somit scheidet hier eine Verleumdung aus, womit dieses Indemnitätserfordernis erfüllt wäre. Allein unter diesem Gesichtspunkt wäre eine strafrechtliche Verfolgung des Schmidlhuber daher nicht möglich.

Sofern wie hier die Prüfung an einem Tatbestandsmerkmal endet, weil das Ergebnis bereits erzielt ist, sollte man hilfsgutachtlich auf die übrigen, noch nicht behandelten Tatbestandsmerkmale eingehen – vor allem dann, wenn der Sachverhalt dafür noch Anhaltspunkte enthält.

→ *Merke: Den Sachverhalt völlig ausschöpfen!*

2. Abschnitt:
Verfassungsmäßigkeit von Bundesgesetzen

A. Vorbemerkung und Prüfungsschema

(1) Vorbemerkung

I. Zentrale Unterscheidung zwischen formellen und materiellen Verfassungsverstößen

133 1. Eine der wichtigsten juristischen Differenzierungen überhaupt ist die zwischen formellen und materiellen Fragen. Abstrakt bedeutet diese Unterscheidung Folgendes: Während die formelle Seite alles äußerliche und formale (Formen, Fristen, Verfahren, Zuständigkeiten) erfasst, beinhaltet der materielle Begriff den sachlich-inhaltlichen Aspekt. Diese Unterscheidung gibt es – in unterschiedlichen Ausprägungen – in allen Rechtsgebieten. So wird ganz allgemein zwischen formellem Recht, das vor allem die Prozessordnungen (ZPO, StPO, BVerfGG, VwGO) umfasst, und materiellem Recht, das die eigentlichen Sachnormen (Bürgerliches Gesetzbuch, Strafgesetzbuch, Baugesetzbuch usf.) enthält, differenziert. Demzufolge findet diese Unterscheidung ihren Niederschlag in der Teilung der Prüfung eines Rechtsbehelfs in Zulässigkeit (formell: ist der Rechtsbehelf überhaupt ordnungsgemäß eingelegt worden?) und Begründetheit (materiell: hat der Rechtsbehelfsführer in der Sache auch recht?). Aber auch innerhalb der Begründetheit werden formelle und materielle Rechtsfehler getrennt.

2. Zur letztgenannten Unterscheidung gehört auch die Differenzierung in formelle **134** und materielle Verfassungsverstöße; entsprechend gilt dies für formelle und materielle Rechtsverstöße eines Verwaltungsaktes im Verwaltungsrecht[98].

II. Formelle Verfassungsmäßigkeit

Die formelle Verfassungsmäßigkeit erfasst somit die äußere, formale Seite des Gesetzes. **135**

1. Daher ist hier zunächst zu prüfen, ob der Bund überhaupt das Gesetz erlassen durfte, ob er also für die Materie zuständig ist, die das zu prüfende Gesetz regelt.

a) Dies ist nicht so selbstverständlich, wie man vielleicht denken könnte; denn im **136** föderalen Staatsaufbau der Bundesrepublik haben auch die Länder eigene Gesetzgebungszuständigkeiten, in die der Bund nicht hineinregieren darf. Außerdem gibt es bestimmte Mischformen von Zuständigkeiten, wo Bund und Länder nebeneinander oder untereinander gewisse parallele und ergänzende Zuständigkeiten haben. Wer im Einzelnen – und in welcher Intensität – für eine bestimmte Gesetzesmaterie zuständig ist, ergibt sich aus den Art. 70 – 74 GG, worauf unten noch im Einzelnen eingegangen wird.

b) Nur ergänzend ist noch festzustellen, dass der Bund als verfassungsändernder Gesetzgeber (2/3-Mehrheit in beiden gesetzgebenden Organen, also auch im länderbeherrschten Bundesrat) natürlich die Kompetenz-Kompetenz hat; er kann durch Änderungen der Bestimmungen der Art. 70 – 74 GG auch Gesetzgebungskompetenzen verändern oder neu ordnen[99]. Aber als einfacher Gesetzgeber (mit normalen Mehrheiten) ist der Bund gem. Art. 20 III GG an die verfassungsmäßige Ordnung gebunden. **137**

c) In der Fallbearbeitung wird zunächst einmal festgestellt, ob ein Bundes- oder Landesgesetz vorliegt. Ausgehend von der Verteilungsregelung des Art. 70 I GG prüft man **138**

---

98 Weitere – allerdings anders gelagerte – Ausformungen dieser Differenzierung gibt es in der Normenlehre, wo zwischen formellem und materiellem Verfassungsrecht unterschieden wird; während zur formellen Kategorie alle äußerlich in der Verfassungsurkunde niedergelegten Normen gehören (also der GG-Text), zählen zur materiellen Kategorie alle inhaltlich mit der Staatsorganisation befassten Normen, auch wenn sie im formellen Rang unterhalb der Verfassung stehen (z. B. Abgeordnetengesetz, Bundeswahlgesetz, Bundestagsgeschäftsordnung). Auch die bereits im Zusammenhang mit den Kollisionsregeln erläuterte Unterscheidung zwischen formellen Gesetzen, die das vom GG vorgesehene Gesetzgebungsverfahren durchlaufen haben, und materiellen Gesetzen, die – unabhängig von ihrer Entstehung – allgemein verbindliche Normen sind, stellt eine normenrechtliche Ausformung der Differenzierung zwischen „formell" und „materiell" dar.

99 Dies haben Bundestag und Bundesrat durch die am 1.9.2006 in Kraft getretene Föderalismusreform I in umfangreicher Form getan; dabei wurde sogar eine ganze Kompetenzart, die Rahmengesetzgebung gem. Art. 75 GG, ersatzlos abgeschafft; gleichzeitig wurde eine ganze Reihe von Sachmaterien zwischen Bund und Ländern neu verteilt, vgl. BT-Drs. 16/813 und 16/2010.

anschließend entweder positiv (beim Bundesgesetz) oder negativ (beim Landesgesetz), ob sich aus den Art. 71–74 GG eine Spezialzuweisung zugunsten des Bundes ergibt. Dafür wird die inhaltliche Regelungsmaterie des zu prüfenden Gesetzes festgestellt; gegebenenfalls ist diese Regelungsmaterie unter eine dieser Spezialzuweisungen sauber zu subsumieren; im Gutachten sind auch letztlich zu verneinende, aber nicht von vornherein von der Hand zu weisende Spezialzuweisungen zu untersuchen. Sofern eine der geschriebenen Bundeszuständigkeiten nicht einschlägig ist, können noch die ungeschriebenen Bundeszuständigkeiten in Betracht kommen. Schließlich wird das Ergebnis festgestellt.

139   2. Weiter erfasst die formelle Verfassungsmäßigkeit die Frage, ob das Gesetz ordnungsgemäß nach dem dafür im GG vorgesehenen Verfahren zustandegekommen und erlassen worden ist; dieses ist in den Art. 76–82 GG geregelt. Im Einzelnen wird darauf unten noch eingegangen. In der Fallbearbeitung werden alle im Sachverhalt mit konkreten Angaben beschriebenen Verfahrensschritte einzeln und nacheinander geprüft; nicht einzugehen ist auf im Sachverhalt nicht mitgeteilte oder nicht problematisierte Verfahrensteile. Heißt es zum Beispiel „Der Bundestag beschließt das nachfolgende Gesetz und leitet es dem Bundesrat zu", dann ist auf die Initiative ebenso wenig einzugehen, wie auf die Abstimmung. Anders sieht es aus, wenn der Sachverhalt mitteilt: „Der Bundestag beschließt nach dreifacher Lesung über einen von der Bundesregierung eingebrachten Gesetzentwurf mit 156 Ja-Stimmen, 137 Nein-Stimmen und 25 Enthaltungen." Hier wäre zunächst zu prüfen, ob die Bundesregierung initiativberechtigt ist (ja: Art. 76 I, 1. Alt. GG) und ob der Gesetzesbeschluss gem. Art. 77 I 1 GG vorliegt (ja: wegen Art. 42 II 1 GG muss die absolute Mehrheit der abgegebenen Stimmen[100] erreicht werden, wobei Enthaltungen nach h. M. nicht berücksichtigt werden[101]). Gleiches gilt für die Bundesratsbeteiligung und das Abschlussverfahren.

---

100   Zu den verschiedenen Mehrheitsbegriffen des GG s. o. Rdnr. 114 ff.

101   Die h. M. stützt sich dabei auf eine historische Argumentation (vgl. Klein, in: Maunz/Dürig, GG, Art. 42 Rdnr. 84), die vor dem Hintergrund des Wortlautes des GG zunächst wenig überzeugend wirkt (so auch Versteyl, in: v. Münch/Kunig, GG, Art. 42 Rdnr. 25). Denn auch ein sich der Stimme enthaltender Abgeordneter nimmt an der Abstimmung teil, was man beispielsweise daran erkennen kann, dass die Abgeordneten im Bundestag bei namentlichen Abstimmungen neben einem Ja- und einem Nein-Kärtchen auch ein Enthaltungskärtchen zur Verfügung haben und abgeben können. Dann aber müsste man „abgegebene" Stimmenthaltungen auch als abgegebene Stimmen werten. Dies hätte allerdings zur Folge, dass Stimmenthaltungen letztlich wie Nein-Stimmen wirken, weil dann für einen positiven Beschluss mehr Ja-Stimmen als Nein- und Enthaltungsstimmen zusammen nötig wären. So wären bei der o. g. Beispielsabstimmung mit dann 318 abgegebenen Stimmen 160 Stimmen für eine positive Mehrheit erforderlich gewesen, was mit 157 Ja-Stimmen nicht erreicht wäre. Wer sich aber der Stimme enthält, will gerade neutral bleiben und nicht „wie mit Nein" stimmen. Deshalb entspricht die Nichtberücksichtigung von Enthaltungen bei den abgegebenen Stimmen – trotz aktiver Abstimmungsbeteiligung – deren inhaltlich neutralem Abstimmungsziel und ist deshalb nach Sinn und Zweck des Art. 42 II 1 GG (teleologische Auslegung – s. o., Rdnr. 69) das angemessenste Auslegungsergebnis.

III. Materielle Verfassungsmäßigkeit

Die materielle Verfassungsmäßigkeit hat demgegenüber die inhaltliche Seite des Ge-   **140**
setzes im Auge. Aufgrund der Bindung durch Art. 20 III GG darf der Gesetzgeber auch
aus inhaltlicher Sicht nicht gegen Vorschriften des GG verstoßen.

1. So muss jedes Bundesgesetz bestimmten, allgemeinen Anforderungen genügen,   **141**
die aus dem Rechtsstaatsprinzip des Art. 20 I GG abgeleitet werden. So muss ein
Gesetz hinreichend bestimmt sein, damit es von denen, für die es gemacht ist, auch
angewendet werden kann; außerdem gibt es aus Gründen der Rechtssicherheit und
des Vertrauensschutzes das Rückwirkungsverbot und den Verhältnismäßigkeitsgrundsatz[102].

Die h. M. unterscheidet bei der Rückwirkung zwischen der sog. „echten" und „unech-   **141a**
ten" Rückwirkung. Eine „echte" Rückwirkung liegt dann vor, wenn der betreffende Le-
benssachverhalt bereits völlig abgeschlossen ist. So kann der Einkommensteuersatz für
2012 ab 1.1.2013 nicht mehr (für den Bürger belastend) verändert werden, weil das
Jahr, auf das sich die Steuerschuld bezieht, abgeschlossen ist. Die „unechte" Rückwirkung bezieht sich dagegen auf Sachverhalte, die zwar in der Vergangenheit begonnen
haben, aber noch nicht zu Ende sind. Das wäre, um beim Beispiel zu bleiben, dann der
Fall, wenn der Einkommensteuersatz im November 2012 für das ganze Jahr 2012 erhöht würde; denn der für die Steuerschuld maßgebliche Zeitraum – das Kalenderjahr
2012 – hätte zwar schon begonnen, wäre aber noch nicht abgeschlossen. Während
eine „echte" Rückwirkung bei Belastungen des Bürgers grundsätzlich unzulässig ist[103],
sind die Anforderungen an die „unechte" Rückwirkung vergleichsweise moderat[104].

2. Aber auch einzelne Grundgesetzvorschriften können zu beachten sein, so – je nach   **142**
Regelungsmaterie des Gesetzes – die Grundrechte oder objektivrechtliche Staatszielbestimmungen[105]; sofern das Gesetz eine Ermächtigung an die Exekutive zum Erlass
einer Verordnung enthält, muss diese den Anforderungen des Art. 80 GG genügen.

---

102 Vgl. zum Rückwirkungsverbot Katz, Staatsrecht, Rdnr. 198–204a; Degenhart, Staatsrecht I,
    Rdnr. 364–395; Schwerdtfeger/Schwerdtfeger, Fallbearbeitung, Rdnr. 413–416. Zum Verhält-
    nismäßigkeitsprinzip s. u. Rdnr. 287 ff.
103 Eine ausnahmsweise zulässige echte Rückwirkung kann es beispielsweise geben, wenn schon
    vor Abschluss des betreffenden Zeitraums mit einer solchen Maßnahme zu rechnen und
    deshalb kein besonderer Vertrauensschutz auf den Fortbestand der Rechtslage gegeben war,
    oder wenn die bisherige Rechtslage nicht klar und eindeutig war, vgl. Degenhart, Staatsrecht I,
    Rdnr. 377.
104 So ist entscheidend, ob die Gemeinwohlinteressen an der unechten Rückwirkung die Indi-
    vidualinteressen am Fortbestand einer günstigen Rechtslage überwiegen, was meist der
    Fall sein dürfte; siehe hierzu Degenhart, Staatsrecht I, Rdnr. 378. Es gibt auch noch andere
    Ansätze, die Rückwirkungsproblematik zu differenzieren, so etwa die Unterscheidung zwischen
    „Rückbewirkung von Rechtsfolgen" (statt „echter" Rückwirkung) und „tatbestandlicher Rück-
    anknüpfung" (statt „unechter" Rückwirkung). Näher hierzu vgl. Katz, Staatsrecht, Rdnr. 201 ff.
105 Unten im Grundrechtsteil wird auf die Charakterisierung von subjektivem und objektivem
    Recht eingegangen (Rdnr. 168 f.).

143   (2) Prüfungsschema

I. Formelle Verfassungsmäßigkeit

1. Gesetzgebungskompetenz des Bundes
a) Ausschließliche Bundeskompetenz: *Art. 73, 105 I GG*
b) Konkurrierende Bundeskompetenz:
   Art. 74. 105 II GG (jeweils ggf. i.V.m. Art. 72 II GG)
c) Grundsätzegesetzgebung: *nur Art. 109 III GG*
d) Ungeschriebene Bundeskompetenzen:
   (1) Kraft Sachzusammenhangs (Annexkompetenz)
   (2) Kraft Natur der Sache

2. Gesetzgebungsverfahren
a) Initiative: *Art. 76 GG*
b) Behandlung im Bundestag: *Art. 77 I 1 GG*
c) Beteiligung des Bundesrates: *Art. 77 II – IV GG*
d) Gegenzeichnung, Ausfertigung und Verkündung: *Art. 58, 82 GG*
e) Besonderheiten bei Verfassungsänderungen: *Art. 79 II GG*

II. Materielle Verfassungsmäßigkeit

1. Allgemeine Anforderungen an die Verfassungsmäßigkeit von Gesetzen
a) Bestimmtheit:
   Die konkrete Regelung für den Bürger muss zumindest vorhersehbar sein
b) Rückwirkungsverbot
   (1) Echte Rückwirkung:
      Nachträglich ändernder Eingriff in einen abgeschlossenen Sachverhalt (grundsätzlich unzulässig bei Belastungen).
   (2) Unechte Rückwirkung:
      Regelung gegenwärtiger, noch nicht abgeschlossene Sachverhalte mit Rechtsfolgen für die Zukunft, die aber in der Vergangenheit erworbene Rechtspositionen entwertet (grundsätzlich zulässig).
c) Verhältnismäßigkeit:
   (1) Eignung für den erstrebten Zweck
   (2) Erforderlichkeit (kein milderes Mittel)
   (3) Angemessenheit (Nachteile nicht außer Verhältnis zu den erstrebten Vorteilen)

2. Höherrangiges Recht (Kein Verstoß gegen Verfassungsrecht)
a) Grundrechte
   (1) Zulässigkeit einer gesetzlichen Einschränkung durch Gesetzesvorbehalt
   (2) Beachtung von Art. 19 I (kein Einzelfall, Zitierung), II (Wesensgehalt) GG
b) Staatszielbestimmungen
c) Bei Verordnungsermächtigung: Art. 80 GG

3. Bei Verfassungsänderungen: Ewigkeitsgarantie des Art. 79 III

B. Gesetzgebungskompetenz

(1) Träger der Gesetzgebungskompetenzen

I. Fähigkeit zur Trägerschaft von Gesetzgebungskompetenzen

Das Gesetzgebungsrecht kann nur solchen Gebietskörperschaften zustehen, die **144** Staatsqualität haben. Dies ist beim Bund, aber auch bei den 16 Ländern der Fall. Die kommunalen Gebietskörperschaften hingegen besitzen trotz ihrer Selbstverwaltungsgarantie in Art. 28 II GG keine originäre Staatsgewalt und haben daher keine Gesetzgebungskompetenz, sondern nur ein (vom Staat) abgeleitetes Rechtsetzungsrecht, das durch den Erlass von Satzungen wahrgenommen wird.

II. Verteilung der Gesetzgebungskompetenzen zwischen Bund und Ländern

Die grundlegende Verteilung der Gesetzgebungskompetenzen zwischen den beiden **145** „Staatsebenen" Bund und Ländern nimmt das GG in Art. 70 GG vor. Hierbei bedient sich das GG einer häufig verwendeten Regelungstechnik; um nicht alle Kompetenzbereiche des Bundes einerseits und der Länder andererseits aufzählen zu müssen, wird mit dem Regel-Ausnahme-Prinzip gearbeitet. Nach Art. 70 I GG sind die Länder grundsätzlich (also in der Regel) für die Gesetzgebung in Deutschland zuständig. Der Bund hat nur ganz besondere, ihm – quasi als Ausnahmen zum Grundsatz – in den Art. 71–74 GG zugewiesene Gesetzgebungskompetenzen; alles andere fällt in die Länderkompetenz. Art. 70 I GG ist insofern auch eine Konkretisierung des Art. 30 GG, wo die Wahrnehmung aller staatlichen Aufgaben und Befugnisse den Ländern – vorbehaltlich besonderer grundgesetzlicher Regelungen zugunsten des Bundes – zugewiesen wird. Allerdings wird dieses Regel-Ausnahme-Prinzip durch die umfangreichen in den Art. 71 ff. GG genannten Bundeszuständigkeiten weitgehend auf den Kopf gestellt. Über Jahrzehnte hinweg hat der verfassungsändernde Gesetzgeber die Länderkompetenzen ausgehöhlt, indem einzelne Sachmaterien kontinuierlich auf den Bund übertragen wurden[106]. Die Föderalismusreform I von 2006, die sich eine weitgehende Entflechtung der staatlichen Ebenen zum Ziel gesetzt hat, hat diese Entwicklung (vorerst) gestoppt und einige Gesetzgebungsmaterien in die Länderzuständigkeit überführt. Neben ihren bisherigen wesentlichen Zuständigkeiten im Schul- und (tlw.) Hochschulrecht, im Polizei- und Ordnungsrecht sowie im Kommunalrecht sind die Länder in den Bereichen des Beamtenrechts, des Presserechts, des Versammlungsrechts, des Strafvollzugsrechts und des Hochschulrechts sowie in Teilen des Wirtschaftsrechts kompetenzrechtlich (tlw. wieder) gestärkt worden[107].

---

106 Das gilt für das Atomrecht (1959), das Hochschul-, Ausbildungsförderungs-, Krankenhausfinanzierungs- und Straßengebührenrecht (1969), das gesamte Beamtenbesoldungs- und -versorgungsrecht (1971), das Abfall-, Luftreinhaltungs- und Lärmbekämpfungsrecht (1972), das Waffenrecht (1972) und das Sprengstoffrecht (1976), das Staatshaftungs- und Transplantationsrecht (1994), das Recht der künstlichen Befruchtung und der künstlichen Veränderung von Erbinformationen (1994), vgl. Haug, Föderalismusreform, DÖV 2004, S. 190, 191 f. m.w.N.

107 Altes kompetenzgerecht erlassenes Bundesrecht, das nach der Föderalismusreform I von 2006 wegen Wegfalls der Kompetenzmaterie nicht mehr erlassen werden könnte, gilt fort, kann aber durch Landesrecht ersetzt werden, vgl. Art. 125a I GG.

III. Übersicht

146

Länder	Regel-Gesetzgebungskompetenz (Art. 70 I 1. HS GG)
Bund	Ausnahme-Gesetzgebungskompetenz (Art. 70 I 2. HS i.V.m. Art. 71–74 GG)
Gemeinden	*Keine Staatsqualität*, daher *keine Gesetzgebungskompetenz*, sondern nur *abgeleitetes Satzungsrecht* nach Maßgabe der Gesetze

(2) Arten der Gesetzgebungskompetenzen des Bundes

I. Geschriebene Kompetenzarten

147   Die in den Art. 71–74 GG dem Bund zugewiesenen Kompetenzen sind in ihren Voraussetzungen, in ihrer Reichweite und in ihrem Verhältnis zu den Länderkompetenzen unterschiedlich:

- Am stärksten ist die ausschließliche Bundeskompetenz gem. Art. 73 GG; in diesen Bereichen dürfen die Länder gem. Art. 71 GG nur bei ausdrücklicher Ermächtigung durch den Bundesgesetzgeber Gesetze erlassen (was so gut wie nie vorkommt).

- Weniger stark ist die konkurrierende Gesetzgebungskompetenz des Bundes gem. Art. 74 GG. Hier können die Länder Gesetze erlassen, solange (zeitlich) und soweit (sachlich) der Bund hier seine Kompetenz noch nicht wahrgenommen hat. Bei einigen Materien des Art. 74 GG darf der Bund nur dann gesetzgeberisch tätig werden, wenn er die Erforderlichkeit einer bundeseinheitlichen Regelung gem. Art. 72 II GG belegen kann, weshalb eine diesbezügliche Fallbearbeitung stets auf diese Bestimmung achten muss[108].

- Auf bestimmten Sachgebieten (der konkurrierenden Gesetzgebungskompetenz) können die Länder sogar bei ausgeübter Bundeskompetenz Gesetze erlassen, wenn und soweit sie gem. Art. 72 III GG ein Abweichungsrecht haben[109]. Dies gilt vor allem für das Jagd-, Umwelt- und Hochschulrecht.

- Die früher bestandene Rahmengesetzgebungskompetenz des Bundes ist durch die Föderalismusreform I von 2006 ersatzlos aufgehoben worden; das mehrstufige Normsetzungsverfahren (Rahmenrecht des Bundes/Ausfüllungsrecht der Länder) hatte sich nicht zuletzt bei der Umsetzung europäischer Normen als zu langwierig und schwerfällig erwiesen. Die Materien wurden überwiegend in die ausschließliche oder konkurrierende Gesetzgebungskompetenz des Bundes überführt (meist mit Abweichungsrecht gem. Art. 72 III GG).

---

108 Das BVerfG hat im Altenpflegeurteil relativ hohe Anforderungen an das Vorliegen der Erforderlichkeit einer bundeseinheitlichen Regelung formuliert; danach ist dies erst dann zu bejahen, wenn ansonsten erhebliche Beeinträchtigungen des bundesstaatlichen Sozialgefüges oder nicht mehr hinnehmbare Probleme durch Rechtszersplitterung zu befürchten sind oder die Funktionsfähigkeit des deutschen Wirtschaftsraumes auf dem Spiel steht (BVerfGE 106, S. 62 [143 ff.]). Das Altenpflegegesetz selbst hat diese Anforderungen noch erfüllt, aber das 5. Änderungsgesetz zum HRG (Juniorprofessur) und das 6. Änderungsgesetz zum HRG (Studiengebührenverbot) sind – u. a. – genau daran gescheitert (BVerfGE 111, S. 226; 112, S. 226).

109 Das Abweichungsrecht ist bei manchen Materien seinerseits beschränkt, so z. B. beim Jagdrecht das Recht der Jagdscheine oder beim Wasserhaushaltsrecht die stoff- oder anlagenbezogenen Regelungen; der Verfassungsgeber bezeichnet dies in der Begründung als „abweichungsfeste Kerne" (BT-Drs. 16/813, S. 27). Näher hierzu Haug, Die Abweichungsgesetzgebung – ein Kuckucksei der Föderalismusreform?, DÖV 2008, S. 851.

Die der Rahmenkompetenz ähnliche Grundsätzekompetenz, die nur im Haushaltsrecht von Bedeutung ist, sei nur der Vollständigkeit halber erwähnt. Ergänzend sei darauf hingewiesen, dass die Regelungsmaterien der ausschließlichen und konkurrierenden Gesetzgebungskompetenz des Bundes für das Finanz- und Steuerrecht gesondert in Art. 105 GG, also außerhalb der Art. 71–74 GG, geregelt sind.

II. Ungeschriebene Kompetenzarten

Weniger praktisch bedeutsam sind die Fallgruppen der ungeschriebenen Bundesge-   **148** setzgebungskompetenzen. Da Art. 70 I GG automatisch jede nicht in den Folgeartikeln genannte Materie den Ländern zugewiesen hat, ist für eine ungeschriebene Bundeszuständigkeit nur höchst begrenzt Raum, weshalb hier sehr strenge Anforderungen gestellt werden müssen. In einer Fallbearbeitung würde die Annahme einer ungeschriebenen Bundeszuständigkeit daher eine besondere Begründung erfordern. Nur bei einem untrennbaren Sachzusammenhang mit einer dem Bund ausdrücklich zugewiesenen Materie oder einer aus sich selbst heraus zwingend nur vom Bund zu treffenden Regelung kann ausnahmsweise in Abweichung von Art. 70 I GG eine nicht in den Art. 71–74 GG genannte Materie in Bundeszuständigkeit gesetzlich geregelt werden.

III. Übersicht der Arten der Bundesgesetzgebungskompetenzen

Kompetenzart	Verankerung und Kurzbeschreibung	
Ausschließliche Gesetzgebungskompetenz	**Art. 73 GG i.V.m. Art. 71 GG:** Nur der Bund darf die genannten Materien regeln.	**149**
Konkurrierende Gesetzgebungskompetenz	**Art. 74 GG ggf. i.V.m. Art. 72 II GG:** Der Bund darf die genannten Materien jederzeit regeln; bei einigen muss er die Erforderlichkeit einer bundeseinheitlichen Regelung nachweisen. Soweit der Bund hier nicht gesetzgeberisch aktiv wird oder die Länder ein Abweichungsrecht gem. Art. 72 III GG haben, können die Länder den Bereich selbst ausfüllen.	
Grundsätze- gesetzgebungskompetenz	**Art. 109 III GG** (gilt nur für das Haushaltsrecht): Der Bund darf Grundsätze aufstellen, die Länder dürfen sie verfeinernd ausgestalten.	
Ungeschriebene Gesetzgebungskompetenzen[110]	**1. Kraft Sachzusammenhangs:** Wenn eine dem Bund zugewiesene Materie verständlicherweise nicht geregelt werden kann, ohne dass zugleich eine ihm nicht ausdrücklich zugewiesene andere Materie mitgeregelt wird. **Unterfall Annexkompetenz:** Sachgebiet in notwendigem, unlösbarem Zusammenhang und engem funktionellen Verhältnis mit einem der Bundeszuständigkeit unterliegenden Sachgebiet. **2. Kraft Natur der Sache:** Bei ihrer Natur nach ureigensten, der Landesgesetzgebung a priori entrückten Materien, die begriffsnotwendig und zwingend nur vom Bund selbst sachgerecht zu regeln sind.	

---

110 Definitionen von Katz, Staatsrecht, Rdnr. 430; siehe auch Degenhart, Staatsrecht I, Rdnr. 174
178.

Zur Vertiefung: Gesetzgebungskompetenzen von Bund und Ländern

Badura, Staatsrecht, F 27–40; Degenhart, Staatsrecht I, § 3 III; Detterbeck, Öffentliches Recht, § 9 I; Gröpl, Staatsrecht I, Rdnr. 1170–1203; Katz, Staatsrecht, § 20 II; Maurer, Staatsrecht I, § 17 III; Papier/Krönke, Öffentliches Recht 1, Rdnr. 263–277; Schwerdtfeger/Schwerdtfeger, Fallbearbeitung, Rdnr. 663–670; Sodan/Ziekow, Öffentliches Recht, § 17 II; Stein/Frank, Staatsrecht, § 14 II.

---

(3) Beispiele (Lösungen im Gutachtenstil)

Beispiel 1:   Bundesgesetz zur Regelung von Polizeieinsätzen bei der Bekämpfung von Bandenkriminalität

150 Bei dem zu prüfenden Gesetz handelt es sich um ein Bundesgesetz. Aufgrund der Verteilungsregelung des Art. 70 I GG kann sich die dafür erforderliche Bundeskompetenz nur aus den Art. 71–74 GG ergeben. Auf dem hier einschlägigen Gebiet des Polizeiwesens hat der Bund verschiedene Teilkompetenzen.

- Gem. Art. 73 Nr. 9a GG ist der Bund für die Gesetzgebung zur „Abwehr von Gefahren des internationalen Terrorismus durch das Bundeskriminalpolizeiamt" in bestimmten Fällen zuständig. Fraglich erscheint schon, ob die Bekämpfung von Bandenkriminalität unter die Abwehr von Gefahren des internationalen Terrorismus fällt; zwar mag es in Einzelfällen Schnittmengen geben, doch gehören zur Bandenkriminalität auch national und lokal agierende Gruppen sowie Kriminalitätsformen außerhalb des Terrorismus, der durch die gezielte Verbreitung von Angst und Schrecken gekennzeichnet ist. Bei Bandendiebstählen beispielsweise ist dies in dieser Form nicht der Fall. Des weiteren ist das in Rede stehende Gesetz auf Polizeieinsätze unabhängig von den betroffenen Polizeidienststellen bezogen, während der Kompetenztitel des Art. 73 Nr. 9a GG lediglich für das Bundeskriminalpolizeiamt gilt. Demnach kann der Bund hieraus keine Kompetenz für ein solches Gesetz ableiten.

- Als Kompetenzgrundlage käme dann noch Art. 73 Nr. 10a GG in Betracht; danach kann der Bund die „Zusammenarbeit des Bundes und der Länder ... in der Kriminalpolizei" regeln. Das vorliegende Gesetz enthält jedoch keine Einschränkung auf länderübergreifende Sachverhalte, sondern regelt die Polizeieinsätze bei bestimmten Deliktsgruppen generell – also auch innerhalb einzelner Länder –, weshalb dieses Gesetz auch auf diese Kompetenznorm letztlich nicht gestützt werden kann.

Der hier betroffene polizeiliche Regelungsgegenstand ist auch in keiner anderen Vorschrift der Art. 71 ff. GG enthalten, sodass es bei dem Grundsatz gemäß Art. 70 I 1. HS GG verbleibt und die Länder für diese Materie zuständig sind. Dem Bund fehlt hier folglich die Gesetzgebungskompetenz.

Beispiel 2:   Landesgesetz, wonach der Hochschulzugang neben dem schulischen Reifezeugnis das Bestehen einer Aufnahmeprüfung der Hochschule voraussetzt („Abitur plus")

151 Bei dem zu prüfenden Gesetz handelt es sich um ein Landesgesetz. Aufgrund der Verteilungsregelung des Art. 70 I GG ist das Land für dieses Gesetz nur dann zuständig, wenn sich aus den Art. 71–74 GG keine verdrängende Bundeszuständigkeit ergibt. Hier könnte jedoch eine Bundeskompetenz gem. Art. 74 I Nr. 33, 1. Alt. GG vorliegen; die hier bezeichnete Hochschulzulassung umfasst im Wesentlichen das Kapazitätsrecht und das nichtschulische Hochschulzugangsrecht[111]. Soweit also das Landesgesetz eine obligatorische Aufnahmeprüfung als Zulassungsvoraussetzung definiert, ist die konkurrierende Gesetzgebungskompetenz des Bundes betroffen. Mangels Erwähnung der Nr. 33 in Art. 72 II GG bedarf es dafür auch keiner Erforderlichkeit für eine bundeseinheitliche Regelung. Hat der Bund von dieser Kompetenz noch keinen Gebrauch gemacht, ist ein solches Landesgesetz wegen des konkurrierenden Nebeneinanders von Bundes- und Landeszuständigkeiten kompetenzrechtlich möglich. Andernfalls wäre für eine landesgesetzliche Regelung nur noch dann Raum, wenn insoweit ein Abweichungsrecht der Länder gem. Art. 72 III GG bestünde. Nach Art. 72 III 1 Nr. 6, 1. Alt. GG steht den Ländern tatsächlich ein Abweichungsrecht im Bereich der Hochschulzulassung zu; einen „abweichungsfesten Kern" gibt es insoweit nicht. Das Land hat somit für das vorliegende Gesetz – unabhängig davon, ob der Bund auf diesem Gebiet schon gesetzgeberisch aktiv war oder nicht – die Gesetzgebungskompetenz.

Beispiel 3:   Bundesgesetz zur Errichtung einer Bundeswehrhochschule

Bei dem zu prüfenden Gesetz handelt es sich um ein Bundesgesetz. Aufgrund der Verteilungsregelung des Art. 70 I GG kann sich die dafür erforderliche Bundeskompetenz nur aus den Art. 71–74 GG ergeben.

152

- Im Hochschulbereich hat der Bund lediglich eine Kompetenz für die Hochschulzulassung und die Hochschulabschlüsse, Art. 74 I Nr. 33 GG. Dieser Kompetenztitel betrifft zum einen nur einen kleinen (wenngleich bedeutsamen) Ausschnitt aus dem Hochschulrecht und betrifft zum anderen allgemeine Regelungen, die dann für alle Hochschulen im Geltungsbereich des GG gelten sollen (soweit denen kein abweichendes Landesrecht entgegensteht). Das hier in Rede stehende Gesetz betrifft demgegenüber nur eine einzelne und konkrete Hochschule, bei dieser aber die gesamte Bandbreite der Hochschultätigkeit. Insofern scheidet diese Kompetenzgrundlage hier aus.

- Aus Art. 73 Nr. 1 GG ergibt sich die Bundeskompetenz für Verteidigungsangelegenheiten; der Verteidigungsbegriff umfasst die militärische Abwehr von äußeren Gefahren für die Bundesrepublik Deutschland sowie die dafür notwendige Wehrverwaltung, das Wehrbeschaffungs- und das Wehrersatzwesen. Die Errichtung einer Hochschule dagegen hat – zumindest unmittelbar – nichts mit der Verteidigung des Landes zu tun. Folglich enthalten die Art. 71–74 GG keine Kompetenzgrundlage für dieses Gesetz.

- Ausnahmsweise könnte jedoch eine ungeschriebene Bundeskompetenz vorliegen. Das wäre dann der Fall, wenn die Errichtung einer Bundeswehrhochschule in einem notwendigen und unlösbaren Zusammenhang mit einer geschriebenen Bundeszuständigkeit stünde. Hier könnte dieser Zusammenhang mit Art. 73 Nr. 1 GG – den Verteidigungsbelangen – bestehen. Die Verteidigung erfordert – vor allem im tech-

---

111   Zur Abgrenzung des Kompetenztitels zum schulischen Bereich, vgl. BT-Drs. 16/813, S. 35.

nischen Bereich – spezifische Lehr- und Forschungsinhalte; daher stellt eine Bundeswehrhochschule eine notwendige Ergänzung der Verteidigungsinfrastruktur dar. Wegen dieses engen und untrennbaren Zusammenhangs mit dem Verteidigungsbereich liegt hier eine Annexkompetenz zur ausschließlichen Bundeskompetenz aus Art. 73 Nr. 1 GG vor.

Der Bund hat folglich für das vorliegende Gesetz die Gesetzgebungskompetenz[112].

Beispiel 4:   Bundesgesetz über die Grundsätze des Gewerberechts

153   Bei dem zu prüfenden Gesetz handelt es sich um ein Bundesgesetz. Aufgrund der Verteilungsregelung des Art. 70 I GG kann sich die dafür erforderliche Bundeskompetenz nur aus den Art. 71–74 GG ergeben. Hier käme die konkurrierende Gesetzgebungskompetenz aus Art. 74 I Nr. 11 GG in Betracht; danach kann der Bund das Recht der Wirtschaft – und in der Klammer wird ausdrücklich das Gewerbe genannt – regeln. Allerdings ist die Nr. 11 in der Aufzählung des Art. 72 II GG genannt, weshalb der Bund für die Ausübung dieser Gesetzgebungskompetenz die Erforderlichkeit einer bundeseinheitlichen Regelung belegen müsste. Das BVerfG hat hierfür hohe Anforderungen definiert; danach ist dies erst dann zu bejahen, wenn ansonsten erhebliche Beeinträchtigungen des bundesstaatlichen Sozialgefüges oder nicht mehr hinnehmbare Probleme durch Rechtszersplitterung zu befürchten sind oder die Funktionsfähigkeit des deutschen Wirtschaftsraumes auf dem Spiel steht[113]. Im vorliegenden Fall könnte sich die Erforderlichkeit einer bundeseinheitlichen Regelung aus der letztgenannten Fallgruppe ergeben. Aufgrund der hohen Bedeutung des Gewerbes für den deutschen Wirtschaftsraum und da viele Gewerbebetriebe auch länderübergreifend organisiert sind, sind einheitliche Grundsätze des Gewerberechts für die Funktionsfähigkeit des deutschen Wirtschaftsraumes von erheblicher Bedeutung. Die Erforderlichkeit einer bundeseinheitlichen Regelung ist demnach in diesem Fall zu bejahen, womit der Bund die Gesetzgebungskompetenz für das vorliegende Gesetz hat.

Beispiel 5:   Landesgesetz über die Einführung des Baden-Württemberg-Talers als Zahlungsmittel

154   Bei dem zu prüfenden Gesetz handelt es sich um ein Landesgesetz. Aufgrund der Verteilungsregelung des Art. 70 I GG ist das Land für dieses Gesetz nur dann zuständig, wenn sich aus den Art. 71–74 GG keine Bundeszuständigkeit ergibt. Hier könnte jedoch eine Bundeskompetenz gem. Art. 73 Nr. 4, 1. Alt. GG vorliegen, da das Währungsrecht betroffen sein könnte. Der Taler soll nicht nur als Sammlerobjekt verwendet werden, sondern darüberhinaus als gesetzliches Zahlungsmittel. Dann aber stellt der Taler eine – zumindest regionale – Währung dar, was auch erhebliche Auswirkungen auf das volkswirtschaftliche Gefüge haben kann (vor allem bei einem starken wirtschaftlichen Leistungsgefälle zwischen Baden-Württemberg und anderen Ländern).

---

112   Tatsächlich wurden die Bundeswehruniversitäten nicht durch Gesetz, sondern durch Erlasse des Generalinspekteurs (begleitet durch Abkommen mit den Sitzländern) errichtet.
113   Siehe oben, Fn. 108 m.w.N.

Für das Währungsrecht hat der Bund unabhängig von der gebietsmäßigen Ausbreitung die ausschließliche Zuständigkeit, sodass für eine eigene Landeszuständigkeit kein Raum ist; eine abgeleitete Kompetenz gem. Art. 71 GG wäre zwar denkbar, kann hier jedoch mangels konkreter Hinweise im Sachverhalt nicht unterstellt werden. Das Land hat für das vorliegende Gesetz demnach keine Gesetzgebungskompetenz.

Beispiel 6:   Bundesgesetz über die Bestimmung der deutschen Nationalhymne[114]

Bei dem zu prüfenden Gesetz handelt es sich um ein Bundesgesetz. Aufgrund der Verteilungsregelung des Art. 70 I GG kann sich die dafür erforderliche Bundeskompetenz nur aus den Art. 71–74 GG ergeben. Der hier betroffene Bereich der Bundesstaatssymbole ist in diesen Vorschriften jedoch nicht erwähnt, sodass eigentlich die Länder zuständig sein müssten. Etwas anderes würde nur dann gelten, wenn ausnahmsweise eine ungeschriebene Bundeskompetenz vorliegen würde. Diese könnte in der Fallgruppe kraft Natur der Sache gegeben sein. Der Nationalhymne kommt eine Identifikations- und Integrationsfunktion für alle Bundesbürger zu, weshalb sie für die ganze Nation gleich sein muss. Mit dem Wesen der Nationalhymne wäre es daher nicht vereinbar, wenn die Bundesländer unterschiedliche (deutsche) Nationalhymnen hätten. Folglich ergibt sich aus der Eigenart der Nationalhymne selbst, dass sie nur bundeseinheitlich – also vom Bund – geregelt werden kann, zumal sie ein Staatssymbol des Bundes, und nicht der Länder, darstellt. Demnach liegt hier die Gesetzgebungskompetenz des Bundes kraft Natur der Sache vor.   **155**

c. **Gesetzgebungsverfahren**

(1) **Vorbemerkung**

Das Gesetzgebungsverfahren besteht aus drei Abschnitten: dem Einleitungsverfahren, dem Hauptverfahren und dem Abschlussverfahren.   **156**

I. **Einleitungsverfahren**

Das Einleitungsverfahren wird von Art. 76 GG geregelt. Hierbei ist die Beschränkung der Einleitungs-(Initiativ-)Berechtigung auf die Bundesregierung, mindestens 5 % der Bundestagsabgeordneten und den Bundesrat zu beachten. Eine Vorlage der Regierung bzw. des Bundesrates muss zunächst dem jeweils anderen Bundesorgan zur Stellungnahme zugeleitet werden, bevor sie dem Bundestag vorgelegt werden kann.   **157**

---

114 Auch das „Lied der Deutschen" (Fallersleben/Haydn) wurde in Wirklichkeit nicht durch ein Gesetz, sondern durch eine bloße Anordnung des Bundespräsidenten Heuss auf Vorschlag von Bundeskanzler Adenauer in einem Briefwechsel vom 29.4./2.5.1952 zur Nationalhymne erklärt. Nach der Wiedervereinigung haben Bundespräsident v. Weizsäcker und Bundeskanzler Kohl diese Anordnung übrigens in der gleichen Form durch Briefe vom 19./23.8.1991 bestätigt (vgl. Bulletin des Presse- und Informationsamtes der Bundesregierung 1991, S. 713).

II. Hauptverfahren

158   Das Hauptverfahren gliedert sich in zwei Abschnitte, da an der Gesetzgebung mit dem Bundestag und dem Bundesrat zwei Organe maßgeblich beteiligt sind.

1. Der erste Abschnitt stellt das parlamentarische Verfahren dar. Dieses erfolgt gem. §§ 77 ff. GeschO BT in drei Lesungen; in aller Regel sieht das so aus, dass in der ersten Lesung das Plenum die Vorlage an einen Fachausschuss (u. U. auch an mehrere Ausschüsse, von denen aber einer federführend sein muss) überweist, §§ 79, 80 I GeschO BT. Der Ausschuss berät über die Vorlage und gelangt unter Umständen zu Änderungswünschen, die er in einem Bericht darstellt und begründet. In der dann zweiten Lesung liegen dann neben der (in jedem Fall unveränderten) Vorlage gegebenenfalls Änderungsanträge des Ausschusses, aber auch Änderungsanträge von anderen – z. B. im Ausschuss unterlegenen – Abgeordneten vor. Nach einer inhaltlichen Debatte über den Gesetzentwurf und die Änderungsanträge wird darüber abgestimmt, §§ 81, 82 I GeschO BT. In der sich dann meist sofort anschließenden dritten Lesung sind nur noch Änderungsanträge zu solchen Punkten möglich, die in der zweiten Lesung geändert wurden, § 85 I GeschO BT; dann erfolgt gem. § 86 GeschO BT der abschließende Gesetzesbeschluss i.S.v. Art. 77 I 1 GG. Für die formelle Verfassungsmäßigkeit kommt es indes nur auf das Vorliegen des Gesetzesbeschlusses an; ein Verstoß gegen die Geschäftsordnung ist, soweit sie nicht ihrerseits formelles Verfassungsrecht wiedergibt, unbeachtlich[115].

2. Der zweite Abschnitt betrifft die Beteiligung des Bundesrates.

159   a) Sofern dieser mit dem Gesetz nicht einverstanden ist, kann er den Vermittlungsausschuss anrufen, der mit Vertretern beider Organe besetzt ist. Wenn dieser Änderungsvorschläge macht, muss vor der Bundesratsentscheidung der Bundestag erneut Beschluss fassen, da sein ursprünglicher Gesetzesbeschluss die Änderungen ja noch nicht umfasst. In aller Regel werden hier naturgegebene Interessengegensätze – vor allem finanzieller und kompetenzbezogener Art – zwischen dem Bund und den Ländern ausgetragen; sofern der Bundesrat parteipolitisch anders dominiert ist, als dies der Bundestag ist, können auch parteipolitische Konflikte im Vermittlungsausschuss ausgetragen werden (wobei dies den Müttern und Vätern des Grundgesetzes sicher nicht als der Idealfall dieser Konstruktion vorgeschwebt haben dürfte).

160   b) Für die Bedeutung der endgültigen Entscheidung des Bundesrates ist die Charakterisierung des Gesetzes als Zustimmungs- oder Einspruchsgesetz maßgeblich.

aa) Das GG hat das Einspruchsgesetz als Regelfall und das Zustimmungsgesetz als Ausnahme vorgesehen; ein Zustimmungsgesetz liegt demnach nur dann vor, wenn das GG selbst in einer Vorschrift – anknüpfend an den Inhalt des Gesetzes – das Zustimmungserfordernis anordnet. Dies ist zum einen bei allgemein besonders bedeutenden Angelegenheiten der Fall, so etwa beim Haushaltsgrundsätzegesetz (Art. 109 III GG)

---

115   So die h.M.; vgl. aber auch Haug, Bindungsprobleme, S. 143 ff., m. w. N.

oder bei der Feststellung des Verteidigungsfalles (Art. 115a I GG); zum anderen gilt das Zustimmungserfordernis bei speziell für die Länder besonders wichtigen Dingen. So schreibt Art. 104a IV GG die Bundesratszustimmung bei geldgewährenden Bundesgesetzen vor, wenn die Länder daraus entstehende Kosten tragen sollen. Entsprechendes gilt, wenn der Bund bei von den Ländern auszuführenden Gesetzen Vorgaben zum Verwaltungsverfahren macht, von denen er „wegen eines besonderen Bedürfnisses nach bundeseinheitlicher Regelung" keine Abweichung zulässt (Art. 84 I 4, 5 GG). Soweit keine solche ausdrückliche Anordnung des Zustimmungserfordernisses vorliegt, kann der Bundesrat gegen das Gesetz nur Einspruch erheben. Bis zur Föderalismusreform I von 2006 waren entgegen dem Regel-Ausnahme-Prinzip ca. 60 % aller Bundesgesetze zustimmungspflichtig; durch eine Reduzierung der Zustimmungstatbestände bzw. die Einräumung von Abweichungsrechten der Länder (vgl. Art. 84 I 2 GG) in dem Reformpaket ist der Anteil der Zustimmungsgesetze auf ca. 40 % gesunken[116].

bb) Für das Verfahren ist diese Unterscheidung sehr wichtig. Sofern der Bundesrat einem Zustimmungsgesetz nicht ausdrücklich zustimmt (egal, ob er es ablehnt oder aber gar nichts tut[117]), ist das Gesetzesvorhaben gescheitert (wobei zunächst noch neben dem Bundesrat die Bundesregierung und der Bundestag die Möglichkeit haben, den Vermittlungsausschuss anzurufen). Bei einem Einspruchsgesetz hingegen kann er nur innerhalb der von Art. 77 III GG festgelegten Frist Einspruch einlegen; diesen Einspruch kann der Bundestag gem. Art. 77 IV GG jedoch zurückweisen. Schwierig wird es nur, wenn der Bundesrat den Einspruch mit zwei Dritteln seiner Stimmen beschlossen hat; dann nämlich muss der Bundestag für die Zurückweisung ebenfalls eine 2/3- Mehrheit (der abgegebenen Stimmen) aufbringen, die zudem nicht unter der absoluten Mehrheit der Gesamtzahl der Bundestagsmitglieder liegen darf, Art. 77 IV 2 GG[118].

---

116 Vgl. Krebs, in: v. Münch/Kunig, GG, Art. 50, Statistische Angaben 2.2, wonach die Zahl der zustande gekommenen zustimmungspflichtigen Bundesgesetze in der 16. Wahlperiode (2005– 2009) nur noch 41,7 % betrug, nachdem sie zuvor jahrzehntelang zwischen 50 und 60 % lag (Gesamtdurchschnitt 1949–2009: 52,1 %). Die Zielgröße bei der Föderalismusreform I von 2006 lag bei 35–40 %, vgl. den Koalitionsvertrag von CDU, CSU und SPD 2005, S. 174. Zu den Hintergründen im Einzelnen siehe Haug, Die Föderalismusreform, DÖV 2004, S. 190.

117 Allerdings hat die GG-Reform von 1994 in dem neueingefügten Abs. 2a in Art. 77 GG dem Bundesrat immerhin die Pflicht auferlegt, „in angemessener Frist" zu einer ausdrücklichen – positiven oder negativen – Entscheidung zu gelangen.

118 Zu dieser auf den ersten Blick nur schwer verständlichen Formulierung s.o., Rdnr. 119. Mit der Kombination zwei verschiedener Mehrheitsbezugsgrößen soll erreicht werden, dass sich nur eine qualifizierte Mehrheit eines gut besuchten Plenums über einen 2/3-Einspruch des Bundesrates hinwegsetzen kann.

III. Abschlussverfahren

161 1. Das Abschlussverfahren ist in Art. 82 I 1 GG geregelt. Dazu gehört zunächst die Ausfertigung durch den Bundespräsidenten, indem er das Gesetz nach einer Prüfung hinsichtlich der formellen Verfassungsmäßigkeit[119] unterschreibt. Allerdings bedarf (fast) jede amtliche Handlung des Bundespräsidenten (und damit auch die Ausfertigung) der *vorherigen* Gegenzeichnung gem. Art. 58, 1 GG, die vom Bundeskanzler oder einem zuständigen Fachminister vorgenommen werden kann. In aller Regel ist es üblich, dass sowohl der Bundeskanzler wie der oder die jeweils zuständige(n) Ressortminister gegenzeichnen. Damit übernehmen diese Regierungsmitglieder die Verantwortung gegenüber dem Parlament; der Bundespräsident ist als Staatsoberhaupt dem Parlament gegenüber nicht direkt verantwortlich (d. h. er kann – im Gegensatz zum Bundeskanzler – nicht aus politischen Gründen abgewählt werden).

162 2. Den zweiten und letzten Akt des Schlussverfahrens stellt schließlich die Veröffentlichung („Verkündung") im Bundesgesetzblatt dar. Erst dann kann ein Gesetz Gültigkeit erlangen. Denn eine Norm, die keiner kennt, kann als solche auch keinen Geltungsanspruch entfalten; das gilt übrigens für alle Gesetze im materiellen Sinn, wenngleich die Veröffentlichungsorgane unterschiedlich sind.

162a | *Zur Vertiefung: Gesetzgebungsverfahren im Bund*
Badura, Staatsrecht, F 41–58; Degenhart, Staatsrecht I, § 3 IV; Detterbeck, Öffentliches Recht, § 9 II; Gröpl, Staatsrecht I, Rdnr. 1204–1296; Katz, Staatsrecht, § 20 III; Maurer, Staatsrecht I, § 17 IV; Papier/Krönke, Öffentliches Recht 1, Rdnr. 278–324; Schwerdtfeger/Schwerdtfeger, Fallbearbeitung, Rdnr. 408–410; Sodan/Ziekow, Öffentliches Recht, § 17 III; Stein/Frank, Staatsrecht, § 14 III.

---

119 Einen guten Gesamtüberblick zum Prüfungsrecht des Bundespräsidenten einschl. Praxisbeispiele bietet der während seiner Bundespräsidentschaft publizierte Beitrag von Johannes Rau, Vom Gesetzesprüfungsrecht des Bundespräsidenten, DVBl. 2004, S. 1 ff

(2) Übersicht: Gesetzgebungsverfahren[120]

163

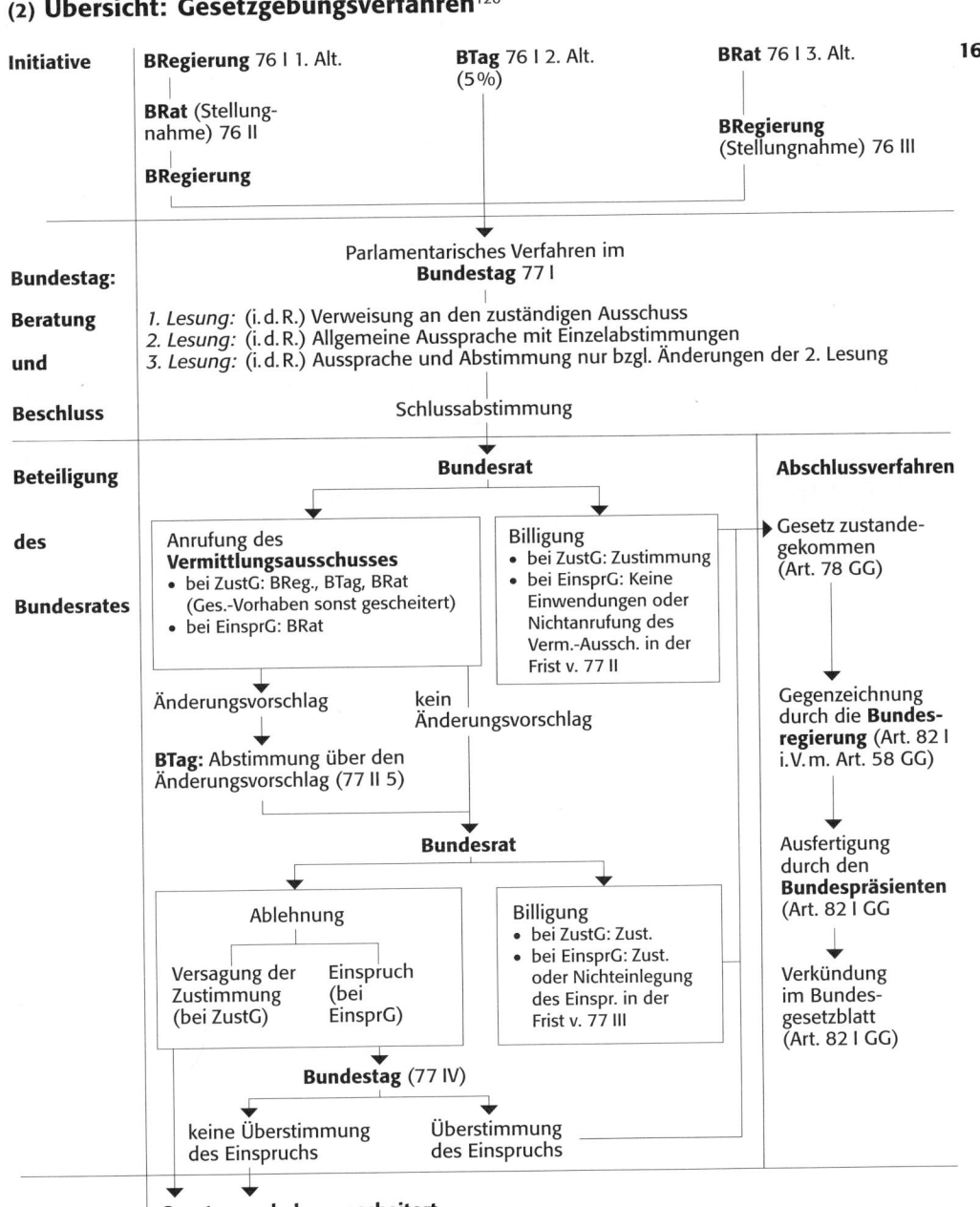

Initiative	**BRegierung** 76 I 1. Alt.	**BTag** 76 I 2. Alt. (5%)	**BRat** 76 I 3. Alt.

BRat (Stellung-nahme) 76 II

BRegierung (Stellungnahme) 76 III

BRegierung

Parlamentarisches Verfahren im
Bundestag 77 I

Bundestag:

Beratung

1. Lesung: (i.d.R.) Verweisung an den zuständigen Ausschuss
2. Lesung: (i.d.R.) Allgemeine Aussprache mit Einzelabstimmungen
3. Lesung: (i.d.R.) Aussprache und Abstimmung nur bzgl. Änderungen der 2. Lesung

und

Beschluss

Schlussabstimmung

Beteiligung   **Bundesrat**   **Abschlussverfahren**

des

Anrufung des
Vermittlungsausschusses
- bei ZustG: BReg., BTag, BRat
  (Ges.-Vorhaben sonst gescheitert)
- bei EinsprG: BRat

Billigung
- bei ZustG: Zustimmung
- bei EinsprG: Keine
  Einwendungen oder
  Nichtanrufung des
  Verm.-Aussch. in der
  Frist v. 77 II

→ Gesetz zustande-
gekommen
(Art. 78 GG)

Bundesrates

Änderungsvorschlag   kein
Änderungsvorschlag

Gegenzeichnung
durch die **Bundes-
regierung** (Art. 82 I
i.V.m. Art. 58 GG)

BTag: Abstimmung über den
Änderungsvorschlag (77 II 5)

Bundesrat

Ausfertigung
durch den
Bundespräsidenten
(Art. 82 I GG

Ablehnung

Billigung
- bei ZustG: Zust.
- bei EinsprG: Zust.
  oder Nichteinlegung
  des Einspr. in der
  Frist v. 77 III

Verkündung
im Bundes-
gesetzblatt
(Art. 82 I GG)

Versagung der
Zustimmung
(bei ZustG)

Einspruch
(bei
EinsprG)

Bundestag (77 IV)

keine Überstimmung
des Einspruchs

Überstimmung
des Einspruchs

Gesetzesvorhaben gescheitert

---

120 Andere Versuche, das komplizierte Gesetzgebungsverfahren des GG optisch darzustellen, finden sich bei Bryde, in: v. Münch/Kunig, GG, Art. 76 (Anhang); Katz, Staatsrecht, bei Rdnr. 439; Degenhart, Staatsrecht I, S. 368–370; Sodan/Ziekow, Öffentliches Recht, § 17 Rdnr. 37, Gröpl, Staatsrecht I, Rdnr. 1263.

D. Fall 5: Das Hausarbeitstagsgesetz (HATG) [121]

164   Sachverhalt

Der Bundestag beschließt ein Gesetz über die Freizeitgewährung für Frauen. Danach haben alle arbeitenden Frauen unabhängig von ihrem Familienstand Anspruch auf einen arbeitsfreien Wochentag (Hausarbeitstag) in jedem Monat, wenn sie wöchentlich mindestens 37,5 Stunden arbeiten und einen eigenen Hausstand führen. Die Arbeitgeber erhalten einen finanziellen Ausgleich in Form staatlicher Entschädigungszahlungen; der Bund beteiligt sich an den Kosten zu einem Viertel. Für männliche Arbeitnehmer ist keine Regelung vorgesehen.

Der Bundesrat will das Gesetz so nicht akzeptieren; die Länder sind höchstens bereit, ein Viertel – und nicht drei Viertel – der Kosten zu tragen und berufen sich auf Art. 104a Abs. 4 GG. Deshalb wird der Vermittlungsausschuss von der Bundesregierung angerufen, in dem sich die Vertreter von Bundestag und Bundesrat auf eine Kostenteilung von je 50 v.H. einigen. Daraufhin nimmt der Bundesrat das Gesetz an, das anschließend vom Bundespräsidenten unter Gegenzeichnung der Bundesministerin für Frauen und des Bundesministers für Finanzen ausgefertigt wird; im darauf folgenden Bundesgesetzblatt erfolgt die Veröffentlichung.

Aufgabe

a) Nehmen Sie zur formellen und materiellen Verfassungsmäßigkeit des Gesetzes kritisch Stellung.
b) Gehen Sie außerdem kurz darauf ein, mit welchem Rechtsbehelf vor welcher Instanz die Länder bzw. der Bundesrat gegen das Gesetz vorgehen können.

165   Lösung

Aufgabe a)

I.   Formelle Verfassungsmäßigkeit

1.   Gesetzgebungskompetenz

Die formelle Verfassungsmäßigkeit des HATG würde zunächst voraussetzen, dass die Gesetzgebungskompetenz gegeben wäre. Bei dem hier zu prüfenden Gesetz handelt es sich um ein Bundesgesetz. Aufgrund der Verteilungsregelung des Art. 70 GG kann sich daher die Bun-

Bundesgesetz:
→ Art. 70 GG verweist auf die Art. 71–74 GG.

---

121   „Vorbild" für dieses fiktive Gesetz ist das Hausarbeitstagsgesetz des Landes Nordrhein-Westfalen, das das BVerfG wegen Verstoßes gegen Art. 3 II GG für verfassungswidrig erklärt hat (BVerfGE 52, S. 369).

deskompetenz nur aus den Art. 71–74 GG ergeben. Das HATG regelt einen bestimmten Fall der Arbeitsbefreiung, weshalb es dem Bereich des Arbeitsrechts zuzurechnen ist. Hierfür hat der Bund gemäß Art. 74 I Nr. 12 GG die konkurrierende Gesetzgebungskompetenz. Da außerdem die Nr. 12 in der Aufzählung des Art. 72 II GG nicht genannt ist, gilt für dieses Kompetenzgebiet auch nicht die Erforderlichkeit einer bundeseinheitlichen Regelung. Der Bund hat somit für dieses Gesetz die Gesetzgebungskompetenz.

→ Hier konkurrierende Gesetzgebungskompetenz aus Art. 74 I Nr. 12 GG (Subsumtion).

→ keine Erforderlichkeit nach Art. 72 II GG nötig.

→ Ergebnis: Kompetenz liegt vor.

2. Gesetzgebungsverfahren

Weiterhin ist zu prüfen, ob beim Zustandekommen des HATG das vom GG vorgegebene Verfahren der Art. 76 ff. GG eingehalten wurde.

Da der Sachverhalt zur Initiative keine Angaben enthält, ist deren Verfassungsmäßigkeit zu unterstellen. Auch zum Gesetzesbeschluss werden keine konkreten Angaben gemacht, sodass von dessen Ordnungsmäßigkeit ausgegangen wird.

Initiative und Gesetzesbeschluss im Sachverhalt nicht problematisiert.
→ Deshalb hier nur ein kurzer Hinweis, der völlig ausreicht (manchmal ist weniger mehr!).

Fraglich ist, ob die Bundesregierung den Vermittlungsausschuss anrufen durfte. Dies ist gem. Art. 77 II 4, 2. Alt. GG nämlich nur dann möglich, wenn es sich bei dem in Rede stehenden Gesetz um ein Zustimmungsgesetz handelt. Dies wäre dann der Fall, wenn das Grundgesetz für dieses Gesetz die Zustimmung des Bundesrates vorschreiben würde. Im vorliegenden Fall könnte sich dieses Zustimmungserfordernis aus Art. 104a IV GG ergeben. Dies würde voraussetzen, dass die Länder an den durch das Gesetz verursachten Kosten beteiligt werden sollten. Als solche Kosten sind die Entschädigungszahlungen an die Arbeitgeber anzusehen. Da ausweislich des Sachverhaltes der Bund sich zu 25 % an den Kosten beteiligen will, sieht der Gesetzentwurf eine Kostenbelastung der Länder zu 75 % vor. Damit ist eine Kostenbeteiligung der Länder gem. Art. 104a IV GG gegeben, weshalb das HATG als Zustimmungsgesetz anzusehen ist. Die Bundesregierung war folglich zur Anrufung des Vermittlungsausschusses berechtigt.

Anrufung des Vermittlungsausschusses durch die Bundesregierung gem. Art. 77 II 4, 2. Alt. GG.

→ Setzt Zustimmungsgesetz voraus;
→ hier nach Art. 104a III 3 GG (Subsumtion) gegeben.

Die Empfehlung des Vermittlungsausschusses sieht eine veränderte Kostentragungsentscheidung und damit einen Änderungsvorschlag vor. In diesem Fall bedarf das Gesetz gem. Art. 77 II 5 GG der erneuten Abstimmung im Bundestag. Ausweislich des Sachverhaltes hat nach der Einigung im Vermittlungsausschuss der Bundesrat das Gesetz angenommen. Die davor erforderliche Abstimmung im Bundestag ist daher unterblieben. Das Gesetzgebungsverfahren verstößt folglich gegen Art. 77 II 5 GG, weshalb das Gesetz als formell verfassungswidrig anzusehen ist. Die weitere Prüfung erfolgt daher hilfsgutachtlich.

Abweichender Vermittlungsvorschlag macht gem. Art. 77 II 5 GG erneuten Gesetzesbeschluss des Bundestages notwendig.

→ Fehlt, daher formell verfassungswidrig!

→ Fortsetzung im Hilfsgutachten.

Die gem. Art. 104a IV GG (auch nach dem Änderungsvorschlag) notwendige Zustimmung des Bundesrates liegt vor. Die Ausfertigung durch den Bundespräsidenten gem. Art. 82 I 1, 1. HS GG bedarf gem. Art. 58 GG der Gegenzeichnung durch ein parlamentarisch verantwortliches Regierungsmitglied. Die Gegenzeichnung durch den Bundeskanzler ist nach dieser Vorschrift nicht erforderlich; es reicht vielmehr die Unterschrift eines zuständigen Ressortministers aus. Da der Finanzminister und die Frauenministerin hier fachlich zuständig sind[122], ist deren Gegenzeichnung ausreichend. Die Veröffentlichung erfolgt gem. Art. 82 I 1, 2. HS GG im Bundesgesetzblatt.

Zustimmung des Bundesrates. Ausfertigung.

Gegenzeichnung (Zuständigkeit problematisch)

Veröffentlichung im BGBl.

II. Materielle Verfassungsmäßigkeit

Das HATG könnte gegen den Gleichheitsgrundsatz des Art. 3 II GG verstoßen. Denn da das HATG nur für weibliche Arbeitnehmer gilt, liegt eine Ungleichbehandlung gegenüber den männlichen Arbeitnehmern vor. Zu prüfen ist daher, ob diese Ungleichbehandlung eine Differenzierung oder eine Diskriminierung darstellt. Eine Differenzierung ist eine sachlich gerechtfertigte Ungleichbehandlung, während die Diskriminierung eine willkürliche Ungleichbehandlung bezeichnet. Für die Ungleichbehandlung von Mann und Frau werden nur solche Differenzierungsgründe anerkannt, die aufgrund der unterschiedlichen physischen Voraussetzungen der Ge-

Verstoß gegen Art. 3 II GG?

Schutzbereich: Ungleichbehandlung von Mann und Frau. Differenzierung oder Diskriminierung?

Strenge Anforderungen an Differenzierungen bei Art. 3 II GG.

---

122 Im Einzelnen richtet sich die fachliche Zuständigkeit nach der regierungsinternen Geschäftsverteilung. Eine Mitbetroffenheit besteht in diesem Fall sicher auch beim Arbeits- und beim Wirtschaftsminister.

schlechter als zwingend anzusehen sind[123]. Der einzige ersichtliche Grund für die hier getroffene Regelung liegt in der faktisch überwiegenden Doppelbelastung berufstätiger Frauen, die neben ihrer beruflichen Tätigkeit auch Haushalt und Familie zu versorgen haben. Dies knüpft aber nicht an unterschiedliche körperliche Gegebenheiten an. Wenngleich statistisch seltener, so gibt es doch auch Männer, die neben ihrem Beruf einen eigenen Hausstand führen und versorgen[124]. Das HATG knüpft nicht einmal daran an, ob Lebenspartner und/oder Kinder vorhanden sind; der Hausarbeitstag kann daher sogar von allein stehenden Frauen beansprucht werden. Ein sachlicher Grund dafür, berufstätigen Männern unter den gleichen Bedingungen einen Hausarbeitstag nicht auch zu gewähren, ist somit nicht ersichtlich. Also ist die Ungleichbehandlung sachlich nicht gerechtfertigt und damit willkürlich. Mithin handelt es sich um eine mit Art. 3 II GG nicht vereinbare Diskriminierung[125]. Das HATG ist somit materiell verfassungswidrig.

Subsumtion und Argumentation.

Ergebnis: Diskriminierung, daher Verstoß gegen Art. 3 II GG.

Aufgabe b)

I. Rechtsbehelf der Länder

1. Bund-Länder-Streit

Jedes Land kann einen Bund-Länder-Streit gem. Art. 93 I Nr. 3 GG i.V.m. §§ 13 Nr. 7, 68 ff. BVerfGG anhängig machen. Dies würde voraussetzen, dass die Kompetenzabgrenzungen zwischen Bund und Ländern streitig wären. Ein solcher Antrag könnte also beispielsweise auf fehlende Gesetzgebungskompetenz des Bundes oder auf eine verfassungswidrige Kostenbelastung gestützt werden. Das HATG ist jedoch wegen eines die Länder nicht belastenden Verfahrensfehlers formell verfassungswidrig und wegen des Verstoßes gegen Art. 3 II GG materiell verfassungswidrig. In allen diesen Fällen ist die Kompetenzabgrenzung von Bund und Ländern nicht tangiert, weshalb der Bund-Länder-Streit hier nicht mit Erfolg durchgeführt werden kann.

Der Bund-Länder-Streit betrifft nur Kompetenzabgrenzungen zwischen Bund und Ländern.

---

123 Vgl. Boysen, in: v. Münch/Kunig, GG, Art. 3 Rdnr. 164; zur Rechtfertigung von Quotenregelungen als Reizthema der Geschlechtergleichbehandlung vgl. Boysen, a.a.O., Rdnr. 169–174.
124 BVerfGE 52, S. 369 (374 ff.).
125 Weitere Einzelheiten zum Gleichheitsgrundsatz des Art. 3 II GG bei Fall 7 (Marktwirtschaft oder Diskriminierung), Aufgabe a), Rdnr. 196 ff.

2. Abstrakte Normenkontrolle

Jedes Land kann durch seine Regierung einen Antrag auf abstrakte Normenkontrolle gem. Art. 93 I Nr. 2 GG i.V.m. §§ 13 Nr. 6, 76 ff. BVerfGG stellen. Als Prüfungsgegenstand kommt jede vor- oder nachkonstitutionelle Bundes- oder Landesnorm in Betracht, also auch das HATG. Weiter ist gem. § 76 Nr. 1 BVerfGG erforderlich, dass die Landesregierung von der Verfassungswidrigkeit der Norm ausgeht. Bei Vorliegen eines solchen zulässigen Normenkontrollantrages prüft das BVerfG das HATG in vollem Umfang auf seine formelle und materielle Verfassungsmäßigkeit; es ist auch nicht durch die Antragsbegründung eingeschränkt[126]. In diesem Verfahren kommen folglich die gegebenen Verfassungsverstöße zum Tragen, sodass das BVerfG das HATG gem. § 78, 1 BVerfGG für nichtig erklärt.

Die abstrakte Normenkontrolle erfasst formelle und materielle Verfassungswidrigkeit eines Gesetzes im materiellen Sinn.

II. Rechtsbehelf des Bundesrates

Der Bundesrat ist das Bundesorgan, durch das die Länder ihre Interessen zur Geltung bringen (Art. 50 GG), und nicht etwa ein Länderorgan. Folglich scheidet der Bund-Länder-Streit für den Bundesrat aus. Auch für die abstrakte Normenkontrolle fehlt es an einer Antragsberechtigung des Bundesrates (Art. 93 I Nr. 2, § 76 BVerfGG).

Der Bundesrat ist kein Länder-, sondern ein Bundesorgan.

Der Bundesrat könnte lediglich ein Organstreitverfahren gem. Art. 93 I Nr. 1 GG i.V.m. §§ 13 Nr. 5, 63 ff. BVerfGG einleiten. Dies würde voraussetzen, dass sich der Bundesrat in seinen vom GG zugewiesenen Organkompetenzen durch ein anderes Bundesorgan – z. B. den Bundestag – beschnitten fühlt. Dies wäre beispielsweise der Fall, wenn die Beteiligung des Bundesrates im Gesetzgebungsverfahren nicht ordnungsgemäß erfolgen würde. So etwa, wenn Bundesrat und Bundestag über den Charakter des Gesetzes als Zustimmungs- oder Einspruchgesetz uneinig wären und der Bundestag die Zustimmungsversagung des Bundesrates als Einspruch gem. Art. 77 IV 1 GG zurückweisen würde. Beim HATG wurde die nach Art. 77 II 5 GG erforderliche nochmalige Beschlussfassung des Bundestages versäumt, wodurch der Bundesrat nicht beschwert ist. Daher scheidet auch

Das Organstreitverfahren betrifft Kompetenzabgrenzungen zwischen den obersten Bundesorganen.

---

126 Hillgruber/Goos, Verfassungsprozessrecht, Rdnr. 526 ff.

ein Organstreitverfahren durch den Bundesrat aus; lediglich der Bundestag könnte hier ein Organstreitverfahren durchführen. Mithin kann der Bundesrat gegen das HATG nicht vorgehen.

E. Fall 6: President forever!

Sachverhalt

166

Schon gegen Ende der Amtszeit des ersten Bundespräsidenten „Papa Heuss" wurden Stimmen laut, die Wiederwahlbeschränkung von Art. 54 II 2 GG aufzuheben. Gegen Ende der zweiten Amtszeit des höchst populären Bundespräsidenten B bildet sich eine parteiübergreifende Parlamentsinitiative, bestehend aus 75 Abgeordneten, mit dem Ziel, allgemein hochgeschätzten Amtsinhabern die weitere Amtsführung zu ermöglichen. Auf den Antrag dieser Initiative beschließt der Bundestag (598 Mitglieder) mit 394 von 531 abgegebenen Stimmen nun folgendes Gesetz (Bundespräsidentenamtszeitneuregelungsgesetz – BPrAzNRG):

§ 1   Art. 54 Abs. 2 Satz 2 GG wird durch folgenden Satz ersetzt: „Anschließende Wiederwahl ist zulässig."

§ 2   In Art. 54 GG wird ein neuer Absatz 2a mit folgendem Wortlaut eingefügt: „Anstelle einer dritten Wiederwahl kann auch die Wahl auf Lebenszeit erfolgen."

Der Bundesrat stimmt dem Gesetz mit der erforderlichen Mehrheit zu. Es wird anschließend dem Bundespräsidenten zugeleitet, der das Gesetz ausfertigt. Die Veröffentlichung erfolgt im nächsterscheinenden Bundesgesetzblatt.

--- Aufgabe ---

a) Nehmen Sie zu der Verfassungsmäßigkeit dieses Gesetzes Stellung.

b) Einer der unterlegenen Abgeordneten hat Angst vor Tattergreisen im Schloss Bellevue und hält das Gesetz deshalb für gefährlich; er hatte während der parlamentarischen Beratung – erfolglos – beantragt, zu § 2 eine Altersgrenze von 75 Jahren festzulegen. Was kann er unternehmen?

167   Lösung

Aufgabe a)

I.   Formelle Verfassungsmäßigkeit

1.   Gesetzgebungskompetenz

Die formelle Verfassungsmäßigkeit des BPrAzNRG würde zunächst voraussetzen, dass die Gesetzgebungskompetenz gegeben wäre. Bei dem hier zu prüfenden Gesetz handelt es sich um ein Bundesgesetz, weshalb sich die Zuständigkeit des Bundes gem. Art. 70 GG aus den Art. 71–74 GG ergeben könnte. Hierbei ist jedoch zu beachten, dass diese Vorschriften nur für einfache Gesetze gelten, die unterhalb des Grundgesetzes stehen. Das hier zu prüfende Gesetz beinhaltet jedoch eine Änderung des Grundgesetzes; die Bundeskompetenz hierfür ergibt sich aus Art. 79 GG sowie aus der Natur der Sache, da nur der Bund für Änderungen der Bundesverfassung zuständig sein kann.

Bundesgesetz:

→ Art. 71–74 GG gelten nur für einfache Gesetze;

→ hier Verfassungsänderung: Kompetenz aus Art. 79 GG und kraft Natur der Sache.

2.   Gesetzgebungsverfahren

Weiterhin ist zu prüfen, ob beim Zustandekommen des BPrAzNRG das vom GG vorgegebene Verfahren der Art. 76 ff. eingehalten wurde.

Die Gesetzesinitiative geht von 75 Abgeordneten aus, die gem. Art. 76 I, 2. Alt. GG dazu berechtigt sind[127].

Initiativrecht der Abgeordneten.

Der Gesetzesbeschluss setzt gem. Art. 79 II, 1. HS GG eine Mehrheit von zwei Dritteln der Mitglieder[128] voraus. Ausweislich des Sachverhaltes umfasst der Bundestag 598 Mitglieder, weshalb die Gesetzesvorlage hier 399 Ja-Stimmen benötigt hätte. Da sie tatsächlich aber nur 394 Stimmen bekommen hat, fehlt es hier am Gesetzesbeschluss; folglich ist dieses Gesetz wegen Verstoßes gegen Art. 79 II, 1. HS GG formell verfassungswidrig. Die weitere Prüfung erfolgt hilfsgutachtlich.

Qualifizierte Mehrheitserfordernisse bei Verfassungsänderungen (Art. 79 II GG):
1. 2/3-Mehrheit und
2. bezogen auf alle Mitglieder (Art. 121 GG);
→ hier nicht erfüllt (nur 2/3-Mehrheit der Stimmen, was nicht ausreicht)!

---

127   Das exakte Quorum, wie viele Abgeordnete das Initiativrecht „aus der Mitte des Bundestages" wahrnehmen können, ergibt sich aus § 76 I der Geschäftsordnung, die sich der Bundestag gem. Art. 40 I 2 GG gibt; es beträgt 5 % der Abgeordneten (bei 598 Abg. also mindestens 30 Abg., was hier unproblematisch erfüllt ist).

128   Bedeutsamer Unterschied zur (einfachen) Mehrheit des Art. 42 II 1, 1. HS GG, der nur auf die abgegebenen Stimmen bezogen ist; vgl. außerdem zu dem hier maßgeblichen Mehrheitsbegriff Art. 121 GG.

Die Bundesratsbeteiligung ist unproblematisch. Anschließend schreibt Art. 82 I 1 i.V.m. Art. 58, 1 GG die Gegenzeichnung des Gesetzes durch den Bundeskanzler oder einen fachlich zuständigen Minister vor, bevor es dem Bundespräsidenten zur Ausfertigung vorgelegt werden kann. Hier ist das Gesetz ausweislich fehlender Angaben zur Gegenzeichnung direkt dem Bundespräsidenten zur Ausfertigung vorgelegt worden, wodurch das Gesetzgebungsverfahren einen weiteren Verfassungsverstoß aufweist. Auch aus diesem Grund ist es formell verfassungswidrig.

Abschlussverfahren:

Die Gegenzeichnung durch die Regierung gem. Art. 82 I 1, 58, 1 GG fehlt.

→ Weiterer Verfassungsverstoß.

II. Materielle Verfassungsmäßigkeit

Auch in inhaltlicher Hinsicht ist zu prüfen, ob das BPrAzNRG gegen das Grundgesetz verstößt. Da es sich dabei um eine Verfassungsänderung handelt, kommt das „normale" Verfassungsrecht als Maßstab nicht in Betracht; es ist ja selbst Gegenstand der Änderung. Allerdings enthält das Grundgesetz in der „Ewigkeitsgarantie" des Art. 79 III GG einen unabänderlichen und damit auch bei Verfassungsänderungen einzuhaltenden Kernbestand.

Inhaltlicher Verfassungsverstoß bei Verfassungsänderung möglich?

→ Ewigkeitsgarantie des Art. 79 III GG macht die Grundsätze der Art. 1 und Art. 20 unabänderlich!

Es ist daher zu untersuchen, ob hier gegen eine der Vorgaben des Art. 79 III GG verstoßen wird. Hierzu zählen unter anderem die in Art. 20 GG niedergelegten Grundsätze, also auch die Staatszielbestimmungen des Art. 20 I GG. Im vorliegenden Fall könnte das hier enthaltene Republikprinzip verletzt worden sein. Der Grundsatz der Republik bedeutet, dass das Staatsoberhaupt nur auf Zeit und mit der Möglichkeit der Absetzung berufen wird[129]. Denn hierdurch wird das monarchische Prinzip, wonach das Amt des Staatsoberhauptes auf Lebenszeit – i.d.R. nach dynastischen Grundsätzen – verliehen wird, abgelehnt. Folglich wäre das Republikprinzip dann verletzt, wenn das Amt des Bundespräsidenten auf Lebenszeit verliehen würde. § 2 BPrAzNRG sieht in Art. 54 IIa GG die Möglichkeit einer Wahl auf Lebenszeit vor, was nach vorstehendem mit dem Republikprinzip nicht zu vereinbaren ist. Diese Vorschrift des BPrAzNRG verletzt folglich

→ Verletzung des Republikprinzips gem. Art. 20 I GG denkbar;
→ Republik bedeutet: Staatsoberhaupt auf Zeit (Abgrenzung zur Monarchie).
→ Wahl auf Lebenszeit daher nicht möglich (auch nicht bei einer dritten Wiederwahl).

---

129 Vgl. Schnapp, in: v. Münch/Kunig, GG, Art. 20 Rdnr. 9. Der Begriff der Republik grenzt nur gegenüber dem Begriff der Monarchie ab (s.o.), darf aber keinesfalls mit dem der Demokratie (gesonderte Staatszielbestimmung in Art. 20 I GG) synonym gesetzt werden: Beispielsweise in Großbritannien, Spanien oder in den Niederlanden bestehen demokratische *und* monarchische Staatsformen.

Art. 20 I GG, verstößt damit gegen Art. 79 III GG und ist mithin materiell verfassungswidrig.

→ Materieller Verfassungsverstoß!

Die übrigen Vorschriften des BPrAzRG sind in materieller Hinsicht nicht zu beanstanden.

Aufgabe b)

1. Verfassungsbeschwerde

Eine Verfassungsbeschwerde gem. Art. 93 I Nr. 4a GG i.V.m. §§ 13 Nr. 8a, 90 ff. BVerfGG kann nur von Privatpersonen erhoben werden. Der Abgeordnete als Inhaber des parlamentarischen Mandates ist jedoch ein Teil des Bundestages und damit ein Teilorgan des Staates, gegen den Verfassungsbeschwerden erhoben werden können. Deshalb kann er als Mandatsträger keine Verfassungsbeschwerde einlegen. Hiervon unbeschadet könnte er natürlich als Privatperson, die er ja auch ist, Verfassungsbeschwerde einlegen. Dies würde jedoch gem. § 90 I BVerfGG voraussetzen, dass er sich in einem seiner Grundrechte verletzt fühlt. Als Privatperson ist er jedoch durch die Verfassungsänderung in keinem seiner Rechte – geschweige denn Grundrechte – tangiert, sodass diese Verfahrensart für ihn keine Aussicht auf Erfolg bietet.

Verfassungsbeschwerde steht nur Privatpersonen, nicht aber Staats(teil)organen zu.

Privatpersonen müssen Verletzung in eigenen Grundrechten geltend machen.

→ Hier kein geeigneter Rechtsbehelf.

2. Organstreitverfahren

Der Abgeordnete könnte ein Organstreitverfahren gem. Art. 93 I Nr. 1 GG i.V.m. §§ 13 Nr. 5, 63 ff. BVerfGG anstrengen; zumindest wäre er als Teil eines obersten Bundesorgans, nämlich des Bundestages, dazu berechtigt. Allerdings erfasst diese Verfahrensart nur Kompetenzabgrenzungen zwischen den obersten Bundesorganen bzw. Teilen von ihnen. Er könnte deshalb hier nur eine Verletzung seiner Abgeordnetenrechte geltend machen, die aber nicht vorliegt. Dem Abgeordneten geht es um den Inhalt des Gesetzes, den er mit diesem Verfahren nicht angreifen kann.

Organstreitverfahren betrifft Kompetenzabgrenzungen zwischen obersten Bundes(teil)organen.

Abg. ist als Teil des Bundestages grundsätzlich antragsberechtigt,
→ hier aber keine Verletzung der Abgeordnetenrechte ersichtlich.

3. Abstrakte Normenkontrolle

Eine abstrakte Normenkontrolle gem. Art. 93 I Nr. 2 GG i.V.m. §§ 13 Nr. 6, 76 ff. BVerfGG kann neben der Bundes- oder einer Landesregierung auch ein Drittel der Bundestagsabgeordneten einleiten. Einen zulässigen Normenkontrollantrag kann der Abgeordnete folglich zumindest nicht allein stellen; er müsste sich vielmehr

Abstrakte Normenkontrolle kann auch von Bundestagsabgeordneten gestellt werden; dafür bedarf es jedoch eines Drittels aller Parlamentarier.

– bei insgesamt 598 Abgeordneten – mit weiteren 199 Kollegen zusammentun, um den Antrag stellen zu können. Da die abstrakte Normenkontrolle, so sie zulässig beantragt worden ist, jeden formellen wie materiellen Mangel prüft, gelangt sie hier wegen der oben festgestellten Verfassungsverstöße zur Nichtigkeit des BPrAzNRG gem. § 78, 1 BVerfGG.

Prüfungsumfang bei der abstrakten Normenkontrolle ist umfassend; → Rechtsfolge bei Verfassungsverstoß: Nichtigkeit.

3. Abschnitt:
Grundrechte

A. Funktionen und Arten der Grundrechte

(1) Funktionen der Grundrechte

Die Grundrechte haben im GG zwei Funktionen: Zum einen stellen sie objektives Recht dar, das allgemein verbindlich ist; zum anderen stellen sie auch subjektives Recht dar, das jedem Bürger einen eigenen – und einklagbaren! – Anspruch auf Grundrechtseinhaltung gibt.   **168**

I. Objektives Recht

1. Als objektives Recht konstituieren die Grundrechte eine „objektive Werteordnung", d.h. aus der Gesamtschau aller Grundrechte ergibt sich ein ganz bestimmtes Menschenbild und Werteverständnis. In diesem Sinn sind die Grundrechte Richtlinien für alle drei staatlichen Gewalten (vgl. Art. 1 III GG).   **169**

2. Außerdem verbürgen einzelne Grundrechte ganz bestimmte Rechtsfiguren, also rechtlich geschaffene oder zumindest bestätigte Einrichtungen. Hierzu gehören beispielsweise Ehe und Familie (Art. 6 I GG), das öffentliche und private Schulwesen (Art. 7 GG) sowie Eigentum und Erbrecht (Art. 14 I 1 GG). Auch in dieser Hinsicht stellen die Grundrechte objektives, d. h. allgemein gültiges Recht dar, das Gesetzgeber, Verwaltung und Gerichte zu achten haben[130].

3. Diese Funktion teilen die Grundrechte – im Gegensatz zur nachfolgenden Funktion des subjektiven Rechts – mit den *Staatszielen*. Diese binden – wie die Grundrechte – die staatlichen Gewalten (objektiv), können aber nicht vom einzelnen (subjektiv) eingefordert werden. Dennoch kommt auch den Staatszielen namentlich in der Gesetzge-   **169a**

---

130 Zu diesen Einrichtungsgarantien zählen außerdem die kommunale Selbstverwaltung (Art. 28 II GG), das Berufsbeamtentum (Art. 33 V GG), die politischen Parteien (Art. 21 GG) und die Kirchen (Art. 140 GG); vgl. Katz, Staatsrecht, Rdnr. 576 ff. Streitig ist die Einordnung von Presse und Universitäten; ablehnend für Presse Pieroth/Schlink, Staatsrecht II, Rdnr. 90.

bungspraxis eine hohe Bedeutung zu. Dies nicht zuletzt deshalb, weil das BVerfG in seinen Normenkontrollverfahren ein sehr wachsames Auge auf die Befolgung der Staatsziele durch den Gesetzgeber hat. Folgende Staatsziele kennt das GG heute:

- Republik, Sozialstaat, Bundesstaat (Art. 20 I, 28 I 1 GG),
- Demokratie (Art. 20 I, II, 28 I 1 GG),
- Rechtsstaat (Art. 20 III, 28 I 1 GG),
- Europäische Integration (Art. 23 I GG),
- Tatsächliche Durchsetzung der Gleichberechtigung von Frau und Mann (Art. 3 II 2 GG),
- Schutz der natürlichen Lebensgrundlagen und der Tiere (Art. 20a GG).

Zur Vertiefung: Staatsziele

Badura, Staatsrecht, D 1–101; Degenhart, Staatsrecht I, §§ 2 I, 3 I, 4, 5 I, 6; Detterbeck, Öffentliches Recht, §§ 1–4; Gröpl, Staatsrecht I, §§ 5–10, 12; Katz, Staatsrecht, §§ 7–12; Maurer, Staatsrecht I, §§ 7, 8, 10; Papier/Krönke, Öffentliches Recht 1, §§ 3–7; Sodan/Ziekow, Öffentliches Recht, §§ 6–11; Stein/Frank, Staatsrecht, §§ 12, 13, 20–22.

II. Subjektives Recht

170   1. Die Grundrechte stellen – neben der Funktion als objektives Recht – außerdem subjektiv-öffentliche Rechte dar, auf die sich jeder Einzelne (auch gerichtlich, s. u.) berufen kann. Das ist keineswegs selbstverständlich; auch andere Verfassungen kennen „Grundrechte", ohne ihnen einen einklagbaren subjektiven Rechtscharakter zu verleihen (so z. B. die frühere DDR). Vor allem durch ihre subjektiv-rechtliche Komponente prägen die Grundrechte den Verfassungsstaat des GG. Denn letztlich sind auch noch so schöne Ziele und Versprechungen in der Verfassung nicht viel Wert, wenn sie bei ihrer Vernachlässigung oder Missachtung nicht effektiv eingeklagt und durchgesetzt werden können.

2. In ihrem subjektiv-öffentlichen Charakter werden die Grundrechte in verschiedene funktionsspezifische Kategorien eingeteilt:

171   a) Die Grundrechte des GG sind im liberalen Zeitalter formuliert worden und gehen auf die der Weimarer Reichsverfassung und damit auf die der Paulskirchenverfassung von 1849 zurück.[131] Damals – im Zeichen des noch allgegenwärtigen Obrigkeitsstaates – hatte man nur das Ziel, dem einzelnen Bürger rechtlich geschützte Freiheiten zu garantieren, in die der Staat nicht eingreifen durfte. Diese klassische *Abwehrfunktion* („status negativus") haben die Grundrechte bis heute behalten; besonders deutlich wird sie bei Grundrechten wie Art. 4, 5 I, 8, 9, 13, 14 GG.

172   b) Doch im Zeitalter des Sozialstaates tritt vor allem die *Funktion als Teilhabe- und Leistungsrechte* („status positivus") hinzu. Die Teilhabefunktion bewirkt, dass der Ein-

---

131   Zur historischen Entwicklung der Grundrechte vgl. Hufen, Staatsrecht II, § 2; Sodan/Ziekow, Öffentliches Recht, § 20.

zelne vom Staat nicht nur verlangen kann, „in Ruhe gelassen" zu werden, sondern auch bei der Verteilung staatlichen Wohltaten angemessen berücksichtigt zu werden, so z. B. bei der Vergabe von Studienplätzen oder staatlichen Konzessionen gem. Art. 12 I, 3 I GG. Die – seltene – *Leistungsfunktion* geht noch einen Schritt weiter, indem sie unmittelbare Ansprüche von Privatpersonen gegen den Staat begründet; so haben die anerkannten Privatschulen einen Subventionsanspruch aus Art. 7 IV GG sowie der Enteignete einen Entschädigungsanspruch aus Art. 14 III GG.

c) Schließlich zählen zu den Grundrechten (und grundrechtsgleichen Rechten) die **173** *staatsbürgerlichen Teilnahmerechte* („status activus"). Darunter versteht man das Wahlrecht gem. Art. 38 I GG und das Recht auf gleichen Zugang zu einem öffentlichen Amt gem. Art. 33 II GG.

(2) **Arten der Grundrechte**

Neben dieser funktionalen Einteilung der Grundrechte ist auch eine Untergliederung **174** nach inhaltlichen Gesichtspunkten üblich. Hierbei wird zwischen Freiheitsrechten, Gleichheitsrechten und Justizgrundrechten unterschieden. Diese Grundrechte unterscheiden sich außerdem nach dem jeweils geschützten Personenkreis; so gibt es „Jedermann-Grundrechte" (Menschenrechte), auf die sich jeder berufen kann, und „Deutschen-Grundrechte" (Bürgerrechte), die nur für deutsche Staatsangehörige gelten. Die nachfolgende Übersicht (Rdnr. 178) trägt sowohl dieser wie der zuvor genannten Unterscheidung der Grundrechtsarten Rechnung.

I. **Freiheitsgrundrechte**

Die Freiheitsgrundrechte geben dem einzelnen Bürger konkrete Freiheiten wie Glau- **175** bens- und Gewissensfreiheit (Art. 4 I, II GG), Meinungs-, Presse-, Rundfunk-, Kunst- und Wissenschaftsfreiheit (Art. 5 I, III GG), Versammlungsfreiheit (Art. 8 I GG), Vereinigungsfreiheit (Art. 9 I GG), Freizügigkeit (Art. 11 I GG) und Berufsfreiheit (Art. 12 I GG), aber auch den Schutz bestimmter Frei- und Spielräume wie das Brief-, Post- und Fernmeldegeheimnis (Art. 10 I GG), die Unverletzlichkeit der Wohnung (Art. 13 I GG) und Eigentum (Art. 14 I 1 GG). Von besonderer Bedeutung ist – bei Nichtvorliegen eines dieser speziellen Freiheitsgrundrechte – das allgemeine Freiheitsgrundrecht des Art. 2 I GG; die darin geschützte freie Persönlichkeitsentfaltung wird sehr weit ausgelegt.

II. **Gleichheitsgrundrechte**

Die Gleichheitsgrundrechte sind nicht so zahlreich, aber dennoch sehr bedeutsam, so **176** die Gleichheit von Mann und Frau (Art. 3 II, III 1. Alt. GG), die Gleichheit bei unterschiedlicher Abstammung, Rasse, Sprache, Heimat und Herkunft, Glauben, religiöser oder politischer Anschauungen (Art. 3 III GG), der gleiche Zugang zu öffentlichen Ämtern (Art. 33 II, III GG) und das gleiche Wahlrecht (Art. 38 I 1 GG). Auch hier gibt es als

Auffanggrundrecht für alle von den speziellen Gleichheitsrechten nicht erfassten Sachverhalte den allgemeinen Gleichheitssatz in Art. 3 I GG.

III. Justizgrundrechte

177 Die Justizgrundrechte (auch prozessuale Grundrechte genannt) umfassen die Rechtsweggarantie des Art. 19 IV GG, den Anspruch auf den gesetzlichen Richter gem. Art. 101 I 2 GG und auf rechtliches Gehör vor Gericht gem. Art. 103 I GG sowie die Verbote von Ausnahmegerichten (Art. 101 I 1 GG), der Todesstrafe (Art. 102 GG), der Mehrfachbestrafung (Art. 103 III GG) und – soweit nicht bestimmte Bedingungen erfüllt sind – des Freiheitsentzuges (Art. 104 GG).

177a *Zur Vertiefung: Funktionen und Einteilung der Grundrechte*

Badura, Staatsrecht, C 1–20; Detterbeck, Öffentliches Recht, § 13 III; Jarass, in: Jarass/Pieroth, GG, Vorb. vor Art. 1, Rdnr. 1–13; Katz, Staatsrecht, §§ 25, 26; Manssen, Staatsrecht II, Rdnr. 44–59; Maurer, Staatsrecht I, § 9 I–IV; Papier/Krönke, Öffentliches Recht 2, § 3 B; Pieroth/Schlink, Staatsrecht II, § 4; Sodan/Ziekow, Öffentliches Recht, §§ 21, 22; Stein/Frank, Staatsrecht, § 26.

(3) Übersicht zu den Grundrechtsarten 178

Grundrechtsarten	Freiheitsgrundrechte				Gleichheitsgrundrechte	Justizgrundrechte
	Auffanggrundrecht	Politisch-kommunikative Freiheitsgrundrechte	Wirtschaftliche Freiheitsgrundrechte	Persönliche Freiheitsgrundrechte		
„Jedermann-Grundrechte" (Menschenrechte)	– Freie Entfaltung der Person (2 I)	– Meinung (5 I 1) – Information (5 I 1) – Presse, Rundfunk, Fernsehen (5 I 2) – Kunst (5 III 1) – Wissenschaft, Forschung, Lehre (5 III 1) – Privatschulen (7 IV, V) – Asyl (16a) – Petition (17)	– Bildung von Gewerkschaften und Arbeitgeberverbänden (9 III) – Verbot von Arbeitszwang (12 II) und Zwangsarbeit (12 III) – Eigentum und Erbrecht (14)	– Allg. Persönlichkeitsrecht (2 I i.V.m. 1 I) – Leben und körperliche Unversehrtheit (2 II 1) – Freiheit der Person (2 II 2, 104) – Glauben, Gewissen, rel. und weltanschaul. Bekenntnis (4 I) – Religionsausübung (4 II) – Ehe, Familie, Kindererziehung (6, 7 II) – Brief-, Post- und Fernmeldegeheimnis (10) – Unverletzlichkeit der Wohnung (13)	– Allg. Gleichheitssatz (3 I) – Gleichberechtigung von Mann und Frau (3 II 1) – Benachteiligungs- und Bevorzugungsverbot wegen Geschlecht, Abstammung, Rasse, Sprache, Heimat, Herkunft, Glaube, rel. od. pol. Anschauungen (3 III 1) – Benachteiligungsverbot wegen Behinderung (3 III 2)	– Rechtsweggarantie (19 IV) – Gesetzlicher Richter (101) – Abschaffung der Todesstrafe (102) – Rechtliches Gehör (103 I) – Rückwirkungsverbot im Strafrecht: nulla poena sine lege (103 II) – Verbot der Doppelstrafe: „ne bis in idem" (103 III) – Rechtsgarantien bei Freiheitsentziehung (104)
„Deutschen-Grundrechte" (Bürgerrechte)		– Versammlung (8) – Bildung von Vereinen und Gesellschaften (9 I, II)	– Wahl des Berufs, des Arbeitsplatzes und der Ausbildungsstätte (12 I)	– Freizügigkeit im Bundesgebiet (11) – Nichtentzug der Staatsangehörigkeit (16 I) – Auslieferungsverbot (16 II)	– Staatsbürgerliche Gleichstellung (33 I) – Gleicher Zugang zu einem öff. Amt (33 II) – Gleichheit der Wahl (38 I)	

B. Prüfungsübersichten zu den Grundrechten

(1) Vorbemerkung zu den Prüfungsübersichten

I. Prüfung von Grundrechtsverletzungen bei Freiheits- und Justizgrundrechten[132]

1. Eingriff in den Schutzbereich

179 Zunächst ist zu untersuchen, ob das zu prüfende Grundrecht für den jeweiligen Fall überhaupt einschlägig ist. Man spricht davon, ob ein Eingriff in den Schutzbereich vorliegt. Diese Prüfung gliedert sich in zwei Teile, nämlich in die Betroffenheit des Schutzbereichs – wo in der Regel das Problem liegt – und in den (hoheitlichen) Eingriff. Bei diesem ersten Prüfungsschritt stehen die individuellen Interessen des einzelnen Grundrechtsträgers im Vordergrund; in Zweifelsfällen erfolgt daher eine freiheitsbejahende, weite Auslegung („in dubio pro libertate").

180 a) Die Betroffenheit des Schutzbereichs ist in personeller wie in sachlicher Hinsicht zu prüfen.

aa) Der personelle Schutzbereich ist dann betroffen, wenn die eventuell in einem Grundrecht verletzte Person überhaupt Trägerin dieses Grundrechts ist. Problematisch wird dies vor allem bei den „Deutschen-Grundrechten" (Art. 8, 9, 11, 12, 16 GG), denn bei diesen ist der personelle Schutzbereich auf die deutschen Staatsangehörigen beschränkt. Ein weiteres Problem beim personellen Schutzbereich ist die Grundrechtsfähigkeit juristischer Personen. So können sich (nur inländische) juristische Personen des Privatrechts gem. Art. 19 III GG auf „dem Wesen nach" anwendbare Grundrechte berufen, weshalb z. B. ein als GmbH organisiertes Unternehmen sein Eigentum grundrechtlich geltend machen kann. Noch komplizierter ist es bei juristischen Personen des öffentlichen Rechts (s. o., Rdnr. 12a und 12b): Weil nämlich die Grundrechte gerade gegen hoheitlich agierende Rechtssubjekte – Bund und Länder als Staat, aber auch Kommunen oder Universitäten – geltend gemacht werden können, stehen die juristischen Personen des öffentlichen Rechts im Normalfall „auf der anderen Seite", sind also gerade nicht grundrechtsberechtigt, sondern grundrechtsverpflichtet. Nur in besonderen Ausnahmefällen kann eine juristische Person des öffentlichen Rechts auch Grundrechtsträgerin sein, so z. B. eine Universität bei einem staatlichen Eingriff in das Grundrecht auf freie Wissenschaft und Forschung (etwa durch forschungslenkende Regelungen in einem Gesetz)[133].

---

132 Manssen, Staatsrecht II, Rdnr. 26–34; Schwerdtfeger/Schwerdtfeger, Fallbearbeitung, § 32; Sodan/Ziekow, § 24 I mit Prüfungsschema bei Rdnr. 55; Stein/Frank, Staatsrecht, § 30 VII.

133 Weitere anerkannte Ausnahmen gelten für öffentlich-rechtliche Rundfunkanstalten hinsichtlich Art. 5 I GG, für öffentlich-rechtliche Religionsgemeinschaften bezüglich Art. 4 I, II GG sowie für die Selbstverwaltungsgarantie der Gemeinden gem. Art. 28 II GG. Keine Ausnahme würde aber z. B. gelten, wenn im Gemeindeeigentum stehende Flächen vom Land für ein Straßenbauprojekt enteignet werden; hier könnte sich die Gemeinde nicht auf Art. 14 GG berufen. Weiterführend hierzu Bumke/Voßkuhle, Verfassungsrecht, S. 50 ff.; Hufen, Staatsrecht II, § 6 Rdnr. 36–40; Katz, Staatsrecht, Rdnr. 605 f. m. zahlr. N.; Maurer, Staatsrecht I, § 9 Rdnr. 32 ff.; Papier/Krönke, Öffentliches Recht 2, § 5 B; Pieroth/Schlink, Staatsrecht II, Rdnr. 157–179.

bb) Der sachliche Schutzbereich bereitet erfahrungsgemäß größere Probleme. Denn dieser erfasst die inhaltliche Reichweite des Grundrechts; diese muss im Einzelfall sauber definiert und auf den konkreten Fall hin subsumiert werden. So stellt sich beispielsweise bei der Versammlungsfreiheit die Frage, was eigentlich eine Versammlung ist; noch schwieriger ist die Definition des Begriffs der „Kunst" i.S.v. Art. 5 III 1, 1. Alt. GG[134].

b) Des Weiteren ist zu untersuchen, ob die Betroffenheit des Schutzbereichs auf einen hoheitlichen Eingriff zurückgeht; dieser Eingriff ist herauszuarbeiten und zu benennen. Hierfür kommen Verwaltungsakte i.S.v. § 35 VwVfG und gerichtliche Entscheidungen, aber in bestimmten Fällen auch Gesetze in Betracht. Problematisch ist dies selten, so etwa bei der Frage der Grundrechtsbindung von Privatpersonen (vgl. Fall: Marktwirtschaft oder Diskriminierung)[135]. **181**

Liegt die Betroffenheit des Schutzbereichs aufgrund eines hoheitlichen Eingriffs vor, spricht man von einem „Grundrechts*eingriff*". Ob dieser Eingriff auch eine „Grundrechts*verletzung*" darstellt, ergibt die weitere Prüfung.

2. Verfassungsrechtliche Rechtfertigung

Daher wird nach der Feststellung des Grundrechtseingriffs geprüft, ob dieser verfassungsrechtlich gerechtfertigt und damit zulässig ist. **182**

a) Bei den Freiheitsgrundrechten ergibt sich die verfassungsrechtliche Rechtfertigung aus den so genannten „Grundrechtsschranken". Hier stehen nun – anders als im ersten Schritt – die Interessen der Allgemeinheit und die Grundrechte eventuell betroffener Dritter im Vordergrund. Diese „Grundrechtsschranken" treten in drei verschiedenen Formen auf, wobei bei einem bestimmten Grundrecht nur eine dieser Schrankenarten vorliegen kann – ein Nebeneinander gibt es hier nicht.

aa) So gibt es die „verfassungsunmittelbaren" Schranken; hiervon spricht man, wenn sich die Beschränkung – auch inhaltlich! – direkt aus dem Verfassungstext ergibt, so z.B. bei Art. 9 II GG[136]. Hier legt das GG innerhalb der Vereinigungsfreiheit selbst fest, welche Vereinigungen davon ausgeschlossen werden.

bb) Dann gibt es – am häufigsten – die „Gesetzesvorbehalte". Bei den einfachen Gesetzesvorbehalten überträgt das GG die inhaltliche Festlegung der Schranke auf den einfachen Gesetzgeber[137]; dies erfolgt durch Formulierungen wie: „Die Ausübung

---

134   Beim Kunstbegriff besteht nämlich die Gefahr, dass schon durch die Begriffsdefinition ein bestimmtes Kunstverständnis zum Maßstab erhoben wird, das andere Vorstellungen von Kunst ausschließt; dann würde die Definition des Schutzbereichs die Kunstfreiheit bereits unzulässig einengen. „Kunst" kann demnach als „das Ergebnis einer freien schöpferischen Gestaltung umschrieben werden, in der Eindrücke, Erfahrungen und Erlebnisse des Künstlers durch das Medium einer bestimmten Formensprache zu unmittelbarer Anschauung gebracht werden sollen" (Katz, Staatsrecht, Rdnr. 741).

135   Ausführlich zu den verschiedenen Eingriffsarten (direkt/mittelbar/faktisch/durch Unterlassen etc.) Hufen, Staatsrecht II, § 8.

136   Ein weiteres Beispiel stellt die Drittstaatenklausel des Art. 16a II GG dar.

137   Der Begriff des einfachen Gesetzgebers hat nichts mit dem einfachen Gesetzesvorbehalt zu tun, sondern steht im Gegensatz zum Verfassungsgesetzgeber (2/3-Mehrheit in beiden Häusern, Art. 79 II GG).

dieses Grundrechts kann durch Gesetz oder aufgrund eines Gesetzes geregelt (*oder: beschränkt*) werden" (vgl. Art. 8 II, 12 I 2 GG). Manchmal überträgt das GG die Schrankenbestimmung dem einfachen Gesetzgeber nur unter bestimmten inhaltlichen Vorgaben, die dann beim Erlass der Schrankengesetze beachtet werden müssen; hier spricht man (im Gegensatz zum einfachen) vom „qualifizierten" Gesetzesvorbehalt (vgl. Art. 10 II 2, 11 II, 13 II und III, 16a III GG).

cc) Schließlich gibt es Grundrechte, die weder verfassungsunmittelbare Schranken noch einen Gesetzesvorbehalt enthalten. Da aber kein Grundrecht schrankenlos sein kann, sondern zumindest das Gesamtsystem der Grundrechte und der Verfassung beschränkende Wirkungen auf einzelne Grundrechte haben muss, unterliegen diese Grundrechte den „verfassungsimmanenten Schranken" (auch: verfassungsmittelbare Schranken). Hierunter versteht man „kollidierende Grundrechte Dritter und andere mit Verfassungsrang ausgestattete Rechtswerte"[138]. Diese Schrankenart ist relevant etwa für Art. 4 I, II, 5 III GG.

183 b) Wenn eine solche Schranke vorliegt und der festgestellte Eingriff davon gedeckt ist (eine saubere Subsumtion ist die „halbe Miete"), ist abschließend zu prüfen, ob die Schranke im konkreten Fall – vor dem Hintergrund des „Grundsatzes der größtmöglichen Grundrechtseffektivität", also einer optimalen Grundrechtsverwirklichung für alle Grundrechtsträger – so schonend wie möglich und so grundrechtsbeschränkend wie unbedingt nötig eingesetzt wurde. Das bedeutet nichts anderes als eine Art Gegenkontrolle, ob die Schranke ihrerseits ihre Schranken beachtet hat. Bei dieser „Schranken-Schranken"-Prüfung werden die im ersten Prüfungsschritt (Schutzbereich) betonten Individualinteressen des Grundrechtsträgers und die im zweiten Prüfungsschritt (Schranken) betonten Allgemeininteressen in einen vernünftigen und sachgerechten Ausgleich gebracht. Diese Untersuchung erfolgt u. a. anhand des Verhältnismäßigkeitsgrundsatzes (geeignet, erforderlich und angemessen – vgl. Rdnr. 287 ff.), einer Gesamtgüterabwägung und der Wesensgehaltsgarantie des Art. 19 II GG[139].

184 Um ein Beispiel zu geben: Das Fernmeldegeheimnis (Art. 10 I GG) kann gem. Art. 10 II GG aufgrund eines Gesetzes eingeschränkt werden (Schranke). So sieht § 100a StPO vor, dass die Überwachung und Aufzeichnung der Telekommunikation angeordnet werden darf, wenn bestimmte Tatsachen den Verdacht begründen, dass jemand bestimmte Straftaten, darunter auch Raub gem. § 249 StGB, begangen hat. Ein solcher Raub liegt u. a. dann vor, wenn jemand einem anderen eine ihm nicht gehörende Sache mit Gewalt wegnimmt. Das ist aber nicht nur bei einem schweren Bankraub oder einem Raubmord der Fall, sondern auch schon dann, wenn z.B. Bauarbeiter B

---

138 BVerfGE 28, S. 243 (261). Als solche „mit Verfassungsrang ausgestattete Rechtswerte" sind anerkannt: die Funktionsfähigkeit der Bundeswehr, eine funktionstüchtige Strafrechtspflege, eine sichere Krankenversorgung, eine sichere Energieversorgung und der Jugendschutz, vgl. Hufen, Staatsrecht II, § 9 Rdnr. 33 m. N.

139 Im Einzelnen dazu anschaulich Katz, Staatsrecht, Rdnr. 646 ff.; hier werden auch die übrigen Leitkriterien des Schranken-Schranken-Bereichs, die „praktische Konkordanz" und die „Wechselwirkungslehre" näher erläutert. Sehr ausführlich erklärt und mit guten Beispielen demonstriert bei Pieroth/Schlink, Staatsrecht II, Rdnr. 285 ff.; siehe außerdem Bumke/Voßkuhle, Verfassungsrecht, S. 14 ff.

seinem Kollegen K im Streit einen Tritt versetzt, sodass K hinfällt, und B diese Situation dazu ausnutzt, um sich aus Verärgerung über K dessen Bierflasche zu greifen und auszutrinken. Formal gesehen könnte nun gem. § 100a, 1 Nr. 2, 7. Alt. StPO eine Überwachung des Privatanschlusses von B angeordnet werden. Der Eingriff in das Fernmeldegeheimnis des B wäre durch die Schranke des Gesetzesvorbehalts i.V.m. § 100a StPO gerechtfertigt. Aber die Schranke würde in diesem konkreten Fall zu weitgehend angewendet werden. Die damit bezweckte Aufklärung eines vergleichsweise harmlosen Raubes stünde in keinem Verhältnis zur hohen Bedeutung des grundrechtlich geschützten Fernmeldegeheimnisses, das als Ausfluss des aus der Menschenwürde abgeleiteten Schutzes der Privatsphäre anzusehen ist. Die Schranken-Schranke des Verhältnismäßigkeitsgrundsatzes hat hier zur Folge, dass die rechtfertigende Wirkung der Schranke entfällt und demnach eine Grundrechtsverletzung vorliegt. Natürlich ist es auch denkbar, dass nicht erst die Art und Weise der Anwendung der Schranke, sondern schon die Schranke selbst unverhältnismäßig ist; das wäre beispielsweise dann der Fall, wenn § 100a StPO eine Telefonüberwachung schon bei weniger schweren Straftaten – wie etwa unbefugtem Gebrauch eines Fahrzeugs (§ 248b StGB) – zuließe.

Zur Vertiefung: Grundrechtsschranken   **184a**

Badura, Staatsrecht, C 26; Detterbeck, Öffentliches Recht, § 14 III; Hufen, Staatsrecht II, § 9; Jarass, in: Jarass/Pieroth, GG, Vorb. vor Art. 1, Rdnr. 37 ff.; Katz, Staatsrecht, § 28; Manssen, Staatsrecht II, Rdnr. 148 – 191; Maurer, Staatsrecht I, § 9 Rdnr. 48–65; Papier/Krönke, Öffentliches Recht 2, Rdnr. 139–158; Pieroth/Schlink, Staatsrecht II, § 6 II, IV; Sodan/Ziekow, Öffentliches Recht, § 24 Rdnr. 13–26.

II. Prüfung von Grundrechtsverletzungen bei Gleichheitsgrundrechten[140]

1. Die erste Prüfungsstufe, der Eingriff in den Schutzbereich, unterscheidet sich strukturell von der Schutzbereichsprüfung bei Freiheitsgrundrechten nicht. Allerdings ist die Untersuchung des sachlichen Schutzbereichs von vornherein klarer festgelegt: Es geht darum, ob wesentlich Gleiches gleich bzw. wesentlich Ungleiches ungleich behandelt worden ist.   **185**

2. Bei der zweiten Prüfungsstufe der verfassungsrechtlichen Rechtfertigung für eine Ungleichbehandlung wesentlich gleich gelagerter Sachverhalte (oder für eine Gleichbehandlung wesentlich ungleich gelagerter Sachverhalte) kommt es hingegen nicht auf Schranken an, weshalb auch die dritte Prüfungsstufe der Schranken-Schranken bei Gleichheitsgrundrechten entfällt. Vielmehr ist entscheidend, ob eine sachlich begründete Differenzierung oder eine (willkürliche) Diskriminierung vorliegt. Die an den für die Differenzierung bedeutsamen sachlichen Grund zu stellenden Anforderungen sind je nach betroffenem Gleichheitssatz unterschiedlich; im Einzelnen ergibt sich dies aus der Lösung zum Fall „Marktwirtschaft oder Diskriminierung?". Auch hier ist eine gute Subsumtion und Argumentation besonders wichtig.

---

140 Weiterführend: Hufen, Staatsrecht II, § 39 Rdnr. 12–17; Katz, Staatsrecht, Rdnr. 712; Manssen, Staatsrecht II, Rdnr. 35 f.; Pieroth/Schlink, Staatsrecht II, Rdnr. 515–540; Schwerdtfeger/ Schwerdtfeger, Fallbearbeitung, § 33, Sodan/Ziekow, Öffentliches Recht, § 24 II, Stein/Frank, Staatsrecht, § 48.

III. Grundrechtskonkurrenz[141]

186   Sind in einem Fall die Schutzbereiche mehrerer Grundrechte betroffen, kommt dem Grundsatz des Vorranges der spezielleren Norm bei der Grundrechtsprüfung besondere Bedeutung zu. Dies gilt insbesondere für das Verhältnis der allgemeinen Auffanggrundrechte zu den besonderen Spezialgrundrechten.

187   Sowohl die Freiheitsgrundrechte wie die Gleichheitsgrundrechte kennen jeweils ein allgemeines Auffanggrundrecht (Art. 2 I GG als allgemeines Freiheitsgrundrecht und Art. 3 I GG als allgemeines Gleichheitsgrundrecht) und mehrere spezielle Grundrechte (z. B. Art. 4 I, II, III, 5 I, III GG als spezielle Freiheitsgrundrechte und Art. 3 II, III, 33 II GG als spezielle Gleichheitsgrundrechte). Ein allgemeines Auffanggrundrecht darf nur dann geprüft werden, wenn keines der dazugehörigen speziellen Grundrechte einschlägig ist. Anders gewendet: Sobald auch nur der Schutzbereich eines speziellen Grundrechts betroffen ist, kann auf das allgemeine Grundrecht nicht mehr zurückgegriffen werden – und zwar unabhängig davon, ob die Betroffenheit des Schutzbereichs eine Grundrechtsverletzung darstellt oder nicht. Wenn also beispielsweise der Schutzbereich von Art. 5 I GG betroffen ist, der Eingriff jedoch verfassungsrechtlich gerechtfertigt ist und eine Grundrechtsverletzung damit ausscheidet, kann nicht mehr Art. 2 I GG geprüft werden.

188   Sind mehrere spezielle Grundrechte einschlägig (z. B. Versammlungs- und Meinungsfreiheit nach Art. 8 I, 5 I GG bei einer Demonstration), gelten bei fehlendem Spezialitätsverhältnis untereinander die Grundrechte nebeneinander. Ausschlaggebend ist dann auf Rechtfertigungsebene (zumindest bei den Freiheitsgrundrechten), welches Grundrecht am wenigsten einschränkbar ist (auch hier gilt: im Zweifel zugunsten des Grundrechtsträgers).

IV. Prozessuale Geltendmachung von Grundrechtsverletzungen

189   1. Die bereits erwähnte Einklagbarkeit der Grundrechte ist – im internationalen wie historischen Vergleich – eine keineswegs selbstverständliche Besonderheit des Grundgesetzes. Diese Einklagbarkeit wird durch das Instrument der Verfassungsbeschwerde gem. Art. 93 I Nr. 4a GG verbürgt.

190   2. Allerdings gelten auch für die Verfassungsbeschwerde – wie für jedes Rechtsmittel – prozessuale Anforderungen. Deshalb spricht man bei der Prüfung von Rechtsmitteln von der Zweiteilung in Zulässigkeit und Begründetheit; vor allem im Verwaltungsrecht spielt dies eine erhebliche Rolle.

a) Bei der Zulässigkeit werden die formalen Voraussetzungen, um das Rechtsmittel überhaupt einlegen zu können, geprüft; ob der Kläger bzw. Beschwerdeführer „recht" hat, ist hier noch völlig unerheblich. Unzulässige Rechtsmittel werden ohne jede Wür-

---

141 Weiterführend: Sodan/Ziekow, Öffentliches Recht, § 25; Pieroth/Schlink, Staatsrecht II, Rdnr. 346– 356 (mit Beispielen); Bumke/Voßkuhle, Verfassungsrecht, S. 52 ff.

digung des vorgetragenen Sachverhaltes zurückgewiesen (das ist dann ein so genanntes „Prozessurteil").

b) Bei der Begründetheit dagegen geht es um die Sache selbst, also z.B. ob das Grundrecht nun tatsächlich verletzt ist oder nicht; hier kann das Rechtsmittel nur noch dann zurückgewiesen werden, wenn der Kläger bzw. Beschwerdeführer in der Sache nicht Recht hat („Sachurteil"). Diese Unterscheidung hat bei einfachen (nicht verfassungs- oder höchstrichterlichen) Urteilen auch erhebliche Konsequenzen für die Frage, ob und welcher Rechtsbehelf dagegen noch möglich ist.

3. Die Zulässigkeit einer Verfassungsbeschwerde setzt neben einem ordnungsgemä- **191** ßen Antrag (s.u.), der Beteiligtenfähigkeit und der Fristeinhaltung einen tauglichen Beschwerdegegenstand voraus. So kann sich eine Verfassungsbeschwerde nur gegen einen Akt der öffentlichen Gewalt – sei es ein Verwaltungsakt (Exekutivakt), ein Gesetz (Legislativakt) oder ein Urteil (Judikativakt) – richten; daher muss bei der Prüfung zunächst genau ermittelt werden, was genau Beschwerdegegenstand ist, um diesen dann unter diesen dreigeteilten Begriff des Aktes der öffentlichen Gewalt zu subsumieren. Weiter muss der Beschwerdeführer beschwerdebefugt sein, also von der möglich erscheinenden Grundrechtsverletzung (ob sie tatsächlich vorliegt, ist eine Frage der Begründetheit!) selbst, gegenwärtig und unmittelbar betroffen sein. Damit soll ausgeschlossen werden, dass jeder wegen ihn selbst nicht betreffenden Dingen Verfassungsbeschwerde erheben kann (Ausschluss der Popularklage). Schließlich muss die Subsidiarität der Verfassungsbeschwerde beachtet worden sein; nach diesem Grundsatz ist eine Verfassungsbeschwerde erst dann zulässig, wenn der sachlich zuständige Gerichtszweig[142] bis zur letztmöglichen Instanz ausgeschöpft wurde („Rechtswegserschöpfung"). Damit soll das Bundesverfassungsgericht vor einer noch größeren Flut von Verfassungsbeschwerden bewahrt werden; denn auch die Fachgerichte haben die Grundrechte zu beachten. Allerdings gibt es angesichts der langen Dauer des Fachrechtswegs Ausnahmen bei allgemeiner Bedeutung des Falles, oder wenn dem Beschwerdeführer ansonsten schwere Nachteile drohen.

Zur Vertiefung: Verfassungsbeschwerde

Badura, Staatsrecht, H 55; Detterbeck, Öffentliches Recht, § 18 VI; Hillgruber/Goos, Verfassungsprozessrecht, § 3; Manssen, Staatsrecht II, Rdnr. 857–886; Maurer, Staatsrecht I, § 20 VIII; Meyer, in: v. Münch/Kunig, GG, Art. 93 Rdnr. 51–60; Papier/Krönke, Öffentliches Recht 2, § 4; Pieroth, in: Jarass/Pieroth, GG, Art. 93 Rdnr. 45 ff.; Pieroth/Schlink, Staatsrecht II, Rdnr. 34–36; Schwerdtfeger/Schwerdtfeger, Fallbearbeitung, § 34; Sodan/Ziekow, Öffentliches Recht, § 51; Stein/Frank, Staatsrecht, § 28.

---

142 Es gibt in der Bundesrepublik fünf voneinander unabhängige Gerichtszweige, die jeweils ein höchstes Bundesgericht an der Spitze haben: Der ordentliche Rechtsweg (für Zivil- und Strafprozesse) mit dem Bundesgerichtshof (BGH) in Karlsruhe, der Verwaltungsrechtsweg mit dem Bundesverwaltungsgericht (BVerwG) in Leipzig, der Arbeitsrechtsweg mit dem Bundesarbeitsgericht (BAG) in Erfurt, der Sozialrechtsweg mit dem Bundessozialgericht (BSG) in Kassel und der Steuerrechtsweg mit dem Bundesfinanzhof (BFH) in München.

192   (2) Prüfungsschema bei Verletzung eines Freiheitsrechts

Obersatz: Der Akt der öffentlichen Gewalt verletzt das Freiheitsgrundrecht, wenn er in den Schutzbereich dieses Grundrechts eingreift (1.) und der Eingriff verfassungsrechtlich nicht gerechtfertigt (2.) ist.

1. **Eingriff in den Schutzbereich**
   a) Betroffenheit des Schutzbereichs
       (Schutzbereich bestimmen, insbesondere etwaige Begrenzungen)
       (1) personell
       (2) sachlich
   b) (Hoheitlicher) Eingriff (Gebot, Verbot, Zwang)

2. **Verfassungsrechtliche Rechtfertigung**
   a) Freiheitsrecht – wie – einschränkbar?
       (1) Verfassungsunmittelbare Schranken
       (2) Gesetzesvorbehalt (qualifiziert/einfach)
       (3) Verfassungsimmanente Schranken
   b) Eingriff davon gedeckt? (Subsumtion)
   c) Schranken-Schranken
       insbes. Verhältnismäßigkeit der Grundrechtseinschränkung

193   (3) Prüfungsschema bei Verletzung des allgemeinen Gleichheitsgrundsatzes

1. **Eingriff in den Schutzbereich**
   a) Betroffenheit des Schutzbereichs
   (1) personell
   (2) sachlich:
       – wesentlich Gleiches gleich behandeln
       – wesentlich Ungleiches ungleich (d.h. nach seiner spezifischen Eigenart) behandeln
   b) (Hoheitlicher) Eingriff

2. **Verfassungsrechtliche Rechtfertigung**
   → setzt Differenzierung (im Gegensatz zur Diskriminierung) voraus: Sachlicher, für die Ungleich- bzw. Gleichbehandlung gewichtiger Grund.

**194   (4) Prüfungsschema:
Zulässigkeitsvoraussetzungen einer Verfassungsbeschwerde**

1. **Ordnungsgemäßer Antrag, §§ 23 I, 92 BVerfGG**
   a) Schriftlich
   b) Mit Begründung versehen
   c) Nennung des angeblich verletzten Grundrechts
   d) Nennung der verletzenden Maßnahme

2. **Beteiligtenfähigkeit, § 90 I BVerfGG:** jedermann
   (Trägerschaft des angeblich verletzten Grundrechts)

3. **Tauglicher Beschwerdegegenstand, § 90 I BVerfGG**
   Akt öffentlicher Gewalt
   a) Legislativakte („Rechtssatz-Verfassungsbeschwerde")
   b) Exekutivakte
   c) Judikativakte („Urteils-Verfassungsbeschwerde")

4. **Beschwerdebefugnis, § 90 I BVerfGG** [143]
   a) Verletzung von Grundrechten oder grundrechtsähnlichen Rechten muss nach dem Vortrag des Beschwerdeführers möglich sein
   b) Beschwerdeführer muss
      (1) selbst, *(eigenes Recht)*
      (2) gegenwärtig, *(nicht nur in ungewisser Zukunft)*
      (3) und unmittelbar *(keine weiteren Zwischenakte erforderlich)*
      betroffen sein.
   c) Spezifische Verfassungsverletzung
      (nur bei Urteils-Verfassungsbeschwerde)

5. **Rechtswegserschöpfung/Grundsatz der Subsidiarität, § 90 II 1 BVerfGG**
   a) Grundsatz: Zunächst Anrufung der Fachgerichte und Erschöpfung des Rechtsweges
   b) Ausnahme: § 90 II 2 BVerfGG (Vorabentscheidung) bei
      (1) allgemeiner Bedeutung oder
      (2) schweren Nachteilen.

6. **Frist § 93 BVerfGG:** Grundsätzlich ein Monat, gegen ein Gesetz ein Jahr.

c. Fall 7: Marktwirtschaft oder Diskriminierung?

Sachverhalt   195

Der Kfz-Reparaturbetrieb K sucht einen Kfz-Schlosser. Auf die entsprechende Anzeige melden sich die gelernte Kfz-Schlosserin F, der in Deutschland ebenfalls zum Kfz-Schlosser ausgebildete türkische Staatsangehörige T sowie die gleichermaßen geprüften (deutschen und männlichen) Kfz-Schlosser L und D, von denen L das schlechtere Zeugnis hat. Der Inhaber des Betriebs K lehnt die drei Bewerber F, T und L ab. Zur Begründung gibt er im Fall der F an, dass die Arbeit für eine Frau zu schwer sei; den T lässt er wissen, dass er aus Gründen des Betriebsklimas grundsätzlich keine Ausländer einstelle. L gegenüber erklärt er, dass seine Qualifikation unzureichend sei. K stellt schließlich D ein.

---

143 Auf den ersten Blick wird der Unterschied der Beschwerdebefugnis zu der unter 2. genannten Beteiligtenfähigkeit nicht offensichtlich. Während es bei der Beteiligtenfähigkeit (nur) darum geht, ob der Beschwerdeführer überhaupt vom personellen Schutzbereich des Grundrechts erfasst ist (ganz allgemein), geht es bei der Beschwerdebefugnis nun darum, ob der vorgetragene Sachverhalt eine konkrete Grundrechtsverletzung des Beschwerdeführers möglich erscheinen lässt.

Aufgabe

a) Sind F, T und L in ihren Grundrechten verletzt?[144]
b) Ist der Fall anders zu beurteilen, wenn die Stelle nicht von K, sondern von den städtischen Verkehrsbetrieben der Stadt S – für die Werkstatt des Fuhrparks – ausgeschrieben und besetzt worden wäre?

---

196   Lösung

Aufgabe a)

I.   Verletzung von Grundrechten der F: Art. 3 II, III 1. Alt. GG

F könnte in ihrem Grundrecht aus dem speziellen Gleichheitssatz des Art. 3 II, III 1. Alt. GG verletzt sein.

Spezielle Gleichheitsrechte gehen dem allg. Gleichheitssatz vor: lex specialis derogat legi generali!

1.   Eingriff in den Schutzbereich

a)   Betroffenheit des Schutzbereichs

Der Schutzbereich des Art. 3 II, III 1. Alt. GG erfasst in personeller Hinsicht jeden, der grundrechtsfähig ist. Demnach ist F von diesem Schutzbereich erfasst.

Personeller Schutzbereich knüpft hier an die Grundrechtsfähigkeit an.

Der sachliche Schutzbereich des hier zu prüfenden speziellen Gleichheitsgrundsatzes des Art. 3 II, III 1. Alt. GG ist dann tangiert, wenn eine Ungleichbehandlung von Mann und Frau gerade aufgrund des Geschlechts erfolgt.

Sachlicher Schutzbereich: Ungleichbehandlung von Mann und Frau aufgrund des Geschlechts.

Die Ungleichbehandlung liegt in diesem Fall in der Ablehnung der F als Frau und der Einstellung des D als Mann. Da K die Ablehnung der F gerade mit ihrem weiblichen Geschlecht begründet, liegt das Motiv dieser Ungleichbehandlung in der Eigenschaft der F als Frau. Damit ist der Schutzbereich dieses Gleichheitssatzes tangiert.

---

144 Die Fallfrage ist hier bewusst auf die (deutschen) Grundrechte beschränkt; denn aus didaktischen Gründen bleiben die Art. 157 I AEUV bezüglich der Gleichstellung von Frauen und Männern im Arbeitsleben sowie Art. 18 AEUV bezüglich des Verbots der Diskriminierung aus Gründen der Staatsangehörigkeit, das aufgrund der Assoziationsratbeschlüsse u. a. für türkische Staatsangehörige entsprechend gilt, außer Betracht; gleiches gilt für das europäische Sekundärrecht, soweit dieses hier einschlägig wäre. Siehe auch Arndt/Fischer/Fetzer, Europarecht, Rdnr. 611 ff., 621 ff.

b) Hoheitlicher Eingriff

Die Betroffenheit des Schutzbereichs muss durch einen hoheitlichen Eingriff verursacht worden sein. Hier liegt der Eingriff in der Bevorzugung des D gegenüber der F. Eine Verletzung des grundrechtlich geschützten Schutzbereichs kann jedoch nur von einer Rechtsperson ausgehen, die grundrechtsgebunden ist. K kann als privater Kfz-Betrieb der staatlichen Sphäre nicht zugerechnet werden; die Geltung von Grundrechten zwischen Personen im Privatrechtsverkehr ist in der Rechtswissenschaft umstritten[145].

Der Eingriff in den Schutzbereich ist nur dann grundrechtlich erheblich, wenn er durch eine grundrechtsgebundene Person vorgenommen wurde.
→ Grundrechtsbindung des K als Privatfirma fraglich.

Gegen jede Grundrechtsgeltung zwischen Privatrechtssubjekten spricht die klassische Grundrechtsfunktion als (reine) Abwehrrechte der Individuen gegenüber dem übermächtigen Staat. Eine solche Ansicht würde jedoch den seit der Aufnahme der Grundrechte im liberalen Zeitalter in das deutsche Verfassungsrecht eingetretenen Bedeutungswandel der Grundrechte verkennen; heute sind sie nicht nur Abwehrrechte, sondern beinhalten auch Leistungs- und Teilhaberechte[146].

Eine Extremansicht: keine Grundrechtsbindung von Privatpersonen.

→ Argument: klassische Abwehrfunktion.

Vielmehr könnte man die Grundrechte mit Blick auf das Sozial- und Rechtsstaatsprinzip des Art. 20 I GG heute als Ordnungsgrundsätze für das soziale Leben ansehen; dies würde eine uneingeschränkte, volle Geltung der Grundrechte auch zwischen Privatrechtssubjekten bedeuten[147]. Gegen eine so weitgehende Ausdehnung der Grundrechtsgeltung spricht jedoch die damit verbundene beträchtliche Einengung der selbstverantwortlichen Freiheit des Individuums, das dann nämlich in jeder Hinsicht auch grundrechtsgebunden wäre. Außerdem widerspricht es der grundrechtlichen Dogmatik, dass Grundrechtsträger gleichzeitig generell Grundrechtsadressaten sein können; dies macht auch der Wortlaut des Art. 1 III GG deutlich, wonach – nur oder zumindest vor allem – die staatlichen Gewalten an die Grundrechte gebunden

Andere Extremansicht: Volle Grundrechtsbindung (auch) für Privatpersonen.
→ Argumente:
– Bedeutungswandel der Grundrechte,
– Sozial- und Rechtsstaatsprinzip.

Aber: Gegenargumente:
– Freiheit des Individuums,
– Keine Vermischung von Grundrechtsträgern und -adressaten,

---

145 Keine Bange: Der hier diskutierte Streit über die Frage der Drittwirkung von Grundrechten gehört schon zum „juristischen Hochreck" und würde von Studenten politik- oder wirtschaftswissenschaftlicher Fächer wohl kaum erwartet werden. Jurastudenten bzw. sonstige Interessierte können sich darüber näher informieren bei Maurer, Staatsrecht I, § 9 Rdnr. 36 ff.; Pieroth/Schlink, Staatsrecht II, Rdnr. 189–200; Bumke/Voßkuhle, Verfassungsrecht, S. 42 ff.; Schwerdtfeger/Schwerdtfeger, Fallbearbeitung, § 38; Badura, Staatsrecht, C 23; Papier/Krönke, Öffentliches Recht 2, § 6 B.

146 Deshalb wird die Ansicht, dass die Grundrechte zwischen Privatrechtssubjekten keinerlei Geltung haben könnten, heute nicht mehr ernstlich vertreten.

147 So die ältere Rspr. des BAG, vgl. Pieroth/Schlink, Staatsrecht II, Rdnr. 190; v. Münch/Kunig, in: v. Münch/Kunig, GG, Vorb. Art. 1–19, Rdnr. 17.

sein sollen. Schließlich spricht der Umkehrschluss zu Art. 9 III 2 GG, der einen besonderen Fall der unmittelbaren Grundrechtsbindung von Privatpersonen regelt, gegen eine grundsätzliche Grundrechtsgeltung zwischen Privatpersonen[148].

– Wortlaut Art. 1 III GG,
– Umkehrschluss zu Art. 9 III 2 GG.

Aus Vorstehendem folgt, dass weder eine rigorose Ablehnung, noch eine überschwängliche Bejahung einer Grundrechtsbindung von Privatpersonen richtig sein kann. Es muss hier also eine durch gewisse Grenzen beschränkte Grundrechtsgeltung geben.

Im Rahmen der herrschenden Grundrechtsdogmatik bietet sich dafür die von den Grundrechten konstituierte objektive Werteordnung an, die durch unbestimmte Rechtsbegriffe des einfachen Rechts auf das zwischen den Privatpersonen unstreitig geltende Zivilrecht einwirkt. Da demnach die Grundrechte zwischen den Privatpersonen nicht unmittelbar, sondern mittelbar durch die zivilrechtlichen Normen wie „Treu und Glauben" (§ 242 BGB) oder „die guten Sitten" (§ 138 BGB) gelten, spricht man hier von der „mittelbaren Drittwirkung der Grundrechte". Im vorliegenden Fall könnte man an eine entsprechende Übertragung des Grundsatzes von Treu und Glauben auch auf die Auswahl von Vertragspartnern denken. Doch eine solche Ausdehnung des § 242 BGB würde wieder eine mit den Grundrechten von K – insbesondere auf freie Entfaltung gem. Art. 2 I GG – unvereinbare Beschränkung der Vertragsfreiheit nach sich ziehen. Folglich ergibt sich aus dieser Fallgruppe der mittelbaren Grundrechtsgeltung keine Grundrechtsbindung des K.

Richtig daher: Vermittelnde Zwischenansicht der „mittelbaren Drittwirkung der Grundrechte".

Erste Fallgruppe: Durch unbestimmte Rechtsbegriffe des Privatrechts.

Eine weitere Fallgruppe der Grundrechtsbindung von Privatpersonen geht von der grundlegenden Schutzrichtung der Grundrechte des einzelnen gegenüber übermächtigen Organisationseinheiten aus und betrifft daher solche Privatrechtspersonen, die mit massiver wirtschaftlicher oder gesellschaftlicher Macht – faktisch wie die öffentliche Hand – dem Einzelnen gegenübertreten[149]; dies ist beispielsweise bei (auch nur regionalen) Monopolbetrieben der Fall. Im vorliegenden Fall enthält der Sachverhalt jedoch keine Anhaltspunkte dafür, dass K eine derartige Marktmacht besitzt.

Zweite Fallgruppe: Aufgrund einer überragenden gesellschaftlichen oder wirtschaftlichen Machtstellung der grundrechtsgebundenen Privatperson

---

148 Aufzählung dieser Gegenargumente bei Katz, Staatsrecht, Rdnr. 615; Pieroth/Schlink, Staatsrecht II, Rdnr. 191.
149 Vgl. Katz, Staatsrecht, Rdnr. 618; Pieroth/Schlink, Staatsrecht II, Rdnr. 198 f.

Nach alledem fehlt es an einer Grundrechtsbindung des K, weshalb die von ihm vorgenommene Nichteinstellung der F keinen grundrechtlich erheblichen Eingriff in den Schutzbereich darstellt[150]. Die weitere Prüfung erfolgt daher hilfsgutachtlich.

Nach Verneinung eines grundrechtlich erheblichen Eingriffs: Fortsetzung im Hilfsgutachten (das Ergebnis steht ja schon fest).

2. Verfassungsrechtliche Rechtfertigung

Die verfassungsrechtliche Rechtfertigung der Betroffenheit eines Gleichheitssatzes ist immer dann gegeben, wenn es sich um eine Differenzierung und nicht um eine Diskriminierung handelt. Eine solche Differenzierung setzt bei dem speziellen Gleichheitssatz des Art. 3 II, III 1. Alt. GG voraus, dass die Ungleichbehandlung von Mann und Frau zwingend aus den unterschiedlichen physischen Voraussetzungen der Geschlechter folgt[151]. K knüpft hieran zwar an, in dem er sich auf die statistisch geringere physische Belastbarkeit der Frau beruft, was biologisch im Regelfall zutreffend ist. Aber die Arbeit des Kfz-Schlossers ist im heutigen hoch technisierten Zeitalter nicht mehr primär eine körperliche, sondern vielmehr technische und handwerkliche Tätigkeit. Daher folgt hier aus der unterschiedlichen physischen Belastbarkeit keineswegs zwingend, dass Männer für die Tätigkeit eines Kfz-Schlossers geeigneter sind. Folglich stellt die Ablehnung der F eine verfassungswidrige Diskriminierung und Grundrechtsverletzung dar.

Beim Gleichheitsgrundsatz gilt immer: Verfassungsmäßige Differenzierung oder verfassungswidrige Diskriminierung? Strenge Anforderungen an Differenzierungen bei Art. 3 II GG.

→ Hier nicht erfüllt, daher Grundrechtsverstoß.

II. Verletzung von Grundrechten des T: Art. 3 III 2., 5. Alt. GG

T könnte in seinem Grundrecht aus dem speziellen Gleichheitssatz des Art. 3 III 2., 5. Alt. GG verletzt sein.

Auch hier: Spezieller Gleichheitssatz geht dem allgemeinen Gleichheitssatz vor!

1. Eingriff in den Schutzbereich

a) Betroffenheit des Schutzbereichs

Der Schutzbereich des Art. 3 III 2., 5. Alt. GG erfasst in personeller Hinsicht jeden, der grundrechtsfähig ist; eine Beschränkung etwa auf Staatsangehörige gibt es hier

Personeller Schutzbereich des Art. 3 III erfasst auch und gerade Ausländer.

---

150 Allerdings verletzt K mit seinem Vorgehen das Benachteiligungsverbot gem. § 7 I i.V.m. § 1 AGG, das auch für Bewerber gilt (§ 6 I 2 AGG). Allerdings folgt hieraus kein Einstellungs-, sondern nur ein Schadensersatzanspruch (§ 15 I 1, VI AGG)
151 Siehe auch Fall 5 (Hausarbeitstagsgesetz), Aufgabe a) II. (Rdnr. 165) m.w.N.

nicht. Demnach ist auch T als Ausländer von diesem Schutzbereich erfasst.

Der sachliche Schutzbereich des hier zu prüfenden speziellen Gleichheitsgrundsatzes ist dann tangiert, wenn eine Ungleichbehandlung von Menschen mit unterschiedlicher Abstammung und Heimat gerade wegen dieses Unterschiedes erfolgt; fraglich ist, ob hierdurch auch die unterschiedliche Staatsangehörigkeit vom Schutzbereich erfasst ist. Dagegen spricht die fehlende ausdrückliche Nennung im Gesetzestext; dem ist jedoch entgegenzuhalten, dass die Staatsangehörigkeit faktisch untrennbar mit Abstammung und Heimat verbunden ist und es daher einer ausdrücklichen Erwähnung der Staatsangehörigkeit nicht mehr bedurfte. Außerdem wäre ansonsten ein effektiver Grundrechtsschutz für Ausländer im Bereich der Gleichheitsrechte nicht gegeben, was mit der Internationalität des Grundgesetzes nicht vereinbar wäre[152]. Folglich ist auch eine Ungleichbehandlung aufgrund unterschiedlicher Staatsangehörigkeit vom Schutzbereich des Art. 3 III GG erfasst. Die Ungleichbehandlung liegt hier in der Ablehnung des T als Ausländer und der Einstellung des D als deutschem Staatsangehörigen. Da K die Ablehnung des T gerade mit dessen ausländischer Staatsangehörigkeit begründet, liegt das Motiv dieser Ungleichbehandlung in der anderen (nichtdeutschen) Staatsangehörigkeit des T. Damit ist der Schutzbereich dieses Gleichheitssatzes betroffen.

Sachlicher Schutzbereich: Streitig, ob mit Abstammung und Heimat auch die Staatsangehörigkeit gemeint ist.

→ Die hier vertretene Ansicht stellt eine Mindermeinung dar.

b) Hoheitlicher Eingriff

Diese Betroffenheit des Schutzbereichs muss durch einen hoheitlichen Eingriff verursacht worden sein; der Eingriff liegt hier in der Ablehnung des T. Allerdings stellt sich – wie oben bei F – das Problem, dass K grundrechtsgebunden sein müsste. Insofern wird auf die unter I.1.b) dargelegte Diskussion und Entscheidung verwiesen, wonach K im vorliegenden Fall nicht als grundrechtsgebunden angesehen werden kann. Daher fehlt es auch hier an der grundrechtlichen Erheblichkeit des Eingriffs, sodass eine Grundrechtsverletzung ausscheidet[153]. Die weitere Prüfung erfolgt mithin hilfsgutachtlich.

Wie bei F stellt sich auch hier das Problem der Grundrechtsbindung des K; da sich keinerlei Abweichungen ergeben, sollte zur Vermeidung von unnötigen Wiederholungen auf die oben geführte Diskussion verwiesen werden.

---

152 Ähnlich Pieroth/Schlink, Staatsrecht II, Rdnr. 480; a. A. allerdings die h. M. (insbes. BVerfG und BVerwG), vgl. Boysen, in: v. Münch/Kunig, GG, Art. 3 Rdnr. 182.
153 Auch in diesem Fall verletzt K das Benachteiligungsverbot gem. § 7 I i.V. m. § 1 AGG („ethnische Herkunft") mit der Folge eines Schadensersatzanspruchs seitens T gem. § 15 I AGG.

2. Verfassungsrechtliche Rechtfertigung

Wie bereits dargelegt wurde, bedarf es zur verfassungsrechtlichen Rechtfertigung eines sachlichen Grundes für die Ungleichbehandlung, sodass eine Differenzierung vorliegt. Der sachliche Grund muss dabei gerade an die unterschiedliche Staatsangehörigkeit anknüpfen.

Auch die Anforderungen an die verfassungsrechtliche Rechtfertigung wurden bereits formuliert: einfach verweisen!

Das von K angegebene Betriebsklima kann bei einer arbeitsrechtlichen Einstellung durchaus ein zulässiges Kriterium sein, wenn ein Zusammenhang mit der ausländischen Staatsangehörigkeit besteht und dies durch konkrete sachliche Gesichtspunkte getragen ist. So könnte unter bestimmten, hinzutretenden Umständen die Ablehnung eines Serben aus diesem Grund gerechtfertigt sein, wenn im Betrieb viele Kroaten und Bosnier tätig sind. Im vorliegenden Fall jedoch ist kein sachlicher Grund dafür ersichtlich, warum eine Einstellung des T als Türke das Betriebsklima belasten sollte; vielmehr macht schon die „grundsätzliche" Äußerung des K deutlich, dass hier eine vorurteilsbedingte und pauschale Ablehnung von Ausländern ihrer anderen Staatsangehörigkeit wegen vorliegt. Damit ist eine Diskriminierung des T gegeben.

Das Betriebsklima kann dann ein Unterscheidungskriterium sein, wenn es aufgrund konkreter sachlicher Gesichtspunkte gefährdet erscheint, nicht jedoch bei pauschalen Vorurteilen.

T wäre folglich bei Grundrechtsbindung des K in seinem Grundrecht gem. Art. 3 III 2., 5. Alt. GG verletzt.

→ Das Ergebnis beantwortet die Fallfrage.

III. Verletzung von Grundrechten des L: Art. 3 I GG

Da keine Verletzung eines der speziellen Gleichheitsgrundrechte ersichtlich ist, könnte L höchstens in seinem Grundrecht aus dem allgemeinen Gleichheitssatz des Art. 3 I GG verletzt sein.

Rückgriff auf den allgemeinen Gleichheitssatz, da kein spezielles Gleichheitsgrundrecht einschlägig ist.

1. Eingriff in den Schutzbereich

a) Betroffenheit des Schutzbereichs

Der Schutzbereich des Art. 3 I GG erfasst in personeller Hinsicht jeden, der grundrechtsfähig ist, weshalb L hiervon ebenfalls erfasst ist.

Der sachliche Schutzbereich des hier zu prüfenden allgemeinen Gleichheitsgrundsatzes des Art. 3 I GG ist dann betroffen, wenn wesentlich Gleiches ungleich oder wesentlich Ungleiches gleich behandelt wird; in diesem Fall könnte eine Ungleichbehandlung von wesentlich Glei-

Sachlicher Schutzbereich des allgemeinen Gleichheitssatzes:
– Wesentlich Gleiches muss gleich und

chem vorliegen. Denn bei L wie bei dem eingestellten Mitbewerber D handelt es sich um gelernte Kfz-Schlosser, was für die Vergabe der Stelle entscheidend ist. Daher sind L und D hinsichtlich der Einstellung als Kfz-Schlosser wesentlich gleich. Die Einstellung des D und die Nichteinstellung des L stellen folglich eine Ungleichbehandlung von Gleichen dar. Der Schutzbereich des Art. 3 I GG ist somit betroffen.

– wesentlich Ungleiches muss ungleich behandelt werden.

→ Hier wesentliche Gleichheit, da es für die Einstellung auf die Ausbildung ankommt.

b) Hoheitlicher Eingriff

Diese Betroffenheit des Schutzbereichs muss durch einen hoheitlichen Eingriff verursacht worden sein; der Eingriff liegt hier in der Ablehnung des L. Allerdings stellt sich auch wieder das Problem der Grundrechtsbindung des K, weshalb wiederum auf die unter I.1.b) dargelegte Diskussion und Entscheidung verwiesen wird. K ist demnach nicht grundrechtsgebunden, womit es an der grundrechtlichen Erheblichkeit des Eingriffs und damit an einer Grundrechtsverletzung fehlt. Die weitere Prüfung erfolgt daher hilfsgutachtlich.

2. Verfassungsrechtliche Rechtfertigung

Die verfassungsrechtliche Rechtfertigung wäre gegeben, wenn ein sachlicher und ausreichend gewichtiger Differenzierungsgrund vorläge. Als ein solcher Grund kommt vorliegend das gegenüber dem eingestellten Mitbewerber D schlechtere Zeugnis des L in Betracht. Da ein Betrieb in seinem Angebot ein qualitativ möglichst hohes Niveau einnehmen und damit seine Marktstellung sichern und ausbauen will, besteht ein enger Zusammenhang zwischen der Qualifiktion der Mitarbeiter und den zentralen wirtschaftlichen Interessen des Betriebs. Daher ist es sachgerecht, bei der Begründung eines Beschäftigungsverhältnisses auf die Qualifikation der Bewerber zu achten und hieran auch die Auswahlentscheidung auszurichten. Demnach stellt die Ablehnung des L als weniger qualifizierter Bewerber eine Differenzierung dar, die den Eingriff in den Schutzbereich des Art. 3 I GG rechtfertigt. In diesem Fall liegt also eine Grundrechtsverletzung – unabhängig von der Frage der Grundrechtsbindung von K – in jedem Fall nicht vor.

Die verfassungsmäßige Differenzierung erfordert beim allgemeinen Gleichheitssatz einen ausreichend gewichtigen, sachlichen Grund.

Aufgabe b)

Der Fall könnte nun anders zu beurteilen sein, da die Einstellungsbevorzugung bzw. -ablehnung und damit der Eingriff in den Schutzbereich von einem Hoheitsträger – nämlich der Stadt S – vorgenommen wird. Die S ist – anders als K – grundrechtsgebunden, weshalb der von ihr vorgenommene Eingriff grundrechtlich erheblich ist, sodass bei dieser Fallkonstellation die Schutzbereichverletzung gegeben ist. Da sowohl bei F wie bei T eine verfassungsrechtliche Rechtfertigung ausscheidet, wäre in diesem Fall eine Grundrechtsverletzung gegeben. Bei L hingegen würde sich im Ergebnis nichts ändern, da der Eingriff verfassungsrechtlich gerechtfertigt wäre.

Die Sachverhaltsveränderung betrifft nur einen Aspekt des Falles, nämlich die Person und Rechtsform des potentiellen Arbeitgebers. Die Bearbeitung soll daher nicht alle unveränderte Aspekte wiederholen, sondern sofort darauf zu sprechen kommen, an welchem konkreten (Gliederungs-) Punkt sich Veränderungen ergeben (können).

Aufgrund des Rechtsgedankens des Art. 1 III GG würde dies sogar dann gelten, wenn die Verkehrsbetriebe von der Stadt rechtlich losgelöst und privatrechtlich – etwa als GmbH – organisiert wären, die Stadt jedoch die Anteilsmehrheit halten würde. Dies ergibt sich schon daraus, dass ein Hoheitsträger wie S sich nicht durch die bloße Rechtsformenwahl seinen grundrechtlichen Pflichten entziehen kann, ohne dass der Grundrechtsschutz erheblich unterlaufen würde. Hierfür ist die Formel geprägt worden, dass es vor der Grundrechtsbindung „keine Flucht ins Privatrecht" geben dürfe[154].

Hier ist nur die – allerdings bedeutsame – Frage der Grundrechtsbindung des Arbeitgebers betroffen. Mit dem Zusatz wird auch der Eventualität Rechnung getragen, dass die städtischen Verkehrsbetriebe privatrechtlich organisiert sein können.

D. Fall 8: Arbeitsloser Apotheker[155]

Vorbemerkung zur verfassungsrechtlichen Rechtfertigung bei Art. 12 I GG (Berufsfreiheit): Drei-Stufen-Theorie des BVerfG

Art. 12 GG enthält in Abs. 1 Satz 2 einen einfachen Gesetzesvorbehalt. Dennoch kann der Gesetzgeber nicht unbegrenzt in die Berufsfreiheit eingreifen. Das BVerfG hat in seiner bekannten Apothekenentscheidung zu diesem Gesetzesvorbehalt eine Drei-Stufen-Lehre entwickelt, durch die der allgemeine Verhältnismäßigkeitsgrundsatz im Bereich der Berufsfreiheit konkretisiert wird.

197

---

154 Vgl. v. Münch/Kunig, in: v. Münch/Kunig, GG, Vorb. Art. 1-19 Rdnr. 20.
155 Dieser Fall orientiert sich an dem des Apothekenurteils, in dem das BVerfG die Drei-Stufen-Theorie entwickelt hat, vgl. BVerfGE 7, S. 377 ff.; Bumke/Voßkuhle, Verfassungsrecht, S. 205 ff.; Katz, Staatsrecht, Rdnr. 797 ff. (mit Schaubild); Pieroth/Schlink, Staatsrecht II, Rdnr. 914 ff.; Jarass, in: Jarass/Pieroth, GG, Art. 12 Rdn. 33 ff.; Hufen, Staatsrecht II, § 35 IV, Papier/Krönke, Öffentliches Recht 2, Rdnr. 381–389.

198

Stufe	Reichweite der gesetzlichen Regelung	Verfassungsmäßigkeitsanforderungen	Beispiele
1. Stufe	**Berufsausübungsregelung**, d.h.: Gesetzliche Regelung der Modalitäten der Berufsausübung („wie" der Beruf ausgeübt werden muss bzw. kann).	Die Regelung muss nach vernünftigen Erwägungen des Gemeinwohls zweckmäßig und verhältnismäßig sein.	Polizeistunde oder Rauchverbot für Gaststätten, Ladenschlussgesetz, Anordnung eines Taxameters für Taxis.
2. Stufe	**Subjektive Berufswahlregelung**, d.h.: Gesetzliche Regelung, die die Berufswahl („ob" der Beruf ausgeübt werden darf) *subjektiv* betrifft, also von der Person des Bewerbers *abhängig* und damit von ihm beeinflussbar ist.	Der Schutz eines besonders wichtigen Gemeinschaftgutes[156] muss diese Regelung zwingend erfordern, die außerdem verhältnismäßig sein muss.	Altersgrenzen, persönliche Anforderungen (z.B. Zuverlässigkeit), Befähigungsnachweise (z.B. bestimmte Examina), Verfassungstreue im öffentlichen Dienst.
3. Stufe	**Objektive Berufswahlregelung**, d.h.: Gesetzliche Regelung, die die Berufswahl („ob" der Beruf ausgeübt werden darf) *objektiv* betrifft, also von der Person des Bewerbers *unabhängig* und damit von ihm auch nicht beeinflussbar ist.	Die Regelung muß nachweisbare oder höchst wahrscheinliche schwere Gefahren für ein überragend wichtiges Gemeinschaftsgut[157] abwehren.	Errichtungsverbot für Mühlen bei Überkapazität, Unvereinbarkeiten bestimmter Berufe miteinander, Höchstzahlen im Güterkraftverkehr.

199 Die Drei-Stufen-Lehre geht davon aus, dass sich die Eingriffe in die Berufsfreiheit in drei unterschiedlich starke Eingriffskategorien einteilen lassen. Das BVerfG differenziert zwischen Berufsausübungsregelungen, subjektiven Berufswahlregelungen und objektiven Berufswahlregelungen. Je gravierender die Eingriffskategorie ist, umso höher sind die Anforderungen an ihre Verfassungsmäßigkeit. Im Schrifttum ist diese Theorie nicht nur auf Zustimmung gestoßen; vor allem wird kritisiert, die Theorie verführe zu einer nur schematischen Einordnung, die sich am „äußerlichen Kleid" und nicht am materiellen Gehalt orientiere. Vor allem in der Rechtspraxis könne dies zu ungerechten und nicht sachgerechten Ergebnissen führen[158]. Das BVerfG – und ihm folgend das BVerwG – halten jedoch unbeirrt an dieser Lehre fest, weshalb sie auch hier für Art. 12 I GG zugrundegelegt werden soll[159].

---

156 „Wichtige Gemeinschaftsgüter" im Sinne der zweiten Stufe sind z. B. Volksgesundheit, Verbraucherschutz, eine leistungsfähige Rechtspflege und Sicherheit des Straßenverkehrs; vgl. Katz, Staatsrecht, Rdnr. 800.

157 Als „überragend wichtige Gemeinschaftsgüter" im Sinne der dritten Stufe wurden u. a. angesehen: Bestand und Funktionsfähigkeit des öffentlichen Verkehrs, insbes. der Bahn, Bekämpfung der Arbeitslosigkeit, Volksgesundheit, Suchtbekämpfung, Schutz vor ungeeigneten Rechtsberatern und die Notwendigkeit des schnellen Aufbaus einer effektiven Verwaltung in den neuen Ländern; vgl. Katz, Staatsrecht, Rdnr. 801; Pieroth/Schlink, Staatsrecht II, Rdnr. 927 m. w. N.

158 Vgl. Bumke/Voßkuhle, Verfassungsrecht, S. 209 f.; Pieroth/Schlink, Staatsrecht II, Rdnr. 922 ff.

159 Anschauliche Beispiele bei Pieroth/Schlink, Staatsrecht II, Rdnr. 930.

In der Fallbearbeitung wird die Drei-Stufen-Lehre wie folgt angewendet: Nach der Prü-   **200**
fung und Feststellung, dass der Schutzbereich der Berufsfreiheit durch einen hoheitlichen Eingriff betroffen ist, wird auf der Ebene der verfassungsrechtlichen Rechtfertigung dieser Eingriff einer der drei Stufen zugeordnet, also unter die Definition einer
Stufe gemäß der 2. Spalte subsumiert. Dann werden die sich daraus in der 3. Spalte
ergebenden Anforderungen an die Verfassungsmäßigkeit formuliert, bevor dann diese
auf den konkreten Fall hin überprüft werden. Sind diese Anforderungen im Fall erfüllt,
liegt insoweit die verfassungsrechtliche Rechtfertigung für den Eingriff in den Schutzbereich vor.

Sachverhalt   201

Durch das Kontingentierungsgesetz wird vorgeschrieben, dass Apothekenzulassungen
nur kontingentiert zu vergeben sind; das Kontingent bemisst sich dabei nach dem
mutmaßlichen Bedarf an Medikamenten, der anhand des Bevölkerungsumfangs ermittelt wird. Dadurch soll ein zu starker Konkurrenzkampf zwischen zu vielen Apotheken verhindert und so die Medikamentenversorgung der Bevölkerung sichergestellt
werden.

In der Kleinstadt S gibt es bereits drei Apotheken; der Apotheker A, der dort gerne
ebenfalls eine Apotheke eröffnen möchte, erhält von der zuständigen Behörde einen
ablehnenden Bescheid, in dem diese unter Berufung auf das Kontingentierungsgesetz
– richtigerweise – darlegt, dass die Medikamentenversorgung für die Bevölkerung von
S nur drei Apotheken erfordert.

Aufgabe

Ist A in seinen Grundrechten
a) als deutscher Staatsangehöriger und
b) als Ausländer
verletzt?

Lösung   202

Aufgabe a)

A könnte in seinem Grundrecht der Berufsfreiheit gem. Art. 12 I 1 GG verletzt worden sein. Dies würde voraus- setzen, dass der Schutzbereich der Berufsfreiheit durch einen hoheitlichen Eingriff ohne verfassungsrechtliche Rechtfertigung betroffen wäre.	*Der erste Satz nimmt die Fallfrage auf und strukturiert die weitere Prüfung vor.*

I.   Eingriff in den Schutzbereich des Art. 12 I 1 GG

1.   Betroffenheit des Schutzbereichs

a)   Personeller Schutzbereich

Der personelle Schutzbereich erfasst alle Personen, die Träger des zu prüfenden Grundrechts sind. Bei Art. 12 I 1 GG sind dies alle deutschen Staatsangehörigen. Bei deutscher Staatsangehörigkeit ist der personelle Schutzbereich des Art. 12 I 1 GG vorliegend erfüllt.

Art. 12 I GG ist ein „Deutschen-Grundrecht" (Bürgerrecht).

b)   Sachlicher Schutzbereich

Der sachliche Schutzbereich der Berufsfreiheit schließt das Recht ein, den Beruf frei zu wählen, auszuüben und sich zu diesem Zweck an einem Ort freier Wahl niederzulassen. Da dem A die Eröffnung einer Apotheke in S versagt wird, ist er in seiner Niederlassungsfreiheit eingeschränkt. Damit ist der sachliche Schutzbereich des Art. 12 I 1 GG tangiert.

Sachlicher Schutzbereich hier unproblematisch, daher kurz fassen: Definition (schon am Fall ausgerichtet), Subsumtion und Ergebnis.

2. Hoheitlicher Eingriff

Die Betroffenheit des Schutzbereichs müsste durch einen hoheitlichen Eingriff verursacht worden sein. Im vorliegenden Fall wird das Niederlassungsverbot durch einen behördlichen Bescheid – mithin durch einen Verwaltungsakt gem. § 35 VwVfG[160] – ausgesprochen. Folglich liegt in diesem VA der hoheitliche Eingriff.

Eingriffsakt kurz, aber präzise bestimmen.

II. Verfassungsrechtliche Rechtfertigung

Fraglich ist nun, ob dieser Eingriff in den Schutzbereich des Art. 12 I 1 GG verfassungsrechtlich gerechtfertigt ist.

Einleitung zur verfassungsrechtlichen Rechtfertigung:

1.   Schranke

Als Schranke kommt hier ein Gesetzesvorbehalt in Betracht, da Art. 12 I 2 GG Eingriffe „durch Gesetz oder aufgrund eines Gesetzes" zulässt. Ausweislich des Sachverhalts stützt sich der Verbotsbescheid auf ein Kontingentierungsgesetz, womit diese Schranke erfüllt ist.

→ Welche Schranke ist einschlägig?

→ Hier Gesetzesvorbehalt.

---

160 Zum Begriff des Verwaltungsaktes siehe unten, Rdnr. 230 ff.

2. Schranken-Schranke

Allerdings ist nun noch zu prüfen, ob das Kontingentierungsgesetz den verfassungsrechtlichen Anforderungen
an ein grundrechtsbeschränkendes Gesetz genügt. Denn
der Gesetzesvorbehalt ist seinerseits ja nicht schrankenlos, sondern muss u.a. das Verhältnismäßigkeitsprinzip
als „Schranken-Schranke" beachten. Das Bundesverfassungsgericht hat daher als besondere Ausformung des
Verhältnismäßigkeitsgrundsatzes für berufsfreiheitsbeschränkende Gesetze die Drei-Stufen-Lehre entwickelt[161]. An diesem Maßstab ist das Kontingentierungsgesetz zu messen.

*Gesetzesvorbehalt ist
selbst nicht schrankenlos:
Verhältnismäßigkeits-
grundsatz als „Schranken-
Schranke";*

*→ Dreistufentheorie des
BVerfG.*

a) Zuordnung zur einschlägigen Stufe

Zunächst ist zu untersuchen, welcher der drei Stufen das
Kontingentierungsgesetz zuzurechnen ist. Hierbei muss
zuerst zwischen Berufsausübungs- und Berufswahlregelungen unterschieden werden. Das Gesetz legt fest, dass
unter bestimmten Bedingungen an einem bestimmten
Ort der Beruf eines Apothekers nicht ausgeübt werden
darf. Vorgaben bezüglich des Ortes der Berufsausübung
wirken nicht nur auf die Art und Weise der Tätigkeit ein,
sondern schließen die Tätigkeit in räumlicher Hinsicht
völlig aus. Es geht also nicht nur um die Art und Weise
der Berufsausübung, sondern um die Berufsausübung
überhaupt. Folglich liegt keine Berufsausübungsregelung, sondern eine Berufswahlregelung vor. Innerhalb
der Berufswahlregelungen wird weiter zwischen subjektiven – also an der Person des Bewerbers orientierten –
und objektiven – hiervon unabhängigen – Berufswahlregelungen differenziert. Das Kontingentierungsgesetz
macht die Konzessionsvergabe von örtlich vorgegebenen
Kriterien wie Bevölkerungszahl und vorhandener Apothekendichte abhängig. Diese Kriterien können vom einzelnen Apothekenbewerber nicht beeinflusst werden, da
sie außerhalb seiner Person liegen. Folglich sind die entscheidenden Zulassungskriterien unabhängig vom Be-

*Erste Unterscheidung:
Berufsausübungsregelung
(1. Stufe) oder
Berufswahlregelung
(2. und 3. Stufe)?*

*Zweite Unterscheidung:
Subjektive (2. Stufe) oder
objektive (3. Stufe) Berufswahlregelung?*

---

161   Das BVerfG differenziert freilich nicht in dieser Schärfe zwischen „Schranke" und „Schranken-
Schranke"; häufig wird deshalb die Drei-Stufen-Theorie als eine Präzisierung des Gesetzesvorbehalts angesehen (vgl. Katz, Staatsrecht, Rdnr. 795 f.). Das BVerfG bringt jedoch in seiner
Begründung zur Drei-Stufen-Theorie den Grundgedanken des Schranken-Schranken-Bereichs
zum Ausdruck, indem es auf die Bindungen des den Gesetzesvorbehalt anwendenden Gesetzgebers – insbesondere auf den Verhältnismäßigkeitsgrundsatz – abstellt (BVerfGE 7, S. 377
[493 f.]; 13, S. 97 [104]). Daher wird hier die Drei-Stufen-Theorie aus Gründen der didaktischen
Darstellung und der klaren Aufbaustruktur als „Schranken-Schranke" behandelt.

werber, weshalb es sich hierbei um eine objektive Berufswahlregelung handelt. Daher ist hier die dritte Stufe der Drei-Stufen-Lehre einschlägig.

Ergebnis:
3. Stufe einschlägig.

b) Verfassungsrechtliche Anforderungen

Als eine Regelung auf der dritten Stufe der Drei-Stufen-Lehre müsste das Kontingentierungsgesetz nachweisbare oder höchst wahrscheinliche schwere Gefahren für ein überragend wichtiges Gemeinschaftsgut abwehren.

Ausgehend von der festgestellten Stufe nun die Anforderungen formulieren.

aa) Schwere Gefahr für ein überragend wichtiges Gemeinschaftsgut

Ausgehend vom im Sachverhalt dargestellten Zweck des Gesetzes kann diese Gefahr nur in einer Medikamentenunterversorgung der Bevölkerung liegen. Fraglich ist nun, ob diese Gefahr eine schwere Gefahr für ein überragend wichtiges Gemeinschaftsgut darstellt. Das hinter einer ausreichenden Medikamentenversorgung stehende Gemeinschaftsgut ist die allgemeine Gesundheit der Bevölkerung. Mit Blick auf den besonders hohen Wert der körperlichen Integrität jedes Einzelnen, wie sie auch in Art. 2 II GG ihren grundrechtlichen Niederschlag findet, handelt es sich bei der Gesundheit der Bevölkerung um ein überragend wichtiges Gemeinschaftsgut. Aufgrund der wiederum hohen Bedeutung, die Medikamente für die Erhaltung oder Wiederherstellung der Gesundheit haben, würde eine Unterversorgung mit Medikamenten eine schwere Gefahr für die allgemeine Gesundheit darstellen. Nach alledem ist die schwere Gefahr für ein überragend wichtiges Gemeinschaftsgut vorliegend zu bejahen.

Hier saubere Prüfung in einzelnen Schritten:

Worin könnte konkret die Gefahr liegen?

Ist davon
(a) ein Gemeinschaftsgut betroffen, das
(b) überragend wichtig ist?

Ist die Gefahr „schwer"?

bb) Nachweisbarkeit oder hohe Wahrscheinlichkeit dieser Gefahr

Weiter ist nun zu untersuchen, ob diese schwere Gefahr ohne das Kontingentierungsgesetz nachweisbar bestünde oder zumindest hoch wahrscheinlich wäre. Wenn es das Kontingentierungsgesetz nicht gäbe, könnten bezogen auf die Bevölkerungszahl und damit auf den Medikamentenbedarf an einzelnen Stellen zu viele Apotheken aufgemacht werden, die sich dann gegenseitig die Luft zum Atmen wegnehmen würden. Die oben beschriebene Gefahr tritt dann ein, wenn dadurch zu viele Apotheken „sterben" würden und die übrigen Apotheken

Wahrscheinlichkeitsprüfung bezüglich des Gefahreintritts ohne das zu prüfende Gesetz.

die Versorgung nicht mehr gewährleisten könnten. Es erscheint jedoch fraglich, ob ein Überangebot an Apotheken aufgrund des Konkurrenzdrucks nachweisbar oder zumindest höchst wahrscheinlich zu dem gefahrauslösenden Unterangebot führen würde. Wenig wahrscheinlich ist es, dass bei einem Überangebot alle Apotheken zu wenig verdienen und quasi gleichzeitig zumachen müssten. Wesentlich wahrscheinlicher erscheint doch, dass das Schließen von Apotheken sukzessive – je nach der Marktstellung und -verwurzelung – erfolgen würde. Dies aber würde zur Folge haben, dass jede Schließung die wirtschaftliche Drucksituation der übrigen Apotheken vermindert. Aus diesem Grund ist davon auszugehen, dass die „Schließungswelle" dann abebben und schließlich ganz aufhören wird, wenn die marktgerechte Apothekendichte erreicht ist. Zusammenfassend ist daher zu sagen, dass der Markt selbst ein Apothekenüberangebot regulieren wird, ohne die befürchtete Gefahr eines dann eintretenden Unterangebotes nach sich zu ziehen. Die erforderliche Nachweisbarkeit oder hohe Wahrscheinlichkeit der Gefahr einer Medikamentenunterversorgung als Folge eines Konkurrenzkampfes von zu vielen Apotheken ist demnach gerade nicht gegeben.

Kritische Abgrenzung zwischen tatsächlich hoher Wahrscheinlichkeit des Gefahreneintritts und bloßem Konkurrenzschutz.

→ hier ist eine wirtschaftliche Argumentation sinnvoll.

c) Ergebnis

Das Kontingentierungsgesetz genügt nach alledem nicht den verfassungsrechtlichen Anforderungen, die die Drei-Stufen-Lehre an eine objektive Berufswahlregelung stellt. Demnach erfüllt es nicht den Gesetzesvorbehalt des Art. 12 I 2 GG, sondern ist vielmehr verfassungswidrig. Damit ist auch für eine verfassungsrechtliche Rechtfertigung des Eingriffs in den Schutzbereich des Art. 12 I 1 GG durch den Verbotsbescheid kein Raum. Folglich ist A in seinem Grundrecht aus Art. 12 I GG verletzt.

Im Ergebnis werden die zentralen Teilergebnisse zusammengefasst, bevor abschließend (Gutachtenstil!) die sich daraus ergebende Antwort auf die Fallfrage erfolgt.

Aufgabe b)

I. Art. 12 I 1 GG

A könnte in seinem Grundrecht der Berufsfreiheit gem. Art. 12 I 1 GG verletzt worden sein. Fraglich ist jedoch, ob hier der personelle Schutzbereich betroffen ist. Dieser ist bei Art. 12 GG auf die deutschen Staatsangehörigen beschränkt, sodass A als Ausländer davon nicht erfasst ist. Damit scheidet eine Verletzung dieses Grundrechts schon mangels Betroffenheit des Schutzbereichs aus.

Keine Betroffenheit des personellen Schutzbereichs, da Art. 12 I GG nur für Deutsche gilt.

II. Art. 2 I GG

Solange noch nicht einmal der Schutzbereich eines speziellen Freiheitsgrundrechts wie Art. 12 GG betroffen ist,
bleibt für einen Rückgriff auf das allgemeine Freiheitsgrundrecht (auch Auffanggrundrecht genannt) des Art. 2 I
GG Raum.

Da kein spezielles Frei-
heitsrecht einschlägig
(d. h. nicht im Schutz-
bereich betroffen) ist,
gilt hier das allgemeine
Freiheitsgrundrecht.

1. Eingriff in den Schutzbereich des Art. 2 I GG

a) Betroffenheit des Schutzbereichs

Der personelle Schutzbereich des allgemeinen Freiheitsgrundrechts erfasst alle grundrechtsfähigen Menschen
unabhängig von ihrer Staatsangehörigkeit, sodass dieser
auch bei A als Ausländer betroffen ist.

Keine Beschränkung
des personellen Schutz-
bereichs.

Der sachliche Schutzbereich erfasst jede Form der freien
Persönlichkeitsentfaltung, worunter eine allgemeine
Handlungsfreiheit verstanden wird[162]. Die Berufsausübung einschließlich der dafür erforderlichen Niederlas-
sungsentscheidung stellt mit Blick auf die hohe Bedeutung der Berufstätigkeit für die Persönlichkeit einen
integralen Bestandteil der Persönlichkeitsentfaltung dar.
Da A hier die Niederlassung verwehrt wird, ist er in seiner freien Persönlichkeitsentfaltung gehindert. Der sachliche Schutzbereich ist somit betroffen.

Der sachliche Schutz-
bereich wird sehr weit
ausgelegt und erfasst
eine umfassende Hand-
lungsfreiheit. Dieser weite
Schutzbereich korrespon-
diert mit den sehr weit-
reichenden Schranken.

b) Hoheitlicher Eingriff

Wie schon oben dargelegt, liegt der Eingriff vorliegend in
dem VA, der die Niederlassung untersagt.

Verweisung anstelle un-
nötiger Wiederholungen.

2. Verfassungsrechtliche Rechtfertigung

Die verfassungsrechtliche Rechtfertigung kann sich hier
aus der Schrankentrias[163] des Art. 2 I GG ergeben.

Sehr weitreichende
„Schrankentrias"
(korrespondierend zum
weiten Schutzbereich):

---

162 Katz, Staatsrecht, Rdnr. 684; Pieroth/Schlink, Staatsrecht II, Rdnr. 386 ff.; Bumke/Voßkuhle,
     Verfassungsrecht, S. 68 ff. (mit hierzu ergangenen Grundsatzentscheidungen des BVerfG).
163 Art. 2 I GG nennt drei Schranken, nämlich „die Rechte anderer", „die verfassungsmäßige Ord-
     nung" und das „Sittengesetz", weshalb hierfür der Begriff „Schrankentrias" üblicherweise ver-
     wendet wird.

a) Die von A gewünschte Niederlassung könnte die Rechte anderer verletzen. Hierbei könnte man an die anderen Apotheker in S denken. Doch selbst bei unterstellter Gültigkeit des Kontingentierungsgesetzes könnten sich die Apotheker darauf nicht berufen, da aufgrund des im Sachverhalt dargelegten Schutzzwecks das Gesetz ihnen keine Schutzrechte vor Konkurrenz gibt. Bloße wirtschaftliche Interessen dagegen sind noch keine Rechte, sodass sich hieraus keine verfassungsrechtliche Rechtfertigung ergibt[164].

Rechte anderer,

b) Weiter könnte die Niederlassung von A in S gegen die verfassungsmäßige Ordnung verstoßen. Dieser Begriff erfasst nach ganz h.M. alle formell und materiell verfassungsmäßigen Normen, also die gesamte verfassungsmäßige Rechtsordnung. Demnach wäre der Eingriff in die freie Persönlichkeitsentfaltung des A gerechtfertigt, wenn dessen Niederlassung gegen eine Vorschrift verstoßen würde. So könnte die Niederlassung des A gegen das Kontingentierungsgesetz verstoßen, da seine – 4. – Apotheke am Ort gegen dessen Kontingentierungsvorgaben verstößt. Doch müsste das Kontingentierungsgesetz hierfür verfassungsmäßig sein. Wie bereits oben festgestellt wurde, verstößt das Gesetz gegen Art. 12 I 1 GG, da es undifferenziert für Deutsche wie für Ausländer gelten sollte. Wenn ein für Deutsche und Ausländer geltendes Gesetz hinsichtlich der Deutschen verfassungswidrig ist, ist das Gesetz jedoch insgesamt unwirksam – eine Teilverfassungswidrigkeit je nach Staatsangehörigkeit gibt es nicht. Anders sähe es aus, wenn es ein Kontingentierungsgesetz speziell für Ausländer bestünde; hier wäre Art. 12 I GG unerheblich. Allerdings müsste ein solches Gesetz den Anforderungen des Art. 3 III 2., 5. Alt. GG genügen, was hier ebenfalls nicht ersichtlich wäre. Demnach ist das Kontingentierungsgesetz *auch* gegenüber Ausländern verfassungswidrig, weshalb es nicht zur verfassungsmäßigen Rechtsordnung gezählt werden kann. Eine verfassungsrechtliche Rechtfertigung kann hieraus also nicht abgeleitet werden.

die gesamte – allerdings verfassungsmäßige – Rechtsordnung und

c) Ein Verstoß gegen das Sittengesetz läge nur dann vor, wenn die Niederlassung des A in S das Anstandsgefühl aller billig und gerecht Denkenden verletzen würde; dafür ist jedoch kein Anhaltspunkt ersichtlich.

das (allerdings praktisch meist bedeutungslose) Sittengesetz.

---

164 Kunig, in: v. Münch/Kunig, GG, Art. 2 Rdnr. 20.

3. Ergebnis

Nach alledem ist keine der drei Schranken des Art. 2 I GG einschlägig. Folglich ist der Eingriff in den Schutzbereich hier nicht verfassungsrechtlich gerechtfertigt. A ist demnach als Ausländer in seinem Grundrecht aus Art. 2 I GG verletzt.	*Das Ergebnis fasst die wesentlichen Punkte zusammen und beantwortet die Fallfrage.*

E. **Fall 9: Wie gewonnen, so zerronnen**[165]

Vorbemerkung zur Struktur des Art. 14 GG (Eigentumsgrundrecht)

203   Das Eigentumsgrundrecht des Art. 14 GG stellt zweifellos die schwierigste, unübersichtlichste und widersprüchlichste Materie im Bereich der Grundrechte dar; sie ist durch eine kaum mehr zu überschauende Judikatur geprägt und ausdifferenziert worden. Nicht zur Erleichterung trägt der Umstand bei, dass die beteiligten obersten Bundesgerichte, das BVerwG für Enteignungsfragen und der BGH für Entschädigungsfragen (vgl. Art. 14 III 4 GG), sowie das Bundesverfassungsgericht zum Teil unterschiedliche bis diametral entgegengesetzte Theorien und Standpunkte zu den einzelnen Streit- und Abgrenzungsfragen vertreten.

204   Ich orientiere mich inhaltlich an der h.M., wie sie das Bundesverfassungsgericht in seinem berühmten Nassauskiesungsbeschluss[166] begründet hat. Dabei setze ich mir nicht das – ohnehin utopische – Ziel, eine auch nur annähernd erschöpfende Übersicht über die Struktur des Art. 14 GG zu geben. Vielmehr soll unter Berücksichtigung der Zielsetzung dieses Buches eine Übersicht geboten werden, die nur wesentliche Grundlinien der Struktur verdeutlicht. Von zentraler Bedeutung sind dabei die sich verästelnden Abgrenzungen:

205   1. Die Hauptunterscheidung erfolgt zwischen der Enteignung (Art. 14 III GG) und der (bloßen) Inhalts- und Schrankenbestimmung (Art. 14 I 2 GG); die dem BVerfG folgende h. M. nimmt diese wichtigste Abgrenzung nach rein formal-äußerlichen Kriterien vor:

a) Eine Enteignung liegt danach nur dann vor, wenn ein staatlicher Zugriff auf das Eigentum des Einzelnen erfolgt. Dieser Zugriff muss dabei „auf die vollständige oder teilweise Entziehung konkreter subjektiver Rechtspositionen gerichtet (sein), die durch Art. 14 I 1 GG gewährleistet sind"[167]. Außerdem müssen die Anforderungen von Art. 14 III GG erfüllt sein, also insbesondere eine Entschädigungsregelung vorhanden sein (vgl. das Junktim zwischen Enteignung und Entschädigung in Art. 14 III 2 GG).

---

165 Der hier nur geringfügig abgeänderte Fall ist vom BVerwG (DVBl. 93, 1141) und vom BGH (DVBl. 93, 1085/DVBl. 93, 1092) entschieden worden. Ein Teil der dort behandelten Probleme (vor allem zur Rechtswegfrage und zur hinreichenden Bestimmtheit salvatorischer Klauseln) bleibt hier unberücksichtigt.

166 BVerfGE 58, S. 300 ff.

167 BVerfGE 52, S. 1 (27 f.).

b) Alle anderen eigentumsrelevanten Regelungen fallen unter die Inhalts- und Schrankenbestimmungen, durch die der Gesetzgeber Umfang und Reichweite des Eigentumsrechts im Einzelfall bestimmt. Ist die Inhalts- und Schrankenbestimmung verfassungsmäßig, kann auch bei eigentumseinschränkenden Regelungen keine Entschädigung verlangt werden.

2. Die äußerlich-formale Abgrenzung der Inhalts- und Schrankenbestimmungen führt **206** dazu, dass unter diese Kategorie auch Regelungen fallen können, die aufgrund der Schwere ihres Eingriffs, der Unzumutbarkeit für den Grundrechtsträger oder fehlender Verhältnismäßigkeit die inhaltlich-materiellen Grenzen dieser Kategorie überschreiten. Wenn dies der Fall ist, handelt es sich zwar immer noch (formal) um eine Inhalts- und Schrankenbestimmung, die jedoch (materiell) die Grenzen verletzt und deshalb verfassungswidrig ist. Zur Abgrenzung von verfassungsmäßigen und verfassungswidrigen Inhalts- und Schrankenbestimmungen lassen sich folgende Fallgruppen nennen:

a) Alle „verunglückten" Enteignungen, die zwar auf die Eigentumsposition vollständig zugreifen, aber die Anforderungen des Art. 14 III GG nicht erfüllen, sind verfassungswidrige Inhalts- und Schrankenbestimmungen, so etwa beim Fehlen einer Entschädigungsregelung. Wegen des Fehlens eines formalen Enteignungsmerkmals fällt die Regelung in die Kategorie der Inhalts- und Schrankenbestimmungen, wo sie aber wegen des Zugriffs auf die Eigentumsposition die inhaltlich-materiell gezogenen Grenzen überschreitet.

b) Außerdem gibt es – etwa im Naturschutz-, Denkmalschutz- und Umweltschutzrecht – eigentumsbeschränkende Inhaltsbestimmungen, die im Einzelfall mit besonders schweren und unzumutbaren Eingriffen in eigentumsrechtlich verfestigte Rechtspositionen verbunden sein können[168], so etwa bei einer denkmalschützerischen Auflage, ein wirtschaftlich nicht mehr sinnvoll verwertbares Haus zu erhalten. Ein anderes, besonders anschauliches Beispiel bietet der „Pflichtexemplarfall"[169]: Dabei geht es um eine Regelung im Presserecht, wonach von jeder Veröffentlichung jeweils ein Exemplar an öffentliche Bibliotheken unentgeltlich abzugeben ist; während dies für Taschenbuchverlage keine nennenswerte Beeinträchtigung darstellt, handelt es sich dabei für einen Verlag von hochwertigen und in nur sehr geringer Auflage hergestellten Büchern im Wert von jeweils mehreren hundert € um eine unzumutbare Belastung. Man spricht in solchen Fällen von einer „Sonderopfer"-Situation. Da Eigentumsbeschränkungen, um verfassungsmäßig zu sein, einem Gemeinwohlzweck dienen und verhältnismäßig sein müssen[170], ist in solchen Fällen eine Entschädigungsregelung für Sonderopfer-Situationen erforderlich. Fehlt es hieran, ist die Inhaltsbestimmung wegen Unverhältnismäßigkeit verfassungswidrig.

3. Je nachdem, welche Fallgruppe einschlägig ist, hat der betroffene Bürger unter- **206a** schiedliche Reaktionsmöglichkeiten:

---

168 Vgl. BVerfGE 52, S. 1 (27 f.).
169 BVerfGE 58, S. 137 (147 ff.).
170 Hufen, Staatsrecht II, § 38 Rdnr. 42 mit weiteren Bsp.

- Eine Enteignung hat man zu dulden; man kann (und sollte!) lediglich den Entschädigungsanspruch gemäß der dafür erforderlichen Regelung geltend machen (auf dem Zivilrechtsweg).

- Bei einer verfassungswidrigen Inhalts- und Schrankenbestimmung kann man keine Entschädigung verlangen, sondern nur gegen die eigentumsbeschränkende und rechtswidrige Maßnahme (auf dem Verwaltungsrechtsweg) vorgehen (ggf. Fristen beachten!).

- Bei einer verfassungsmäßigen Inhalts- und Schrankenbestimmung, die in Einzelfällen zu besonderen Eigentumsbeschränkungen führen kann (Sonderopfer) und deshalb zur Wahrung ihrer Verhältnismäßigkeit eine Entschädigungsregelung enthält, kann man nicht (erfolgreich) gegen die belastende Maßnahme selbst vorgehen, sondern nur die vorgesehene Entschädigung einfordern (auf dem Verwaltungsrechtsweg).

207 4. Übersicht[171]

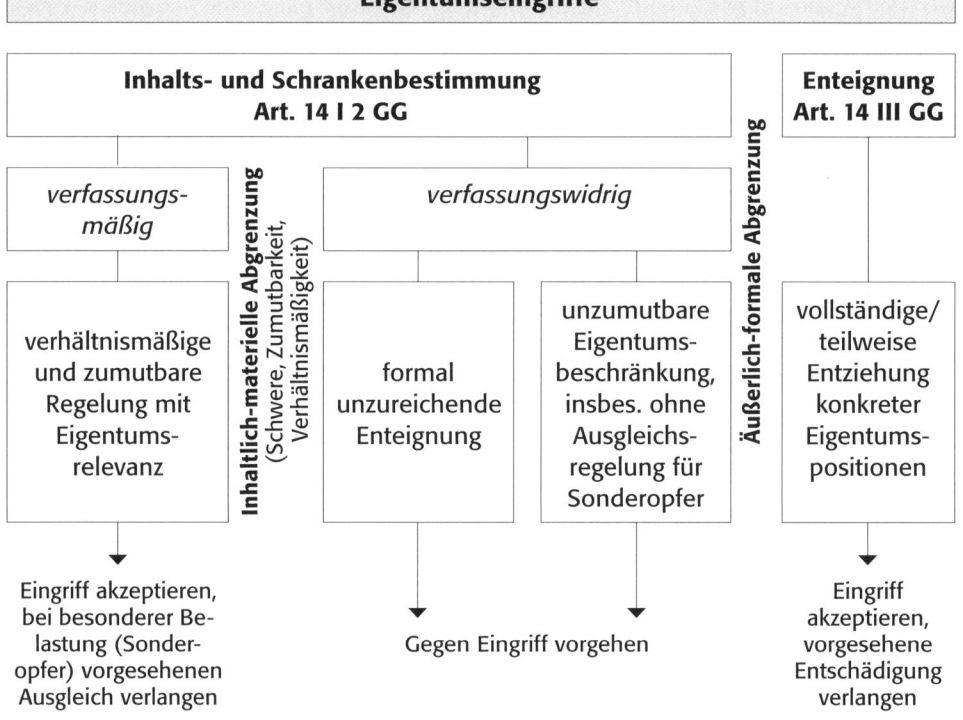

---

171 Tlw. in Anlehnung an eine von Professor Dr. Manfred Erhardt (Universität Tübingen) im akademischen Unterricht verwendete Darstellung; vgl. auch Hufen, Staatsrecht II, § 38 Rdnr. 42 f.

Sachverhalt

Der in der Freizeitbranche tätige Unternehmer U erwirbt mehrere romantisch gelegene Grundstücke an einem See in der noch völlig unberührten Wald- und Wiesenlandschaft W, um dort ein exklusives Naturferiendorf – mit allem modernem Komfort selbstverständlich – einzurichten. Dafür wendet er insgesamt € 50 000,– auf. Noch bevor er daran gehen kann, seine Pläne zu verwirklichen, stellt das zuständige Regierungspräsidium Tübingen die gesamte Wald- und Wiesenlandschaft W durch eine rechtmäßige Verordnung gem. § 26 NatSchG Ba.-Wü. unter Naturschutz. Danach ist es nunmehr verboten, das Gelände außerhalb von Wegen und Straßen zu betreten, zu zelten, zu baden oder den See in sonst einer Weise – etwa mit Schwimmkörpern – zu nutzen. U, der seinen Traum von Kommerzromantik aufgeben muss, sieht darin eine enteignende Wirkung und verlangt € 30 000,–, was dem wirtschaftlichen Wertverlust auch entspricht.

Aufgabe

Prüfen Sie, ob der geltend gemachte Anspruch besteht.

Lösung

I. Enteignung?

Der geltend gemachte Anspruch könnte sich auf Art. 14 III 2, 3 GG stützen. Dies würde voraussetzen, dass es sich bei der Unterschutzstellung um eine Enteignung i.S.v. Art. 14 III GG handelt.

Aufbau und Einleitung sind an der Fallfrage orientiert; da es hier um einen Ersatzanspruch geht, ist zunächst der dafür rechtlich vorgesehene Regelfall der Enteignung zu prüfen, bevor die Ausnahmetatbestände im Rahmen der Inhalts- und Schrankenbestimmung zu untersuchen sind.

Seit dem Naßauskiesungsbeschluss des BVerfG[172] wird der Enteignungsbegriff eng und formell ausgelegt; es müsste daher ein staatlicher Zugriff auf das Eigentum des U vorliegen. Dieser Zugriff müsste die vollständige oder teilweise Entziehung konkreter Rechtspositionen zum Gegenstand haben. Alles andere – auch bei starker enteignender Wirkung – kann nur eine Inhalts- und Schrankenbestimmung darstellen[173].

Wichtig: Rein formelle Abgrenzung zwischen Enteignung und Inhalts- und Schrankenbestimmung laut BVerfG.

---

172 BVerfGE Bd. 58, S. 300 ff.

173 Das wird in dieser Entscheidung nun auch vom BVerwG – im Gegensatz zu seiner früheren Rspr. – anerkannt.

Jedes Grundstück wird durch seine Lage und Beschaffenheit sowie die Einbettung in die Umgebung geprägt. Diese „Situationsgebundenheit" kann zu einer Beschränkung der Eigentümerbefugnisse führen, die sich dann aus dem Grundstück selbst ergibt. Hierdurch wird nur die in Art. 14 II GG verankerte Sozialbindung des Eigentums aktualisiert. Nutzungsbeschränkungen im Interesse des Naturschutzes stellen folglich keine Enteignung, sondern nur eine Konkretisierung des Eigentumsinhalts dar.

→ Situationsgebunden-heit des Grundstücks.

→ Keine Enteignung, nur Konkretisierung des Eigentumsinhalts.

II. Entschädigungs-/Ausgleichspflichtige Inhalts- und Schrankenbestimmung?

Im Rahmen der Inhalts- und Schrankenbestimmung kommt ein Anspruch auf finanzielle Ersatzleistungen nur in zwei Ausnahmefällen in Betracht.

Auch hier: Einleitung streng an der Fallfrage ausgerichtet; keine all-gemeine Diskussion über die Einordnung dieses Falles, sondern nur unter der Prämisse einer finan-ziellen Ersatzleistung.

1. Bei einer verfassungswidrigen Inhalts- und Schrankenbestimmung könnte U keine Entschädigung verlangen, sondern müsste dagegen vorgehen. Eine verfassungswidrige Inhalts- und Schrankenbestimmung läge jedoch nur dann vor, wenn die Grenzen der Eigentumsbeschränkung überschritten wären. Bereits unter I. wurde festgestellt, dass sich durch die naturschutzbedingte Nutzungsbeschränkung lediglich die Sozialbindung des Eigentums aktualisiert. Die Grenzen einer Inhalts- und Schrankenbestimmung sind somit eingehalten, weshalb für diese Anspruchsgrundlage kein Raum ist.

Verfassungswidrige Inhalts- und Schranken-bestimmung?

→ Liegt hier nicht vor, da keine Überschreitung der Grenzen der Eigentums-beschränkung gegeben ist.

2. Bei einer verfassungsmäßigen Inhalts- und Schrankenbestimmung wäre bei besonderer Unzumutbarkeit der aus der hohen wirtschaftlichen Belastung resultierenden Belastung ein Ausgleichsanspruch denkbar. Die Abgrenzung der ausgleichspflichtigen zur entschädigungslosen Inhalts- und Schrankenbestimmung, die den Regelfall bildet, erfolgt anhand materieller Gesichtspunkte. Von besonderer Bedeutung ist dabei die Zumutbarkeit der mit der Unterschutzstellung verbundenen Eigentumsbeschränkung. Diese Zumutbarkeit ist hier in zweierlei Hinsicht zu prüfen:

Verfassungsmäßige Inhalts- und Schranken-bestimmung.

→ Anspruch nur bei besonderer Unzumutbar-keit bzw. Sonderopfer-rolle.

→ Hier also materielle Abgrenzung!

a) Eine bereits verwirklichte oder ins Werk gesetzte Nutzung, die bisher möglich war, kann nicht zumutbar entschädigungslos verboten werden. Dies gebietet sowohl der Vertrauensschutz als auch die dadurch veränderte Situationsgebundenheit des Grundstücks, die sich dann als Situationsberechtigung darstellt. Doch weder U noch seine Voreigentümer haben auf den Gründstücken irgendeine Nutzung ins Werk gesetzt, da die Wald- und Wiesenlandschaft ausweislich des Sachverhaltes noch völlig unberührt ist. Die bloße – theoretische – Planung betrifft ja das Grundstück als solches (in seiner Gegenständlichkeit) noch nicht. Auf Bestandsschutz kann sich U folglich nicht berufen.

Erstes Unzmutbarkeitskriterium: Bestandschutz?

b) Ein unzumutbarer – und somit ausgleichspflichtiger – Eingriff in die Eigentumsnutzung wäre außerdem dann gegeben, wenn dadurch eine sich nach Lage der Dinge objektiv anbietende oder aufdrängende Nutzung verboten würde. Denn eine solche Nutzung wäre durch den vorgefundenen Eigentumsbestand geschützt; sie müsste an die tatsächliche Beschaffenheit des Grundstücks anknüpfen. Die Wald- und Wiesenlandschaft stellt ein besonders unberührtes und schutzwürdiges Stück Natur dar, weshalb sich eine kommerzielle und die natürliche Eigenart der Landschaft nachhaltig zerstörende Nutzung nicht nur nicht anbietet oder aufdrängt, sondern der durch diese Eigenart nahe liegenden Nutzung als Naturpark sogar extrem zuwiderläuft. Auf diesen Unzumutbarkeitstatbestand kann sich U daher auch nicht berufen.

Zweites Unzumutbarkeitskriterium: Verhinderung von grundstücksbedingt naheliegender Nutzung?

III. Ergebnis

Nach alledem handelt es sich hier bei der Unterschutzstellung mit den damit verbundenen Nutzungsbeschränkungen um eine verfassungsmäßige Inhalts- und Schrankenbestimmung, die nicht unzumutbar und folglich nicht ausgleichspflichtig ist. Das Verlangen des U ist daher unbegründet[174].

Die Formulierung des Ergebnisses ist auf die einleitende Fallfrage zugeschnitten.

---

174 Viele Naturschutzgesetze der Länder enthalten so genannte „salvatorische Klauseln", die bei „enteignender Wirkung" Entschädigungsansprüche gewähren; so wäre auch hier § 57 II 1 NatSchG Ba.-Wü. heranzuziehen gewesen. Ein Problem ist aber, dass die Terminologie dieser Vorschrift noch auf der vom BGH vor dem Naßauskiesungsbeschluss des BVerfG geprägten Rechtsprechung beruht, nach der zwischen Enteignung und Inhalts-/Schrankenbestimmung materiell abzugrenzen war; daher die Formulierung „enteignende Wirkung". Der BGH hält diese salvatorischen Klauseln dennoch aufrecht mit dem Argument, der Gesetzgeber habe eine allg. Entschädigungsregelung gewollt. Mit Blick auf die fallbezogene Verdeutlichung der Strukturen des Art. 14 GG wurde dieser Gesichtspunkt bei der Fallbearbeitung unberücksichtigt gelassen.

F. Fall 10: Gewinnspanne und gesunde Babys

210   ## Sachverhalt

Dr. Manfred Altklug   3.1.2013
Rechtsanwalt

An das Bundesverfassungsgericht
Karlsruhe

In Sachen

Firma Emmele-Babynahrung GmbH, vertr. durch ihren Geschäftsführer Horst Schneider,
Bilfingerstr. 79, 70376 Stuttgart

– Beschwerdeführerin –

gegen

Land Baden-Württemberg, vertr. durch das Regierungspräsidium Stuttgart,
Ruppmannstr. 21, 70565 Stuttgart

– Beschwerdegegner –

erhebe ich namens und in Vollmacht (in Kopie als Anlage 1) der Beschwerdeführerin folgende

Verfassungsbeschwerde

und beantrage, die Verfügung des Beschwerdegegners vom 11. Dezember 2012, Az. 7899-04-T/
Emmele, aufzuheben.

Begründung:

Die Beschwerdeführerin stellt Babynahrung her. Dazu verwendet sie unter anderem den Konservierungsstoff K-71. Der Beschwerdegegner hat der Beschwerdeführerin in seiner Verfügung
vom 11.12.2012 mit Wirkung ab 1.4.2013 unter Berufung auf § 14 Abs. 1 BabynahrungsVO untersagt, diesen Konservierungsstoff bei der Herstellung von Babynahrung weiter zu verwenden. Zur
Begründung werden gesundheitsschädigende Auswirkungen von K-71 angegeben.

Zum Beweis: Verfügung des Beschwerdegegners vom 11.12.2012 in Kopie als Anlage 2

Zwar trifft es zu, dass K-71 in hohen Konzentrationen gesundheitsschädigende Auswirkungen
haben *kann*; aber unabhängige Untersuchungen haben ergeben, dass K-71 in der von der Beschwerdeführerin verwendeten Dosierung völlig unbedenklich ist.

Zum Beweis: Gutachten des Bundesgesundheitsamtes vom 12.7.2010 in Kopie als Anlage 3

Aufgrund der angefochtenen Verfügung wäre die Beschwerdeführerin gezwungen, auf einen
wesentlich teureren Ersatzstoff K-45 zurückzugreifen, um den notwendigen Konservierungseffekt
zu erzielen.

Zum Beweis: Einzuholendes Sachverständigengutachten

Aufgrund des hohen Konkurrenzdrucks auf dem Babynahrungsmarkt könnten die Herstellungs-
mehrkosten nur zu einem geringen Teil an den Endverbraucher weitergegeben werden. Die
Gewinnspanne bei den hiervon betroffenen Babynahrungsartikeln würde daher drastisch zurück-
gehen, was sich erheblich auf die wirtschaftliche Situation der Beschwerdeführerin auswirken
würde. Diese finanziellen Einbußen verletzen die Beschwerdeführerin in ihren Grundrechten,
sodass die angefochtene Verfügung – wie beantragt – aufzuheben ist.

Dr. Altklug
– Rechtsanwalt –

Hinweise

a) Von der Richtigkeit des Sachvortrages ist auszugehen. Die angegebenen Anlagen sind beigefügt.

b) § 14 Abs. 1 BabynahrungsVO lautet: „Bei der Herstellung von Babynahrung dürfen keine gesundheitsgefährdenden Stoffe verwendet werden."

Aufgabe

a) Prüfen Sie die Zulässigkeit und die Begründetheit der Verfassungsbeschwerde. Bedienen Sie sich erforderlichenfalls eines Hilfsgutachtens[175].

b) Fallabwandlung: Gehen Sie davon aus, dass die Fa. Emmele gegen das Verbot zunächst den zeitraubenden Verwaltungsrechtsweg in Anspruch nehmen und letztlich gewinnen würde. Könnte sie dann (nach ca. 10 Jahren) den mutmaßlich entgangenen Gewinn als Entschädigung verlangen?

Lösung   211

Aufgabe a)

I. Zulässigkeit

1. Ordnungsgemäßer Antrag

a) Die Verfassungsbeschwerde ist schriftlich erhoben worden.

Der Antrag muss schriftlich erfolgen und

b) An die Begründung sind keine hohen Anforderungen – etwa hinsichtlich rechtlicher Ausführungen – zu stellen; es reicht vielmehr aus, wenn deutlich wird, *warum* der Beschwerdeführer sich in seinen Grundrechten verletzt fühlt. Der hier von RA Altklug vorgelegte Sachvortrag lässt erkennen, dass die Fa. Emmele sich ohne gesundheitliche Notwendigkeit gezwungen sieht, die Produktionskosten erheblich zu verteuern; damit ist die sachliche Grundlage der behaupteten Grundrechtsverletzung geschildert und das Begründungserfordernis erfüllt.

eine Begründung (ohne bes. Anforderungen) enthalten.

---

175 Dieser Hinweis ist eigentlich überflüssig; ein vollständiges Gutachten erfordert, dass bei Verneinung eines Prüfungspunktes, die bereits zu einem endgültigen Ergebnis führt, auf die übrigen Rechtsfragen des Falles hilfsgutachtlich einzugehen ist (vgl. Rdnr. 82).

c) Weiterhin müsste gem. § 92 BVerfGG das verletzte Grundrecht genannt werden, wobei es nicht auf die exakte Artikelangabe gem. Grundgesetz ankommt. Nach der großzügigen Praxis des BVerfG reicht es vielmehr aus, dass der Schutzbereich des angeblich verletzten Grundrechts der Sache nach erkennbar wird[176]. RA Altklug schreibt hier, dass „die Beschwerdeführerin in ihren Grundrechten" verletzt sei"; diese an sich unbestimmte Behauptung verbindet er mit einem Hinweis auf finanzielle Einbußen der Fa. Emmele, wodurch deutlich wird, worin die Beeinträchtigung gesehen wird. Dieser implizite Hinweis auf die Schutzgüter Eigentum und Gewerbebetrieb ist – im Hinblick auf die geringen Hürden – als ausreichend für die Benennung des verletzten Grundrechts anzusehen.

Außerdem muss er das verletzte Grundrecht nennen: Aber keine überhöhten Anforderungen – es reicht, wenn der Schutzbereich des Grundrechts der Sache nach erkennbar wird.

→ hier gerade noch erfüllt.

d) Schließlich würde ein ordnungsgemäßer Antrag die Nennung der verletzenden Maßnahme voraussetzen. RA Altklug bezieht sich im Antrag und in der Begründung auf die Verfügung des Regierungspräsidiums unter exakter Datums- und Aktenzeichenangabe, sodass eindeutig ist, wodurch sich die Fa. Emmele in ihren Grundrechten verletzt fühlt.

Nennung der verletzenden Maßnahme:

→ Hier die Verbotsverfügung des Regierungspräsidiums.

2. Beteiligtenfähigkeit

Die Beteiligtenfähigkeit setzt Grundrechtsfähigkeit und -mündigkeit der Beschwerdeführerin voraus[177]. Im vorliegenden Fall ist die Grundrechtsfähigkeit fraglich, da die Beschwerdeführerin, die Fa. Emmele, keine natürliche Person, sondern – als GmbH – eine juristische Person ist (§ 13 I GmbHG). Für juristische Personen richtet sich die Grundrechtsfähigkeit nach Art. 19 III GG. Dies würde zunächst voraussetzen, dass die Fa. Emmele eine inländische GmbH wäre. Dies bemisst sich nach dem Sitz der Firma, der sich ausweislich des Rubrums[178] zur Verfassungsbeschwerde in Stuttgart und damit im Inland befindet. Demnach wäre die Fa. Emmele hier grundrechtsfähig und damit auch beteiligtenfähig, wenn die hier

Beteiligtenfähigkeit
→ Grundrechtsfähigkeit (Fähigkeit, Träger von Grundrechten zu sein):

1. alle natürlichen Personen;

2. (inländische) juristische Personen nach Maßgabe des Art. 19 III GG: Wesensmäßige Anwendbarkeit von Grundrechten.

---

176   Hillgruber/Goos, Verfassungsprozessrecht, Rdnr. 93.
177   Vgl. Meyer, in: v. Münch/Kunig, GG, Art. 93 Rdnr. 52 f.; Pieroth, in: Jarass/Pieroth, GG, Art. 93 Rdnr. 48.
178   Der Begriff des Rubrums bezeichnet den Vorspann eines Rechtsmittels bzw. eines Urteils, in dem das angerufene Gericht, die Parteien und die Art des Rechtsmittels bezeichnet werden; der Begriff („Rotes") kommt daher, dass dieser „Urteilskopf" (§ 313 I Nr. 1–3 ZPO) früher mit roter Tinte geschrieben wurde; vgl. Köbler, Wörterbuch, Stichwort „Rubrum".

unter Umständen verletzten Grundrechte wesensmäßig auf eine im Wirtschaftsleben stehende GmbH anwendbar sind. Da die Fa. Emmele durch die Verfügung des Regierungspräsidiums ihre Produktion und ihre Gewinnspanne beeinträchtigt sieht, kommt eine Verletzung der Grundrechte aus Art. 12 GG (Berufsfreiheit) und Art. 14 GG (Eigentum) in Betracht. Diese (Wirtschafts-) Grundrechte sind für alle wirtschaftenden Personen – unabhängig von der Rechtsform – bedeutsam, da sie alle eine Berufswahl (bzw. Produktionsentscheidung) treffen und Eigentum haben können. Folglich sind die Grundrechte der Art. 12, 14 GG wesensmäßig auch auf die Beschwerdeführerin anwendbar. Deren Grundrechtsfähigkeit und Beteiligtenfähigkeit sind somit gegeben.

3. Tauglicher Beschwerdegegenstand

Weiter setzt die Zulässigkeit voraus, dass ein tauglicher Beschwerdegegenstand vorliegt. Die Verfassungsbeschwerde richtet sich gegen die Verbotsverfügung des Regierungspräsidiums, die daher als der Beschwerdegegenstand anzusehen ist. Dabei würde es sich um einen tauglichen Beschwerdegegenstand handeln, wenn die Verfügung einen Akt einer öffentlichen Gewalt (Legislative, Exekutive oder Judikative) darstellen würde. Da diese Verfügung eine verwaltungsbehördliche und rechtsverbindliche Regelung darstellt, handelt es sich um einen Exekutivakt und damit um einen Akt einer öffentlichen Gewalt.

Zuerst Beschwerdegegenstand bestimmen und dann dessen Tauglichkeit für die Verfassungsbeschwerde prüfen.

4. Beschwerdebefugnis

a) Die Beschwerdebefugnis setzt zunächst voraus, dass nach dem Vortrag der Beschwerdeführerin eine Grundrechtsverletzung möglich erscheint. Wie bereits unter 2. dargelegt wurde, kann nach der Schilderung von RA Altklug eine Verletzung der Grundrechte der Beschwerdeführerin aus Art. 12, 14 GG nicht ausgeschlossen werden.

Möglichkeit einer Grundrechtsverletzung aufgrund des Vortrags der Beschwerdeführerin.

b) Außerdem muss die Beschwerdeführerin selbst, gegenwärtig und unmittelbar von der möglichen Grundrechtsverletzung betroffen sein.

Obersatz zur Betroffenheit.

aa) Da die Fa. Emmele einen Eingriff in ihre eigene Produktionsfreiheit und ihre Gewinnspanne behauptet, liegt die mögliche Grundrechtsverletzung aus Art. 12, 14 GG bei der Beschwerdeführerin selbst vor.

Selbst betroffen und

bb) Die Gegenwärtigkeit der Betroffenheit könnte hier fraglich sein, da die Verbotsverfügung zum Zeitpunkt der Erhebung der Verfassungsbeschwerde am 3.1.2013 noch keine Verbotswirkung entfaltet, sondern erst später – nämlich ab 1.4.2013 – gelten soll. Das Erfordernis der Gegenwärtigkeit soll jedoch nur solche Verfassungsbeschwerden ausschließen, die entweder längst abgeschlossene Sachverhalte betreffen oder „ins Blaue hinein" bezüglich künftiger Ereignisse, deren Eintritt hinsichtlich ‚Ob' und ‚Wann' noch völlig ungewiss ist, erhoben werden. Im vorliegenden Fall ist jedoch die Verbotsverfügung bereits erlassen und damit rechtlich schon existent; der Eintritt der Verbotswirkung ist zudem kalendarisch konkret bestimmt und liegt auch nicht in ferner Zukunft. Demnach ist – nach Sinn und Zweck des Gegenwärtigkeitserfordernisses – hier von der Gegenwärtigkeit der möglichen Grundrechtsverletzung auszugehen.

gegenwärtig betroffen.

→ Teleologische Auslegung: Vermeidung von Verfassungsbeschwerden bezüglich abgeschlossener und ungewisser künftiger Sachverhalte.

cc) Da die Verbotsverfügung ohne weitere Zwischenakte zu den Produktions- und Gewinnspannenbeeinträchtigungen und damit zu den möglichen Grundrechtsverletzungen führt, ist schließlich auch die Unmittelbarkeit der Betroffenheit vorliegend gegeben.

Unmittelbar betroffen: ohne weitere Zwischenakte.

Nach alledem ist die Beschwerdebefugnis der Fa. Emmele zu bejahen.

Nach einer umfangreicheren Prüfung (wie hier der Beschwerdebefugnis) ist eine abschließende Feststellung empfehlenswert.

5. Rechtswegerschöpfung

a) Aufgrund der Subsidiarität der Verfassungsbeschwerde gegenüber den einfachgerichtlichen Rechtsbehelfen muss gem. § 90 II 1 BVerfGG vor der zulässigen Erhebung der Verfassungsbeschwerde der fachgerichtliche Rechtsweg ausgeschöpft, also das letztinstanzliche Urteil erstritten worden sein. Da die Verbotsverfügung einen Verwaltungsakt gem. § 35 VwVfG[179] darstellt, wäre gem. § 40 VwGO die Verwaltungsgerichtsbarkeit zuständig. Die angefochtene Verbotsverfügung ist jedoch erst am 11.12.2012 erlassen worden; die Verfassungsbeschwerde datiert vom 3.1.2013, wurde also ca. drei Wochen später erhoben. In dieser Zeitspanne ist eine Ausschöpfung des

Subsidiarität der Verfassungsbeschwerde: Ausschöpfung des Rechtswegs der Fachgerichtsbarkeit, hier des Verwaltungsrechtswegs?

---

179 Zum Begriff des Verwaltungsaktes siehe unten, Rdnr. 230 ff.

Verwaltungsrechtswegs völlig ausgeschlossen, sodass – auch ohne direkte Angaben dazu im Sachverhalt – vom Nichtvorliegen dieser Zulässigkeitsvoraussetzung auszugehen ist.

b) Die Verfassungsbeschwerde könnte dennoch zulässig sein; dies wäre dann der Fall, wenn hier eine Ausnahme zur Subsidiarität der Verfassungsbeschwerde vorliegen würde. Gem. § 90 II 2 BVerfGG bedarf es ausnahmsweise nicht der Ausschöpfung des Rechtswegs, wenn der Fall von allgemeiner Bedeutung ist oder ein schwerer und unabwendbarer Nachteil für die Fa. Emmele bei Einhaltung des Rechtswegs drohen würde.

Ausnahmen vom Subsidiaritätsprinzip:

aa) Ein Fall ist dann von allgemeiner Bedeutung, wenn er über seinen eigenen, einzelnen Umfang hinaus für zahlreiche andere Fälle relevant wäre, so beispielsweise bei Musterprozessen oder bedeutsamen Rechtsfragen. Das Problem der Fa. Emmele dagegen betrifft einen sehr speziellen Sonderfall im Rahmen der Herstellung von Babynahrung, der nicht auf eine Vielzahl gleich oder zumindest ähnlich gelagerter Fälle übertragbar ist. Auch die in Rede stehende Rechtsfrage im Spannungsverhältnis von Lebensmittelrecht und Wirtschaftsgrundrechten ist nicht für die Allgemeinheit relevant. Deshalb liegt die Ausnahme der allgemeinen Bedeutung hier nicht vor.

– Allgemeine Bedeutung des Falles, d. h. Bedeutung für eine große Anzahl weiterer, gleich oder ähnlich gelagerter Fälle.

bb) Ein schwerer und unabwendbarer Nachteil für die Beschwerdeführerin wäre dann gegeben, wenn die wirtschaftliche Existenz des Betriebes gefährdet wäre. Doch sie selbst behauptet lediglich Rückgänge in der Gewinnspanne, was für diese Ausnahme vom Erfordernis der Rechtswegserschöpfung nicht ausreicht.

– Schwerer und unabwendbarer Nachteil, z. B. Gefährdung der wirtschaftlichen Existenz.

Demnach verstößt die Verfassungsbeschwerde gegen den Grundsatz der Subsidiarität der Verfassungsbeschwerde gem. § 90 II 1 BVerfGG. Sie ist mithin unzulässig. Die weitere Prüfung erfolgt daher hilfsgutachtlich.

Zwischenergebnis: Verstoß gegen die Subsidiarität der VB.
→ VB unzulässig!
→ Hilfsgutachten.

6. Frist

Die Frist für die Erhebung einer Verfassungsbeschwerde beträgt, soweit sie sich nicht gegen einen Legislativakt richtet, gem. § 93 I 1 BVerfGG einen Monat. Diese Monatsfrist ist im vorliegenden Fall bei Zustellung der Verfügung frühestens am 11. 12. 2012 und bei Erhebung der

Einmonatsfrist zur Einlegung der Verfassungsbeschwerde (bei Exekutiv- und Judikativakten).

Verfassungsbeschwerde am 3.1.2013[180] unproblematisch erfüllt.

7. Zwischenergebnis

Die Verfassungsbeschwerde der Fa. Emmele ist wegen Missachtung des Subsidiaritätsgrundsatzes gem. § 90 II BVerfGG unzulässig. Die Begründetheit kann folglich nur hilfsgutachtlich geprüft werden.

Zusammenfassung der wesentlichsten Ergebnisse der Zulässigkeitsprüfung.

II. Begründetheit

1. Verletzung von Art. 14 GG[181]

Die Fa. Emmele könnte durch die Verbotsverfügung in ihrem Grundrecht auf Eigentum aus Art. 14 GG verletzt worden sein. Dies würde zunächst die Betroffenheit des Schutzbereichs voraussetzen.

a) Daher müsste der personelle Schutzbereich betroffen sein, also die Fa. Emmele Trägerin des hier in Rede stehenden Grundrechts sein. Problematisch ist dabei die Rechtsform der Fa. Emmele als juristische Person; insofern wird auf die Ausführungen unter I.2. verwiesen, wonach sie gem. Art. 19 III GG jedenfalls Trägerin des Eigentumsgrundrechts ist.

Der personelle Schutzbereich korrespondiert mit der Grundrechtsfähigkeit (wie schon oben die Beteiligtenfähigkeit).

b) Außerdem müsste der sachliche Schutzbereich betroffen sein. Die Eigentumsgarantie umfasst die Substanz eines eingerichteten und ausgeübten Gewerbebetriebs, also dessen gegenständlichen Bestand sowie den Betrieb als Sach- und Rechtsgesamtheit[182]. Diese geschützte Substanz ist tangiert bei Eingriffen in die den Betrieb darstellende Sach- und Rechtsgesamtheit oder den Betrieb als wirtschaftlichen Organismus, sodass dessen un-

Der sachliche Schutzbereich des Art. 14 GG umfasst – unter anderem – den „eingerichteten und ausgeübten Gewerbebetrieb".

---

180 Wobei es natürlich auf das Datum des Eingangs beim Bundesverfassungsgericht ankommt, nicht hingegen auf das Datum der Verfassungsbeschwerde selbst oder ihrer Absendung; da hierzu keine näheren Angaben vorliegen, ist das bei der Fallbearbeitung aber nicht zu problematisieren.

181 Die Begründetheit zu Art. 14 GG orientiert sich eng an dem vom BGH in JZ 1991, S. 36 (37) entschiedenen Fall.

182 BGH JZ 1991, S. 36 (37): „Kurz alles, was den wirklichen Wert des Betriebes ausmacht". Dazu gehören bestehende Geschäftsbeziehungen ebenso wie der erworbene Kundenstamm oder die Marktstellung eines Betriebes. Zur wirtschaftsrechtlich bedeutsamen Figur des „eingerichteten und ausgeübten Gewerbebetriebs" als Fallgruppe des Eigentumsbegriffs i.S.v. Art. 14 GG siehe Pieroth/Schlink, Staatsrecht II, Rdnr. 983 f.; Bumke/Voßkuhle, Verfassungsrecht, S. 234 f.; Jarass, in: Jarass/Pieroth, GG, Art. 14 Rdnr. 10; Bryde, in: v. Münch/Kunig, GG, Art. 14 Rdnr. 18, 95.

gestörtes Funktionieren unterbunden oder beeinträchtigt wird[183]. Kein Eingriff dagegen liegt folglich vor, wenn durch ein Verbot die Herstellungsweise eines einzelnen Produktes geändert werden muss, ohne dass dessen Herstellung insgesamt untersagt wird[184]; der Betrieb wird nicht in seiner Substanz betroffen, da er in seiner Funktionsfähigkeit dadurch nicht eingeschränkt wird, sondern lediglich in der konkreten Zusammensetzung eines Produktes. Die damit verbundene Verteuerung der Herstellung ist zwar wirtschaftlich bedeutsam; die dadurch beeinflusste Absatz- und Gewinnchance des Unternehmens ist jedoch noch keine verfestigte Eigentumsubstanz, die mit dem Gewerbebetrieb untrennbar verbunden wäre. Art. 14 GG schützt nur das Erworbene als Er- gebnis einer Tätigkeit, nicht jedoch den Erwerb bzw. die Tätigkeit selbst[185]. Etwas anderes würde nur dann gelten, wenn die Erhöhung der Produktionskosten zur Erdrosselung des Betriebs führen würde, was die Fa. Emmele hier selbst nicht vorträgt.

Nicht erfasst sind hiervon Absatz- und Gewinnchancen, da Art. 14 GG nur das Erworbene, nicht aber den Erwerb, schützt.

Nach alledem ist der Schutzbereich des Art. 14 GG durch die angefochtene Verbotsverfügung nicht berührt.

2. Verletzung von Art. 12 GG

Die Fa. Emmele könnte durch die Verbotsverfügung in ihrem Grundrecht auf freie Berufswahl und -ausübung aus Art. 12 GG verletzt worden sein.

a) Eingriff in den Schutzbereich

aa) Betroffenheit des Schutzbereichs

Der personelle Schutzbereich wäre – wie oben bereits dargelegt – betroffen, wenn die Fa. Emmele Trägerin des Grundrechts aus Art. 12 I GG wäre. Zur Problematik der Rechtsform als juristische Person gelten die unter 1.a) und I.2. gemachten Ausführungen auch hier entsprechend. Hinzu kommt, dass Art. 12 I GG nur für Deutsche gilt; für juristische Personen bedeutet dies, dass sie ihren

Der personelle Schutzbereich ist bei Art. 12 I GG auf deutsche Staatsangehörige beschränkt, was jedoch bei juristischen Personen gem. Art. 19 III GG ohnehin der Fall ist.

---

183 BGH JZ 1991, S. 36 (37): „Wenn ... der ‚Eigentümer' gehindert wird, von dem Gewerbebetrieb als ... Organisation sachlicher und persönlicher Mittel den bestimmungsgemäßen Gebrauch zu machen".

184 BGH JZ 1991, S. 36 (37): „Wenn im Rahmen der die Produktionsverhältnisse regelnden Normen lediglich auf die Ausgestaltung eines einzelnen Produktes Einfluss genommen wird, und dort auch nur auf das ‚Wie', nicht dagegen auf das ‚Ob' der Herstellung".

185 BGH JZ 1991, S. 36 (37); vgl. auch Anm. Maurer, JZ 1991, S. 38.

Sitz im Inland haben müssen. Da die wesensmäßige Übertragbarkeit der Grundrechte nach Art. 19 III GG sowieso nur für inländische juristische Personen möglich ist (siehe oben, I.2.), kommt es hier auf die Beschränkung auf Staatsangehörige gar nicht mehr an.

Der sachliche Schutzbereich des Art. 12 I GG beinhaltet nicht nur die Berufswahl, sondern auch die „darunter liegende Stufe" der Art der Berufsausübung. Daher ist hiervon auch die Freiheit, Produkte nach eigenen Vorstellungen herzustellen und zu vertreiben, geschützt. Da die Fa. Emmele ihre Babynahrungsprodukte nach der Verbotsverfügung nicht mehr so herstellen darf, wie sie das will, ist hier der sachliche Schutzbereich der Berufsfreiheit betroffen.

Der sachliche Schutzbereich von Art. 12 I GG erfasst die Berufswahlfreiheit (ob) und die Berufsausübungsfreiheit (wie).

bb) Eingriff

Der Eingriff in den Schutzbereich erfolgt durch die Verbotsverfügung des Regierungspräsidiums, den Konservierungsstoff K-71 bei der Herstellung von Babynahrung nicht mehr zu verwenden.

Die Eingriffsmaßnahme ist genau zu bestimmen.

b) Verfassungsrechtliche Rechtfertigung

Nunmehr ist zu prüfen, ob dieser Eingriff in den Schutzbereich eine Verletzung des Grundrechts darstellt, oder ob er verfassungsrechtlich gerechtfertigt ist. Bei Art. 12 I GG kommt eine solche Rechtfertigung aufgrund des Gesetzesvorbehalts gem. Art. 12 I 2 GG durch die Babynahrungsverordnung in Betracht (Schranke). Hierbei ist allerdings die 3-Stufen-Theorie des BVerfG als besondere Ausprägung des allgemeinen Verhältnismäßigkeitsgrundsatzes zu beachten (Schranken-Schranke). Da die Verbotsverfügung nicht die Herstellung des Babynahrungsproduktes als solches verbietet, sondern nur auf das ‚Wie' der Herstellung Einfluss nimmt, liegt darin eine Berufsausübungsregelung. Demnach ist hier die erste Stufe der 3-Stufen-Lehre einschlägig; die verfassungsrechtliche Rechtfertigung setzt folglich voraus, dass die Verbotsverfügung auf einem gemeinwohlorientierten Zweck beruht und verhältnismäßig ist. Die zugrunde liegende BabynahrungsVO beruht auf dem Zweck, gesundheitliche Gefahren abzuwehren, was sicher keiner Beanstandung unterliegt. Aber die Verbotsverfügung richtet sich gegen einen Konservierungsstoff, der in der verwendeten Dosierung völlig unbedenklich ist; in diesem kon-

Ist der Eingriff in den Schutzbereich gerechtfertigt?

→ Gesetzesvorbehalt des Art. 12 I GG verweist auf die BabynahrungsVO.

→ 3-Stufen-Theorie des BVerfG:

→ Hier 1. Stufe: Berufsausübungsregelung.

→ Gemeinwohlorientierter Zweck und Verhältnismäßigkeit erforderlich.

kreten Fall fehlt damit der gemeinwohlorientierte Zweck. Die Verbotsverfügung stellt somit einen verfassungsrechtlich nicht gerechtfertigen Eingriff in die Berufsfreiheit der Fa. Emmele dar.

3. Ergebnis

Die – unzulässige – Verfassungsbeschwerde ist begründet, da die Beschwerdeführerin durch die angefochtene Verbotsverfügung in ihrem Grundrecht aus Art. 12 I GG verletzt wird.

Zusammenfassung des Ergebnisses der Zulässigkeitsprüfung und der Begründetheitsprüfung.

Aufgabe b)[186]

Für einen finanziellen Ausgleichsanspruch käme nur Art. 14 GG in Betracht. Da dieser jedoch – wie dargelegt – durch die Verbotsverfügung nicht betroffen ist, wäre ein solches Begehren unbegründet. Diesem Ergebnis steht auch nicht der Umstand entgegen, dass die Verbotsverfügung gegen Art. 12 I GG verstößt, da dieser eine ganz andere Schutzrichtung hat; während Art. 14 GG das bereits bestehende Eigentum, also das Erworbene (als Substanz) schützt, erfasst Art. 12 I GG dagegen die Chancen und Verdienstmöglichkeiten, also den Erwerb (als Tätigkeit).

Unterschiedliche Schutzbereiche der zwei wichtigsten Wirtschaftsgrundrechte – Art. 12, 14 GG – beachten!

---

186 Diese Konstellation entspricht dem zugrunde liegenden Realfall; dort handelte es sich um ein Verkehrsverbot für mit kakaohaltiger Fettglasur hergestellte Puffreiserzeugnisse. Die KakaoVO wurde vom BVerfG (BVerfGE 53, S. 135 ff.) wegen Verstoßes gegen Art. 12 I GG für nichtig erklärt. Die Puffreisherstellerin, die mittlerweile viele Jahre eine wesentlich teurere Glasur verwenden musste, verlangte nun vor dem BGH Entschädigung wegen enteignungsgleichen Eingriffs. Der BGH wies die Klage wegen Unberührtheit des Art. 14 GG zurück (BGH a.a.O.).

Drittes Kapitel

Allgemeines Verwaltungsrecht

Einleitung

212 Das Verwaltungsrecht hat für den einzelnen Bürger praktisch meist wesentlich größere Bedeutung, als das zuvor behandelte Staatsrecht. Denn Dinge wie Einschulung, Erteilung einer Fahrerlaubnis, Steuerbescheid, Benutzung einer öffentlichen Straße oder Abfallgebührenbescheid haben doch die allermeisten schon am eigenen Leib kennen gelernt. Für besondere Bevölkerungsgruppen treten noch hinzu: Aufenthaltsgenehmigungen (Ausländer), Ernennungen und Beförderungen (Beamte), Immatrikulationen (Studenten), Baugenehmigungen (Häuslebauer) und Konzessionen (Gewerbetreibende). Aufgrund der ebenso zahlreichen wie unterschiedlichen Lebensbereiche, die das Verwaltungsrecht maßgeblich beeinflusst, gliedert sich das Verwaltungsrecht in ebenso viele Sondergebiete wie z.B. Schulrecht, Straßenverkehrsrecht, Abfallrecht, Ausländerrecht, Beamtenrecht, Hochschulrecht, Baurecht, Gewerberecht u.a. Diese Gebiete stellen das Besondere Verwaltungsrecht dar, auf deren spezifische Besonderheiten und Rechtsprobleme im Rahmen dieses Übungsbuches kaum eingegangen werden kann. Hier ist vielmehr das Allgemeine Verwaltungsrecht von Interesse; darunter versteht man all diejenigen Regelungen, die für alle besonderen Verwaltungsrechtsgebiete gelten, also quasi „vor die Klammer gezogen" worden sind. Das Allgemeine Verwaltungsrecht ist demnach unabhängig von den einzelnen Sachgebieten und stellt für das Verwaltungsverfahren und den Verwaltungsprozess allgemein gültige Normen auf, von denen die Sondergebiete nur in Einzelfällen abweichen[187]. Die zentralen Gesetze des Allgemeinen Verwaltungsrechts sind das Verwaltungsverfahrensgesetz (VwVfG)[188] und die Verwaltungsgerichtsordnung (VwGO). Während das VwVfG im Wesentlichen die behördlichen Entscheidungsfindungsprozesse regelt, betrifft die VwGO vor allem den Prozess vor den Verwaltungsgerichten.

---

187 Besonders stark ist noch im Steuerrecht die abweichende Verfahrensregelung in der Abgabenordnung. Aber auch z.B. im Beamtenrecht gibt es für Ernennungen Formerfordernisse (Aushändigung der Urkunde gem. § 6 II BBG), die über die allgemeinen Anforderungen des VwVfG hinausgehen.

188 Auf Länderebene gibt es auch jeweils ein Landesverwaltungsverfahrensgesetz, das immer dann gilt, wenn eine Landes- oder Kommunalbehörde handelt. Da der Schwerpunkt der Verwaltungstätigkeit ganz überwiegend bei den Ländern und Kommunen liegt, wäre auch bei den Fällen in diesem Buch eigentlich immer das LVwVfG Ba.-Wü. anzuwenden. Zum einen jedoch entspricht das LVwVfG dem BVwVfG in allen hier relevaten Vorschriften, und zum anderen soll das Buch auch von Studierenden aus anderen Bundesländern verwendet werden können. Außerdem ist es weder nötig noch sinnvoll, dass man sich zusätzlich noch ein Exemplar des LVwVfG beschaffen muss, um mit diesem Buch arbeiten zu können. Aus diesen Gründen geht das vorliegende Buch anhand des BVwVfG selbst dann vor, wenn rechtlich die Anwendung des LVwVfG geboten wäre.

Im Mittelpunkt des Verwaltungsverfahrens steht der Verwaltungsakt (VA) gem. § 35 **213** VwVfG, mit dem sich die Abschnitte 2 bis 4 befassen. Dabei geht es zunächst darum, was eigentlich einen VA als solchen ausmacht (2. Abschnitt), dann um die rechtlichen Anforderungen, die an einen solchen VA gestellt werden (3. Abschnitt), und schließlich um die Möglichkeiten, einen VA wieder zu beseitigen (4. Abschnitt). Zur prozessualen Durchsetzbarkeit dieser Fragen behandelt der 5. Abschnitt die verwaltungsrechtlichen Rechtsbehelfe und Klagearten. Alle Bereiche werden – wie im zweiten Kapitel – mit schulmäßig gelösten Fallbeispielen anschaulich gemacht.

1. Abschnitt:
Grundlegendes zum Verwaltungsrecht

A. Die Verwaltung

I. Verwaltungsbegriff und -arten

1. Der Begriff der „Verwaltung" ist aufgrund der Vielschichtigkeit der unterschiedlichen **214** Verwaltungstätigkeiten nicht leicht zu bestimmen. In Anlehnung an die von Maurer genannten typischen Merkmale der Verwaltung ließe sie sich etwa folgendermaßen definieren:

> Verwaltung ist die
> - am öffentlichen Interesse orientierte,
> - aus gesetzlicher und eigener Initiative erfolgende
> - in die Zukunft gerichtete und
> - überwiegend einzelfallorientierte
> Sozialgestaltung.

Verwaltungstätigkeit ermöglicht und ordnet das Zusammenleben der Menschen in einem Gemeinwesen; dies macht der Begriff der „Sozialgestaltung" deutlich. Anders als die Privatwirtschaft dient diese Tätigkeit nicht primär einzelnen oder gar bestimmten Individualinteressen, sondern dem Allgemeinwohl. Dabei erfasst der Verwaltungsbegriff keineswegs nur den „reagierenden" Gesetzesvollzug, sondern auch aktiv agierende Tätigkeiten, die nicht gesetzlich vorgegeben sind (z. B. Straßenbau, Unterhaltung von sozialen und kulturellen Einrichtungen u. Ä.). Durch das Merkmal der Zukunftsgerichtetheit wird die Verwaltung von der vergangenheitsbezogenen Rechtsprechung (Judikative) und durch die Einzelfallorientierung von der generell-abstrakten Gesetzgebung (Legislative) abgegrenzt[189].

---

189 Definition nach Maurer, Verwaltungsrecht, § 1 Rdnr. 9–12; siehe auch Bull/Mehde, Verwaltungsrecht, Rdnr. 16–22; Peine, Verwaltungsrecht, Rdnr. 24–41, Detterbeck, Verwaltungsrecht, Rdnr. 1–9; ders., Öffentliches Recht, § 20 I.

215   2. Die Vielschichtigkeit der Verwaltungstätigkeiten führt dazu, dass – je nach der inhaltlichen Tätigkeit – verschiedene Verwaltungsarten zu unterscheiden sind[190]:

a) Die *Eingriffsverwaltung* betrifft diejenigen Bereiche, in denen in die Rechtspositionen der Bürger eingegriffen wird. Hierzu zählen z. B. die Steuerverwaltung und die Polizeibehörden.

b) Die *Leistungsverwaltung* umfasst die Verwaltungsarten, in denen dem Bürger gegenüber Leistungen erbracht werden, wie z. B. die Universitäts- und Krankenhausverwaltungen, die BAföG-Ämter und die Sozialhilfebehörden.

c) Die *Fiskalverwaltung* (oder: *Bedarfsverwaltung*) stellt den Bedarf der Verwaltung an personellen und sächlichen Ressourcen sicher, damit die Verwaltungsaufgaben auch sachgerecht erledigt werden können.

216   Diese Einteilung kann jedoch nur eine typisierte Kategorisierung darstellen. Denn diese Verwaltungsarten sind eng miteinander verbunden. So können Leistungen an bestimmte Verhaltensweisen anknüpfen, was sich dann auch als Eingriff (Belastung) darstellt; so hängt der teilweise Erlass der Rückzahlung des BAföG von der Qualität des Studienabschlusses und von der Dauer des Studiums ab (§ 18b II, III BAföG). Leistung und Eingriff können auch als die zwei Seiten derselben Medaille auftreten, so z. B. im Abfallrecht: Für die Abholung des Mülls (Leistung) muss eine (ständig steigende) Müllgebühr (Eingriff) entrichtet werden[191].

II. Verwaltungsträger

217   1. Als Verwaltungsträger kommen zunächst alle juristischen Personen des öffentlichen Rechts in Betracht. Der Schwerpunkt der Verwaltungstätigkeiten liegt dabei ganz eindeutig bei den Körperschaften des öffentlichen Rechts[192].

2. Dabei stellen die Gebietskörperschaften die bedeutendste Gruppe dar[193]; darunter versteht man die Körperschaften, die sich auf ein bestimmtes Territorium beziehen: Bund, Länder, Kreise und Gemeinden. Sie sind Träger beinahe aller Verwaltungsaufgaben. Für die Kompetenzverteilung unter diesen Gebietskörperschaften gelten die Art. 83 ff. GG.

218   a) Nach Art. 83 f. GG sind die Länder für die Verwaltungsaufgaben allein zuständig. Dies gilt uneingeschränkt für den Vollzug von Landesrecht, aber grundsätzlich auch für den Vollzug von Bundesgesetzen, bei denen der Bund gem. Art. 84 III GG nur eine Rechtsaufsicht hat; diese ist im Streitfall vor dem BVerfG (Bund-Länder-Streit) zu klären. Allerdings gibt es von diesem Grundsatz der Länderzuständigkeit bedeutsame Ausnahmen.

---

190   Vgl. Maurer, Verwaltungsrecht, § 1 Rdnr. 15–19, der noch weitere Differenzierungen (Lenkungsverwaltung, Gewährleistungsverwaltung, Abgabenverwaltung) vornimmt; siehe auch Bull/Mehde, Verwaltungsrecht, Rdnr. 23–32; Detterbeck, Verwaltungsrecht, Rdnr. 10.

191   Vgl. Maurer, Verwaltungsrecht, § 1 Rdnr. 21 f.; Bull/Mehde, Verwaltungsrecht, Rdnr. 30.

192   Zu den Trägern der öffentlichen Verwaltung siehe Bull/Mehde, Verwaltungsrecht, Rdnr. 95–107.

193   Neben den Gebietskörperschaften haben aber auch die Personenkörperschaften Verwaltungsaufgaben, so z. B. die Kammern der freien Berufe oder die Universitäten.

b) So regeln die Art. 86 ff. GG die bundeseigene Verwaltung, zu der nach der Privatisierung von Bahn und Post im Wesentlichen nur noch die Militärverwaltung und der Auswärtige Dienst gehören[194].   **219**

c) Als „Mischform" zwischen Bundes- und Landesverwaltung kann die von Art. 85 GG geregelte Auftragsverwaltung angesehen werden. Hierbei handelt es sich um Landesverwaltung, die aber beim Vollzug des Bundesrechts der inhaltlichen Weisung (Fachaufsicht) des Bundes unterstellt ist. Ein besonders anschauliches Beispiel stellt dabei das Atomrecht dar, weil sich hier Mitte der 90-er Jahre die der SPD angehörenden Umweltminister der Länder regelmäßig den verbindlichen (und durchzuführenden) Weisungen der CDU-Bundesumweltministerin öffentlichkeitswirksam zu widersetzen versucht haben.   **220**

d) Innerhalb der Länder verteilen sich die Verwaltungsaufgaben zwischen dem jeweiligen Land und den kommunalen Körperschaften. Soweit nicht der Kernbereich des Art. 28 II GG betroffen ist (Aufgaben des eigenen Wirkungskreises), obliegt es allerdings dem Landesgesetzgeber, inwieweit er die Kreise und Gemeinden mit Aufgaben betrauen will; die Rechts- und teilweise auch Fachaufsicht behält er sich dabei vor.   **221**

B. Schaubild: Aufbau der Landesverwaltung

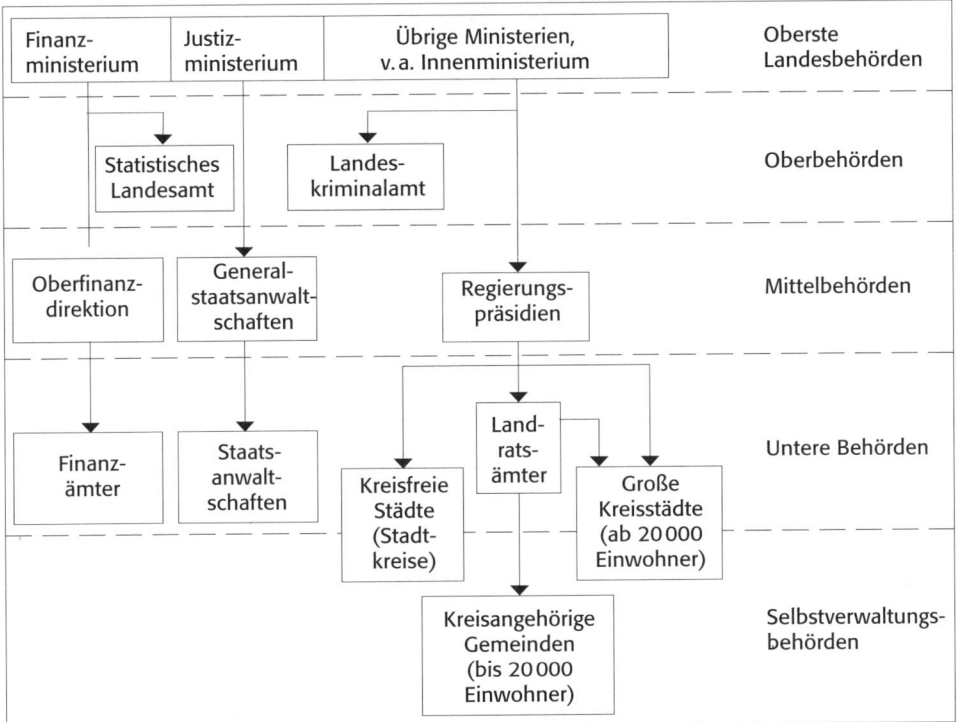

222

---

194 Die übrigen – quantitativ nicht mehr sehr bedeutenden – Bereiche der bundeseigenen Verwaltung können den Art. 87–89 GG entnommen werden.

223   Wegen der besonderen Bedeutung der Länder im Bereich der Verwaltungszuständig-keiten stellt dieses Schaubild exemplarisch einen Ausschnitt der Landesverwaltung von Baden-Württemberg (der im Wesentlichen für die meisten Flächenländer repräsentativ sein dürfte) dar; dadurch soll auch das in der Verwaltung besonders prägende und wichtige Merkmal der Hierarchie deutlich werden[195].

223a   *Zur Vertiefung: Verwaltungsorganisation*

Detterbeck, Verwaltungsrecht, Rdnr. 175–225; ders., Öffentliches Recht, § 22; Erbguth, Verwaltungsrecht, § 6; Ipsen, Verwaltungsrecht, § 4; Maurer, Verwaltungsrecht, §§ 21–23; Peine, Verwaltungsrecht, § 2 III; Sodan/Ziekow, Öffentliches Recht, § 58.

c. Handlungsformen der Verwaltung

I. Systematisierung der Handlungsformen[196]

224   Die Handlungsformen der Verwaltung hängen von deren Aufgaben ab. So ist zunächst einmal zwischen dem öffentlich-rechtlichen und dem privatrechtlichen Bereich zu unterscheiden.

225   1. Im privatrechtlichen Bereich ist die Verwaltung wie jedes andere am Privatrechtsverkehr teilnehmende Rechtssubjekt an die privatrechtlichen Handlungsformen (v. a. Vertragstypen des BGB) gebunden. Eine wie auch immer geartete Sonderstellung kommt der Verwaltung nicht zu. Man spricht hier vom Bereich des „Verwaltungsprivatrechts".

226   2. Im öffentlich-rechtlichen Bereich dagegen verfügt die Verwaltung über ein umfangreiches, nur ihr zustehendes Instrumentarium an Handlungsformen. Die erste Differenzierung knüpft daran an, ob damit Außenwirkung verbunden ist; es muss also zwischen Handlungen gegenüber dem außenstehenden Bürger und verwaltungsinternen Handlungen unterschieden werden. Zum Zweiten muss zwischen generell-abstrakten und individuell-konkreten Handlungsformen getrennt werden; das bedeutet, dass es darauf ankommt, ob von der Handlungsform jede Person in jedem Fall oder nur eine einzige Person in einem bestimmten Fall betroffen ist.

227   a) Bei den Handlungsformen mit Außenwirkung gibt es in generell-abstrakter Hinsicht die von der Verwaltung zu setzenden Rechtsnormen. Dabei handelt es sich um die Verordnungen (aufgrund formell-gesetzlicher Grundlage) sowie – v. a. im kommunalen und autonomen Bereich – die Satzungen. Diese entfalten einen Geltungsanspruch

---

195   Insbesondere zur Verwaltungsorganisation der Länder vgl. Maurer, Verwaltungsrecht, § 22 Rdnr. 14 ff. (mit Schaubild). Zu anderen Flächenstaaten unter den Ländern siehe Peine, Verwaltungsrecht, Rdnr. 69–79; durchgreifende Unterschiede zur hier dargestellten Struktur der baden-württembergischen Landesverwaltung ergeben sich daraus nicht.

196   Vgl. Peine, Verwaltungsrecht, Rdnr. 302–310; siehe auch Bull/Mehde, Verwaltungsrecht, § 7 (mit systematischer Übersicht Rdnr. 284); Erbguth, Verwaltungsrecht, S. 114 (mit Übersicht 7).

gegenüber allen Bürgern. Die konkret-individuellen Handlungsformen mit Außenwirkung stellen der besonders wichtige VA gem. § 35 VwVfG und der öffentlich-rechtliche Vertrag gem. §§ 54 ff. VwVfG dar.

b) Eine unmittelbare Innenwirkung kommt den Verwaltungsvorschriften (generellabstrakt) und verwaltungsinternen Einzelmaßnahmen wie z. B. die Umsetzung eines Beamten innerhalb derselben Behörde (individuell-konkret) zu.   **228**

II. Übersicht zu den Handlungsformen

Zivilrechtliche Aufgaben	Öffentlich-rechtliche Aufgaben			**229**
Handlungsformen des BGB (v. a. Verträge)		mit Außenwirkung	ohne Außenwirkung	
	generell-abstrakt:	Rechtsverordnungen Satzungen	Verwaltungsvorschriften Runderlasse	
	individuell-konkret:	VA; öffentlich-rechtlicher Vertrag	Verwaltungsinterne Einzelweisungen	

2. Abschnitt:
Verwaltungsakt – Begriff und Nebenbestimmungen

A. Begriff des Verwaltungsaktes

(1) Die Begriffsmerkmale und ihre Subsumtion

Der Verwaltungsakt (VA) stellt unter den genannten Handlungsformen der Verwaltung das zentrale rechtliche Instrument dar. Durch VAe erfüllt die Verwaltung die ihr gestellte Aufgabe, das generell-abstrakte Recht (Gesetze) in konkrete, rechtsgestaltende Einzelakte gegenüber den Bürgern umzusetzen. Folglich stellt der VA den Dreh- und Angelpunkt des gesamten Allgemeinen Verwaltungsrechts dar. Seine in § 35 VwVfG vom Gesetzgeber vorgenommene Definition beruht auf sechs Merkmalen, wobei jedes Merkmal eine Abgrenzungsfunktion zu anderen Handlungsformen hat. Jedes Merkmal ist von der Rechtsprechung und Rechtswissenschaft durch Definitionen noch weiter konkretisiert worden.   **230**

I. Maßnahme

Zunächst setzt ein VA voraus, dass es sich um eine Maßnahme handelt. Diese ist als Handlung mit Erklärungsgehalt definiert. Bei der Subsumtion muss klar zugeordnet werden, worin im jeweiligen Fall die Handlung und der Erklärungsgehalt liegt. Die Handlung ist in aller Regel ein Schreiben oder eine mündliche Äußerung. Der Erklä-   **231**

rungsgehalt liegt in der Aussage, die mit der Handlung verbunden ist, also in dem Inhalt der Handlung. Durch dieses Merkmal werden bloße Realhandlungen ohne Erklärungsgehalt ausgegrenzt, wie z. B. das Aufstellen von Blumenkübeln in der Fußgän-
gerzone zu Dekorationszwecken. Eine Handlung, nämlich das Aufstellen, liegt dann
zwar vor; aber dieser kommt kein Erklärungsgehalt zu, denn eine inhaltliche Aussage
ist mit dieser Dekoration nicht verbunden. Dieses Merkmal bereitet in aller Regel keine
Schwierigkeiten[197].

II. Behörde

232   Der Begriff der Behörde wird formell (äußerlich) und materiell (inhaltlich) definiert.

1. Der formelle Behördenbegriff meint jede in die Verwaltungshierarchie eingeglie-
derte Dienststelle und entspricht damit dem landläufigen Verständnis einer Behörde.

2. Weitergehender ist allerdings der materielle Behördenbegriff, der gemäß § 1 IV
VwVfG jede Stelle erfasst, die öffentliche Aufgaben erfüllt bzw. wahrnimmt. Dieser
Behördenbegriff liegt nach ganz h. M. auch dem § 35, 1 VwVfG zugrunde.

233   a) Dieser materielle Begriff stellt also nicht auf den äußerlichen Status, sondern auf
die inhaltliche Tätigkeit der Behörde ab. Damit umfasst er alle Behörden im formellen
Sinne sowie darüberhinaus den Sonderfall der Beliehenen. Dabei handelt es sich um
Rechtspersonen des Privatrechts (also natürliche Personen oder juristische Personen
des Privatrechts wie z. B. eingetragene Vereine, GmbHs u. Ä.), denen durch Gesetz
oder aufgrund eines Gesetzes die Wahrnehmung öffentlicher Aufgaben übertragen
wurde, die also mit diesen Aufgaben „beliehen" worden sind. Diese Beliehenen üben
diese Aufgaben dann in eigenem Namen selbstständig aus, was sie von den ebenfalls
privaten Verwaltungshelfern unterscheidet; Letztere werden der Behörde, der sie hel-
fen, zugerechnet. Danach handelt es sich bei den Beliehenen, die als Privatpersonen
nicht in die Verwaltungshierarchie eingeliedert sind, um Stellen, die öffentliche Aufgaben wahrnehmen und damit – nur – den materiellen Behördenbegriff erfüllen. Ein
Beispiel für solche „Beliehene" stellt der „Technische Überwachungsverein e. V." – kurz
und besser bekannt als „TÜV" – dar, der z. B. im Kraftfahrzeugbereich zur Sicherheit
des öffentlichen Straßenverkehrs beiträgt und damit eine öffentliche Aufgabe erfüllt.

b) Aufgrund des Gewaltenteilungsgrundsatzes erfasst jedoch auch der materielle Behördenbegriff nicht die Gesetzgebung und Rechtsprechung, obwohl die dort wahrge-
nommenen Aufgaben auch ‚öffentlich' sind.

233a   c) Das Verhältnis der beiden Behördenbegriffe zueinander verdeutlicht auch die
folgende Grafik:

---

197   Weshalb es in der Literatur auch teilweise unterschlagen wird, vgl. Maurer, Verwaltungsrecht, § 9
    Rdnr. 5.

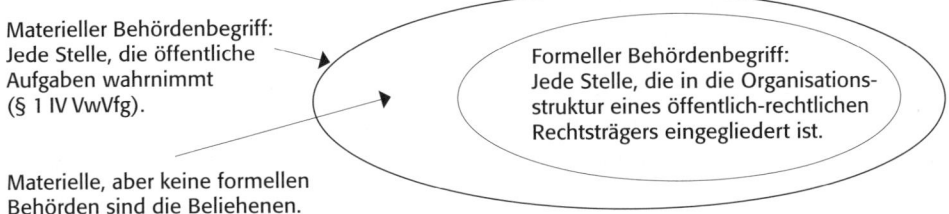

Materieller Behördenbegriff:
Jede Stelle, die öffentliche
Aufgaben wahrnimmt
(§ 1 IV VwVfg).

Formeller Behördenbegriff:
Jede Stelle, die in die Organisations-
struktur eines öffentlich-rechtlichen
Rechtsträgers eingegliedert ist.

Materielle, aber keine formellen
Behörden sind die Beliehenen.

III. Öffentliches Recht

Weiter ist zu untersuchen, ob die behördliche Maßnahme auf dem Gebiet des Öffent-   **234**
lichen Rechts erfolgt ist. Dies ist etwa dann nicht der Fall, wenn eine Behörde Büromö-
bel einkauft und sich dabei dem für alle geltenden Kaufvertragsrecht unterwirft. Die
Prüfung erfolgt anhand der drei bereits im Einführungskapitel vorgestellten Abgrenzungstheorien (Subordinationstheorie, Interessentheorie und Sonderrechtstheorie).

IV. Regelung

1. Das zentrale und meist auch schwierigste Merkmal des VA besteht in der Regelung.   **235**
Unter einer Regelung versteht man eine rechtliche Gestaltung, also eine Veränderung
von mindestens einem Rechtsverhältnis. Bei der Prüfung des Regelungsmerkmals sollte man immer folgendermaßen vorgehen: Zuerst wird festgestellt, welches Rechtsverhältnis zwischen welchen Rechtssubjekten überhaupt betroffen sein könnte. Dann
überlegt man sich, ob sich in diesem Rechtsverhältnis vor und nach Erlass der Maßnahme etwas verändert hat („vorher/nachher-Vergleich"). Wenn ja, dann liegt eine
Regelung vor. Plastische Beispiele sind Ver- und Gebot sowie Rechtsversagung und
-gewährung. Eine – wenngleich nur „schwache" – Regelung liegt allerdings auch schon
dann vor, wenn eine bereits bestehende abstrakte Rechtslage auf einen bestimmten
Einzelfall konkretisiert wird; dies ist beispielsweise beim Steuerbescheid der Fall, durch
den die schon kraft Gesetzes bestehende Zahlungspflicht exakt bestimmt wird. Im
Einzelfall kann die Abgrenzung eines solchen konkretisierenden VAs zu einer bloßen
Information über die Rechtslage Schwierigkeiten bereiten.

2. Durch dieses Merkmal werden Mitteilungen, Vorbereitungsmaßnahmen für eine
spätere Regelung, Wiederholungen und ähnliche die Rechtslage nicht verändernde
oder präzisierende Maßnahmen aus dem Begriff des VA ausgeschlossen.

V. Außenwirkung

Der Begriff der Außenwirkung bezieht sich auf die hoheitliche Sphäre, aus der heraus   **236**
der VA erlassen wird. Der Adressat des VA, bei dem die Rechtswirkung der Regelung
eintritt, darf nicht innerhalb dieses (meist staatlichen) Bereichs stehen. Das ist völlig
unproblematisch, wenn der VA gegenüber einer Privatperson ergeht, die in keinem
besonderen Näheverhältnis zum Hoheitsträger steht. So steht der eine Baugenehmi-

gung erhaltende private Grundstückseigentümer außerhalb der Gemeindeverwaltung, sodass hier die Außenwirkung gegeben ist. Aber manche Bevölkerungsgruppen stehen in einem engeren Verhältnis zu den Hoheitsträgern, so z. B. Beamte zu ihrem Dienstherrn[198] oder Studenten zur Universität. In diesen Fällen ist zu differenzieren, ob die Maßnahme noch rein innerdienstlich ist, oder ob davon auch die im Beamten bzw. Studenten vorhandene Privatperson betroffen ist. Erhält ein Beamter die Anweisung, seine Akten in einer bestimmten Weise zu ordnen und abzulegen, so handelt es sich dabei um eine rein innerdienstliche Weisung ohne Außenwirkung, da der Beamte als Privatperson nicht betroffen ist. Wird der Beamte jedoch befördert, so erhält er u. a. eine höhere Besoldung, was ihn aufgrund der Verbesserung des Lebensstandards auch als Privatperson betrifft; in diesem Fall liegt Außenwirkung vor. Ähnlich verhält es sich bei dem Student: Die Anordnung, in der Klausur nur bestimmtes, mit dem Lehrstuhlstempel versehenes Papier zu verwenden, betrifft ihn nur in seiner beruflichen Funktion; wird ihm aber wegen unlauterer Hilfsmittel die Note „nicht ausreichend" erteilt, betrifft ihn dies wegen des Wiederholungserfordernisses bzw. der Beeinträchtigung seines Prüfungsanspruches auch als Privatperson.

VI. **Einzelfall**

237 Schließlich muss sich ein VA grundsätzlich auf einen Einzelfall beziehen, da die abstrakte Regelung einer Vielzahl von Fällen den Normsetzern überlassen bleiben soll. Die Rechtswirkung soll individuell-konkret, also nur für eine ganz bestimmte Person(engruppe) und nur einen ganz konkreten Fall gelten. Allerdings erlaubt § 35, 2 VwVfG den generell-konkreten VA, der für eine Vielzahl von Personen (also generell), aber nur für einen jeweils immer gleich gelagerten Fall (konkret) gelten soll; diesen VA nennt man „Allgemeinverfügung". Eine solche Allgemeinverfügung ist allerdings nur in drei gesetzlich geregelten Fallgruppen möglich. Als Beispiele wären die Anordnung der Auflösung einer Demonstration oder auch Verkehrsschilder zu nennen[199].

---

198 Dienstherr kann immer nur die „Firma", also das (öffentlich-rechtliche) Rechtssubjekt sein, das den Beamten angestellt hat – der Bund, ein Land, eine Kommune o. a. (vgl. oben zum Rechtssubjekt Rdnr. 12a, 12b). Insofern ist es zwar sprachlich anschaulich, aber sachlich falsch, wenn Medien etwa den Verteidigungsminister zum Dienstherrn der Soldaten (richtig: Bundesrepublik Deutschland), die baden-württembergische Wissenschaftsministerin zur Dienstherrin der Professoren an der Universität Tübingen (richtig: Land Baden-Württemberg) oder den Mannheimer Oberbürgermeister zum Dienstherrn der städtischen Mitarbeiter (richtig: Stadt Mannheim) erklären. Die Minister und Bürgermeister sind ja nicht als solche rechtsfähig, sondern nehmen nur die Funktion eines Organs wahr, das für das Rechtssubjekt handelt – vergleichbar mit dem Geschäftsführer einer GmbH. Denn keine juristische Person kann als rechtlich konstruierter Personenverbund ohne Organe handeln; oder ist Ihnen das Land Baden-Württemberg schon einmal auf der Straße begegnet?

199 Zur Allgemeinverfügung siehe Maurer, Verwaltungsrecht, § 9 Rdnr. 29–36; Sodan/Ziekow, Öffentliches Recht, § 74 II; Peine, Verwaltungsrecht, Rdnr. 399–417; Bull/Mehde, Verwaltungsrecht, Rdnr. 700–705 und außerdem unten Beispiel (6).

(2) Übersicht zu den Begriffsmerkmalen

Die nachfolgende Übersicht stellt die einzelnen Merkmale mit ihrer Definition und den dadurch jeweils ausgegrenzten Handlungsformen dar.

238

Merkmal	Definition	Abgrenzung / Gegenbegriff
1. Maßnahme	Handlung mit Erklärungsgehalt.	Faktisches Verwaltungshandeln, z.B. Aufstellung eines Pflanzkübels zur Straßenverengung.
2. Behörde	Jede Stelle, die öffentliche Aufgaben wahrnimmt (vgl. § 1 IV VwVfG).	– Gesetzgebungs- oder Rechtsprechungsmaßnahmen, – Handeln eines (nicht beliehenen) Privaten.
3. Hoheitlich auf dem Gebiet des Öffentlichen Rechts	Abgrenzung zum Zivilrecht aufgrund: – Subordinationstheorie – Interessentheorie – Sonderrechtstheorie (vgl. Einführungskapitel, Rdnr. 13 ff.).	– Privatrechtliche (fiskalische) Maßnahmen (Verwaltungsprivatrecht). – Politische oder verfassungs- bzw. völkerrechtliche Regierungs- bzw. Staatsakte.
4. Regelung	Gestaltung oder Klärung von Rechten und/oder Pflichten (also eines Rechtsverhältnisses), z.B.: – Verbot/Gebot, – Rechtsgewährung/-versagung, – Feststellung bei klärungsbedürftigem Rechtsverhältnis.	– Schlichtes Verwaltungshandeln (z.B. Auskünfte, Hinweise, Mitteilungen, Geldzahlung, Dienstfahrt, Straßenbau), es sei denn, es ist eine förmliche Entscheidung über die Zulässigkeit vorausgegangen. – Wiederholung eines VAs. – Vorbereitende Akte und Verfahrensakte, es sei denn Vorab-Teilregelung.
5. (Unmittelbare) Außenwirkung	Rechtsfolgen der Regelung müssen bei einer außerhalb der hoheitlichen Sphäre stehenden Person eintreten.	– Staatliches Innenhandeln, z.B. Umsetzung, – Außenwirkung nur faktisch, z.B. Versagung des gemeindlichen Einvernehmens gem. § 36 BauGB.
6. Einzelfall	Individuell-konkret (Ausnahme hierzu: generell-konkrete Allgemeinverfügung unter den Voraussetzungen des § 35, 2 VwVfG).	Generell-abstrakte Rechtsnorm.

239

Zur Vertiefung: Verwaltungsakt (Begriff)

Bull/Mehde, Verwaltungsrecht, Rdnr. 687–705a; Detterbeck, Verwaltungsrecht, Rdnr. 425–496; ders., Öffentliches Recht, Rdnr. 719–735; Erbguth, Verwaltungsrecht, § 12 I (mit Übersicht 9, S. 134); Ipsen, Verwaltungsrecht, § 6; Maurer, Verwaltungsrecht, § 9 Rdnr. 6 ff.; Peine, Verwaltungsrecht, Rdnr. 325–394 (mit Übersicht); Sodan/Ziekow, Öffentliches Recht, § 74 I.

239a

B. Fall 11: Fragwürdige Verwaltungsakte

Vorbemerkung

240 Das dritte VA-Merkmal (Öffentliches Recht) ist anhand der drei Theorien (Subordinationstheorie, Interessentheorie, Sonderrechtstheorie) zu prüfen. Diese Prüfung wurde bereits im Einführungskapitel anhand von Beispielen dargelegt. Deshalb wird in den jetzt angebotenen Lösungsvorschlägen zur Vermeidung unnötiger Wiederholungen auf die Prüfung dieses Merkmals verzichtet. Bei der normalen Fallbearbeitung (namentlich in einer Klausur) muss natürlich auch das Merkmal „Öffentliches Recht" gründlich geprüft werden!

241a (1) Der als privatrechtlicher Verein handelnde TüV (e.V.) vergibt Prüfplaketten für Kraftfahrzeuge.

Hinweis: § 29 StVZO. Untersuchung der Kraftfahrzeuge und Anhänger.

II 2: Prüfplaketten sind von der Zulassungsbehörde oder den zur Durchführung von Hauptuntersuchungen berechtigten Personen zuzuteilen und auf dem hinteren amtlichen Kennzeichen dauerhaft und gegen Missbrauch gesichert anzubringen.

III: Eine Prüfplakette darf nur dann zugeteilt und angebracht werden, wenn die Vorschriften … eingehalten sind. Durch die nach durchgeführter Hauptuntersuchung zugeteilte und angebrachte Prüfplakette wird bescheinigt, dass das Fahrzeug zum Zeitpunkt dieser Untersuchung vorschriftsmäßig … ist. …

VII 4: Befinden sich an einem Fahrzeug, das mit einer Prüfplakette … versehen sein muss, keine gültige Prüfplakette …, so kann die Zulassungsbehörde für die Zeit bis zur Anbringung der vorgenannten Nachweise den Betrieb des Fahrzeugs im öffentlichen Verkehr untersagen oder beschränken.

Bei der Vergabe einer Prüfplakette könnte es sich um einen VA gem. § 35, 1 VwVfG handeln.

1. Dafür müsste es sich zunächst um eine Maßnahme handeln. Diese ist definiert als Handlung mit Erklärungsgehalt. Die Handlung liegt in diesem Fall in der Anbringung der Plakette und der Erklärungsgehalt in der damit verbundenen Aussage, dass das Fahrzeug wieder für zwei Jahre als verkehrssicher angesehen wird.

2. Weiter müsste eine Behörde handeln; darunter versteht man jede Stelle, die öffentliche Aufgaben wahrnimmt (§ 1 IV VwVfG). Der privatrechtliche Verein TÜV ist zwar nicht in den staatlichen Verwaltungsaufbau integriert und folglich keine Behörde im formellen Sinn, aber durch seine Prüfungen trägt er zur Sicherheit des Straßenverkehrs und technischer Produkte bei. Dabei handelt es sich um eine öffentliche Aufgabe, weshalb der TÜV als materielle Behörde im Sinn der obigen Definition anzusehen ist.

3. Die Prüfplakettenvergabe müsste öffentlich-rechtlich sein. Dies ist anhand der drei Theorien zu prüfen ... *[vgl. einleitende Vorbemerkung]* ... Folglich liegt Öffentliches Recht vor[200].

4. Außerdem müsste eine Regelung, also die Gestaltung eines Rechtsverhältnisses, vorliegen. Dies wäre der Fall, wenn die Versagung der Prüfplakette zur Folge hätte, dass das Fahrzeug nicht mehr im öffentlichen Straßenverkehr bewegt werden dürfte; denn dann würde die Vergabe der Plakette die Rechtswirkung einer Verlängerung des Benutzungsrechts haben. Gemäß § 29 VII 4 StVZO kann die Zulassungsbehörde den Betrieb eines Fahrzeugs ohne gültige TÜV-Plakette untersagen oder beschränken. Also hat die Nichtvergabe selber noch keine eigene unmittelbare Rechtswirkung; sie wäre nur die *Voraussetzung* für die Regelung der Betriebsuntersagung. Die (Nicht-)Vergabe der Plakette und die Kfz-Zulassung stehen zwar in einem engen Verhältnis zueinander, sind aber rechtlich nicht identisch oder auch nur automatisch verbunden. Demnach fehlt es bei der Vergabe der Plakette an einer Regelung. Die weitere Prüfung erfolgt daher hilfsgutachtlich.

5. Der Kfz-Halter als Adressat steht außerhalb der Sphäre des TÜV; doch selbst ein TÜV-Mitarbeiter wäre in diesem Fall als Kfz-Halter eine Privatperson, weshalb in jedem Fall die Außenwirkung vorliegt.

6. Schließlich müsste es sich bei jeder Vergabe einer Prüfplakette um einen Einzelfall handeln. Jede Vergabe setzt eine individuelle Prüfung eines bestimmten Fahrzeugs voraus und erfolgt gegenüber dem konkreten Kfz-Halter. Damit ist auch der Einzelfall gegeben.

Wegen der fehlenden Regelungswirkung stellt die Vergabe der Plakette keinen VA dar.

---

(2) Der Landrat L teilt seinem Dezernenten D mit, er sei ab dem   **241b**
nächsten Ersten nicht mehr für die Abfallentsorgung, sondern
für Verkehrsangelegenheiten zuständig.

Bei der Mitteilung des Landrats könnte es sich um einen VA i. S. v. § 35, 1 VwVfG handeln.

1. Dafür müsste es sich zunächst um eine Maßnahme handeln. Darunter wird jede Handlung mit Erklärungsgehalt verstanden. In diesem Fall liegt in der Mitteilung die Handlung und in der Aussage, dass D ab nächsten Ersten ein anderes Aufgabengebiet habe, der Erklärungsgehalt.

2. Weiter müsste eine Behörde handeln; diese ist gem. § 1 IV VwVfG als jede Stelle, die öffentliche Aufgaben wahrnimmt, definiert. Der Landrat leitet das Landratsamt, das Kfz-Zulassungen, immissionsschutzrechtliche Genehmigungen, Aufenthaltsgenehmigungen für Ausländer, Baugenehmigungen u. a. erteilt. Der Landrat nimmt folglich

---

200 Der öffentlich-rechtliche Charakter der Prüfplakettenvergabe wurde oben im Einführungskapitel (Teil B, 1. Abgrenzungsbeispiel) bereits geprüft, siehe Rdnr. 22.

durch das von ihm geleitete Amt öffentliche Aufgaben wahr und ist demnach eine Behörde. Außerdem ist der Landrat in die Verwaltungshierarchie des Landes eingegliedert, weshalb er auch den formellen Behördenbegriff erfüllt.

3. Die Aufgabenveränderung des D müsste öffentlich-rechtlich sein. Dies ist anhand der drei Theorien zu prüfen ... *[vgl. einleitende Vorbemerkung]* ... Folglich liegt Öffentliches Recht vor.

4. Außerdem müsste eine Regelung, also die Gestaltung eines Rechtsverhältnisses, vorliegen. Laut Sachverhalt soll sich für D das Zuständigkeitsgebiet ändern. Zu fragen ist also, ob das Zuständigkeitsgebiet für das hier maßgebliche beamtenrechtliche Dienstverhältnis des D in rechtlicher Hinsicht erheblich ist; denn nur dann würde die Änderung des Zuständigkeitsgebiets eine Veränderung des Dienstverhältnisses bedeuten. Das Beamtenverhältnis wird geprägt vom Dienstherrn, vom Dienstrang und vom Gehalt, aber auch von dienstlichen Rechten und Pflichten wie die ordnungsgemäße Aufgabenerledigung; auch das Recht auf eine amtsangemessene und nicht fachfremde Tätigkeit ist davon erfasst. D soll in diesem Fall seine Dezernentenstellung behalten; seine neue Tätigkeit ist daher amtsangemessen. Da D als Beamter des höheren Dienstes umfassend verwendungsfähig ist, stellt das neue Aufgabengebiet auch keine fachfremde Zumutung für D dar. Damit ist kein Anhaltspunkt für eine rechtlich erhebliche Umgestaltung seines Dienstverhältnisses zu erkennen. Eine Regelung liegt somit nicht vor; die weitere Prüfung erfolgt hilfsgutachtlich.

5. Ebenso problematisch ist die Außenwirkung, da D als Beamter innerhalb der Sphäre des Landratsamtes steht. Eine Ausnahme wäre nur dann möglich, wenn D nicht nur als Amtswalter (also als Teil der Verwaltungsorganisation), sondern darüber hinaus auch als Privatperson betroffen wäre. Die Veränderung des fachlichen Zuständigkeitsgebietes bedeutet für ihn als Amtswalter eine u. U. erhebliche Umstellung; wenn er aber abends nach Hause geht und so quasi zur Privatperson wird, bestehen für D keine veränderten Rahmenbedingungen. Die Änderung wirkt sich daher nur auf seine dienstliche Tätigkeit aus, weshalb hier die persönliche Sphäre des Beamten nicht betroffen ist. Somit fehlt es auch an der Außenwirkung.

6. Schließlich müsste ein Einzelfall vorliegen. Die Mitteilung des L gilt speziell für den D und dessen dienstliches Aufgabenfeld.

Wegen der fehlenden Regelung sowie der ebenfalls fehlenden Außenwirkung handelt es sich um keinen VA. Deshalb spricht man in diesem Fall von einer bloßen „Umsetzung".

241c **(3) Der an der PH Esslingen lehrende Professor P erfährt durch ein Schreiben des Wissenschaftsministers, daß die PH Esslingen geschlossen wird und er daher künftig an der PH Ludwigsburg zu lehren habe.**

Bei dem Schreiben des Wissenschaftsministers könnte es sich um einen VA i.S.v. § 35, 1 VwVfG handeln.

1. Dies würde zunächst eine Maßnahme, also eine Handlung mit Erklärungsgehalt, voraussetzen. Das ministerielle Schreiben stellt hier die Handlung dar; der Erklärungsgehalt liegt in der damit verbundenen Aussage, dass die PH in Esslingen geschlossen werde und P künftig in Ludwigsburg zu lehren habe.

2. Außerdem müsste eine Behörde handeln, also gem. § 1 IV VwVfG eine Stelle, die öffentliche Aufgaben wahrnimmt. Der Wissenschaftsminister steht an der Spitze der Wissenschaftsverwaltung, deren Aufgabe es ist, den finanziellen, rechtlichen und administrativen Rahmen für Forschung und Lehre sicherzustellen. Wegen der hohen Bedeutung der Wissenschaft für die Allgemeinheit handelt es sich dabei um eine öffentliche Aufgabe. Außerdem ist der Minister als politische Spitze einer obersten Landesbehörde (Ministerium) in die Hierarchie der Landesverwaltung integriert, womit auch der formelle Behördenbegriff erfüllt ist.

3. Die Mitteilung, dass P künftig in Ludwigsburg zu lehren hat, müsste öffentlich-rechtlich sein. Dies ist anhand der drei Theorien zu prüfen … *[vgl. einleitende Vorbemerkung]* … Folglich liegt Öffentliches Recht vor.

4. Des Weiteren müsste die Maßnahme eine Regelung enthalten; das wäre der Fall, wenn damit eine rechtliche Veränderung für P verbunden ist. Die Mitteilung hat zur Folge, dass sich der Dienstort von P ändert. Es ist somit zu untersuchen, ob der sich ändernde Dienstort für das hier – wie im Fall zuvor – maßgebliche beamtenrechtliche Dienstverhältnis zwischen P und seinem Dienstherrn, dem Land, rechtlich erheblich ist. Das Beamtenverhältnis wird u. a. von dienstlichen Pflichten geprägt. Hierzu gehört auch die Pflicht, zu den vorgeschriebenen Zeiten am Dienstort zu erscheinen. Diese Pflicht wird zwar als solche rechtlich nicht verändert, aber durch den Ortswechsel inhaltlich modifiziert. Während P bisher verpflichtet war, in Esslingen zu lehren, besteht diese Pflicht nunmehr bezüglich Ludwigsburg. Insofern hat sich die konkrete Pflicht verändert, weshalb eine Regelung anzunehmen ist.

5. Wie im vorigen Fall ist auch hier die Außenwirkung fraglich, da P als Landesbeamter innerhalb der Sphäre der Landesverwaltung steht. Allerdings könnte hier ausnahmsweise neben der amtlichen Funktion auch die persönliche Sphäre betroffen sein. Die Änderung des Dienstortes betrifft P nicht nur in der konkreten Wahrnehmung seiner dienstlichen Aufgaben, sondern in Form einer längeren Anfahrt oder sogar eines Umzugs als Privatperson. Damit liegt die Außenwirkung vor.

6. Schließlich müsste ein Einzelfall vorliegen. Die Mitteilung des Ministers gilt speziell für P und dessen Dienstort.

Nach alledem handelt es sich hierbei um einen VA; dieser wird als „Versetzung" bezeichnet, wodurch auch der Unterschied zur „Umsetzung", die keinen VA darstellt, sprachlich verdeutlicht wird.

241d **(4)** **Der Bürger B erfährt vom städtischen Bauverwaltungsamt telefonisch auf Anfrage, daß der für sein Baugrundstück maßgebliche Bebauungsplan Satteldächer mit einer Neigung zwischen 30 und 40 Grad vorschreibt.**

Bei der telefonischen Mitteilung könnte es sich um einen VA i.S.v. § 35, 1 VwVfG handeln.

1. Dafür müsste zunächst eine Maßnahme vorliegen; diese ist als Handlung mit Erklärungsgehalt definiert. Die Handlung ist in diesem Fall durch das telefonische Aussprechen der Mitteilung gegeben, während der Erklärungsgehalt darin liegt, dass der für das Baugrundstück des B maßgebliche Bebauungsplan Satteldächer mit einer Neigung zwischen 30 und 40 Grad vorschreibt.

2. Des Weiteren müsste eine Behörde handeln; darunter versteht man jede Stelle, die öffentliche Aufgaben wahrnimmt (§ 1 IV VwVfG). Das städtische Bauverwaltungsamt erteilt z. B. Baugenehmigungen und führt Baukontrollen sowie Bauabnahmen durch. Dabei handelt es sich um öffentliche Aufgaben, weshalb der materielle Behördenbegriff erfüllt ist. Da das Bauverwaltungsamt zudem in die städtische Verwaltungsorganisation eingegliedert ist, handelt es sich dabei auch um eine Behörde im formellen Sinn.

3. Die Mitteilung über die im Bebauungsplan vorgeschriebene Dachneigung müsste öffentlich-rechtlich sein. Dies ist anhand der drei Theorien zu prüfen … *[vgl. einleitende Vorbemerkung]* … Folglich liegt Öffentliches Recht vor.

4. Außerdem müsste die Mitteilung eine Regelung enthalten. Das bedeutet, dass sich die Rechtslage für B in irgendeiner Weise geändert haben müsste. Dies wäre nur der Fall, wenn vor der telefonischen Mitteilung für B eine andere Dachneigung maßgeblich gewesen wäre. In diesem Fall jedoch bestanden die die Dachneigung betreffenden Anforderungen für B schon vor seinem Anruf. Er hat sich über die bereits bestehende Rechtslage nur eine Auskunft erteilen lassen, ohne dass sich die Rechtslage für ihn dadurch verändert hätte. Da die Auskunft sich auf den (generell-abstrakten) Bebauungsplan bezieht und offensichtlich ohne Rechtsverbindlichkeit erfolgt, findet auch keine bindende Konkretisierung der Rechtslage auf ein Bauvorhaben des B statt. Eine Regelung liegt folglich nicht vor. Damit scheidet die Qualifizierung als VA aus; die weitere Prüfung erfolgt hilfgutachtlich.

5. Die weiterhin erforderliche Außenwirkung wäre dann gegeben, wenn der Adressat der Mitteilung außerhalb der hoheitlichen – hier städtischen – Sphäre stünde. Anhaltspunkte für ein besonderes Näheverhältnis des B zur Stadtverwaltung (etwa als Mitarbeiter) sind nicht ersichtlich, weshalb die Außenwirkung hier unproblematisch vorliegt.

6. Schließlich müsste es sich um einen Einzelfall handeln. Die Mitteilung erfolgt nur gegenüber B für den sein Baugrundstück betreffenden Bebauungsplan.

Wegen des fehlenden Regelungscharakters handelt es sich hier nicht um einen VA, sondern um eine bloße Auskunftserteilung.

(5) Der mehrere Millionen schwere Bauauftrag für eine neue Stadthalle in   241e
Esslingen wird ausgeschrieben. Aufgrund der eingegangenen Angebote
erteilt der Oberbürgermeister (OB) mit einem Schreiben dem Unternehmer
U den Zuschlag.

Der Zuschlag könnte einen VA i.S.v. § 35, 1 VwVfG darstellen.

1. Zunächst müsste der Zuschlag als eine Maßnahme – also eine Handlung mit Erklärungsgehalt – anzusehen sein. Die Handlung liegt in dem Schreiben, und der Erklärungsgehalt besteht in der Aussage des Schreibens, wonach U den Bauauftrag für die Stadthalle erhält.

2. Weiter müsste eine Behörde handeln. Dies wäre der Fall, wenn der OB eine Stelle wäre, die öffentliche Aufgaben wahrnimmt (§ 1 IV VwVfG). Der OB vertritt die Stadt nach außen und leitet die Stadtverwaltung; außerdem sitzt er dem Gemeinderat vor[201]. Dabei handelt es sich um öffentliche Aufgaben. Zugleich ist der OB als deren Leiter in die Stadtverwaltung integriert, so dass auch der formelle Behördenbegriff vorliegend erfüllt ist.

3. Der Auftragszuschlag müsste öffentlich-rechtlich sein. Dies ist anhand der drei Theorien zu prüfen[202].

a) Nach der Subordinationstheorie würde dann Öffentliches Recht vorliegen, wenn ein Über-/Unterordnungsverhältnis bestünde. Durch den Zuschlag wird ein Auftrag erteilt, den U nicht annehmen muss. Der OB handelt folglich nicht mit Zwang, sondern steht vielmehr als Auftraggeber mit dem U als Auftragnehmer auf einer Ebene. Folglich fehlt es hier an einem Subordinationsverhältnis.

b) Die Interessentheorie spräche für Öffentliches Recht, wenn durch die Auftragserteilung das öffentliche Interesse tangiert wäre. Die Beauftragung des U soll den Bau einer Stadthalle ermöglichen; darin soll das öffentliche und kulturelle Leben der Stadt sich entfalten können. Insofern ist durch den Auftrag das öffentliche Interesse betroffen.

c) Schließlich ist die Sonderrechtstheorie zu prüfen, mit der man dann zum Öffentlichen Recht gelangt, wenn ein auf mindestens einer Seite ein Hoheitsträger handelt und nur dieser aufgrund eines Sonderrechts so handeln darf. Der OB handelt für die Stadt, die als Gebietskörperschaft eine juristische Person des Öffentlichen Rechts und damit eine Hoheitsträgerin darstellt. Fraglich ist jedoch, ob hier aufgrund eines Sonderrechts gehandelt wird. Den Auftrag zu Baumaßnahmen kann rechtlich jeder erteilen; die bloße Eigentümerstellung der Stadt am Baugrundstück kann noch nicht das Son-

---

201 Dies gilt so in Baden-Württemberg (§ 42 GemO Ba.-Wü.) und – inzwischen – auch in anderen Ländern wie z. B. Nordrhein-Westfalen, wo der OB früher nur den Vorsitz im Gemeinderat führte, während die Leitung der Verwaltung dem Oberstadtdirektor oblag.

202 In diesem Fall wird der öffentlich-rechtliche Charakter der Maßnahme entgegen der einleitenden Vorbemerkung ausnahmsweise geprüft, weil er problematisch ist. Inhaltlich entspricht diese Prüfung weitestgehend dem 2. Abgrenzungsbeispiel im 3. Abschnitt des Einführungskapitels (Rdnr. 23).

derrecht begründen. Hier wird vielmehr ein normaler Werkvertrag gem. § 631 BGB abgeschlossen.

d) Zusammenfassend ist festzustellen, dass sowohl die Subordinations- wie – im Ergebnis – die Sonderrechtstheorie gegen eine Einordnung des Falles in das Gebiet des Öffentlichen Rechts sprechen. Die Sonderrechtstheorie bejaht zwar das Vorliegen des Hoheitsträgers, aber die für das Rechtsverhältnis maßgeblichen Vorschriften ergeben sich aus dem zivilrechtlichen Werkvertragsrecht. Auch die Subordinationstheorie unterstützt dies, da hier gleichberechtigte Vertragspartner beteiligt sind. Das öffentliche Interesse allein kann aufgrund des Gewichts dieser Gesichtspunkte der zivilrechtlichen Einordnung des Vertrages nicht entgegenstehen. Daher fehlt es hier an der öffentlichrechtlichen Qualität der Maßnahme, sodass kein VA vorliegt. Die weitere Prüfung erfolgt mithin hilfsgutachtlich.

4. Des Weiteren müsste eine Regelung, also eine Veränderung der Rechtslage, gegeben sein. Durch den Zuschlag wird dem U ein bindendes Angebot zum Abschluss eines Werkvertrages unterbreitet, das vorher nicht bestand. Darin liegt die Rechtsgestaltung.

5. Außerdem müsste Außenwirkung vorliegen. Das wäre der Fall, wenn die Rechtswirkung bei einer Person außerhalb der hoheitlichen Sphäre eingetreten ist. Die Rechtswirkung in Form des Angebots tritt bei U ein; besondere Anhaltspunkte für eine Nähe zur Stadtverwaltung enthält der Sachverhalt nicht.

6. Schließlich müsste es sich um einen Einzelfall handeln. Der Zuschlag erfolgt konkret für den Bau der Stadthalle und nur gegenüber U.

Da der Zuschlag dem Zivilrecht zuzurechnen ist, handelt es sich dabei um keinen VA, sondern um ein Vertragsabschlussangebot.

241f (6) Das städtische Straßenverkehrsamt stellt in der Käsenbachstraße in Tübingen Verkehrsschilder auf, die eine Beschränkung auf maximal 30 km/h vorsehen.

Die Aufstellung der Schilder könnte als VA i.S.v. § 35, 1 VwVfG anzusehen sein.

1. Dafür müsste es sich dabei zunächst um eine Maßnahme, d.h. eine Handlung mit Erklärungsgehalt, handeln. Die Aufstellung der Schilder stellt hier die Handlung dar, und die damit verbundene Aussage, dass max. Tempo 30 gefahren werden darf, stellt den Erklärungsgehalt dar.

2. Außerdem müsste eine Behörde handeln. Das bedeutet, dass das städtische Straßenverkehrsamt als eine Stelle anzusehen wäre, die öffentliche Aufgaben wahrnimmt (§ 1 IV VwVfG). Das Straßenverkehrsamt ist verantwortlich für die Einordnung der Straßen als Einbahnstraßen oder als Sackgassen, für die Ausweisung von Parkplatzflächen und andere die Sicherheit und Leichtigkeit des Straßenverkehrs betreffende Maßnahmen. Dabei handelt es sich um öffentliche Aufgaben. Zudem ist das Straßenverkehrsamt ein Teil der städtischen Verwaltungsorganisation, weshalb es auch eine formelle Behörde darstellt.

3. Die Schilderaufstellung müsste öffentlich-rechtlich sein. Dies ist anhand der drei Theorien zu prüfen … *[vgl. einleitende Vorbemerkung]* … Folglich liegt Öffentliches Recht vor.

4. Außerdem müsste damit eine Regelung verbunden sein. Es müsste sich also die Rechtslage durch die Aufstellung der Schilder geändert haben. Vor der Aufstellung war in der Käsenbachstraße noch Tempo 50 (allgemeine Höchstgeschwindigkeit in geschlossenen Ortschaften) erlaubt; jetzt aber ist nur noch Tempo 30 zulässig, während eine höhere Geschwindigkeit – die zuvor noch zulässig war – verboten ist. Mithin hat sich die Rechtslage geändert, weshalb der Regelungscharakter vorliegt.

5. Die weiter erforderliche Außenwirkung wäre gegeben, wenn die Adressaten der Regelung außerhalb der hoheitlichen Sphäre stehen. Als Adressaten sind alle Verkehrsteilnehmer anzusehen, die durch die Käsenbachstraße fahren. Soweit sie nicht bei der Stadt Tübingen arbeiten, ist die Außenwirkung unproblematisch. Aber auch Mitarbeiter der Stadtverwaltung sind hier bei Privatfahrten nicht als Amtswalter, sondern als private Verkehrsteilnehmer betroffen, weshalb auch insofern die Außenwirkung zu bejahen ist. Etwas anderes gilt nur, wenn ein Mitarbeiter der Stadtverwaltung die Straße in dienstlicher Eigenschaft befährt.

6. Problematisch ist allerdings das Vorliegen des Einzelfalls. Dieser würde nämlich voraussetzen, dass nur ein ganz bestimmter Fall gegenüber einer bestimmten Person oder Personengruppe geregelt worden ist. Hier handelt es sich um die zulässige Höchstgeschwindigkeit in der Käsenbachstraße in Tübingen und damit um einen ganz bestimmten (konkreten) Fall. Allerdings gilt die Regelung nicht nur gegenüber einer bestimmten Person oder Personengruppe, sondern gegenüber allen – nicht von vornherein bestimmbaren – Verkehrsteilnehmern, die durch die Käsenbachstraße fahren wollen. Insofern liegt kein Einzelfall vor.

7. Dennoch würde es sich bei der Schilderaufstellung um einen VA handeln, wenn er als Allgemeinverfügung i.S.v. § 35, 2 VwVfG anzusehen wäre. Dies wäre u.a. der Fall, wenn die Benutzung einer öffentlichen Sache durch die Allgemeinheit geregelt würde. Die Käsenbachstraße stellt – wie jede öffentliche Straße – eine öffentliche Sache[203] dar. Die zulässige Höchstgeschwindigkeit regelt deren Benutzung, da dadurch auf das „wie" der Benutzung eingewirkt wird. Diese Benutzung kann potenziell durch jeden erfolgen, womit sie sich auf die Allgemeinheit bezieht.

Demnach handelt es sich bei der Schilderaufstellung um einen VA in Gestalt einer Allgemeinverfügung i.S.v. § 35, 2 VwVfG[204].

---

203 Auch unbewegliche Dinge wie Häuser u.Ä. sind Sachen im Rechtssinn (Immobilien).

204 Die rechtliche Einordnung von Verkehrsschildern ist umstritten; vor allem in der Literatur wird die Ansicht vertreten, die Schilder beträfen nicht nur unbestimmt viele Personen, sondern auch unbestimmt viele Fälle, weshalb sie generell-abstrakt seien und daher als Rechtsnormen (Rechtsverordnungen) anzusehen wären. Das BVerwG hat sich für die hier dargestellte Qualifizierung als Allgemeinverfügung entschieden (BVerwGE 59, S. 221). Eingehend hierzu: Maurer, Verwaltungsrecht, § 9 Rndr. 34–36; Bull/Mehde, Verwaltungsrecht, Rdnr. 703; Peine, Verwaltungsrecht, Rdnr. 412–417; Sodan/Ziekow, Öffentliches Recht, § 74 Rdnr. 23.

241g   **(7) Der Bundespräsident ernennt auf Vorschlag des Bundeskanzlers durch Aushändigung der Ernennungsurkunde den Bundestagsabgeordneten A zum Bundesminister.**

Die Ministerernennung könnte einen VA i. S. v. § 35, 1 VwVfG darstellen.

1. Das würde zunächst voraussetzen, dass darin eine Maßnahme liegt. Diese ist als Handlung mit Erklärungsgehalt definiert. Die Handlung besteht hier in der Übergabe der Urkunde, während der Erklärungsgehalt in der damit verbundenen Aussage liegt, dass A zum Bundesminister ernannt wird.

2. Des Weiteren müsste der hier handelnde Bundespräsident als Behörde anzusehen sein. Das wäre der Fall, wenn er eine Stelle wäre, die öffentliche Aufgaben wahrnimmt (§ 1 IV VwVfG). Zwar erfüllt der Bundespräsident mit seiner repräsentativen und staats-notariellen Tätigkeit öffentliche Aufgaben; dennoch ist hier fraglich, ob er bei einer Ministerernennung als Behörde handelt. Der Bundespräsident ist als Staatsoberhaupt ein oberstes Verfassungsorgan; als solches hat er behördliche Aufgaben wie z. B. die Ernennung hoher Beamten und Offiziere (insofern ist er Einstellungs- oder Ernen-nungsbehörde), aber eben auch verfassungsorganisatorische Zuständigkeiten wie z. B. die Mitwirkung bei der Bildung der Bundesregierung durch die Ernennung ihrer Mit-glieder gem. Art. 63 II 2, 64 I GG. Wenn er als Verfassungsorgan zur Bildung anderer Verfassungsorgane beiträgt, nimmt er zwar eine öffentliche Aufgabe wahr, die jedoch nicht als behördlich im engeren Sinn anzusehen ist[205]. Der Bundespräsident handelt bei der Ernennung von Regierungsmitgliedern nicht als Einstellungsbehörde, sondern als Verfassungsorgan in Wahrnehmung seiner verfassungsmäßigen Zuständigkeiten. Nach alledem scheidet die Einordnung der Ministerernennung als VA aus. Die weitere Prüfung erfolgt hilfsgutachtlich.

3. Die Ministerernennung müsste öffentlich-rechtlich sein. Dies ist anhand der drei Theorien zu prüfen … *[vgl. einleitende Vorbemerkung]* … Folglich liegt Öffentliches Recht vor.

4. Außerdem müsste eine Regelung vorliegen. Das würde eine Änderung der Rechts-lage voraussetzen. Durch die Ernennung des A zum Bundesminister wird zwischen ihm und der Bundesrepublik Deutschland ein Rechtsverhältnis begründet, wonach A verpflichtet und befugt ist, als Minister zu handeln. Eine Regelung liegt demnach vor.

5. Weiter ist die Außenwirkung zu prüfen. A stand vor seiner Ernennung zum Bundes-minister als Bundestagsabgeordneter zwar in einem besonderen Verhältnis zur Bun-desrepublik, ohne jedoch in ihre Verwaltungssphäre einbezogen zu sein. Zudem wirkt sich die Ernennung zum Bundesminister mindestens auch auf die Privatperson des A in Form von Besoldung und Erhöhung der Reputation aus.

---

205 Diese Einschränkung des öffentlichen Charakters enthält § 35, 1 VwVfG zwar nicht, ergibt sich aber aus Sinn und Zweck des Verwaltungsverfahrens; außerdem ist diese Einschränkung in § 40 I VwGO enthalten, wonach die Verwaltungsgerichte nur für öffentlich-rechtliche Strei-tigkeiten *nichtverfassungsrechtlicher Art* zuständig sind.

6. Da sich die Ernennung allein auf A bezieht, liegt auch ein Einzelfall vor.

Die Ministerernennung ist wegen der diesbezüglich fehlenden Behördeneigenschaft des Bundespräsidenten nicht als VA, sondern vielmehr als Verfassungsakt anzusehen.

c. Nebenbestimmungen zum Verwaltungsakt

(1) Bedeutung und Systematik der Nebenbestimmungen

I. Bedeutung der Nebenbestimmungen

Nebenbestimmungen lassen sich als Zusatzregelungen zu einem VA bezeichnen; sie stellen also so etwas wie ein „Anhängsel" zu einem VA dar. Da die Nebenbestimmungen selbst teilweise Regelungen enthalten, spricht man zur deutlicheren sprachlichen Abgrenzung beim VA vom „Haupt-VA"; bestimmte Nebenbestimmungen haben sogar eine eigene VA-Qualität, weshalb immer deutlich sein muss, von welcher Regelung bzw. welchem VA die Rede ist. Nicht selten sind Nebenbestimmungen notwendig, um die Rechtmäßigkeit des Haupt-VA erst sicherzustellen. Beantragt z. B. jemand auf einem abrutschgefährdeten Grundstück eine Baugenehmigung, so wäre dieser Haupt-VA wegen der damit verbundenen Gefahr für das Haus rechtswidrig, sofern nicht im Weg der Nebenbestimmung die Errichtung einer geeigneten Stützmauer zur Bedingung gemacht würde.   **242**

II. Systematik des § 36 II VwVfG

Die Nebenbestimmungen sind in § 36 II VwVfG geregelt; das Gesetz unterscheidet dort zwischen Verwaltungsakten, die mit Nebenbestimmungen „erlassen" werden (Nrn. 1 bis 3) und solchen, die mit Nebenbestimmungen „verbunden" werden (Nrn. 4 und 5). Diese sprachliche Feinheit hat ganz erhebliche Konsequenzen.   **243**

1. Unselbstständige Nebenbestimmungen

Die Worte „erlassen werden mit" machen deutlich, dass die Nebenbestimmung untrennbar zu dem Haupt-VA gehört. Da sie nur zusammen erlassen werden können, kommt einer solchen Nebenbestimmung keine rechtliche Eigenständigkeit zu; deshalb spricht man bei den Nrn. 1 bis 3 von „unselbstständigen" Nebenbestimmungen. Befristung, Bedingung und Widerrufsvorbehalt sind demnach Bestandteil des Haupt-VA; dies hat zur Folge, dass der Haupt-VA in seiner Wirksamkeit von der Nebenbestimmung abhängt: **244**

Gesamt-VA

Haupt-VA	Neben- bestim- mung

Ohne dem 5. Abschnitt über die verwaltungsgerichtlichen Klagearten vorgreifen zu wollen, muss hier doch kurz die besondere prozessuale Bedeutung erwähnt werden: Erhält der Bürger einen begünstigenden VA (z. B. Genehmigung der Produktionserweiterung seiner Fabrik) unter einer belastenden Bedingung (seine Schornsteine mit ebenso modernen wie teuren Filtern nachzurüsten), so kann er (zumindest nach der sog. „älteren Auffassung", s. u. Rdnr. 246) nicht isoliert gegen die ihn belastende Nebenbestimmung im Weg der Anfechtungsklage vorgehen. Er muss vielmehr Klage auf Erteilung des Haupt-VA *ohne* die Nebenbestimmung erheben (Verpflichtungsklage). Die aufschiebende Wirkung dieser Klage erfasst dann den VA insgesamt, sodass der Kläger auch den ihn begünstigenden Haupt-VA zunächst nicht nutzen kann. Außerdem ist der Kläger bei einer Verpflichtungsklage wegen des häufig vorhandenen behördlichen Ermessens meist in einer deutlich schwächeren Position als bei einer Anfechtungsklage; deshalb handelt es sich hierbei um einen folgenschweren Unterschied.

2. Selbstständige Nebenbestimmungen

245 Die Auflage und der Auflagenvorbehalt sind dagegen mit dem Haupt-VA nur „verbunden". Das bedeutet, dass es sich dabei um eigenständige VAe handelt, die rechtlich mit dem Haupt-VA nur verknüpft sind, ohne dessen Bestandteil zu werden und ohne dessen Wirksamkeit zu beeinflussen. Folglich spricht man hier von den „selbstständigen" Nebenbestimmungen:

3. Prozessuale Behandlung

246 Ob diese Unterscheidung auch Folgen für die prozessuale Behandlung der Nebenbestimmungen hat, ist streitig. Nach der sog. „älteren Auffassung" kommt es gerade auf diese Differenzierung an: Da die selbständige Nebenbestimmung einen eigenständigen VA darstellt, kann sie auch isoliert mit der Anfechtungsklage angegriffen werden. Für den klagenden Bürger hat dies den Vorteil, dass seine isolierte Klage gegen eine belastende Nebenbestimmung den begünstigenden Haupt-VA nicht tangiert und Letzterer deshalb schon während des u. U. zeitraubenden Prozesses vollzogen werden kann. Die unselbständigen Nebenbestimmungen dagegen können nur durch eine Verpflichtungsklage auf Erlass des Haupt-VA *ohne* Nebenbestimmungen angegriffen werden. Als heute h. M. gilt dagegen die vom BVerwG (nach einigen Wirrungen) vertretene Ansicht, wonach jede Nebenbestimmung isoliert anfechtbar sein soll. Als maßgebliches Argument wird vorgetragen, dass es nicht der Behörde – der die Ausgestaltung der Nebenbestimmung obliegt – überlassen sein darf, Art und Umfang des Rechtsschutzes vorzugeben. Die Frage, ob der Haupt-(Rest)VA ohne die Nebenbestimmung überhaupt sinnvoll weiterbestehen kann, sei erst im Rahmen der Begründetheit zu entscheiden. Damit werden dem klagenden Bürger aber m.E. Steine statt Brot gegeben; denn ihm dürfte egal sein, ob er schon bei der Zulässigkeit, oder erst bei der Begründetheit „auf den Bauch fällt". Daher wird auch weiterhin ein auf ein Verpflichtungsurteil gerichteter Hilfsantrag sinnvoll sein. Eine dritte, im Schrifttum weit verbreitete Meinung stellt auf die Art der Rechtsfolge in der Ermächtigungsgrundlage für den Haupt-VA ab; besteht auf diesen einen Anspruch (gebundene Rechtsfolge), soll die Nebenbestimmung isoliert angefochten werden können, ansonsten (bei Ermessensrechtsfolge) nur gemeinsam mit dem Haupt-VA. Mir erscheint nach wie vor die „ältere Auffassung" am einleuchtendsten, da sie als Einzige die gesetzliche Systematik innerhalb des Systems der Nebenbestimmungen aufgreift; es ist gedanklich stimmig, dass unselbständige, mit dem Haupt-VA untrennbar verbundene Nebenbestimmungen gerade nicht prozessual isoliert angegriffen werden können[206].

(2) Die Nebenbestimmungen im Einzelnen

I. Erläuterung

1. Befristung

Eine Befristung begrenzt die Wirksamkeit des Haupt-VA in zeitlicher Hinsicht. Dies **247** kann „nach vorne" für den erst später einsetzenden Beginn dieser Wirksamkeit (aufschiebend) oder „nach hinten" für eine zeitliche Begrenzung der Wirksamkeit (auflösend) erfolgen. Denkbar ist auch eine Kombination beider Möglichkeiten, sodass die Wirksamkeit des Haupt-VA erst zu einem bestimmten Zeitpunkt beginnen und zu einem anderen bestimmten Zeitpunkt enden soll. Wichtig ist in jedem Fall, dass der Eintritt des künftigen Ereignisses, an das angeknüpft wird, sicher ist (in aller Regel einfach ein Zeitpunkt; denkbar sind aber auch sicher eintretende Ereignisse wie z. B. Ablauf der Wahlperiode des Parlaments o. Ä.).

2. Bedingung

Wie bei der Befristung hängt auch von der Bedingung die Wirksamkeit des Haupt-VA **248** ab. Auch die Bedingung ist aufschiebend (Beginn der Wirksamkeit bei Bedingungseintritt) oder auflösend (Ende der Wirksamkeit bei Bedingungseintritt) möglich. Der wesentliche Unterschied zur Befristung besteht darin, dass der Eintritt des Bedingungsereignisses ungewiss ist. Das bedeutet, dass nicht sicher ist, ob die Bedingung überhaupt eintreten wird, z. B. Bebauung eines Nachbargrundstücks.

3. Widerrufsvorbehalt

Gem. § 49 VwVfG können rechtmäßige VAe widerrufen werden; allerdings zieht diese **249** Vorschrift namentlich bei begünstigenden VAen relativ enge Grenzen, weil der Bürger ja redlicherweise auf den Bestand des rechtmäßigen VA vertrauen durfte[207]. Genau diesen Vertrauensschutz aber kann man mit einem Widerrufsvorbehalt stark abschwächen. Das heißt nicht, dass nun jede Behörde ihre begünstigenden VAe „sicherheits-

---

206 Zur h. M. siehe BVerwGE 112, S. 221; zum Meinungsstand insgesamt vgl. Bull/Mehde, Verwaltungsrecht, Rdnr. 727–729 m. w. N.; Maurer, Verwaltungsrecht, § 12 Rdnr. 22–28 mit zahlr. Beispielen u. w. N.; Detterbeck, Verwaltungsrecht, Rdnr. 665-672.
207 Näher zu Widerruf (und Rücknahme) s. u. im 4. Abschnitt, Rdnr. 320 ff.

halber" mit Widerrufsvorbehalten versehen kann, denn der Vertrauensschutz als Widerrufssperre gem. § 49 VwVfG darf natürlich nicht ausgehöhlt oder unterlaufen werden. Deshalb unterliegt auch ein Widerrufsvorbehalt strengen Anforderungen[208]. So ist ein pauschaler Vorbehalt, den Haupt-VA zu widerrufen, nicht hinreichend bestimmt; der Widerrufsvorbehalt muss entweder die späteren Widerrufsgründe nennen oder zumindest aus den Begleitumständen seine Reichweite erkennen lassen[209]. Mit dieser Nebenbestimmung soll bei noch nicht sicherem Kenntnisstand eine gewisse „Testphase" für den Haupt-VA ermöglicht werden. Eigentlich wäre die Nennung dieser Nebenbestimmung im Gesetz gar nicht notwendig gewesen; denn dabei handelt es sich nur um einen besonderen Fall der auflösenden Bedingung, wobei der Widerruf das ungewisse Ereignis darstellt[210].

4. Auflage[211]

250   Mit der Auflage wird vom Adressaten eines begünstigenden VAs ein bestimmtes Dulden, Tun oder Unterlassen verlangt; insofern besteht eine gewisse Parallele mit der Bedingung, weil diese ja auch in einem bestimmten Tun oder Unterlassen des Adressaten liegen kann. Deshalb treten die Abgrenzungsprobleme zwischen diesen beiden Nebenbestimmungen praktisch am häufigsten auf; das hängt natürlich auch mit den erheblichen rechtlichen Unterschieden zwischen der unselbstständigen Bedingung und der selbstständigen Auflage zusammen (s. o.). Für diese Abgrenzung ist neben der gewählten Bezeichnung, die allerdings nicht mehr als ein erster Anhaltspunkt sein kann, der Wille der Behörde maßgeblich, wie er sich in dem Schreiben aus Sicht des objektivierten Empfängers (Empfängerhorizont) darstellt. Macht die Behörde deutlich, dass ihr die zusätzliche Handlung sehr wichtig ist, so will sie den Haupt-VA im Zweifel von dieser Handlung abhängig machen. Dann läge eine unselbstständige Bedingung vor. Tritt ihr Verlangen nach der zusätzlichen Handlung eher nebenbei und im hinteren Teil der Verfügung zu Tage, dann spricht viel für die Annahme einer selbstständigen Auflage[212].

5. Auflagenvorbehalt

251   Der Auflagenvorbehalt hat wie der Widerrufsvorbehalt die Aufgabe, bei einer späteren Maßnahme den entgegenstehenden Vertrauensschutz auszuschalten. Deshalb unterliegt auch dieser Vorbehalt den o.g. Voraussetzungen, wonach die vorbehaltene Auflage zumindest andeutungsweise im Vorbehalt enthalten sein muss. In aller Regel ist der

---

208 Maurer, Verwaltungsrecht, § 12 Rdnr. 7.
209 Vgl. Peine, Verwaltungsrecht, Rdnr. 526; nach Kopp/Ramsauer, VwVfG, § 36 Rdnr. 28 sollen die Widerrufsvoraussetzungen hingegen keiner näheren Präzisierung bedürfen.
210 Maurer, Verwaltungsrecht, § 12 Rdnr. 7.
211 Die sog. „modifizierende Auflage" liegt dann vor, wenn anstelle des vom Bürger beantragten VA ein inhaltlich veränderter („modifizierender") VA erlassen wird; sie stellt daher keine echte Auflage und damit auch keine Nebenbestimmung dar, weshalb die Bezeichnung als „Auflage" als terminologisch verwirrend kritisiert wird; vgl. Maurer, Verwaltungsrecht, § 12 Rdnr. 16; Bull/Mehde, Verwaltungsrecht, Rdnr. 724; Peine, Verwaltungsrecht, Rdnr. 534–536; Kopp/Ramsauer, VwVfG, § 36 Rdnr. 35 f.
212 Maurer, Verwaltungsrecht, § 12 Rdnr. 17; Peine, Verwaltungsrecht, Rdnr. 528–530.

Auflagenvorbehalt für die Fälle gedacht, in denen noch nicht alle Gesichtspunkte für den Erlass des Haupt-VA abschließend geprüft werden können, dem Adressat aber aus Zeitgründen das weitere Abwarten nicht mehr zugemutet werden soll; in diesem Fall ergeht der Haupt-VA unter dem Vorbehalt, dass sich aus den ausstehenden Prüfungspunkten noch bestimmte Auflagen ergeben können.

II. Übersicht

Nebenbestimmung	Besonderheit	unselbstständig/selbstständig	**252**
1. Befristung § 36 II Nr. 1 VwVfG	a) VA hängt in seiner Wirksamkeit von einem bestimmten Zeitpunkt oder vom Eintritt eines künftigen, gewissen Ereignisses ab. b) Aufschiebend und auflösend möglich (auch von … bis …).	**Unselbstständige Nebenbestimmung** („erlassen mit")	
2. Bedingung § 36 II Nr. 2 VwVfG	a) Wirkung des VA hängt vom Eintritt eines ungewissen Ereignisses in der Zukunft ab. b) Aufschiebend und auflösend möglich.	– mit Haupt-VA untrennbar verbunden (Bestandteil), insbesondere hinsichtlich des rechtlichen Schicksals;	
3. Widerrufsvorbehalt § 36 II Nr. 3 VwVfG	a) Funktion: Minderung des Vertrauensschutzes bei Widerruf (vgl. § 49 VwVfG). b) Gefahr: Aushebelung des § 49 VwVfG, daher Einzelfallbegründung erforderlich.	– daher nur zusammen mit dem dem Haupt-VA angreifbar (str., s. o., Rdnr. 246).	
4. Auflage § 36 II Nr. 4 VwVfG	a) Verlangt vom Adressat ein Tun, Dulden, Unterlassen. b) Nur bei Begünstigung möglich. c) Abgrenzung zur Bedingung schwierig; → Behördenwille entscheidend.	**Selbstständige Nebenbestimmung** („verbunden mit") – eigenständiger („Neben"-)VA mit eigenem rechtlichen Schicksal[213];	
5. Auflagenvorbehalt § 36 II Nr. 5 VwVfG	Minderung des Vertrauensschutzes bezüglich einer nachfolgenden Auflage.	– daher auch isoliert angreifbar (Anfechtung).	

---

213 Das gilt zumindest für die Auflage; die Rechtsnatur des Auflagenvorbehalts ist umstritten, vgl. Maurer, Verwaltungsrecht, § 12 Rdnr. 14; Peine, Verwaltungsrecht, Rdnr. 533.

I

III. Beispielhafte Nebenbestimmungen mit jeweiligem Zweck

253

Nebenbestimmung	Beispiel	Zweck
Befristung	Anwohnerparkausweis für die Dauer eines Jahres.	Die Behörde will keine Dauergenehmigung erteilen, weil sich sowohl die Anwohnereigenschaft als auch die Marktlage ändern können.
Bedingung (aufschiebend)	Baugenehmigung nur bei vorheriger Erstellung einer Stützmauer.	Herbeiführung der Genehmigungsfähigkeit, wenn der Antrag (ohne die Mauer) eigentlich nicht genehmigungsfähig wäre.
Bedingung (auflösend)	Erteilung einer Aufenthaltsbewilligung für die Dauer eines bestimmten Beschäftigungsverhältnisses.	Verknüpfung des Haupt-VA mit tatbestandlichen Voraussetzungen, die u. U. wegfallen könen.
Widerrufsvorbehalt	Erteilung einer Fahrerlaubnis auf Probe.	„Bewährungsphase" abwarten; bis dahin keinen Vertrauensschutz entstehen lassen.
Auflage	Gaststättenkonzession mit der Auflage, noch zwei weitere WCs nachzuweisen.	Die Genehmigung an sich ist möglich, aber es werden weitere gesetzliche Pflichten konkretisiert.
Auflagenvorbehalt	Immissionsschutzrechtliche Genehmigung für eine Fabrik (bzgl. des Lärms), wobei abzuwarten ist, ob die angeordneten Lärmschutzmaßnahmen ausreichend sind; daher Vorbehalt, weitere Lärmschutzmaßnahmen zu verlangen.	Entscheidung in der Hauptsache unter Offenlassung einzelner noch nicht ganz absehbarer Nebenfragen, die noch zu entscheiden sind.

253a

Zur Vertiefung: Nebenbestimmungen

Bull/Mehde, Verwaltungsrecht, Rdnr. 719–729; Detterbeck, Verwaltungsrecht, Rdnr. 643–672; ders., Öffentliches Recht, Rdnr. 762–770; Erbguth, Verwaltungsrecht, § 18; Ipsen, Verwaltungsrecht, § 9; Maurer, Verwaltungsrecht, § 12; Peine, Verwaltungsrecht, Rdnr. 499–539; Sodan/Ziekow, Öffentliches Recht, § 78.

D. Fall 12: Ungeduldiger Bauherr

254 **Sachverhalt**

Der schwäbische Häuslebauer H erhält vom zuständigen Baurechtsamt ein Schreiben, in dem ihm die beantragte Baugenehmigung für ein Dreifamilienhaus erteilt wird. Nach dem Ausspruch der Genehmigung enthält das Schreiben eine Reihe technischer und sonstiger Hinweise, die beim Bau zu beachten sind. Vor der abschließenden Rechtsbehelfsbelehrung steht dann noch ein Passus, in dem es heißt:

„Gem. § 37 I LBO bedarf Ihr Bauvorhaben einer Mindestanzahl von drei Stellplätzen, da für jede Wohnung mindestens ein Stellplatz nachzuweisen ist. Ihr Antrag enthält jedoch nur zwei Stellplätze (als Garage), weshalb Sie bis zur Bauabnahme noch einen weiteren Stellplatz zu beantragen und nachzuweisen haben."

H ist nicht bereit, neben der geplanten Doppelgarage noch weitere Stellplätze anzulegen; er ist der Ansicht, dass zwei Stellplätze genügen. Er verweist darauf, dass man auf der vor dem Haus gelegenen Straße zu jeder Zeit problemlos einen Parkplatz fände. Außerdem sei die dritte Wohnung nur eine knapp 40 Quadratmeter große Einliegerwohnung.

Aufgabe

Prüfen Sie, ob H trotz Widerspruchseinlegung mit dem Bau des Hauses beginnen kann.

Lösung

H könnte mit dem Bau des Hauses beginnen, wenn er dafür eine wirksame Baugenehmigung hätte.

Einleitungssatz orientiert sich an der Fallfrage.   **255**

1. Der Wirksamkeit der vorliegenden Baugenehmigung könnte hier die Nichterfüllung der Stellplatzverpflichtung entgegenstehen. Das wäre der Fall, wenn es sich bei dieser Verpflichtung um eine aufschiebende Bedingung zur Baugenehmigung handeln würde.

Wirksamkeit des Haupt-VA hängt von unselbständigen Nebenbestimmungen ab!

2. Dafür ist zunächst zu klären, ob es sich bei der Stellplatzverpflichtung überhaupt um eine Nebenbestimmung i. S. v. § 36 II VwVfG handelt. Die Verpflichtung erfolgt zusammen mit der Baugenehmigung im gleichen Schreiben; außerdem besteht ein enger sachlicher Zusammenhang zwischen der Genehmigung des Gebäudes und der Verpflichtung zur Anlegung der dafür erforderlichen Stellplätze. Folglich ist hier von einer Nebenbestimmung auszugehen, wobei die Baugenehmigung den Haupt-VA darstellt.

Erster Prüfungspunkt: Handelt es sich hierbei überhaupt um eine Problematik von Haupt-VA und Nebenbestimmung?

3. Damit ist aber über die Wirksamkeit des Haupt-VAs bei Nichterfüllung der Stellplatzverpflichtung noch nichts ausgesagt. Nur wenn die Verpflichtung als (aufschiebende) Bedingung zu qualifizieren wäre, hinge die Wirksamkeit der Baugenehmigung von der Erfüllung der Stellplatzverpflichtung ab. Es könnte sich dabei jedoch auch um eine Auflage handeln; dann wäre die Baugenehmi-

Unterscheidung innerhalb der Nebenbestimmungen: unselbständig oder selbständig?

gung sofort wirksam geworden und damit unabhängig von der Erfüllung der Stellplatzverpflichtung.

4. Die Abgrenzung von Bedingung und Auflage erfolgt anhand des Behördenwillens, wie er sich aus dem maßgeblichen Schreiben ergibt. Eine (unselbstständige) Bedingung läge demnach dann vor, wenn der Behörde erkennbar an einer Abhängigkeit der Baugenehmigung von der Stellplatzanlegung gelegen wäre. Im vorliegenden Fall wird die Stellplatzverpflichtung ganz am Ende des Schreibens ohne direkte Bezugnahme auf die Baugenehmigung genannt; eine sprachliche oder systematische Verbindung mit der Baugenehmigung erfolgt nicht. Es ist daher nicht erkennbar, dass der Behörde die Stellplatzanlegung so wichtig gewesen wäre, dass sie die Baugenehmigung von deren Erfüllung abhängig machen wollte. Außerdem lässt die Behörde dem H ausdrücklich bis zur Bauabnahme Zeit, den weiteren Stellplatz zu beantragen und anzulegen; folglich geht auch die Behörde davon aus, dass H schon vor der Erfüllung der Stellplatzverpflichtung mit dem Bau des Hauses beginnen können soll. Demnach handelt es sich bei der Stellplatzverpflichtung um keine Bedingung, sondern vielmehr um eine (selbstständige) Auflage.

Zweiter Prüfungspunkt: Abgrenzung zwischen (unselbständiger) Bedingung und (selbständiger) Auflage.

Maßgeblich ist dafür der Behördenwille, weshalb das Schreiben nach Wortlaut und Zusammenhang auszulegen ist.

5. Als Auflage hat die Stellplatzverpflichtung keinen Einfluss auf die Wirksamkeit der Baugenehmigung, weshalb H mit dem Hausbau sofort beginnen kann.

Feststellung des Ergebnisses und Beantwortung der Fallfrage.

3. Abschnitt:
Fehlerhafte Verwaltungsakte

A. Die Fehlerarten im Überblick

(1) Fehlerarten

I. Unterscheidung zwischen Begriffsmerkmalen und Fehlerhaftigkeit eines Verwaltungsaktes

256   Zunächst ist der Begriff der Fehlerhaftigkeit eines VA zu erläutern, da dieser in Abgrenzung zu den Begriffsmerkmalen oft große Schwierigkeiten bereitet.

1. Die im vorigen Abschnitt erläuterten sechs Begriffsmerkmale beantworten (nur) die Frage, ob das rechtliche Gebilde, das zu untersuchen ist, überhaupt einen VA

darstellt. Es wird also lediglich die Rechtsnatur geklärt (etwa in Abgrenzung zur Verordnung oder zur Auskunft). Eine Aussage darüber, ob dieser VA *rechtmäßig* oder *rechtswidrig* ist, wird damit noch nicht gemacht.

2. Die Überlegungen zur Fehlerhaftigkeit setzen hingegen bereits voraus, dass es sich um einen VA handelt; die sechs Merkmale müssen also in jedem Fall vorliegen. Nun geht es also nicht um die Frage, *ob* ein VA vorliegt, sondern darum, *wie* der vorliegende VA rechtlich zu beurteilen ist. Hierauf geht dieser Abschnitt ein. **257**

II. Verschiedene Fehlerarten

Im Wesentlichen gibt es drei Arten fehlerhafter VAe: die bloß unrichtigen VAe, die schlicht rechtswidrigen VAe und die nichtigen VAe. Bei allen drei Arten sind die Fehler in zwei streng voneinander zu trennenden Hinsichten zu untersuchen: Zum einen ist zu prüfen, ob der Fehler die *Rechtmäßigkeit* des VA berührt (ihn also rechtswidrig macht); zum anderen stellt sich die Frage, ob der Fehler Auswirkungen auf die *Wirksamkeit* des VA hat (ihn also unwirksam macht)[214]. Diese Fragen der Rechtmäßigkeit und der Rechtswirksamkeit dürfen keinesfalls miteinander vermischt werden[215]. **258**

1. Am wenigsten gravierend sind die „bloß unrichtigen VAe", deren Fehlerhaftigkeit weder die Rechtmäßigkeit noch die Rechtswirksamkeit tangiert. Dabei handelt es sich vor allem um Fehler i. S. v. § 42 VwVfG, also Schreib-, Rechen- und ähnliche Fehler. Aber auch das Fehlen oder die Unrichtigkeit (z. B. bzgl. der Frist) einer Rechtsbehelfsbelehrung berührt nicht die Rechtmäßigkeit des VA, sondern führt gem. § 58 II VwGO nur zu einer Verlängerung der Rechtsbehelfsfrist auf ein Jahr. Daher handelt es sich auch dabei um eine bloße Unrichtigkeit. **259**

2. Am häufigsten treten Fehler im Bereich der „schlichten Rechtswidrigkeit" auf. Dabei handelt es sich um Fehler, die den VA rechts*widrig* machen, seine Rechts*wirksamkeit* jedoch unberührt lassen. **260**

a) Das bedeutet, dass rechtswidrige VAe wirksam sein können und vom Adressaten auch zu befolgen sind. Wenn der betroffene Bürger keinen Rechtsbehelf gegen den VA einlegt und dieser nach Ablauf der Rechtsbehelfsfrist (ein Monat) bestandskräftig wird, hat der rechtswidrige VA die gleiche Geltungskraft wie ein rechtmäßiger VA. Diese zunächst etwas eigenartige Konstruktion erklärt sich durch das Erfordernis der Rechtssicherheit; nach einer absehbaren Zeit muss Klarheit darüber herrschen, was jetzt gel- **261**

---

214 Bitte verwenden Sie nie statt „rechtswirksam" den Begriff „rechtskräftig", denn dieser wird sehr häufig falsch verwendet. In vielen Medien liest man von „rechtskräftigen Gesetzen" oder „rechtskräftigen Verträgen"; und viele Studierende bezeichnen einen rechtswirksamen VA auch häufig als „rechtskräftig". Gemeint ist damit immer, dass etwas rechtlich gelten soll. Der Begriff der Rechtskraft allerdings ist mit einer ganz exakten terminologischen Funktion besetzt: Er besagt ausschließlich, dass gegen eine gerichtliche Entscheidung kein Rechtsmittel mehr möglich ist, sondern diese nun unangreifbar ist – sei es wegen Ablauf der Rechtsmittelfrist, oder sei es wegen Erreichens der letzten Instanz; folglich können auch nur gerichtliche Entscheidungen – in aller Regel Urteile – rechtskräftig sein oder werden.

215 Instruktiv Maurer, Verwaltungsrecht, § 10 Rdnr. 20 25; siehe auch Peine, Verwaltungsrecht, Rdnr. 750–760, und Bull/Mehde, Verwaltungsrecht, Rdnr. 748–753.

ten soll. Das hat gerade im Verwaltungsrecht eine hohe Bedeutung. Aber auch im Zivilrecht gibt es in Gestalt der Verjährung Regelungen, die rechtspraktisch das gleiche Ziel haben: Nach zwei Jahren soll der Verkäufer keine Mängelgewährleistungsansprüche des Käufers mehr befürchten müssen, § 438 I 1 Nr. 3 BGB (im Handelsrecht sogar noch wesentlich schneller: „unverzüglich" gem. § 377 I HGB).

262   b) Die zur schlichten Rechtswidrigkeit führenden Fehler lassen sich in nun schon bekannte Kategorien einteilen: So wird auch hier zwischen formellen Fehlern und materiellen Fehlern unterschieden[216].

aa) Die erste (formelle) Kategorie erfasst Fehler in der Zuständigkeit, im Verfahren oder in der Form; diese können zum Teil unter bestimmten Umständen gem. § 45 VwVfG geheilt werden. Außerdem sind einige solche Fehler dann unbeachtlich, wenn diese sich offensichtlich auf die Sachentscheidung nicht ausgewirkt haben (§ 46 VwVfG); damit soll einer sachlich nicht gerechtfertigten Überhöhung der Bedeutung bestimmter formeller Rechtmäßigkeitsvoraussetzungen vorgebeugt werden[217].

bb) Zur zweiten (materiellen) Kategorie zählen u. a. Mängel im Vorliegen des Ermächtigungstatbestandes sowie Probleme der Verhältnismäßigkeit und – sofern das Gesetz der Behörde ein Ermessen einräumt – der Ermessensausübung.

Nähere Einzelheiten zur schlichten Rechtswidrigkeit enthält Teil B (Rdnr. 265 ff.).

263   3. Als schwer wiegendste Form der Fehlerhaftigkeit gibt es schließlich die Nichtigkeit i. S. v. § 44 VwVfG. Dabei handelt es sich um gravierend rechtswidrige VAe, die aufgrund des Gewichts der Rechts*widrigkeit* auch keine Rechts*wirksamkeit* erlangen können; hier wird in der Abwägung zwischen Rechtmäßigkeit einerseits und Rechtssicherheit andererseits zugunsten ersterer entschieden. Im Einzelnen siehe unten Teil D (Rdnr. 307 ff.).

263a | *Zur Vertiefung: Verwaltungsakt (Fehlerarten)*
Detterbeck, Verwaltungsrecht, Rdnr. 611–642; ders., Öffentliches Recht, Rdnr. 758–761; Erbguth, Verwaltungsrecht, § 15; Ipsen, Verwaltungsrecht, § 10; Maurer, Verwaltungsrecht, § 10; Peine, Verwaltungsrecht, Rdnr. 676–749 (mit Übersicht, S. 180); Sodan/Ziekow, Öffentliches Recht, § 81.

---

216 Zur grundlegenden Unterscheidung zwischen formellen und materiellen Fragen, s. o., Rdnr. 133.
217 Vgl. Maurer, Verwaltungsrecht, § 10 Rdnr. 41–43; Bull/Mehde, Verwaltungsrecht, Rdnr. 774 f

(2) Übersicht zu den Fehlerarten

Fehlerart	Erklärung	Rechtsfolge	264
Bloß unrichtige Verwaltungsakte	1. Offenbare Unrichtigkeiten § 42 VwVfG → *korrigierbar* 2. Fehlende oder unrichtige Rechtsbehelfs- belehrung, § 58 VwGO → *Verlängerung der Rechtsmittelfrist*	Rechtmäßig und rechtswirksam.	
Schlicht rechtswidrige Verwaltungsakte	1. Nur solche Verfahrens-/Formfehler, die gemäß § 45 VwVfG heilbar sind. 2. Bei offensichtlich fehlenden Auswirkungen auf die Sachentscheidung: Verfahrens-/Formfehler, Verletzung der örtlichen Zuständigkeit(§ 46 VwVfG). 3. Alle sonstigen Verstöße gegen die Rechtmäßigkeitserfordernisse des VAs (vgl. Teil B, Rdnr. 265 ff.).	Rechtswidrig mit Heilungsmöglichkeit; rechtswirksam. Rechtswidrig, aber der Bürger kann keine Auf- hebung verlangen; rechtswirksam. Rechtswidrig und rechtswirksam; vor Ablauf der Rechts- behelfsfristen durch den Bürger angreifbar.	
Nichtige Verwaltungsakte	1. Absoluter Nichtigkeitsgrund gem. § 44 II VwVfG → *Nichtigkeitsausschluss § 44 III VwVfG!* 2. Schwerer Fehler und Evidenz gem. § 44 I VwVfG → *Nichtigkeitsausschluss § 44 III VwVfG!* (Vgl. Teil D, Rdnr. 307 ff.).	Rechtswidrig, nichtig und *nicht* rechtswirksam.	

B. Der schlicht rechtswidrige Verwaltungsakt

(1) Erläuterungen

Die Prüfung der Rechtmäßigkeit eines VAs gliedert sich in drei Abschnitte; zunächst ist   **265** eine mögliche Ermächtigungsgrundlage zu ermitteln, dann die formelle und schließlich die materielle Rechtmäßigkeit zu prüfen.

I. Ermittlung der Ermächtigungsgrundlage

1. Zum Erfordernis der Ermächtigungsgrundlage:

Gemäß Art. 20 III GG ist die vollziehende Gewalt an Gesetz und Recht gebunden. Das   **266** bedeutet, dass das Verwaltungshandeln einer gesetzlichen Grundlage bedarf. Die h.M. verlangt dies zumindest für die Eingriffsverwaltung, weil hierbei grundrechtlich abgesi- cherte Rechtspositionen des Bürgers tangiert sind. Aber auch im Bereich der Leistungs-

verwaltung[218] wird i.d.R. aufgrund der starken Prägung im Leistungs- und Wohlfahrts-
staat eine gesetzliche Grundlage der Verwaltungstätigkeit verlangt, denn auch in der
Nichtgewährung einer Leistung kann eine Beeinträchtigung liegen[219]. Dieser Vorbehalt
des Gesetzes beruht auf der Grundkonzeption des demokratischen Rechtsstaates. Jede
den Bürger betreffende Entscheidung „von oben" muss sich – staatstheoretisch –
wieder auf den Bürger zurückführen lassen. Die für das Verwaltungshandeln erforderliche gesetzliche Grundlage stellt das Bindeglied zwischen Bürger und Verwaltung dar,
da sich jedes Gesetz auf das Parlament und damit auf den dieses Parlament wählen-
den Bürger zurückführen lässt. Es handelt sich also um einen Kreislauf: Der Bürger
überträgt seine Macht (vgl. Art. 20 II 1 GG) per Wahlentscheid auf das Parlament, das
wiederum die Macht durch die Wahl der Regierung auf die Exekutive (und damit auf
die Verwaltung) überträgt und zugleich durch die Gesetzgebung Vorgaben für die
Machtausübung aufstellt. Und nur in diesem Rahmen kann dann die Verwaltung die
staatliche Gewalt gegenüber dem Bürger ausüben. Im Prinzip lässt sich das Staatsge-
bilde in dieser Hinsicht mit einem Sportverein vergleichen: Die Vereinsmitglieder wählen einen Vorstand, der dann wiederum – in den durch Beschlüsse der Mitgliederver-
sammlung gesetzten Grenzen – Entscheidungen gegenüber den Vereinsmitgliedern
(etwa über die Beitragshöhe, die Nutzung von Sportgeräten und Räumlichkeiten) trifft;
anhand dieses Beispiels wird es vielleicht deutlicher, dass das einzelne Vereinsmitglied
nur solche Entscheidungen zu akzeptieren bereit ist, die von der Mitgliederversamm-
lung entweder selbst getroffen oder aber dem Vorstand übertragen wurden.

2. Zur Ermittlung der Ermächtigungsgrundlage:

267 a) Schon vor der Prüfung der formellen Rechtmäßigkeit bedarf es einer Feststellung,
welche Norm als Ermächtigungsgrundlage infrage kommt, denn hiervon hängen nicht
selten formelle Rechtmäßigkeitserfordernisse (z. B. Zuständigkeiten) ab.

268 b) Die infrage kommende Ermächtigungsgrundlage wird anhand der Rechtsfolge ermittelt. Man schaut sich das behördliche Handeln im Sachverhalt an und sucht dann
nach einer Norm, deren Rechtsfolge dieses Handeln erlaubt bzw. anordnet. Wird beispielsweise ein Gewerbebetrieb geschlossen, so benötigt man als denkbare Ermächtigungsgrundlage eine Vorschrift, die die Schließung von Gewerbebetrieben ermöglicht;
hierfür bietet sich § 35 I GewO an. Es wird jedoch noch nicht geprüft, ob die Ermächtigungsgrundlage im konkreten Fall auch erfüllt ist; das Vorliegen des Tatbestands der
eventuellen Ermächtigungsgrundlage ist ein wesentlicher Prüfungspunkt bei der materiellen Rechtmäßigkeit.

---

218 Zu den Begriffen Eingriffs- und Leistungsverwaltung s. o., Rdnr. 215 f.
219 Die Reichweite des Vorbehalts des Gesetzes ist im Einzelnen umstritten; teilweise wird darin
auch ein Totalvorbehalt für jedes Verwaltungshandeln gesehen, vgl. Katz, Staatsrecht, Rdnr. 192;
Degenhart, Staatsrecht, I Rdnr. 296–322 mit vielen Beispielsfällen; Maurer, Verwaltungsrecht,
§ 6 Rdnr. 10 ff.

II. Formelle Rechtmäßigkeit[220]

1. Zuständigkeit

a) Die verschiedenen Zuständigkeiten exakt zu ermitteln, stellt oft auch die Verwal- **269**
tungspraxis vor nicht geringe Schwierigkeiten. Für diese Arbeit benötigt man alle dafür
maßgeblichen Vorschriften, die nicht selten in unbekannten Zuständigkeitsverordnun-
gen versteckt sind. Da in diesem Buch vor allem juristisches Verständnis geweckt werden soll, werden die Zuständigkeiten hier vernachlässigt. In einer Fallbearbeitung sollte
man außerdem nur dann darauf eingehen, wenn zwischen den Parteien Streit darüber
besteht oder der Sachverhalt sonst auf die Zuständigkeitsproblematik hinweist.

b) Wenn doch einmal die Zuständigkeit zu problematisieren ist, muss zwischen der **270**
staatlichen Verwaltung und der mittelbaren Staatsverwaltung unterschieden werden.
Zur ersteren gehören alle Behörden des Bundes und der Länder, da diese Körperschaften Staatsqualität besitzen; hier wären beispielsweise Kreiswehrersatzämter,
Regierungspräsidien und (bedingt) Landratsämter zu nennen. Die mittelbare Staatsverwaltung dagegen erfasst die autonomen Körperschaften, die staatliche Aufgaben
zur eigenen Erledigung übertragen bekommen haben; dies sind vor allem die Gemeinden und (wiederum nur bedingt) die Universitätsverwaltungen.

aa) Bei behördlichem Handeln der Staatsverwaltung ist die örtliche, sachliche und **271**
instanzielle Zuständigkeit zu prüfen. Die örtliche Zuständigkeit fragt danach, ob der
Verwaltungsfall in dem räumlichen Gebiet stattfindet, für das die Behörde zuständig
ist. So kann das Landratsamt Esslingen nur innerhalb des Landkreises Esslingen VAe
erlassen. Die sachliche Zuständigkeit dagegen betrifft die Frage, welche Behörde aus
inhaltlicher Sicht betroffen ist; so sind beispielsweise die Finanzbehörden für Steuer-
und Finanzangelegenheiten oder die Baubehörden für Baufragen sachlich zuständig.

Als Unterfall der sachlichen Zuständigkeit geht es bei der instanziellen Zuständigkeit
schließlich darum, welche (örtlich und sachlich zuständige) Behörde innerhalb des
hierarchischen Verwaltungsaufbaus für bestimmte Maßnahmen zuständig ist. So sind
für den Naturschutz im Landkreis Esslingen das Landratsamt Esslingen (als untere
Naturschutzbehörde), das Regierungspräsidium Stuttgart (als höhere Naturschutzbehörde) und das Umweltministerium Baden-Württemberg (als oberste Naturschutzbehörde) örtlich und sachlich zuständig (vgl. § 60 I NatSchG Ba.-Wü.). Die Verteilung
der verschiedenen Naturschutzaufgaben auf diese Behörden erfolgt durch die Bestimmungen zur instanziellen Zuständigkeit. So ist gem. § 73 NatSchG Ba.-Wü. für die
Festsetzung von Biosphärengebieten (§ 28 NatSchG Ba.-Wü.) das Ministerium, für die
Ausweisung von Naturschutzgebieten (§ 26 NatSchG Ba.-Wü.) das Regierungspräsidium und für die Ausweisung von Landschaftsschutzgebieten (§ 29 NatSchG Ba.-Wü.)
das Landratsamt instanziell zuständig.

---

220 Näher zur formellen Rechtmäßigkeit des Verwaltungsaktes: Detterbeck, Verwaltungsrecht,
Rdnr. 573–587; ders., Öffentliches Recht, Rdnr. 746–750; Erbguth, Verwaltungsrecht, § 14 II;
Ipsen, Verwaltungsrecht, Rdnr. 635–648; Peine, Verwaltungsrecht, Rdnr. 559–661.

272   bb) Beim Tätigwerden der mittelbaren Staatsverwaltung, also z. B. des Ordnungs-amtes der Landeshauptstadt Stuttgart, richtet sich die Zuständigkeitsfrage zunächst auf die Verbandskompetenz; dabei geht es darum, ob – um beim Beispiel zu bleiben – für das Verwaltungshandeln die Landeshauptstadt Stuttgart (als Verband) zuständig ist oder nicht vielmehr eine andere Körperschaft (etwa eine andere Stadt, das Land oder der Bund). Wenn die Verbandskompetenz der Stadt gegeben ist, muss noch die Organ-kompetenz geklärt werden; es ist also zu prüfen, welches Organ der Stadt für die Ver-waltungsmaßnahme zuständig war. Das könnte statt der hier handelnden (durch den OB verkörperten) Stadtverwaltung auch der Gemeinderat sein.

2. Verfahren[221]

273   a) Das Verwaltungsverfahren wird durch die §§ 9–30 VwVfG geregelt. Die Beteili-gungs- und die Handlungsfähigkeit gem. §§ 11 f. VwVfG ist dabei in der Regel unproble-matisch und daher gar nicht zu erwähnen. Auch auf die Vertretungsregeln der §§ 16 ff. VwVfG und auf das Problem von Ausschluss und Befangenheit ist nur im Bedarfsfall einzugehen.

274   b) Von besonderer Bedeutung ist jedoch die in § 28 VwVfG geregelte Anhörung. Hier-bei handelt es sich um eine Ausprägung des schon in Art. 20 III, 28 I GG postulierten Rechtsstaatsprinzips; demnach muss ein Bürger die Möglichkeit zur Vorbringung seiner Sichtweise und seiner Argumente haben, bevor eine Behörde (oder ein Gericht, vgl. Art. 103 I GG) eine ihn betreffende – insbesondere belastende – Entscheidung fällt.

275   aa) Der Anhörungsgrundsatz des § 28 I VwVfG ist dann erfüllt, wenn die Behörde dem Bürger den konkret beabsichtigten VA mit den dafür maßgeblichen Gründen ankündigt und ihm ausreichend Gelegenheit zur Stellungnahme gibt. Nur bei Kenntnis der ihn betreffenden Maßnahme und der Gründe hierfür kann sich der Bürger effektiv dazu äußern; bloße Abmahnungen oder vage Andeutungen reichen daher nicht aus. Die Behörde kann dem Bürger für seine Stellungnahme eine dem Umfang der Sache an-gemessene Frist einräumen, muss dies aber nicht unbedingt; dann muss der Betroffe-ne davon ausgehen, dass die Behörde in absehbarer Zeit (in der Regel ca. ein Monat) entscheiden wird, und er sich bis dahin äußern kann. Ist eine angemessene Frist verstrichen, ohne dass sich der Betroffene geäußert hat, gilt die Anhörung als erfolgt. Eine tatsächliche Äußerung ist demnach nicht erforderlich; ob der Bürger seine *Gele-genheit* zur Stellungnahme nutzt, ist seine Sache. Auch eine besondere Form der Anhörung ist im Regelfall nicht vorgeschrieben; sie kann mündlich, telefonisch, aber auch – trotz des Wortes „Anhörung" – rein schriftlich erfolgen[222].

276   bb) Hat eine Anhörung im oben beschriebenen Sinn nicht stattgefunden, darf man als Fallbearbeiter „die Flinte noch nicht ins Korn werfen" bzw. von der Rechtswidrigkeit des VA ausgehen. Es ist dann vielmehr zu untersuchen, ob nicht eine Ausnahme vom Anhörungserfordernis gem. § 28 II, III VwVfG vorliegt. Allerdings sollte man jetzt nicht

---

221 Näher zum Verwaltungsverfahren: Detterbeck, Verwaltungsrecht, Rdnr. 579, 947–959; Ipsen, Verwaltungsrecht, § 15.
222 Kopp/Ramsauer, VwVfG, § 28 Rdnr. 36 ff. (zur Angemessenheit einer gesetzten Frist), 39 ff. (zur Formfreiheit der Anhörung).

versuchen, den Sachverhalt mit aller Gewalt unter eine dieser Ausnahmen zu subsumieren; vor allem vor der Annahme der Ausnahme des Abs. 3 ist zu warnen, weil hierfür nur zwingende, also besonders gewichtige öffentliche Interessen – z. B. Menschenleben oder die Sicherheit der Bundesrepublik – ausreichen[223].

cc) Wenn auch keine Ausnahme vorliegt, ist als letzte Rettungsmöglichkeit zu untersuchen, ob der Anhörungsmangel im weiteren Verlauf des Falles gem. § 45 I Nr. 3 VwVfG geheilt worden ist. Dies ist insbesondere dann der Fall, wenn der Bürger gegen den ohne Anhörung ergangenen VA den Rechtsbehelf des Widerspruchs eingelegt hat. Denn in der Widerspruchseinlegung liegt gleichzeitig eine Darlegung seiner Meinung zu dem VA; da außerdem dann erst der aufgrund des Widerspruchs ergehende Widerspruchsbescheid[224] die abschließende behördliche Entscheidung darstellt, ist für die Heilung auch nach Erlass des VAs noch Raum. Die Heilung nach § 45 I VwVfG ist bis zum rechtskräftigen Abschluss eines verwaltungsgerichtlichen Verfahrens möglich (§ 45 II VwVfG).   **277**

dd) Erst wenn „alle diese Stricke reißen", ist das Anhörungserfordernis endgültig verletzt und der VA aus diesem Grund formell rechtswidrig.   **278**

c) Auch die übrigen Verfahrensvorschriften wie z. B. Antragserfordernis bei einer Baugenehmigung, die Übergabe einer Ernennungsurkunde bei der Berufung in ein Beamtenverhältnis oder die Bekanntgabe des VA gem. § 41 VwVfG sind nur im Bedarfsfall anzusprechen.   **279**

3. Form

Der Verwaltungsakt ist gem. § 37 II VwVfG grundsätzlich formungebunden; allerdings schreiben die einzelnen Fachgesetze nicht selten eine bestimmte Form vor (vgl. § 37 IV VwVfG). Wenn ein VA schriftlich (was natürlich der Regelfall ist) oder – neuerdings – elektronisch (vgl. § 3a VwVfG) ergeht, muss er sich an die Anforderungen der §§ 37 III, 39 I VwVfG halten, soweit nicht eine der Ausnahmen dazu einschlägig ist; die Heilungsmöglichkeit gem. § 45 I Nr. 2 VwVfG ist gegebenenfalls zu beachten. Auf die Form ist ebenfalls nur dann einzugehen, wenn sie im Sachverhalt problematisiert wird.   **280**

III. Materielle Rechtmäßigkeit[225]

1. Wirksamkeit und Vorliegen der Ermächtigungsgrundlage

Am Anfang der Prüfung der materiellen Rechtmäßigkeit steht die bereits einleitend ermittelte Ermächtigungsgrundlage.   **281**

a) Zunächst ist, sofern der Sachverhalt hieran Zweifel erkennen lässt, die Wirksamkeit der Ermächtigungsgrundlage zu prüfen. Das wird oft mit dem anschließend zu prüfen-   **282**

---

223 Kopp/Ramsauer, VwVfG, § 28 Rdnr. 75 ff.
224 Zum Widerspruchsverfahren siehe Rdnr. 346.
225 Näher zur materiellen Rechtmäßigkeit des Verwaltungsaktes: Detterbeck, Verwaltungsrecht, Rdnr. 500–610; ders., Öffentliches Recht, Rdnr. 751–757; Erbguth, Verwaltungsrecht, § 14 III; Ipsen, Verwaltungsrecht, Rdnr. 649–661; Peine, Verwaltungsrecht, Rdnr. 662–675.

den Vorliegen des Ermächtigungstatbestandes – also ob die Ermächtigungsgrundlage auf den Fall anwendbar ist – verwechselt; bei der Frage nach der Wirksamkeit geht es darum, ob die Ermächtigungsgrundlage überhaupt als Vorschrift gültig ist. Das wäre z. B. nicht der Fall, wenn sie außer Kraft getreten wäre; denkbar wäre aber auch, dass die einfachgesetzliche Ermächtigungsgrundlage nicht ordnungsgemäß zustandegekommen und damit formell verfassungswidrig wäre. Auch ein Verstoß der Ermächtigungsgrundlage gegen Verfassungsrecht – v. a. gegen die Grundrechte – ist möglich, was zur materiellen Verfassungswidrigkeit der Norm führen würde. Hinsichtlich der Einzelheiten dieser Prüfung wird auf das staatsrechtliche Kapitel verwiesen. Die Ermächtigungsgrundlage wäre in allen diesen Fällen gar nicht gültig bzw. wirksam, sodass sich eine Prüfung bezüglich des konkreten Falles erübrigt.

283 b) Wenn die Ermächtigungsgrundlage wirksam ist (wovon in aller Regel ausgegangen werden kann), muss das Vorliegen des Ermächtigungstatbestandes stets geprüft werden. Hier geht es nun um die Frage, ob die Ermächtigungsgrundlage auf den konkreten Fall passt; diese Prüfung erfolgt durch eine saubere Subsumtion der einzelnen Tatbestandsmerkmale der Ermächtigungsgrundlage. In diesem Abschnitt der Fallbearbeitung wird erwartet, dass die Merkmale nicht einfach nur abgehakt, sondern einzeln definiert und mit dem dazugehörigen Sachverhaltsausschnitt begründet werden (wie im ersten Kapitel erläutert).

2. Allgemeine Rechtmäßigkeitsanforderungen

284 Den zweiten großen Prüfungsblock im Rahmen der materiellen Rechtmäßigkeit eines VAs stellen die allgemeinen Rechtmäßigkeitsanforderungen dar.

285 a) Von seltenerer Relevanz ist dabei das Bestimmtheitserfordernis; dieses ist dann erfüllt, wenn ein verständiger und durchschnittlich begabter Adressat klar verstehen kann, was in dem VA von ihm verlangt wird bzw. ihm gewährt wird.

286 b) Auch die Erfüllungsmöglichkeit ist in der Regel unproblematisch. Demnach muss der Adressat tatsächlich und rechtlich in der Lage sein, die ihm per VA auferlegten Pflichten auch zu erfüllen.

aa) In tatsächlicher Hinsicht wäre das z. B. nicht der Fall, wenn der Adressat eine Abrissverfügung bezüglich seines Hauses bekäme, das bereits durch Blitzeinschlag zerstört worden ist; ein nicht mehr existentes Haus kann nicht mehr abgerissen werden (objektive Unmöglichkeit). Ebenfalls tatsächlich unmöglich wäre dem Adressaten eine höchstpersönliche Handlung eines anderen wie z. B. die Erklärung des Einverständnisses eines anderen zur Eheschließung (subjektive Unmöglichkeit).

bb) Ein Fall der rechtlichen Unmöglichkeit läge dann vor, wenn die vom Adressaten verlangte Handlung eine Straftat oder eine Ordnungswidrigkeit darstellen würde (vgl. hierzu § 44 II Nr. 5 VwVfG); dann wäre die Vornahme der Handlung dem Adressaten zwar möglich, aber durch die Rechtsordnung verboten. Dies wäre beispielsweise dann der Fall, wenn dem Adressaten (z. B. dem Mieter) der Abriss eines ihm nicht gehörenden Hauses auferlegt würde (Zerstörung eines Bauwerkes zum Nachteil des Hauseigentümers gem. § 305 StGB).

c) Der mit Abstand gewichtigste (und immer gewissenhaft zu prüfende) Punkt unter den allgemeinen Rechtsmäßigkeitsanforderungen stellt der Grundsatz der Verhältnismäßigkeit dar. Jedes Verwaltungshandeln muss bezogen auf den Zweck und das eingesetzte Mittel verhältnismäßig sein, was sich aus dem Rechtsstaatsprinzip ergibt. Dadurch soll verhindert werden, dass der Staat „mit Kanonen auf Spatzen schießt"[226]. **287**

aa) Vor der eigentlichen Prüfung der Verhältnismäßigkeit ist es empfehlenswert, dass man sich zunächst bezogen auf den konkreten Fall vor Augen führt, **288**
- welches Mittel eingesetzt wird,
- welcher Zweck damit erstrebt wird und
- welche Auswirkungen das Mittel auf den Betroffenen hat.

Mit diesen Vorüberlegungen tut man sich bei der nachfolgenden Prüfung der Verhältnismäßigkeit leichter, weil es dabei in verschiedener Weise auf diese drei Punkte ankommt.

bb) Die Verhältnismäßigkeitsprüfung gliedert sich in drei Teilfragen, die immer in dieser Reihenfolge zu untersuchen sind: Geeignetheit, Erforderlichkeit und Angemessenheit des Verwaltungshandelns. Bei oberflächlicher Betrachtung könnte man meinen, dass diese drei Begriffe doch letztlich sprachlich dasselbe zum Ausdruck brächten; hier zeigt sich jedoch, dass juristische Begriffe (wie in anderen Fachsprachen auch) häufig eine ganz bestimmte Funktion haben, die sie von anderen – zugegebenermaßen ähnlichen – Begriffen deutlich unterscheidet. **289**

aaa) Die Geeignetheit des Verwaltungshandelns ist gegeben, wenn das eingesetzte Mittel zur Erreichung des erstrebten Zwecks geeignet, also sinnvoll möglich ist. Dieser erste Prüfungspunkt ist in aller Regel zu bejahen, da es natürlich zahlreiche Erfolg versprechende Mittel zur Erreichung eines Zwecks gibt. **290**

bbb) Die Erforderlichkeit setzt voraus, dass es kein Mittel mit geringeren Auswirkungen auf den Betroffenen – kurz: kein milderes Mittel – gibt, das ebenfalls zur Zweckerreichung geeignet wäre. Hier wird also eine deutliche Einengung der bloßen Geeignetheit vorgenommen: Es kommt darauf an, welches der vielen geeigneten Mittel das Mildeste ist. Folglich kann nur eines dieser Mittel auch erforderlich sein. Bei diesem bedeutsamen Prüfungspunkt muss man also Überlegungen anstellen, ob der definierte Zweck nicht auch anders – nämlich mit geringeren Auswirkungen – zu erreichen gewesen wäre. **291**

ccc) Schließlich fragt die Angemessenheit (auch „Zumutbarkeit" oder „Verhältnismäßigkeit im engeren Sinn" genannt) danach, ob die Auswirkungen auf den Betroffenen so gewichtig sind, dass sie die Bedeutung des erstrebten Zwecks weit überwiegen; nicht selten ist hier eine Abwägung zwischen dem meist gemeinwohlorientierten Zweck und den mitunter erheblichen individuellen Auswirkungen auf den einzelnen Betroffenen vorzunehmen. Die Angemessenheit ist jedoch nur dann zu versagen, wenn die Auswirkungen außer Verhältnis zum Zweck stehen, also ersteren ein wesent- **292**

---

226 Bull/Mehde, Verwaltungsrecht, Rdnr. 149 ff., siehe auch Degenhart, Staatsrecht I, Rdnr. 397–413; Katz, Staatsrecht, Rdnr. 205 ff.; Detterbeck, Verwaltungsrecht, Rdnr. 606.

lich größeres Gewicht zukommt. Sind Auswirkungen und Zweck als in etwa gleich bedeutsam zu beurteilen, ist die Angemessenheit dagegen gegeben. Dieser Prüfungspunkt stellt ein Korrektiv dar, das Ausreißer verhindern soll. Denn die Situation kann es mit sich bringen, dass ein Mittel geeignet und auch erforderlich ist, der damit verfolgte Zweck aber relativ wenig bedeutend und die Auswirkungen ganz erheblich sind.

293   cc) Mit dem folgenden Beispiel sollen diese Anforderungen veranschaulicht werden.

aaa) Sachverhalt: Der dienst- und pflichtbewusste Polizist P wird Zeuge eines Diebstahls beim Wochenmarkt. Er sieht, wie der ihm nicht bekannte 15-jährige, kräftige und gut durchtrainierte J am Marktstand der Marktfrau M zwei Pfirsiche im Gesamtwert von ca. 1 € einsteckt und davonrennt. P ist aufgrund seiner erheblichen Leibesfülle und schwachen Kondition nicht in der Lage, den J einzuholen; seine Zurufe bleiben erfolglos. Nachdem auch keine anderen Personen den J dingfest machen können und M den Verlust ihrer schönen Pfirsiche lautstark beklagt, sieht sich P als Vertreter der Staatsgewalt gefordert. Er greift zu seiner Dienstpistole und schießt auf J, der in Folge der Schusseinwirkung körperliche Verletzungen erleidet und stürzt. Die Pfirsiche werden (freilich in beschädigtem Zustand) sichergestellt.

bbb) Vorüberlegung: Der Zweck besteht in der Vereitelung des Diebstahls, das Mittel in der Abgabe des Schusses und die Auswirkung in der Verletzung des J.

294   ccc) Verhältnismäßigkeitsprüfung: Die Schussabgabe ist ein Mittel, mit dem der Diebstahl vereitelt werden kann; sie ist folglich zur Zielerreichung geeignet. Die Erforderlichkeit würde voraussetzen, dass kein milderes Mittel infrage kommt. Das Einfangen des J war sowohl P wie auch den anderen anwesenden Personen nicht möglich; auf die Zurufe hat J nicht reagiert. Für Warnschüsse ist die Zeit zu knapp, da J sich zwischenzeitlich aus der Reichweite der Pistole entfernt gehabt hätte. Eine spätere Reaktion wäre ebenfalls nicht möglich gewesen, da die Personalien des J nicht bekannt sind. Daher ist die Schussabgabe das mildeste Mittel, um den Diebstahl abzuwenden. Fraglich ist jedoch, ob der Schuss auch angemessen war. Der Zweck liegt in der Vereitelung eines geringwertigen Diebstahls im Wert von 1 €, während die Auswirkungen in körperlichen Verletzungen eines 15-jährigen Jungen bestehen. Aufgrund der hohen Bedeutung der körperlichen Integrität (Art. 2 II GG) hat diese deutlichen Vorrang vor Vermögenswerten, zumal es hier um einen zu vernachlässigenden Wert des Diebesgutes geht. Folglich stehen in diesem Fall die wesentlich schwereren Auswirkungen außer Verhältnis zum Zweck, weshalb die Angemessenheit und damit die Verhältnismäßigkeit zu verneinen ist.

3.   Unbestimmte Rechtsbegriffe, Beurteilungsspielräume und Ermessen

295   Verwaltungsrechtliche Normen müssen die Lösung vielfältiger Einzelfälle ermöglichen – auch solcher, die zum Zeitpunkt des Entstehens einer Norm noch gar nicht bekannt sind. In den Gesetzen müssen also „Dehnfugen" enthalten sein, die Auslegungs- und Handlungsspielräume eröffnen. Dies geschieht im Verwaltungsrecht auf dreierlei Weise, nämlich durch unbestimmte Rechtsbegriffe und Beurteilungsspielräume auf Tatbestandsseite und durch Ermessen auf Rechtsfolgenseite.

a) Unbestimmte Rechtsbegriffe

Hierunter werden Tatbestandsmerkmale verstanden, die sprachlich zunächst schwer zu **296** fassen sind und deshalb einer konkretisierenden Auslegung bedürfen. Beispiele hierfür sind die „Unzuverlässigkeit" (§ 35 GewO), „öffentliche Belange" (§ 35 II BauGB), „schädliche Umwelteinwirkungen" (§ 3 BImSchG) und die „öffentliche Sicherheit oder Ordnung" (§ 1 PolG). Die durch die handelnde Behörde vorgenommene Auslegung eines solchen unbestimmten Rechtsbegriffs unterliegt der vollen gerichtlichen Nachprüfung.

b) Beurteilungsspielräume

Bei Beurteilungsspielräumen muss die Verwaltung eine inhaltliche Wertungsentschei- **297** dung treffen, z. B. Prüfungs- und prüfungsähnliche Entscheidungen, beamtenrechtliche Beurteilungen (etwa der Verfassungstreue eines Beamten), Entscheidungen wertender Art durch weisungsfreie Ausschüsse wie etwa die Indizierung jugendgefährdender Schriften. Hier ist die gerichtliche Nachprüfung – also die Entscheidung, ob die Behörde „richtig" entschieden hat – eingeschränkt, und zwar umso mehr, desto eher die Wertung auf eine konkrete, nicht wiederholbare Situation zurückgeht, die der Behördenvertreter im Gegensatz zum Richter miterlebt hat. So kann das Gericht beispielsweise bei mündlichen Prüfungen nur feststellen, ob der Prüfer die Verfahrensvorschriften eingehalten, allgemein anerkannte Bewertungsmaßstäbe beachtet und sich nicht von sachfremden Erwägungen leiten lassen hat.

c) Ermessen

Die größte praktische Bedeutung für die verwaltungsrechtliche Falllösung hat unter **298** den genannten „Dehnfugen" die fehlerfreie Ermessensausübung. Hierbei ist zunächst zwischen „gebundenen" und „Ermessens"-Rechtsfolgen zu unterscheiden:

aa) Eine gebundene Rechtsfolge liegt dann vor, wenn die Ermächtigungsgrundlage der **299** Behörde bei Vorliegen des Tatbestandes eine bestimmte Handlungsweise – etwa durch die Worte „muss" oder „soll" (wobei bei letzterem noch Abweichungen möglich sind[227]) – vorschreibt. In solchen Fällen hat die Behörde keinen Ermessensspielraum, weshalb auf die Problematik von Ermessensfehlern dann nicht eingegangen werden darf.

bb) Um der beschriebenen Notwendigkeit flexibler Handlungs- und Reaktionsmög- **300** lichkeiten im Verwaltungsrecht Rechnung zu tragen, enthalten die meisten Ermächtigungsgrundlagen jedoch keine gebundenen Rechtsfolgen, sondern räumen vielmehr der handelnden Behörde ein Ermessen ein. Dies kommt in der Regel durch die Formulierung „nach pflichtgemäßem Ermessen" oder durch Wörter wie „darf" und „kann" zum Ausdruck, so z. B. in § 31 I Nr. 1 BBG: „Der Beamte auf Probe *kann* ... entlassen werden, wenn einer der folgenden Entlassungsgründe vorliegt: 1. ein Verhalten, das bei einem Beamten auf Lebenszeit mindestens eine Kürzung der Dienstbezüge zur

---

227 Deshalb stellt das „soll" nur ein grundsätzliches „muss" dar. Zu einem solchen Fall dürfen zwar keine Ermessensfehler geprüft werden, aber es ist bei Abweichung von der „Soll"-Regel kritisch zu untersuchen, ob dafür hinreichend gewichtige Ausnahmegründe vorliegen

Folge hätte...". Ein solches Ermessen kann in zwei Erscheinungsformen auftreten: Das *Entschließungsermessen* überlässt der Behörde die Entscheidung, *ob* sie überhaupt handeln will (so im obigen Beispiel). Das *Auswahlermessen* ermöglicht dagegen der Behörde, eine von mehreren Handlungsalternativen auszuwählen; hier ist nicht das *ob*, sondern das *wie* des Handelns in das Ermessen der Behörde gestellt[228]. Natürlich können diese Ermessensarten auch kombiniert auftreten.

301   cc) Das von der Ermächtigungsgrundlage vorgesehene behördliche Ermessen kann in einzelnen Fällen reduziert sein. So darf Ermessen nicht willkürlich ausgeübt werden; eine regelmäßige und gleichförmige Ausübung des Ermessens in bestimmten gleich oder ähnlich gelagerten Fällen führt aufgrund des Gleichbehandlungsgrundsatzes zu einer Selbstbindung der Verwaltung, wodurch der Ermessensspielraum beschränkt wird; wenn also eine Behörde eine bestimmte Art von Fällen immer nach denselben Ermessenskriterien entschieden hat, kann sie ohne triftige Gründe nicht mehr davon abweichen[229]. Außerdem kann sich eine Ermessensreduzierung – bis hin zur gebundenen Entscheidung („Ermessensreduzierung auf Null") – durch höherrangiges Recht, vor allem durch die Grundrechte, ergeben. So spricht § 35 II BauGB davon, dass bestimmte Bauvorhaben bei Nichtbeeinträchtigung öffentlicher Belange und gesicherter Erschließung zugelassen werden können. Das hinter dem Gebäudebau stehende Eigentumsgrundrecht gem. Art. 14 I GG führt dazu, dass bei Nichtbeeinträchtigung öffentlicher Belange gar kein Ermessen mehr vorliegt (trotz des Wortes „können"), sondern ein Anspruch auf Zulassung besteht[230].

302   dd) Auch bezüglich der Ermessensausübung ist die gerichtliche Nachprüfbarkeit – wenngleich nicht so stark wie bei den Beurteilungsspielräumen – eingeschränkt, weil davon vor allem Zweckmäßigkeitsgesichtspunkte und weniger rechtliche Gesichtspunkte betroffen sind. Rechtlich fehlerhaft ist die Ermessensausübung nur dann, wenn ein Ermessensfehler vorliegt; räumt also die Ermächtigungsgrundlage in ihrer Rechtsfolge der Behörde ein Ermessen ein, muss die Ausübung dieses Ermessens in der Fallbearbeitung auf die folgenden drei Fehlerarten überprüft werden[231]:

- *Nichtgebrauch* (oder: eine *Unterschreitung*) des Ermessens liegt dann vor, wenn die Behörde ersichtlich (also ausweislich ihrer Ausführungen im VA) gar kein Ermessen ausübt – sei es, weil sie es schlichtweg vergessen hat (das gibt es!), oder sei es, weil sie sich irrtümlich gebunden fühlt.

- Wenn die Behörde den Ermessensspielraum überzieht (etwa auch in Missachtung der Grenzen durch Selbstbindung oder Einwirkung von Grundrechten), spricht man von der Ermessens*überschreitung*. Dies kann vor allem beim Auswahlermessen der Fall sein.

---

228   Bull/Mehde, Verwaltungsrecht, Rdnr. 586.
229   Bull/Mehde, Verwaltungsrecht, Rdnr. 592, 233 ff.; Maurer, Verwaltungsrecht, § 7 Rdnr. 23, § 24 Rdnr. 21.
230   Vgl. Maurer, Verwaltungsrecht, § 7 Rdnr. 24 f.; Bull/Mehde, Verwaltungsrecht, Rdnr. 598 f.; Peine, Verwaltungsrecht, Rdnr. 225.
231   In der Literatur wird – mit zum Teil divergierender Begrifflichkeit (deshalb die Klammerzusätze) – von der hier dargestellten Dreiteilung der Ermessensfehler ausgegangen; vgl. Peine, Verwaltungsrecht, Rdnr. 217–224; Bull/Mehde, Verwaltungsrecht, Rdnr. 593 ff.; Maurer, Verwaltungsrecht, § 7 Rdnr. 19–23 (mit Hinzunahme anderer Rechtmäßigkeitsvoraussetzungen).

■ Schließlich können die bei der Ermessensausübung angestellten Erwägungen außerhalb des Normzwecks der Ermessenseinräumung liegen; das bedeutet, dass die Ermächtigungsnorm das Ermessen mit einer ganz bestimmten (sich aus dem Normzusammenhang oder dem Normwortlaut ergebenden) Motivation einräumt, die Behörde aber Gesichtspunkte außerhalb dieser Motivation zugrundelegt. Dann spricht man vom Ermessens*fehlgebrauch* (oder: Ermessens*missbrauch*). Das ist zum Beispiel der Fall, wenn innerhalb einer Gebührenspanne (Auswahlermessen) ein Betrag im oberen Bereich gewählt wird, weil die Behörde bessere Einnahmen erzielen will; für die Ermessensausübung einer Gebührenspanne können jedoch in aller Regel nur der Arbeitsaufwand für die Behörde und die Bedeutung der behördlichen Leistung für den Bürger eine Rolle spielen.

> *Zur Vertiefung: Unbestimmte Rechtsbegriffe, Beurteilungsspielräume, Ermessen*   **302a**
>
> Bull/Mehde, Verwaltungsrecht, Rdnr. 556–600; Detterbeck, Verwaltungsrecht, Rdnr. 303–393; ders., Öffentliches Recht, § 23 III; Erbguth, Verwaltungsrecht, S. 173–184; Ipsen, Verwaltungsrecht, § 8 III–V; Maurer, Verwaltungsrecht, § 7; Peine, Verwaltungsrecht, Rdnr. 199–245; Sodan/Ziekow, Öffentliches Recht, §§ 68–70.

4. Vereinbarkeit mit anderen Gesetzen, vor allem mit Grundrechten

Des Weiteren muss der VA auch mit allen anderen gesetzlichen Vorschriften neben   **303** seiner Ermächtigungsgrundlage, vor allem mit dem höherrangigen Recht, vereinbar sein. Das bedeutet unter anderem, dass er keine verfassungsrechtlich nicht gerechtfertigte Grundrechtsbeeinträchtigung darstellen darf. Auf diesen Prüfungspunkt sollte jedoch im konkreten Fall vor allem dann eingegangen werden, wenn der Sachverhalt dafür Anhaltspunkte enthält.

(2) **Prüfungsschema**[232]   **304**

I. **Vorhandensein einer Ermächtigungsgrundlage:**

Ermittlung unter Berücksichtigung der getroffenen Rechtsfolge und des von der Behörde verfolgten Zieles.
→ Hier nur Feststellung der in Betracht kommenden Ermächtigungsgrundlage, noch nicht Prüfung im Einzelnen (vgl. I 2 b, Rdnr. 268)!

---

232 Siehe auch die Schemata bei Maurer, Verwaltungsrecht, § 10 Rdnr. 29; Peine, Verwaltungsrecht, Rdnr. 761; Bull/Mehde, Verwaltungsrecht, Rdnr. 1245; Schwerdtfeger/Schwerdtfeger, Fallbearbeitung, Rdnr. 10; Erbguth, Verwaltungsrecht, Übersicht 12 (S. 189); Sodan/Ziekow, Öffentliches Recht, § 75 Rdnr. 1. Bei dieser Gelegenheit folgender Hinweis: Schemata sind Verallgemeinerungsversuche zur abstrakten Strukturierung rechtlicher Prüfungsschritte; sie können daher auch voneinander abweichen, ohne deswegen richtiger oder weniger richtig zu sein. In keinem Fall gibt es „das perfekte Schema"; deshalb darf man bei der Anwendung auf den konkreten Fall auch nicht auf ein Schema völlig fixiert sein, sondern sollte es nur als eine grobe Linie und „Hilfskrücke" ansehen. Vgl. Schwerdtfeger/Schwerdtfeger, Fallbearbeitung, Rdnr. 11–17, die insbesondere darauf hinweisen, dass das beste Schema nicht verraten kann, wo die eigentlichen Probleme des konkreten Falles liegen (ebenda, Rdnr. 15).

II. Formelle Rechtmäßigkeit

1. *Zuständigkeit der handelnden Behörde*
   a) Bei unmittelbarer staatlicher Verwaltung: sachliche, instanzielle und örtliche Zuständigkeit
   b) Bei mittelbarer Staatsverwaltung: Verbands- und Organkompetenz

2. *Verfahren (§§ 9–30 VwVfG u. a.), v. a.:*
   a) Anhörung gem. § 28 I VwVfG – bei fehlender Anhörung:
      (1) Entbehrlichkeit nach § 28 II VwVfG oder Unzulässigkeit nach § 28 III VwVfG?
      (2) Heilung gem. § 45 I Nr. 3 VwVfG ? (v. a. durch Widerspruchseinlegung möglich)
   b) Antrag/Zustimmung bei mitwirkungsbedürftigem VA
      → aber Heilung gem. § 45 I Nr. 1 VwVfG möglich
   c) Anhörung/Mitwirkung anderer Behörden/von Ausschüssen
      → aber Heilung gem. § 45 I Nr. 4, 5 VwVfG möglich
   d) Bekanntgabe § 41 VwVfG

3. *Form*, vgl. §§ 37, 39 VwVfG
   → Heilungsmöglichkeit gem. § 45 I Nr. 2 VwVfG beachten

III. Materielle Rechtmäßigkeit

1. *Ermächtigungsgrundlage*
   a) Wirksamkeit der Ermächtigungsgrundlage
      (v. a. Vereinbarkeit mit höherrangigem Recht)
   b) Vorliegen des Ermächtigungstatbestandes
      (hier liegt i. d. R. der Subsumtionsschwerpunkt; es sind alle Merkmale des Ermächtigungstatbestandes durchzuprüfen)

2. *Allgemeine Rechtmäßigkeitsanforderungen*
   a) Bestimmtheit (der Adressat muss wissen können, woran er ist)
   b) Möglichkeit der Erfüllung
      (1) Tatsächlich: objektiv (sonst nichtig) und subjektiv (sonst jedenfalls bei unvertretbaren Handlungen rechtswidrig)
      (2) Rechtlich: keine Straftat oder Ordnungswidrigkeit
   c) Verhältnismäßigkeit (Vorüberlegung: Bestimmung von Mittel, Zweck und Auswirkung)
      (1) Geeignetheit: Mittel für Zweckerreichung geeignet;
      (2) Erforderlichkeit: Kein milderes Mittel für Zweckerreichung möglich;
      (3) Angemessenheit: Auswirkung (v. a. auf den Betroffenen) darf nicht außer Verhältnis zum Zweck stehen.

3. *Bei Ermessensentscheidungen: fehlerfreie Ermessensausübung*, d. h.: kein(e)
   a) Nichtgebrauch: Behörde übt das Ermessen nicht aus (fühlt sich gebunden);
   b) Überschreitung: Überziehung des vom Gesetz eingeräumten Spielraums;
   c) Fehlgebrauch: Entscheidung an falschen (von der Norm nicht gewollten) Kriterien orientiert.

4. *Vereinbarkeit mit anderen Gesetzen*, insbesondere den Grundrechten

c. Fall 13: Rachsüchtiger Oberbürgermeister

Sachverhalt

Die nächsten Bundestagswahlen stehen bevor. Hieran will auch die Partei „Anarchisten für Sozialismus und Demokratie (ASD)" teilnehmen, die im jüngsten Verfassungsschutzbericht des Innenministeriums als unbedenklich eingestuft wurde.

Der Vorsitzende V des ASD-Stadtverbands der großen Kreisstadt K mietet eine in K befindliche Fabrikhalle für eine große Wahlkundgebung kurz vor der Wahl. Die örtliche Partei-Jugendorganisation „Junge Anarchos" möchte an der Kundgebung teilnehmen; ihre Mitglieder treten in der Regel mit Springerstiefel und Baseball-Schlägern auf und sind schon mehrfach mit Gewalttätigkeiten in Erscheinung getreten.

Dem Oberbürgermeister O der großen Kreisstadt K ist die ASD noch aus dem letzten OB-Wahlkampf in unguter Erinnerung, weil V ihn als Gegenkandidat damals häufig massiv kritisiert und beschimpft hat. O fordert V schriftlich auf, den „Jungen Anarchos" den Zutritt zur Wahlkundgebung zu versagen, soweit diese ihre übliche Ausrüstung bei sich hätten. V antwortet auf das Schreiben nicht, macht jedoch in einem Interview in der Lokalzeitung wenig später deutlich, dass zur ASD-Wahlkundgebung jeder interessierte Bürger kommen könne; so auch die „Jungen Anarchos", die ihm versichert hätten, keinerlei Gewaltakte begehen zu wollen. Eine Zutrittsverweigerung lehne er daher ab; allerdings werde er jeden, der die Veranstaltung durch Gewalt gegen Personen oder Sachen störe, unverzüglich durch seinen Ordnungsdienst entfernen lassen.

Durch ein weiteres Schreiben verbietet O dem ASD-Stadtverband die vorgesehene Wahlkundgebung. Zur Begründung weist er darauf hin, dass aufgrund der ungehinderten Teilnahme der Jungen Anarchos gewalttätige Zwischenfälle zu erwarten seien; damit sei § 5 VersG erfüllt. Außerdem habe sich schon im OB-Wahlkampf gezeigt, dass die ASD zur Aggressivität neige und daher das politische Klima belaste.

Aufgabe

Prüfen Sie die Rechtmäßigkeit des Verbots der Wahlkundgebung. Gehen Sie dabei davon aus, dass es sich bei dem Verbot um einen Verwaltungsakt i. S. v. § 35 VwVfG handelt[233].

---

233 Ein solcher Hinweis ist unüblich, da in aller Regel vor der Rechtmäßigkeit auch die Rechtsnatur der behördlichen Handlung zu untersuchen ist. Dann würde die Aufgabenstellung so lauten: „Untersuchen Sie die Rechtsnatur und die Rechtmäßigkeit des Verbots der Wahlkundgebung." Nachdem aber die Rechtsnatur des VA bereits umfänglich oben dargestellt wurde, soll hier zur Vermeidung unnötiger Wiederholungen darauf verzichtet werden.

Hinweis

§ 5 Nr. 2 VersG [Verbot öffentlicher Versammlungen in geschlossenen Räumen][234]

Die Abhaltung einer Versammlung kann nur im Einzelfall und nur dann verboten werden, wenn … der Veranstalter oder Leiter der Versammlung Teilnehmern Zutritt gewährt, die Waffen oder sonstige Gegenstände im Sinne von § 2 Abs. 3 mit sich führen …

§ 2 III 1 VersG [Waffenverbot]

Niemand darf bei öffentlichen Versammlungen oder Aufzügen Waffen oder sonstige Gegenstände, die ihrer Art nach zur Verletzung von Personen oder zur Beschädigung von Sachen geeignet und bestimmt sind, mit sich führen, ohne dazu behördlich ermächtigt zu sein.

306   Lösung

I.   Ermächtigungsgrundlage

Als die aufgrund des Vorbehalts des Gesetzes notwendige Ermächtigungsgrundlage kommt § 5 Nr. 2 VersG in Betracht.

Die mögliche Ermächtigungsgrundlage anhand der Rechtsfolge ermitteln und nur kurz benennen. Die Rechtsfolge des § 5 VersG sieht ein Versammlungsverbot vor und ist daher hier eine denkbare Ermächtigungsgrundlage.

II.   Formelle Rechtmäßigkeit

1.   Fraglich ist, ob das Verfahren zum Erlass dieses VAs ordnungsgemäß war. Insbesondere könnte ein Anhörungsmangel aufgrund § 28 VwVfG vorliegen.

Bei der formellen Rechtmäßigkeit ist immer auf das Anhörungserfordernis einzugehen.

Eine Anhörung wäre dann erfolgt, wenn O dem V die Absicht, die Wahlveranstaltung zu verbieten, unter Nennung der Gründe (u. U. mit der Einräumung einer Frist zur Stellungnahme) mitgeteilt hätte. Zwar fordert O den V auf, den „Jungen Anarchos" den Zutritt zur Wahlkundgebung zu verbieten; aber zur Folge bei Nichtbefolgen dieser Aufforderung – insbesondere zum geplanten Veranstaltungsverbot – sagt O nichts. Daher ist vorliegend eine Anhörung nicht erfolgt.

Definition einer ordnungsgemäßen Anhörung, anschließend Subsumtion.

---

234   Die Gesetzgebungskompetenz für das Versammlungsrecht ist mit der Föderalismusreform I von 2006 vom Bund auf die Länder übergegangen; das hier heran gezogene Versammlungsgesetz des Bundes gilt jedoch gem. Art. 125a I GG in den meisten Ländern fort, weil sie es (noch) nicht durch Landesrecht ersetzt haben; lediglich Bayern, Niedersachsen, Sachsen und Sachsen-Anhalt haben bislang eigene Versammlungsgesetze erlassen.

Ein Entbehrlichkeitsgrund nach § 28 II VwVfG ist nicht ersichtlich; auch das Anhörungsverbot nach § 28 III VwVfG ist nicht einschlägig. Anhaltspunkte für eine Heilung ergeben sich ebenfalls nicht aus dem Sachverhalt. Deshalb ist hier von einem Verstoß gegen das Anhörungserfordernis nach § 28 I VwVfG auszugehen, weshalb der VA formell rechtswidrig ist. Die weitere Prüfung erfolgt hilfsgutachtlich.

Bei fehlender Anhörung sind die Ausnahmen nach § 28 II, III VwVfG und die Heilungsmöglichkeit nach § 45 I Nr. 3 VwVfG (in dieser Reihenfolge!) zu prüfen (im Einzelnen aber nur, soweit der Sachverhalt dafür Anhaltspunkte enthält; sonst nur kurz – wie hier – erwähnen). Bei völliger Verneinung: Ergebnis (formelle Rechtswidrigkeit) feststellen und im Hilfsgutachten fortfahren!

2. Weitere formelle Rechtsmängel sind nicht ersichtlich.

Auf sonstige Verfahrens-, Zuständigkeits- oder Formmängel soll nur bei entsprechenden Hinweisen im Sachverhalt eingegangen werden. Ansonsten nur dieser kurze Hinweis.

III. Materielle Rechtmäßigkeit

1. Ermächtigungstatbestand

a) Der Ermächtigungstatbestand des § 5 Nr. 2 VersG setzt zunächst voraus, dass es sich bei der verbotenen Veranstaltung um eine öffentliche Versammlung in einem geschlossenen Raum handelt. Der Versammlungsbegriff verlangt einen gemeinsamen Zweck der Teilnehmer, um sich gegenüber der bloßen Ansammlung abzugrenzen[235]; die Veranstaltung soll zum Wahlkampf der ASD beitragen und über die Ziele der Partei informieren, womit der erforderliche gemeinsame Zweck der Teilnehmer vorliegt. Außerdem ist die Versammlung für jedermann zugänglich und damit öffentlich. Die angemietete Fabrikhalle stellt einen geschlossenen Raum (in Abgrenzung zu Veranstaltungen unter freiem Himmel) dar. Demnach handelt es sich hier um eine öffentliche Versammlung in einem geschlossenen Raum.

Ein Eingehen auf die Wirksamkeit des Versammlungsgesetzes ist schon mangels entsprechender Anhaltspunkte überflüssig. Deshalb sollte die Prüfung der materiellen Rechtmäßigkeit sofort mit dem Vorliegen des Tatbestandes der unter I. genannten Ermächtigungsgrundlage begonnen werden.

---

235 Jarass, in: Jarass/Pieroth, GG, Art. 8 Rdnr. 3; Katz, Staatsrecht, Rdnr. 765; Pieroth/Schlink, Staatsrecht II, Rdnr. 749 ff.

b) Weiter ist zu prüfen, ob es Teilnehmer gibt, die Waffen oder ähnliche Gegenstände mit sich führen. In Betracht kämen hier die jungen Anarchos, die ihr Kommen ja bereits fest zugesagt haben. Laut Sachverhalt treten diese mit Springerstiefeln und Baseball-Schlägern auf. Es sind keine Anhaltspunkte dafür ersichtlich, dass die jungen Anarchos auf ihre Ausrüstung bei der Veranstaltung zu verzichten bereit sind. Sowohl bei den Stiefeln wie bei den Baseball-Schlägern handelt es sich zwar nicht um Waffen im eigentlichen Sinn; ihrer Funktion nach stellen die Stiefel Bekleidungsstücke und die Baseball-Schläger Sportgeräte dar. Allerdings würde es schon ausreichen, wenn diese Gegenstände zur Verursachung von Personen- oder Sachschäden geeignet und bestimmt wären; auf die eigentliche Funktion kommt es dabei nicht an. Mit Baseball-Schlägern können durch gezieltes Zuschlagen sowohl schwere Verletzungen wie erhebliche Sachschäden verursacht werden, weshalb für die Schläger die Schädigungseignung vorliegt. Mit den Stiefeln lassen sich durch Tritte ebenfalls Verletzungen und Schäden anrichten; aber das kann – mit gewissen Einschränkungen – mit allen etwas festeren Schuhen passieren. Allerdings muss noch das zweite Erfordernis hinzutreten, dass diese schadensgeeigneten Gegenstände für die schadensverursachende Verwendung vorgesehen sind. Davon ist bei den jungen Anarchos aufgrund der Vorfälle in der Vergangenheit mit ausreichender Wahrscheinlichkeit auszugehen. An diesem Ergebnis ändert auch der Umstand nichts, dass die jungen Anarchos gegenüber V versichert haben, keinerlei Gewaltakte begehen zu wollen, da hierauf nicht vertraut werden kann. Somit stellen die jungen Anarchos bewaffnete Teilnehmer i. S. v. § 5 Nr. 2 VersG dar.

c) Schließlich müsste die ASD als Veranstalterin (durch ihren Vertreter V)[236] diesen Teilnehmern Zutritt zur Versammlung gewähren. Die Versammlung hat zwar zum Zeitpunkt des Verbots noch gar nicht begonnen, aber für die Zutrittsgewährung reicht schon die vorherige Ankündigung, den Zutritt gewähren zu wollen, aus. Eine solche Ankündigung hat V in dem Interview in der Lokalzeitung gemacht, wobei er keine Einschränkung hinsichtlich der Ausrüstung für die jungen Anarchos vorgenommen hat; somit ist auch dieses Tatbestandsmerkmal erfüllt.

Die einzelnen Tatbestandsmerkmale sind unter Heranziehung des Sachverhalts einzeln und sauber zu subsumieren; teilweise ist eine Definition erforderlich:

– Öffentliche Versammlung,

– in einem geschlossenen Raum,

– Teilnehmer mit Waffen oder ähnlichen Gegenständen,

– Zutrittsgewährung durch den Veranstalter.

---

236 Nicht etwa V ist hier der Veranstalter, sondern die ASD, die als Partei beschränkt rechtsfähig ist. Allerdings handelt sie durch ihren gesetzlichen Vertreter, nämlich den Vorsitzenden V.

d) Zwischenergebnis: Demnach ist der Ermächtigungstatbestand erfüllt.

2. Verhältnismäßigkeit[237]

a) Das Verbot der ASD-Wahlkundgebung müsste außerdem verhältnismäßig sein. Der Zweck liegt darin, die Kundgebung waffenfrei zu halten; dahinter steht die Sicherstellung eines friedlichen Ablaufs der Veranstaltung. Als Mittel wird das Verbot der Kundgebung eingesetzt. Die Auswirkung auf die ASD besteht darin, dass sie in K eine empfindliche Beschränkung ihres Wahlkampfes und damit ihrer Möglichkeiten, einen Wahlerfolg zu erzielen, erfährt.

Die Verhältnismäßigkeitsprüfung sollte immer mit der Vorüberlegung beginnen, worin Zweck, Mittel und Auswirkungen bestehen.

b) Das Verbot der Kundgebung führt dazu, dass die Kundgebung gar nicht stattfindet. Daher kann so das Ziel, eine Versammlung mit Waffen zu verhindern, erreicht werden. Die Geeignetheit des Verbots liegt daher vor.

Die Geeignetheit stellt Mittel und Ziel gegenüber.

c) Das Verbot wäre zudem erforderlich, wenn es zur Zielerreichung kein milderes geeignetes Mittel gäbe. Aus dem Sachverhalt sind keine Anhaltspunkte ersichtlich, dass von anderen Personen als den jungen Anarchos eine waffenbezogene Gefährdung der Versammlung ausgehen würde. Somit lässt sich das Gefahrenpotenzial auf eine konkrete Gruppe reduzieren. Demnach aber hätte schon ein behördliches Teilverbot der Versammlung, nämlich für die jungen Anarchos, für die Zielerreichung ausgereicht. Das wesentlich weitergehende Vollverbot ist demnach nicht erforderlich und somit unverhältnismäßig.

Die Erforderlichkeit untersucht das Mittel näher: Gibt es kein Milderes?

Hier: Teil- statt Vollverbot.

d) Nur hilfsgutachtlich soll noch die Angemessenheit geprüft werden. Das Ziel, Versammlungen waffenfrei zu halten, hat mit Blick auf die hohe Bedeutung des Rechts auf friedliche Versammlungen besonderes Gewicht. Andererseits wird hier eine Partei in der Erfüllung ihrer Aufgabe, zur politischen Willensbildung beizutragen, erheblich beschränkt. Da diese Aufgabe der Parteien in Art. 21 I 1 GG ausdrücklich und verfassungsrechtlich verankert ist, wird man hier von einer weitgehenden Gleichrangigkeit des Ziels mit den Auswirkungen ausgehen können. Damit aber stehen die Auswirkungen nicht au-

Da die Verhältnismäßigkeitsprüfung mit der fehlenden Erforderlichkeit beendet ist, erfolgt die Fortsetzung nur hilfsgutachtlich. Die Angemessenheit stellt den Zweck und die Auswirkungen gegenüber; im Zweifel ist die Angemessenheit eher zu bejahen, weil sie nur

---

237 Da von den allgemeinen Rechtmäßigkeitsanforderungen hier lediglich die Verhältnismäßigkeit zu problematisieren ist, kann der Gliederungspunkt gleich danach benannt werden.

ßer Verhältnis zum Ziel, weshalb die Angemessenheit noch zu bejahen wäre.

bei einem krassen Mißverhältnis zugunsten der Auswirkungen fehlt.

e) Zwischenergebnis: Das Verbot der Wahlkundgebung ist wegen fehlender Erforderlichkeit unverhältnismäßig.

3. Ermessensausübung

a) Die Ermächtigungsgrundlage schreibt bei Vorliegen des Ermächtigungstatbestandes das Versammlungsverbot nicht zwingend vor, sondern *erlaubt* der Behörde lediglich ein solches Vorgehen; dies wird durch das Wort „kann" deutlich. Demnach hat das Gesetz hier der Behörde einen Ermessensspielraum eingeräumt, ob sie ein Verbot aussprechen will. Deshalb ist zu prüfen, ob die Ausübung dieses Ermessens fehlerfrei erfolgt ist.

Auf die Ermessensausübung darf nur eingegangen werden, wenn überhaupt ein Ermessen eingeräumt ist; daher muss dies zuerst kurz geprüft werden.

b) Aus der Begründung des Verbots ergibt sich, warum sich die Behörde hier für ein Verbot entschieden hat. Demnach ist das Ermessen ausgeübt worden, sodass der Ermessensfehler des Nichtgebrauchs ausscheidet.

Ermessensnichtgebrauch.

c) Mit dem Verbot der Kundgebung bleibt O innerhalb des Ermessensspielraums, sodass auch keine Ermessensüberschreitung vorliegen kann.

Ermessensüberscheitung.

d) Allerdings könnte es sich um einen Fall des Fehlgebrauchs handeln. Das würde voraussetzen, dass O Gründe geltend machen würde, die nicht vom Zweck des § 5 Nr. 2 VersG gedeckt sind. Dieser Zweck besteht darin, der Gefahr einer gewalttätigen Versammlung schon im Vorfeld zu begegnen und so die Unversehrtheit von Menschen und Sachen zu gewährleisten. Mit dem Hinweis auf die von den jungen Anarchos ausgehende Gefahr entspricht die Begründung des O diesem Zweck. Allerdings nimmt er auch Bezug auf den zurückliegenden OB-Wahlkampf und münzt seine damaligen – persönlichen – Erfahrungen auf die ganze ASD um, indem er ihr Aggressivität und Belastung des politischen Klimas vorwirft. Der dargelegte Zweck des § 5 Nr. 2 VersG deckt jedoch weder das politische Klima noch persönliche Rachegefühle des handelnden Amtswalters. Demnach liegt in der zusätzlichen Begründung ein massiver Fehlgebrauch des Ermessens.

Ermessensfehlgebrauch.

Hierfür muss mit Hilfe der teleologischen Auslegungsmethode der Zweck der ermessenseinräumenden Norm ermittelt werden, bevor dieser mit den im VA genannten Ermessenserwägungen verglichen werden kann.

4. Verstoß gegen höherrangiges Recht

Das Verbot der Wahlkundgebung könnte gegen Art. 21 I 1 GG verstoßen. Denn aus der Aufgabe zur Mitwirkung an der politischen Willensbildung folgt, dass eine Partei gerade im Vorfeld von Wahlen besondere Möglichkeiten braucht, ihre Positionen einer breiten Öffentlichkeit vorzustellen und dafür zu werben[238]. Gerade das aber wird durch das Verbot weitgehend vereitelt, ohne dass dies in ausreichendem Maß gerechtfertigt ist (s. o.). Folglich verstößt das Verbot gegen Art. 21 I 1 GG.

> *Für den Verstoß gegen andere Gesetze und insbesondere das höherrangige Verfassungsrecht sind zahlreiche Vorschriften denkbar; das hängt von der inhaltlichen Thematik eines Falles ab.*

5. Ergebnis

Das Verbot der Wahlkundgebung ist wegen fehlender notwendiger Anhörung formell rechtswidrig. Außerdem ist es wegen Unverhältnismäßigkeit, fehlerhafter Ermessensausübung sowie des Verstoßes gegen Art. 21 I 1 GG materiell rechtswidrig.

> *Es entspricht dem Gutachtenstil, (zumindest) am Ende ein zusammenfassendes Ergebnis darzustellen.*

D. Der nichtige Verwaltungsakt: Systematik des § 44 VwVfG

Rechtswidrige VAe, deren Fehlerhaftigkeit besonders schwer wiegend ist, sind nichtig **307** und erlangen daher – im Gegensatz zum schlicht rechtswidrigen VA – zu keiner Zeit Rechtswirksamkeit. In den ersten drei Absätzen des § 44 VwVfG ist die demzufolge sehr bedeutsame Abgrenzung zwischen dem nichtigen und dem nur schlicht rechtswidrigen VA geregelt.

I. Die ersten drei Absätze des § 44 VwVfG

1. Absatz 1: Generalklausel (relative Nichtigkeitsgründe)

Der erste Absatz enthält eine generalklauselartige Definition eines nichtigen VAs. Dem- **308** nach muss der rechtliche Fehler erstens besonders schwer wiegend und zweitens offensichtlich sein.

a) Schwerwiegend ist ein Fehler dann, wenn er in einem besonders krassen Wi- **309** derspruch zur Rechtslage steht; das ist der Fall, wenn gegen grundlegende Wertvorstellungen und Überzeugungen der Rechtsordnung erheblich verstoßen wird (z. B. Menschenwürde und andere grundrechtlich abgesicherte Werte)[239].

---

238 Siehe Katz, Staatsrecht, Rdnr. 271, 279; Badura, Staatsrecht, D 20; Pieroth, in: Jarass/Pieroth, GG, Art. 21 Rdnr. 6, 11; Kunig, in: v. Münch/Kunig, GG, Art. 21 Rdnr. 39, weist darauf hin, dass die Beteiligung an Wahlkämpfen auch vom einfachgesetzlichen Parteienbegriff gem. § 2 II PartG vorausgesetzt wird.

239 Kopp/Ramsauer, VwVfG, § 44 Rdnr. 8 ff.; Peine, Verwaltungsrecht, Rdnr. 708 f.

310   b) Unter Offensichtlichkeit versteht man, dass nicht nur Juristen oder andere besonders Kundige den Fehler erkennen können, sondern jeder durchschnittlich begabte und informierte Bürger bei vernünftiger und laienhafter Betrachtung des VAs dessen Rechtswidrigkeit erkennen muss. Damit wird allerdings keine Allgemeinkundigkeit verlangt; es reicht aus, wenn für die *Beteiligten* der Fehler ohne weiteres ersichtlich ist[240].

311   c) Beispiele[241]:
- Hoheitliches Handeln auf fremdem Staatsgebiet ohne Zustimmung des dortigen Staates,
- Handeln absolut unzuständiger Behörden (Steuerbescheid vom Oberschulamt) und
- Handeln bei offensichtlich fehlender Verwaltungskompetenz, z. B. Verhängung einer Gefängnisstrafe nach dem StGB durch eine Behörde.

2. Absatz 2: Besondere (absolute) Nichtigkeitsgründe

312   Der zweite Absatz zählt enumerativ (weitgehend) konkrete Fälle auf, in denen der VA auf jeden Fall nichtig ist. Hier bedarf es folglich keiner Überlegungen zur Schwere und Offenkundigkeit des Fehlers[242].

3. Absatz 3: Nicht-Nichtigkeitsgründe

313   Als „Gegenstück" zum zweiten Absatz enthält der dritte Absatz enumerativ diejenigen möglichen Rechtsverstöße eines VAs, die allein noch *nicht* zu seiner Nichtigkeit führen.

II. Vorgehensweise bei der Untersuchung

1. Verhältnis der Nichtigkeitsprüfung zur normalen Rechtmäßigkeitsprüfung

314   Sofern der im konkreten Fall gegebene VA einen ersichtlich schweren Rechtsfehler enthält, sodass Nichtigkeit infrage kommt, sollte man den VA vor der normalen Rechtmäßigkeitsprüfung auf seine etwaige Nichtigkeit hin untersuchen. Gelangt man hier nämlich zu einem positiven Ergebnis, so ist die (schlichte) Rechtswidrigkeit automatisch ebenfalls festgestellt, da es sich dabei um ein Weniger gegenüber der Nichtigkeit handelt; eine gesonderte Prüfung der Rechtmäßigkeit kann dann unterbleiben (wobei natürlich je nach Lage des Falles die Notwendigkeit eines Hilfsgutachtens bestehen kann). Würde man dagegen andersherum vorgehen, so hätte man zunächst nur die schlichte Rechtswidrigkeit festgestellt; ob damit zugleich die Nichtigkeit vorliegt, müsste dann in einem weiteren Prüfungsschritt noch zusätzlich geprüft werden.

---

240 Kopp/Ramsauer, VwVfG, § 44 Rdnr. 12 f.; Bull/Mehde, Verwaltungsrecht, Rdnr. 760; Peine, Verwaltungsrecht, Rdnr. 710.
241 Vgl. Kopp/Ramsauer, VwVfG, § 44 Rdnr. 14.
242 Siehe Maurer, Verwaltungsrecht, § 10 Rdnr. 33 mit Beispielen.

2.   Die Nichtigkeitsprüfung gem. § 44 VwVfG

Aus der geschilderten Struktur des § 44 VwVfG ergibt sich für die Fallbearbeitung folgende Vorgehensweise: Zu Beginn der Bearbeitung prüft man, ob einer der Nichtigkeitsgründe des Abs. 2 vorliegt. Sofern das der Fall ist, kann man bereits die Nichtigkeit feststellen, ohne sich auf die wesentlich „schwammigeren" Tatbestandsmerkmale der Generalklausel einlassen zu müssen. Wenn keiner der besonderen Nichtigkeitsgründe vorliegt, ist zu fragen, ob der im konkreten Fall vorliegende Rechtsmangel als Nicht-Nichtigkeitsgrund in Abs. 3 enthalten ist. Bejahendenfalls ist die Nichtigkeitsprüfung ebenfalls – allerdings negativ – beendet, ohne dass es des Rückgriffs auf die Generalklausel bedurft hätte. Nur wenn auch Abs. 3 nicht zur Lösung des Falles führt, also der vorliegende Rechtsfehler weder unter Abs. 2 noch unter Abs. 3 fällt, kommt als dritter Prüfungsschritt die Generalklausel des Abs. 1 an die Reihe. Dann ist zu untersuchen, ob der Rechtsfehler besonders schwer und offensichtlich ist.

Zur Vertiefung: Nichtigkeit des Verwaltungsakts   **314a**

Bull/Mehde, Verwaltungsrecht, Rdnr. 759–763; Detterbeck, Verwaltungsrecht, Rdnr. 613–620; ders., Öffentliches Recht, Rdnr. 758; Erbguth, Verwaltungsrecht, § 15 I; Ipsen, Verwaltungsrecht, Rdnr. 676–696; Maurer, Verwaltungsrecht, § 10 Rdnr. 31–37; Peine, Verwaltungsrecht, Rdnr. 697–720; Sodan/Ziekow, Öffentliches Recht, § 81 III.

E.   Fall 14: Folgenreiches Falschparken – Teil I: Die Stadt greift durch

Sachverhalt   315

Der Tübinger Physik-Student S kommt meistens mit seinem Auto zu seinen Vorlesungen. Leider findet er nicht jedes Mal einen geeigneten Parkplatz, weshalb er sich schon mehrfach gezwungen sah, sein Gefährt im absoluten Halteverbot (Feuergasse) abzustellen. Nachdem ihn auch mehrere Bußgeldbescheide von dieser Parkierungspraxis nicht abhalten können, sieht sich das städtische Ordnungsamt gezwungen, weitreichendere Maßnahmen zu ergreifen und das Übel an der Wurzel zu packen. So schickt es dem S einen Bescheid, in dem sein Mitgliedschaftsverhältnis zur Universität beendet wird (Exmatrikulation). Zur Begründung weist das Ordnungsamt darauf hin, dass sein grob rechtswidriges Parkverhalten in einem unmittelbaren Zusammenhang mit seinem Status als Studierender stehe, der ihm deshalb entzogen werden müsse, um künftig rechtmäßige Zustände sicherzustellen[243]. S hält es für einen schlechten Witz, dass ihn eine städtische Behörde aus der Universität rauswerfen will, überantwortet den Bescheid seiner Mülltonne und tritt erst einmal ein zweimonatiges Praktikum bei einer mittelständischen Firma an. Danach möchte er nun sein Studium fortsetzen.

---

243 Vgl. die ähnlich gelagerte Fallgestaltung bei Ruffert, in: Erichsen/Ehlers, Verwaltungsrecht, § 22 Rdnr. 6.

Aufgabe

Darf S jetzt noch weiter studieren?

Hinweise

Gehen Sie davon aus, dass es sich bei dem Exmatrikulationsbescheid um einen Verwaltungsakt handelt[244].

§ 8 I LHG Ba-Wü.:   Rechtsnatur; Satzungsrecht

Die Hochschulen sind rechtsfähige Körperschaften des öffentlichen Rechts und zugleich staatliche Einrichtungen. ... Die Hochschulen haben das Recht der Selbstverwaltung im Rahmen der Gesetze und erfüllen ihre Aufgaben, auch soweit es sich um Weisungsangelegenheiten handelt, durch eine Einheitsverwaltung; sie handeln in eigenem Namen.

§ 62 I LHG Ba.-Wü.:   Exmatrikulation

Die Mitgliedschaft Studierender in der Hochschule erlischt durch die Exmatrikulation. Die Exmatrikulation erfolgt auf Antrag der Studierenden oder von Amts wegen.

316   ## Lösung

I. Einleitung

S dürfte nicht mehr weiter studieren, wenn sein Status als Studierender wirksam beendet worden wäre. Folglich kommt es darauf an, ob der Exmatrikulationsbescheid wirksam geworden ist. Da neben einem rechtmäßigen VA auch ein schlicht rechtswidriger VA sofort rechtswirksam wird und diesbezüglich inzwischen (bei unterstellter korrekter Rechtsbehelfsbelehrung) die Rechtsbehelfsbelehrung abgelaufen wäre, könnte S nur dann weiter studieren, wenn der Exmatrikulationsbescheid als nichtig und damit von Anfang an rechtsunwirksam anzusehen wäre.

Bei der Einleitung ist von der Fallfrage auszugehen. Hier besteht der erste Knackpunkt darin zu erkennen, dass es nicht primär auf die Rechtswidrigkeit, sondern auf die Rechtsunwirksamkeit ankommt und diese nur bei Nichtigkeit gegeben ist.

II. Nichtigkeitsprüfung

Die eventuelle Nichtigkeit des Exmatrikulationsbescheides ist anhand § 44 VwVfG zu untersuchen. Ansatzpunkt ist dabei die grob unzuständige Wahrnehmung einer

Zunächst das Kernproblem des zu prüfenden VAs benennen,

---

244 Die Prüfung der VA-Eigenschaft des Exmatrikulationsbescheides wird in Fall 19 vorgenommen,
s. u., Rdnr. 397.

universitären Aufgabe gem. § 8 I LHG Ba.-Wü. durch eine kommunale Behörde.

1. Enumerativgründe für bzw. gegen Nichtigkeit

Als besonderer Nichtigkeitsgrund könnte § 44 II Nr. 3 VwVfG in Betracht kommen, weil er an eine fehlende Zuständigkeit anknüpft. Doch handelt es sich dort um ein Problem der örtlichen Zuständigkeit, das hier nicht gegeben ist. Denn sowohl die Universität Tübingen als auch die unzulässigen Parkplätze des S liegen auf dem Gebiet der Stadt Tübingen und unterliegen damit örtlich deren Zuständigkeit. Dass die Stadt eine Aufgabe der Universität wahrgenommen hat, ist dagegen eine Frage der sachlichen Zuständigkeit. Andere Anhaltspunkte für einen besonderen Nichtigkeitsgrund i. S. v. § 44 II VwVfG sind ebenso wenig ersichtlich, wie für eine allein noch nicht zur Nichtigkeit führende Alternative des § 44 III VwVfG.

dann in der Prüfungsrei-henfolge des § 44 VwVfG – Abs. 2, Abs. 3, Abs. 1 – bearbeiten.

→ hier saubere Unter-scheidung zwischen ver-schiedenen Zuständig-keitsarten erforderlich!

2. Generalklausel des § 44 I VwVfG

Danach könnte sich die Nichtigkeit vorliegend nur aus der Generalklausel des § 44 I VwVfG ergeben. Dies wür-de voraussetzen, dass die sachliche Zuständigkeitsver-letzung des städtischen Exmatrikulationsbescheids ein besonders schwerwiegender und offensichtlicher Fehler darstellt.

Die Generalklausel des Abs. 1 verlangt einen schwerwiegenden und offensichtlichen Fehler.

a) Ein schwerwiegender Fehler liegt dann vor, wenn ge-gen grundsätzliche Prinzipien oder Überzeugungen der Rechtsordnung verstoßen wird. Hierzu gehört auch der Grundsatz der Gesetzmäßigkeit der Verwaltung, durch den die hoheitliche Gewalt „gezähmt" wird, indem ihr durch Zuständigkeits- und Ermächtigungsregelungen ein Korsett angelegt wird (was auch der absolute Nich-tigkeitsgrund gem. § 44 II Nr. 3 VwVfG zum Ausdruck bringt). Es kann eben nicht jede Behörde tun und lassen, was, wie und wo sie will, sondern nur im Rahmen ihrer Kompetenzen und Rechte.

Schwerwiegender Fehler: Verstoß gegen Grundsätze der Rechtsordnung, hier das Zuständigkeitssystem als Ausfluss der Gesetzes-bindung der Verwaltung

Der hier vorliegende Fehler besteht darin, dass eine städ-tische Behörde in die inneren Zuständigkeiten der Uni-versität übergreift. Darin liegt ein Fall besonders krasser Kompetenzüberschreitung, weil nicht nur eine sachlich unzuständige Behörde eines an sich zuständigen Rechts trägers handelt, sondern – quasi doppelt – sowohl ein

→ hier: besonders krasse Kompetenzüberschreitung über Sach und Rechts trägergrenzen hinweg

völlig unzuständiger Rechtsträger handelt, und dann auch noch auf einem sachlich fernliegenden Feld: Die Stadt und die Universität Tübingen sind rechtlich voneinander völlig unabhängige Körperschaften, die nur der gemeinsame geografische Sitzort verbindet. Insofern ist es der Stadt verwehrt, inneruniversitäre Maßnahmen zu ergreifen, und dem Ordnungsamt stehen Entscheidungen außerhalb des Ordnungsbereichs – wie die Mitgliedschaft von Studierenden zu ihrer Universität – erst recht nicht zu. Daran ändert auch der Zusammenhang zwischen den Parkverstößen und dem Studium von S nichts, weil die Gründe für Ordnungsverstöße keine Zuständigkeitsregelungen außer Kraft setzen können. Damit liegt ein mehrfach gravierender Verstoß gegen den Grundsatz der Gesetzmäßigkeit der Verwaltung vor, weshalb der Fehler als besonders schwerwiegend anzusehen ist.

b) Weiter ist zu prüfen, ob dieser Fehler auch offensichtlich ist. Das ist der Fall, wenn dem VA der Fehler „auf die Stirn geschrieben" ist[245]. Der Umstand, dass Universitäten ihre inneren Angelegenheiten selbst regeln dürfen, dürfte in der breiten Bevölkerung weitgehend bekannt sein. Da eine solche Allgemeinkundigkeit gar nicht erforderlich ist, kann dies jedoch dahin stehen. Notwendig ist die Erkennbarkeit des Fehlers bei den betroffenen Personen, ohne dass es dafür besonderer Rechtskenntnisse oder Begabungen bedürfte. Sowohl den (juristisch regelmäßig geschulten) Beamten im Ordnungsamt als auch den Universitätsangehörigen ist die Unabhängigkeit der Hochschulen von ihren Sitzkommunen bestens bekannt, so dass der Fehler dieser Exmatrikulation von diesen Personen ohne weiteres und sofort zu erkennen ist (wie auch die Reaktion von S zeigt). Die Offensichtlichkeit des Fehlers ist damit auch gegeben.

Offensichtlichkeit des Fehlers verlangt nicht, dass jeder ihn sofort erkennt; aber jede mit der Problematik vertraute Person muss den Fehler sofort erkennen (die Fehlerhaftigkeit muss sich quasi aufdrängen).

III. Ergebnis

Nach alledem ist der Fehler der Exmatrikulation von S schwerwiegend und offensichtlich. Damit ist der VA gem. § 44 I VwVfG nichtig und von Anfang an rechtsunwirksam. S ist demzufolge nach wie vor studentisches Mitglied der Universität Tübingen und darf weiterstudieren.

Das Ergebnis fasst die bisherigen Teilergebnisse zusammen und beantwortet die Fallfrage.

---

245 Vgl. Kopp/Ramsauer, VwVfG, § 44 Rdnr. 12.

4. Abschnitt:
Außerkrafttreten eines Verwaltungsaktes

A. Vorbemerkung und Schaubild

(1) Vorbemerkung

Nach den Definitionsmerkmalen und Rechtmäßigkeitsproblemen eines VAs soll nun   **317**
noch kurz auf das Außerkrafttreten eines VAs eingegangen werden. Unter Außerkrafttreten wird dabei verstanden, dass der VA seine Rechtswirksamkeit und damit seine
rechtsgestaltende Kraft verliert.

Ein VA kann auf drei verschiedene Arten beendet werden, nämlich durch seine Erledigung, durch behördliche Aufhebung oder durch gerichtliche Aufhebung.

I. Erledigung

1. Erfüllung

Die Erledigung tritt durch Erfüllung ein, wenn der Adressat dem behördlichen Verlan-   **318**
gen nachgekommen ist.

Beispiel   Die Firma F erhält eine immissionsschutzrechtliche Verfügung, wonach sie verpflichtet wird, in
ihren Fabrikschornstein einen bestimmten Filter einzubauen[246]. Nachdem der Filter eingebaut
worden ist, hat sich die Verfügung erledigt.

2. Auflösende Bedingung/Befristung (Zeitablauf)

Außerdem erledigt sich ein VA, der mit einer auflösenden Bedingung versehen ist, mit   **319**
dem Eintritt dieser Bedingung; ebenso bei einer Befristung.

Beispiel   Der Schausteller S erhält die Genehmigung, auf dem Cannstatter Wasen für die Dauer des Volksfestes sein Riesenrad aufzustellen und zu betreiben. Mit dem Ende des Volksfestes erledigt sich
diese Genehmigung durch Zeitablauf.

II. Aufhebung durch die Behörde

Im Gegensatz zu Urteilen, die (von wenigen ausdrücklich geregelten Ausnahmen abge-   **320**
sehen) vom erlassenden Gericht nach der Verkündung nicht mehr geändert oder gar
aufgehoben werden können, ist einer Behörde die Aufhebung eines von ihr erlassenen

---

246 § 17 BImSchG ermächtigt die zuständige Behörde, nachträglich – also nach Erteilung der immis-
sionsschutzrechtlichen Genehmigung des Fabrikschornsteins – weitere Schutzmaßnahmen zu
verlangen. Außerdem sind nach § 5 I 1 Nr. 2 BImSchG genehmigungspflichtige Anlagen so
zu betreiben, dass „Vorsorge gegen schädliche Umwelteinwirkungen und sonstige Gefahren,
erhebliche Nachteile und erhebliche Belästigungen getroffen wird, insbesondere durch die
dem Stand der Technik entsprechenden Maßnahmen".

VAs unter bestimmten – wesentlich großzügigeren – Voraussetzungen möglich. Maßgeblich hierfür sind die §§ 48 f. VwVfG.

1. Erste Unterscheidung: Rechtswidrige und rechtmäßige VAe

321 Dabei regelt § 48 VwVfG die Aufhebung (schlicht) rechts*widriger* VAe, was logischerweise geringere Hürden haben muss, als die Aufhebung recht*mäßiger* VAe nach § 49 VwVfG. Denn die Beseitigung eines rechts*widrigen* Zustandes liegt ja im Interesse der Rechtsordnung, was bei der Aufhebung eines recht*mäßigen* VAs nicht der Fall ist. Dieser Unterschied kommt sowohl in den unterschiedlich starken Anforderungen als auch in der gesetzlichen Formulierung zum Ausdruck: Während ein rechts*widriger* VA nur „zurückgenommen" werden muss, bedarf ein recht*mäßiger* VA eines „Widerrufs"; der Begriff der Rücknahme macht schon sprachlich die geringere Hürde gegenüber dem des Widerrufs deutlich. Die höhere Hürde beim Widerruf gem. § 49 VwVfG führt aber dazu, dass ein rechtswidriger VA auch bei Vorliegen der (höheren) Widerrufsvoraussetzungen – und zwar „erst recht" – widerrufen werden kann.

2. Zweite Unterscheidung: Begünstigende und belastende VAe

322 Sowohl § 48 VwVfG wie auch § 49 VwVfG unterscheiden jeweils für sich zwischen begünstigenden VAen einerseits sowie belastenden VAen andererseits. Der Begriff des begünstigenden VAs ist in § 48 I 2 VwVfG legaldefiniert als „ein VA, der ein Recht oder einen rechtlich erheblichen Vorteil begründet oder bestätigt hat". Daraus ergibt sich, dass es sich bei einem VA, der ein Recht oder einen rechtlich erheblichen Vorteil beendet oder zerstört hat, um einen belastenden VA handelt.

Auch diese Unterscheidung macht Sinn, da das Interesse des Bürgers am Erhalt eines begünstigenden VAs wesentlich höher ist als bei einem nichtbegünstigenden VA. Deshalb sind die Anforderungen an die Rücknahme bzw. den Widerruf eines begünstigenden VAs höher (vor allem wenn der Bürger auf den Fortbestand des VAs vertraut hat und auch vertrauen durfte) als bei einem belastenden VA.

3. Die Voraussetzungen im Einzelnen

323 Die nachfolgend kurz genannten Anforderungen für die jeweilige Aufhebung eines VAs steigen in der Reihenfolge der Darstellung an.

a) Rücknahme eines belastenden VAs

324 Ein belastender VA, der rechtswidrig ist, kann jederzeit für die Zukunft und auch für die Vergangenheit nach behördlichem Ermessen zurückgenommen werden. Diese minimale Hürde rechtfertigt sich dadurch, dass in aller Regel weder die Rechtsordnung noch der betroffene Bürger am Fortbestand des VAs ein besonderes Interesse haben.

b) Widerruf eines belastenden VAs

325 Ein belastender VA, der rechtmäßig ist, kann ebenfalls jederzeit nach behördlichem Ermessen widerrufen werden; allerdings ist dies nur mit Wirkung für die Zukunft möglich.

c) Rücknahme eines begünstigenden VAs

aa) Ein begünstigender VA, der rechtswidrig ist und *keine Leistung* an den Bürger ent-   **326**
hält (z. B. eine Genehmigung), kann nur innerhalb einer Jahresfrist ab Kenntnisnahme
der Behörde von den zur Rücknahme führenden Tatsachen (vgl. § 48 IV VwVfG) zurückgenommen werden. Auf Antrag des Betroffenen ist ihm allerdings je nach der Schutzwürdigkeit seines Vertrauens auf den Fortbestand des VAs der durch die Rücknahme
verursachte Vermögensnachteil gegebenenfalls zu ersetzen.

bb) Ein begünstigender VA, der rechtswidrig ist und *eine Leistung* an den Bürger enthält oder verspricht (z. B. eine Zahlung), kann ebenfalls nur innerhalb der Frist von einem Jahr zurückgenommen werden. Außerdem darf der Betroffene nicht auf den Bestand des VAs vertraut haben bzw. darf sein Vertrauen in der Abwägung mit dem
öffentlichen Interesse an der Rücknahme nicht schutzwürdig sein. Hat z. B. jemand
rechtswidrig BAföG bekommen, ohne die Rechtswidrigkeit zu kennen oder auch nur
erkennen zu können, und die Lebensführung bereits danach ausgerichtet, ist eine
Rücknahme wegen des schutzwürdigen Vertrauens des Betroffenen nicht mehr möglich; anders verhält es sich natürlich, wenn dieser die Rechtswidrigkeit erkannt und
dennoch kassiert hat. Doch selbst bei Überwiegen des öffentlichen Interesses ist eine
Rücknahme in der Regel nur noch für die Zukunft möglich; § 48 II 3 VwVfG sieht allerdings in einzelnen Fällen (Nrn. 1–3) eine rückwirkende Rücknahme vor, in denen
keinerlei Schutzwürdigkeit des Betroffenen besteht; so z. B. bei Kenntnis von der
Rechtswidrigkeit oder bei Herbeiführung des VA durch Täuschung, Drohung oder Be-
stechung seitens des Adressaten.

d) Widerruf eines begünstigenden VAs

aa) Ein rechtmäßiger, begünstigender VA kann – unabhängig davon, ob er eine Leis-   **327**
tung oder einen sonstigen rechtlichen Vorteil gewährt – innerhalb der Jahresfrist bei
Vorliegen einer der in § 49 II VwVfG aufgezählten Widerrufsgründe widerrufen werden;
dies ist z. B. der Fall, wenn die Ermächtigungsgrundlage des VAs einen automatischen
Widerrufsvorbehalt enthält oder der Widerruf im VA vorbehalten wurde (§ 36 II Nr. 3
VwVfG)[247]. Dieser Widerruf ist nur mit Wirkung für die Zukunft möglich.

bb) Ein leistungsgewährender, rechtmäßiger VA kann darüber hinaus (wieder unter
Wahrung der Jahresfrist) bei Vorliegen der Widerrufsgründe nach § 49 III VwVfG widerrufen werden; dies ist – anders als bei § 49 II VwVfG – auch rückwirkend möglich.

Zur Vertiefung: Behördliche Aufhebung von Verwaltungsakten   **327a**

Bull/Mehde, Verwaltungsrecht, § 20; Detterbeck, Verwaltungsrecht, Rdnr. 673–765 (mit Übersicht, Rdnr. 678); ders., Öffentliches Recht, Rdnr. 771–796; Erbguth, Verwaltungsrecht, § 16 (mit
Übersichten 15–17, S. 205, 216, 221); Ipsen, Verwaltungsrecht, § 11 I, II; Maurer, Verwaltungsrecht, § 11 II–V; Peine, Verwaltungsrecht, § 12 (mit Übersicht, S. 240); Schwerdtfeger/Schwerdtfe-
ger, Fallbearbeitung, § 11; Sodan/Ziekow, Öffentliches Recht, § 82 II–IV.

---

247 Vgl. die obigen Ausführungen zum Widerrufsvorbehalt im Rahmen der Nebenbestimmungen,
     Rdnr. 249.

III. Gerichtliche Aufhebung

328 Schließlich können VAe auch durch gerichtliche Aufhebung ihre Wirksamkeit verlieren. Gem. § 113 I 1 VwGO können die Verwaltungsgerichte VAe auf einen entsprechenden Anfechtungsantrag des Klägers (= i. d. R. des Betroffenen) aufheben und damit außer Kraft setzen. Hierauf geht der nachfolgende Abschnitt „Gerichtlicher Rechtsschutz" näher ein.

329 (2) **Schaubild: Außerkrafttreten eines VAs**

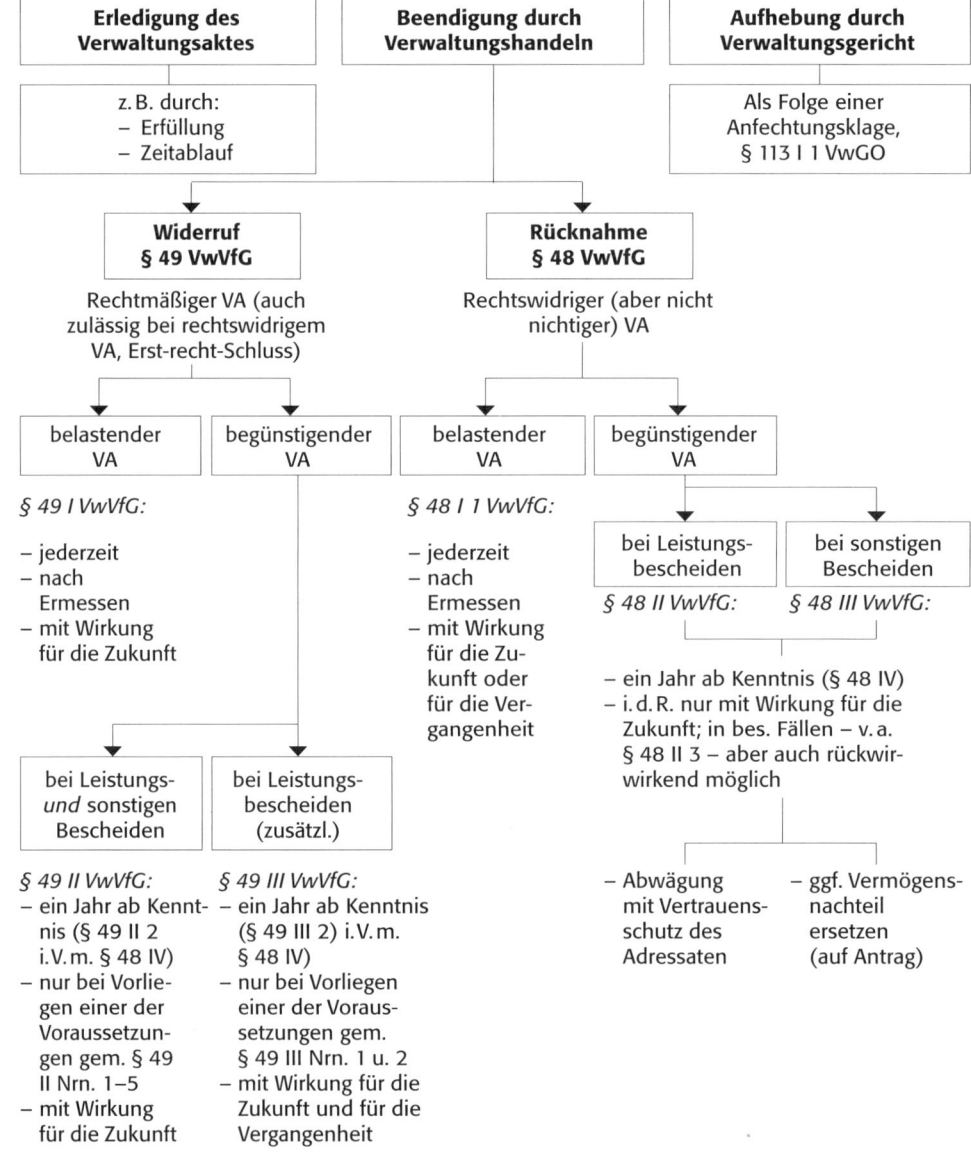

(3) Prüfungsschema zu Rücknahme und Widerruf eines VAs 330

I. Ermächtigungsgrundlage für den Aufhebungsakt:
§§ 48, 49 VwVfG

II. Formelle Rechtmäßigkeit des Aufhebungsaktes

A. *Zuständigkeit*
(unproblematisch bei Handeln der Behörde, die den aufgehobenen VA erlassen hat: Kehrseitentheorie)

B. *Verfahren*

C. *Form*

III. Materielle Rechtmäßigkeit des Aufhebungsaktes

A. *Vorliegen des Ermächtigungstatbestandes gem. §§ 48, 49 VwVfG*

1. VA-Qualität des aufgehobenen Aktes
2. Rechtmäßigkeit des aufgehobenen (Verwaltungs-)Aktes (**Schema im Schema!** [248] – **„historische Rückblende"**)
   → Weichenstellung, ob § 48 oder § 49 einschlägig ist:
   a) Ermächtigungsgrundlage für den aufgehobenen VA
   b) Formelle Rechtmäßigkeit des aufgehobenen VAs (Zuständigkeit, Verfahren, Form)
   c) Materielle Rechtmäßigkeit des aufgehobenen VAs (Vorliegen des Ermächtigungstatbestandes, Allgemeine Rechtmäßigkeitsanforderungen, ggf. fehlerfreie Ermessensausübung etc.)
3. Begünstigender Charakter des aufgehobenen VAs (sonst: belastend → Weichenstellung jeweils innerhalb von §§ 48, 49); bejahendenfalls prüfen, ob Gewährung einer Leistung oder eines sonstigen rechtlichen Vorteils
4. Einzelvoraussetzungen je nach Fallgruppe: Aufgehobener VA ist …
   a) rechtswidrig und belastend: keine Einschränkungen;
   b) rechtmäßig und belastend: nur mit Wirkung für die Zukunft möglich, sonst keine Einschränkungen;
   c) rechtswidrig und begünstigend:
      aa) ein Jahr ab Kenntnis
      bb) Rücknahme in der Regel nur mit Wirkung für die Zukunft; in Ausnahmefällen – insbes. § 48 II 3 – auch rückwirkend möglich
      cc) Leistungsbescheid: Abwägung mit Vertrauensschutz des Adressaten
      dd) Sonstiger Bescheid: Ggf. Vermögensnachteil ersetzen (Antrag!)
   d) rechtmäßig (oder rechtswidrig[249]) und begünstigend:

---

248 Sowohl das „Oberschema" für den Aufhebungs-VA wie das hier eingebaute „Unterschema" für den aufgehobenen VA stellen Anwendungen des Standard-Schemas zur Prüfung der Rechtmäßigkeit eines VAs dar, siehe oben Rdnr. 304.
249 Nach dem bereits erwähnten Erst-recht-Schluss kann bei Vorliegen der Widerrufsvoraussetzungen für den rechtmäßigen VA auch jederzeit ein rechtswidriger VA zurückgenommen werden.

aa) ein Jahr ab Kenntnis
bb) Widerrufsgrund gem. § 49 II Nrn. 1–5 (nur mit Wirkung für die Zukunft)
cc) bei Leistungsbescheiden auch Widerrufsgrund gem. § 49 III Nrn. 1 u. 2 mgl. (auch rückwirkend mgl.)

B. *Allgemeine Rechtmäßigkeitsanforderungen (nun wieder an den Aufhebungsakt!)*

C. *Fehlerfreie Ermessensausübung bei der Aufhebung (bei §§ 48, 49 VwVfG ist stets Ermessen eingeräumt!)*

D. *Vereinbarkeit des Aufhebungs-VAs mit anderen Gesetzen, insbes. Grundrechten*

B. **Fall 15: Begabter Betrüger**

331   **Sachverhalt**

Der bei seinen Eltern wohnende BWL-Student B der Universität Stuttgart stellt zu Beginn seines Studiums einen Antrag auf Ausbildungsförderung nach dem BAföG. Dabei gibt er neben seinen (korrekten) Angaben zur finanziellen Situation auch (wahrheitswidrig) an, stolzer Vater eines Kindes zu sein, das mit ihm bei seinen Eltern lebe. Er belegt dies durch die Vorlage einer gefälschten Geburtsurkunde, eines gefälschten Kindergeldnachweises und einer gefälschten Meldebescheinigung. Auf diesen Antrag hin bewilligt das Amt für Ausbildungsförderung (BAföG-Amt) Stuttgart B in einem Schreiben die Grundausbildungsförderung sowie einen Kinderbetreuungszuschlag von 113 €.

Diese Gesamtförderung wird B acht Monate lang überwiesen. Dann erfährt das BAföG-Amt, dass B gar kein Kind hat. Es teilt ihm daraufhin umgehend schriftlich mit, dass ihm die (vollständige) Ausbildungsförderung wegen unwahrer Angaben rückwirkend entzogen werde; über die Rückforderung werde ihm ein weiterer Bescheid zugehen.

┌─ **Aufgabe** ─────────────────────────────────

Prüfen Sie
1. die Rechtsnatur des zweiten Schreibens des BAföG-Amtes[250] und
2. ob das BAföG-Amt bei der Entziehung der Ausbildungsförderung rechtmäßig gehandelt hat.

---

250 Da eine besondere Schwierigkeit in den Rücknahme/Widerruf-Fällen darin besteht, die beiden VAe (Aufhebungs-VA und aufgehobener VA) immer sauber auseinander zu halten, ist hier die VA-Prüfung der Aufhebung auch aus didaktischen Gründen sinnvoll.

Hinweis

§ 1 BAföG: Grundsatz

Auf individuelle Ausbildungsförderung besteht für eine der Neigung, Eignung und Leistung entsprechende Ausbildung ein Rechtsanspruch nach Maßgabe dieses Gesetzes, wenn dem Auszubildenden die für seinen Lebensunterhalt und seine Ausbildung erforderlichen Mittel anderweitig nicht zur Verfügung stehen.

§ 2 I BAföG: Ausbildungsstätten

Ausbildungsförderung wird geleistet für den Besuch von … Hochschulen. … Ausbildungsförderung wird geleistet, wenn die Ausbildung an einer öffentlichen Einrichtung … durchgeführt wird.

§ 9 I, II BAföG: Eignung

(1) Die Ausbildung wird gefördert, wenn die Leistungen des Auszubildenden erwarten lassen, dass er das angestrebte Ausbildungsziel erreicht.

(2) Dies wird in der Regel angenommen, solange der Auszubildende die Ausbildungsstätte besucht … und bei dem Besuch einer … Hochschule die den jeweiligen Ausbildungs- und Prüfungsordnungen entsprechenden Studienfortschritte erkennen lässt. …

§ 14b I BAföG: Zusatzleistung für Auszubildende mit Kind (Kinderbetreuungszuschlag)

Für Auszubildende, die mit mindestens einem eigenen Kind, das das zehnte Lebensjahr noch nicht vollendet hat, in einem Haushalt leben, erhöht sich der Bedarf um monatlich 113 Euro für das erste und 85 Euro für jedes weitere dieser Kinder. …

§ 41 I BAföG: Aufgaben der Ämter für Ausbildungsförderung

Das Amt für Ausbildungsförderung nimmt die zur Durchführung dieses Gesetzes erforderlichen Aufgaben wahr, soweit sie nicht anderen Stellen übertragen sind. Bei der Bearbeitung der Anträge können zentrale Verwaltungsstellen herangezogen werden.

Lösung   332

Aufgabe 1

Bei dem zweiten Schreiben des BAföG-Amtes könnte es sich um einen VA gem. § 35 VwVfG handeln.	*Als Rechtsnatur gibt es den VA, die Verordnung, das (formelle) Gesetz, die Satzung u. Ä.; hier bietet sich sinnvollerweise nur ein VA an.*
1. Dafür müsste es sich zunächst um eine Maßnahme handeln, die als Handlung mit Erklärungsgehalt definiert	*Maßnahme: Definition – Subsumtion.*

ist. Die Handlung liegt in diesem Fall in dem zweiten Schreiben und der Erklärungsgehalt in der Entziehung der Ausbildungsförderung.

2. Weiter müsste eine Behörde handeln; darunter wird jede Stelle, die öffentliche Aufgaben wahrnimmt, verstanden. Das BAföG-Amt leistet durch die Vergabe öffentlicher Mittel einen wesentlichen Beitrag zu einer möglichst optimalen Ausschöpfung der Begabungspotenziale der jungen Generation. Außerdem ist das BAföG-Amt in die Wissenschaftsverwaltung des Landes integriert und erfüllt damit auch den formellen Behördenbegriff.

Behörde: materieller und formeller Behördenbegriff (wenn möglich beide kurz ansprechen).

3. Die Entziehung des Stipendiums müsste öffentlich-rechtlich sein.

Öffentlich-rechtlicher Charakter:

a) Nach der Subordinationstheorie läge Öffentliches Recht dann vor, wenn zwischen dem BAföG-Amt und B ein Über-/Unterordnungsverhältnis bestünde. Das BAföG-Amt entscheidet hier einseitig und ohne Einflussmöglichkeiten des B über die Entziehung, so dass Subordination gegeben ist.

Subordinationstheorie,

b) Die Interessentheorie spräche für Öffentliches Recht, wenn durch die Entziehung der Ausbildungsförderung das Allgemeininteresse tangiert wäre. Die staatliche Ausbildungsförderung dient – siehe oben – der möglichst optimalen Ausschöpfung der Begabungspotenziale der jungen Generation sowie der Sicherstellung eines gut ausgebildeten Nachwuchses für Wirtschaft und Gesellschaft. Damit ist das öffentliche Interesse auch bei der Entziehung ganz erheblich betroffen.

Interessentheorie,

c) Schließlich ist die Sonderrechtstheorie zu prüfen, wonach Öffentliches Recht dann vorliegt, wenn ein Hoheitsträger aufgrund eines Sonderrechts handelt. Das hier handelnde BAföG-Amt Stuttgart ist eine Behörde des Landes Baden-Württemberg, das eine Gebietskörperschaft des öffentlichen Rechts und damit einen Hoheitsträger darstellt. Die Entziehung einer Ausbildungsförderung nach dem BAföG ist nur dem BAföG-Amt gem. §§ 48 f. VwVfG gestattet, weil es die Bewilligung ausgesprochen hat. Allerdings ist das Argument hier dadurch zu relativieren, dass es auch private Ausbildungsförderungen (und deren Entziehungen) gibt; insofern ist der Fall mit der Vergabe eines Bauauftrages durch einen Hoheitsträger auf einem öffentlichen Grundstück vergleichbar, was auch nicht zu einem Sonderrecht führt. Demnach kann hier von einem

und Sonderrechtstheorie; diese bereitet hier Schwierigkeiten, weil man bei einer engen – nur auf die BAföG-Ausbildungsförderung bezogenen – Sicht zum Sonderrecht gelangt, nicht jedoch bei einer weiteren – auf Ausbildungsförderungen allgemein bezogenen – Sicht.

Sonderrecht, dass nur Hoheitsträger eine Ausbildungsförderung entziehen könnten, nicht gesprochen werden.

d) Zusammenfassend ist festzustellen, dass mit Ausnahme des Sonderrechts alle Überlegungen für eine Einordnung zum Öffentlichen Recht sprechen. Aufgrund des
hohen öffentlichen Interesses bei der Bewilligung und
Entziehung der Ausbildungsförderung sowie der Grundlage dieser Ausbildungsförderung in einem besonderen
Gesetz überwiegen hier die für das Öffentliche Recht
sprechenden Gesichtspunkte eindeutig.

*Aufgrund der Schwierig-
keiten beim Sonderrecht
bedarf es hier noch einer
Gesamtabwägung, die
allerdings eindeutig zu-
gunsten des Öffentlichen
Rechts ausfällt.*

4. Außerdem müsste eine Regelung, also die Gestaltung
eines Rechtsverhältnisses, vorliegen. Vor dem zweiten
Schreiben bestand zwischen B und dem durch das
BAföG-Amt vertretenen Land Baden-Württemberg ein
Rechtsverhältnis des Inhalts, dass B aufgrund der Bewilligung einen Anspruch auf die monatliche Zuwendung der
Ausbildungsförderung hatte. Dieses Rechtsverhältnis wurde durch das zweite Schreiben beendet und sogar rückwirkend wieder beseitigt. Somit liegt die stärkste Form
der Gestaltung eines Rechtsverhältnisses vor. Die Ankündigung eines Rückforderungsbescheids stellt dagegen
lediglich eine Mitteilung ohne rechtliche Folgen dar.

*Herzstück des VAs ist die
Regelung (Rechtsgestal-
tung).*

5. Als Student ist B zwar Mitglied der Universität (§ 9 I
LHG Ba.-Wü.) und steht somit in einem mittelbaren Näheverhältnis zum handelnden Land als Hoheitsträger. Da er
aber durch den Verlust der finanziellen Lebensgrundlage
auch ganz erheblich persönlich betroffen ist, bestehen
an der Außenwirkung hier keine Zweifel.

*Bei der Außenwirkung
könnte die Uni-Mitglied-
schaft des B angespro-
chen werden, aber wegen
der persönlichen Betrof-
fenheit des B nur kurz.*

6. Durch das zweite Schreiben wird allein dem B die
ihm konkret bewilligte Ausbildungsförderung entzogen.
Der Einzelfall liegt damit auch vor. Demnach handelt es
sich bei der Entziehung der Ausbildungsförderung um
einen VA.

Einzelfall und Ergebnis.

Aufgabe 2

I. Ermächtigungsgrundlage

Als Ermächtigungsgrundlage, die aufgrund des Vorbehalts des Gesetzes für einen solchen Eingriff erforderlich
ist, kommen die §§ 48, 49 VwVfG in Betracht.

*Die Ermächtigungsgrund-
lage ist noch etwas unklar,
weil viele verschiedene
Einzelermächtigungen der
§§ 48 f. VwVfG eine VA-
Aufhebung ermöglichen.*

II. Formelle Rechtmäßigkeit

1. Nach der Kehrseitentheorie ist für die Aufhebung eines VAs die Behörde zuständig, die den aufzuhebenden VA erlassen hat. DA das BAföG-Amt die Ausbildungsförderung bewilligt hat, ist es demzufolge auch für die Entziehung zuständig. Im Übrigen ergibt sich dies auch aus § 41 BAföG.

2. Das Verfahren zum Erlass eines solchen VAs sieht nach § 28 I VwVfG eine Anhörung vor. Das bedeutet, dass B unter Inaussichtstellung der Entziehung der Ausbildungsförderung zu dem Umstand, dass die Behörde nicht (mehr) von einer Vaterschaft des B und insoweit von einer Täuschung ausgeht, Gelegenheit zur Stellungnahme gegeben werden müsste. Aus dem Sachverhalt ist nichts dazu zu entnehmen; da die Entziehung „umgehend" erfolgte, kann von einer Anhörung hier nicht ausgegangen werden. Als Entbehrlichkeitsgrund käme § 28 II Nr. 1 VwVfG in Betracht; demnach müsste die sofortige Entziehung der Ausbildungsförderung im öffentlichen Interesse notwendig gewesen sein. Allerdings hätte hier eine kurze Frist zur Stellungnahme von einer Woche ausgereicht, die ohne großen Schaden hätte abgewartet werden können. Selbst wenn das zur Zahlung eines weiteren Monatsbetrags geführt hätte, wäre das öffentliche (Fiskal-)Interesse nicht zuletzt wegen der Rückforderungsmöglichkeiten nicht so gewichtig gewesen, dass deswegen das rechtsstaatlich bedeutsame Anhörungserfordernis zurück treten müsste. Hinzu kommen die existenziellen Auswirkungen der Entziehung der Ausbildungsförderung auf B – dem eventuell die Fortführung des Studiums unmöglich gemacht wird –, die dem öffentlichen Interesse gegenüber stehen. Andere Ausnahmen oder eine Heilung nach § 45 I Nr. 3 VwVfG sind nicht ersichtlich, weshalb hier ein Verstoß gegen das Anhörungserfordernis vorliegt. Die Entziehung der Ausbildungsförderung ist damit formell rechtswidrig. Die weitere Prüfung erfolgt hilfsgutachtlich.

3. Sonstige formelle Rechtsverstöße sind nicht ersichtlich.

Hier soll aber noch nicht auf die Unterschiede zwischen § 48 und § 49 eingegangen werden.

Normalerweise wird ohne Anhaltspunkt im Sachverhalt die Zuständigkeit gar nicht thematisiert. Hier bietet es sich jedoch an, die Kehrseitentheorie kurz zu erwähnen.

Die erforderliche Anhörung ist erst zu definieren und dann zu subsumieren.

Hier ist eine nähere Untersuchung der Ausnahme § 28 II Nr. 1 VwVfG angebracht.

Bei einem Anhörungsmangel muss konsequent die formelle Rechtswidrigkeit festgestellt und in das Hilfsgutachten übergeleitet werden.

III. Materielle Rechtmäßigkeit

1. Vorliegen des Ermächtigungstatbestandes

Die materielle Rechtmäßigkeit setzt zunächst voraus, dass die einzelnen Merkmale der Ermächtigungsgrundlagen der §§ 48 f. VwVfG vorliegen. Bei dieser Prüfung wird sich auch zeigen müssen, welche Ermächtigungsgrundlage genau einschlägig ist. Deshalb muss zunächst die Rechtsnatur des ersten Schreibens – das die Bewilligung der Ausbildungsförderung enthält – geklärt werden.

Noch einmal: Bei §§ 48, 49 VwVfG kann sich erst im Lauf der einzelnen Prüfungsschritte herauskristallisieren, welche Norm genau als Ermächtigungsgrundlage anzusehen ist.

a) Verwaltungsakt

Bei dem aufgehobenen (ersten) Schreiben müsste es sich um einen VA i. S. v. § 35 VwVfG handeln.

aa) Die dafür erforderliche Maßnahme ist als Handlung mit Erklärungsgehalt definiert. Die Handlung besteht in dem ersten Schreiben und der Erklärungsgehalt in der Bewilligung der Ausbildungsförderung.

bb) Das handelnde BAföG-Amt ist eine Behörde, was bereits bei Aufgabe 1 festgestellt wurde.

cc) Die Bewilligung des Stipendiums müsste öffentlich-rechtlich sein.

aaa) Das nach der Subordinationstheorie erforderliche Über-/Unterordnungsverhältnis liegt hier in der Einseitigkeit der Bewilligungsentscheidung; B hat zwar dafür einen Antrag gestellt, war aber an der weiteren Willensbildung und Entscheidungsfindung der Behörde nicht beteiligt, weshalb kein partnerschaftliches Verhältnis vorliegt.

bbb) Das öffentliche Interesse an einer Ausbildungsförderung wurde bereits bei Aufgabe 1 mit der Sicherstellung eines gut ausgebildeten Nachwuchses für Wirtschaft und Gesellschaft begründet.

ccc) Das Vorliegen des für die Sonderrechtstheorie erforderlichen Hoheitsträgers wurde ebenfalls bereits geprüft. Auch zur Problematik des Sonderrechts gelten die obigen Ausführungen; zwar kann eine Ausbildungsförderung nach dem BAföG nur vom Land bzw. den BAföG-Ämtern vergeben werden, aber Ausbildungsförderungen allgemein können auch von privaten Stellen vergeben werden (z. B. von politischen oder kirchlichen Stiftungen).

Das erste Tatbestandsmerkmal für die §§ 48, 49 VwVfG setzt VA-Qualität der aufgehobenen Maßnahme voraus; insofern muss nun in der Prüfung nach dem Aufhebungs-VA (Aufgabe 1) der zeitlich vorhergehende aufzuhebende VA geprüft werden, was oft verwirrt und zu Verwechslungen führt. Eine gute Bearbeitung eines Aufhebungsfalles kann man u. a. daran erkennen, ob zwischen den beiden VAen sauber unterschieden wird.

Allerdings muss man nicht „das Rad neu erfinden", sondern kann sich jetzt kürzer fassen; die Definitionen sind ja bereits genannt worden. Auch inhaltlich kann bei deckungsgleichem Sachverhalt auf die obige Untersuchung verwiesen werden (z. B. Behörde). Beim Öffentlichen Recht

ddd) Zusammenfassend ist auch hier aufgrund der gleichen Gewichtung wie bei der Entziehung vom öffentlich-rechtlichen Charakter der Bewilligung auszugehen.

dd) Die Regelung liegt hier in der Begründung des Rechtsverhältnisses, wonach B gegen das Land einen Anspruch auf monatliche Zahlungen erwirbt.

ee) Aufgrund der erheblichen Auswirkungen dieser Bewilligung auf die privat-finanzielle Situation des B wie auch durch die Ermöglichung seiner Ausbildung ist von der Außenwirkung der Bewilligung auszugehen.

ff) Die Bewilligung erfolgt allein gegenüber B, womit auch der Einzelfall vorliegt.

Demnach handelt es sich auch bei der Bewilligung der Ausbildungsförderung um einen Verwaltungsakt.

b) Begünstigende oder belastende Wirkung

Aufgrund der vermögensmäßigen Besserstellung, die B mit dem durch die Bewilligung versprochenen Geld erfährt, handelt es sich um einen VA mit begünstigender Wirkung.

c) Rechtmäßig oder rechtswidrig

Weiter ist zu untersuchen, ob die Bewilligung rechtmäßig (§ 49 VwVfG) oder rechtswidrig (§ 48 VwVfG) ist.

aa) Ermächtigungsgrundlage

Als Ermächtigungsgrundlage für die Bewilligung könnten die §§ 1 ff. BAföG anzusehen sein.

bb) Formelle Rechtmäßigkeit

Das Anhörungserfordernis ist durch die Antragstellung des B gewahrt. Die Zuständigkeit des handelnden BAföG-Amtes ergibt sich aus § 41 BAföG. Sonstige Anhaltspunkte für formelle Rechtsmängel sind nicht ersichtlich.

ist auf die teilweise anderen Punkte der Bewilligung gegenüber der Entziehung einzugehen.

Die unproblematischen Punkte nur kurz abhandeln.

Nach der VA-Qualität der Bewilligung ist deren Wirkung zu untersuchen (vgl. oben: wichtige Unterscheidungen bei §§ 48 f. VwVfG).

Außerdem kommt es auf die Rechtmäßigkeit/ Rechtswidrigkeit an; nun wird innerhalb dieser für den Aufhebungs-VA vorgenommenen Prüfung genau das Gleiche für den aufzuhebenden VA geprüft: Ermächtigungsgrundlage, formelle und materielle Rechtmäßigkeit. Man kann deshalb vom „Schema im Schema" sprechen. Hier tritt das bereits oben angesprochene Verwechslungsproblem noch stärker auf, daher bitte immer ganz genau darauf achten, was (v. a. welchen VA) man gerade eigentlich prüft!

cc) Materielle Rechtmäßigkeit

Zunächst sind die Voraussetzungen des Ermächtigungstatbestandes – soweit der Sachverhalt dies ermöglicht – zu prüfen. Als Student der Universität Stuttgart besucht B eine Hochschule. In Ermangelung detaillierter und insbesondere entgegenstehender Angaben im Sachverhalt ist davon auszugehen, dass B über die Hochschulreife und die nach § 9 BAföG erforderlichen Studienfortschritte verfügt und ihm die für den Lebensunterhalt und das Studium erforderlichen Mittel nicht anderweitig zur Verfügung stehen. Insofern besteht kein Anlass daran zu zweifeln, dass die Voraussetzungen für die BAföG-Grundförderung vorliegen.

Beim Ermächtigungstatbestand ist nun zwischen der Grundförderung einerseits und dem Kinderbetreuungszuschlag andererseits zu differenzieren.

Da B ausweislich des Sachverhaltes jedoch kein eigenes Kind hat, liegen hinsichtlich des Kinderbetreuungszuschlags die Voraussetzungen gem. § 14b BAföG nicht vor[251]. Fraglich ist nun, ob von einer Teilrechtswidrigkeit beschränkt auf den Kinderbetreuungszuschlag ausgegangen werden kann. Denn die dafür erforderliche Voraussetzung – das eigene Kind – ist ja nicht nur einfach nicht erfüllt, sondern wurde von B in betrügerischer Weise[252] vorgetäuscht. Deshalb könnte man daran denken, wegen erheblicher charakterlicher Mängel B die erforderliche Eignung gem. § 1 BAföG für die öffentliche Ausbildungsförderung abzusprechen. Bejahendenfalls wäre die Bewilligung insgesamt rechtswidrig gewesen. Dem steht jedoch entgegen, dass § 9 BAföG die Eignung klar fachlich und leistungsbezogen versteht, und kein anderer Ansatzpunkt für die Subsumtion charakterlicher Defizite oder strafbaren Verhaltens erkennbar ist.

Da sonstige Rechtmäßigkeitsverstöße nicht ersichtlich sind, ist somit die Bewilligung bezüglich der Grundförderung rechtmäßig und hinsichtlich des Kinderbetreuungszuschlags rechtswidrig.

Zwischenergebnis: Bewilligung ist teilrechtswidrig.

---

251 Auf die Kenntnis der Behörde bei Erlass des VA kommt es nicht an. Natürlich hat hier das BAföG-Amt in gutem Glauben gehandelt, B habe ein Kind. Aber für die Prüfung der Rechtmäßigkeit kommt es nicht darauf an, was die Behörde denkt, sondern wie es wirklich aussieht.

252 § 263 I StGB beschreibt den Betrug folgendermaßen: „Wer in der Absicht, sich oder einem Dritten einen rechtswidrigen Vermögensvorteil zu verschaffen, das Vermögen eines anderen dadurch beschädigt, dass er durch Vorspiegelung falscher oder durch Entstellung oder Unterdrückung wahrer Tatsachen einen Irrtum erregt oder unterhält, wird mit Freiheitsstrafe bis zu fünf Jahren oder mit Geldstrafe bestraft."

d) Als Zwischenergebnis ist festzustellen, dass die Bewilligung einen begünstigenden sowie teilweise rechtmäßigen und teilweise rechtswidrigen Verwaltungsakt darstellt. Die exakte Ermächtigungsgrundlage ist demnach zweigeteilt: Für die Entziehung des rechtmäßigen Grundstipendiums gilt § 49 II VwVfG, während für die Entziehung des rechtswidrigen Kinderbetreuungszuschlags § 48 I 2 VwVfG maßgeblich ist. Als weitere Anforderung für die Entziehung ist noch zu untersuchen, ob es sich bei der Bewilligung – in beiden Komponenten – um eine Geldleistung oder eine Voraussetzung dafür handelt. Mit der Bewilligung wird dem B noch nicht unmittelbar das Geld zugewendet, sondern erst versprochen. Damit handelt es sich um eine Voraussetzung einer Geldleistung. Außerdem erfolgt die Entziehung in beiden Fällen rückwirkend. Im weiteren sind daher die Voraussetzungen des § 49 III VwVfG bzw. des § 48 II VwVfG zu prüfen.

Die Zusammenfassung der bisherigen Prüfung im Ermächtigungstatbestand lässt nun eine Präzisierung der Ermächtigungsgrundlage zu und zeigt zugleich die Zweigleisigkeit der weiteren Prüfung. Dieser Stil des Sich-Vortastens zum Ergebnis ist kennzeichnend für den Gutachtenstil.

e) Voraussetzungen gem. §§ 49 III, 48 II VwVfG

Nach allgemeiner Lebenserfahrung und mangels entgegenstehender Anhaltspunkte im Sachverhalt ist davon auszugehen, dass B die Grundförderung zur Bestreitung seines Lebensunterhaltes eingesetzt und verbraucht hat. Damit scheidet der Widerrufsgrund gem. § 49 III 1 Nr. 1 VwVfG aus; auch für die Nichterfüllung einer Auflage i.S.v. § 49 III 1 Nr. 2 VwVfG gibt es keine Anhaltspunkte. Folglich ist der Widerruf der Grundförderung rechtsgrundlos erfolgt und damit rechtswidrig.

Bei der weiteren Prüfung muss sauber zwischen dem Widerruf der rechtmäßigen Grundförderung und der Rücknahme des rechtswidrigen Kinderbetreuungszuschlags unterschieden werden.

Beim Kinderbetreuungszuschlag dagegen hat B mit den unwahren Angaben über seine Vaterschaft das BAföG-Amt arglistig getäuscht und damit den Fall des § 48 II 3 Nr. 1, 1. Alt. VwVfG erfüllt. B kann sich daher schon kraft Gesetzes auf keinen Vertrauensschutz berufen. Für eine Abwägung zwischen dem öffentlichen Rücknahmeinteresse und dem Vertrauensschutz des B ist mangels letzterem folglich kein Raum. Der Ermächtigungstatbestand gem. § 48 I 2, II 3 Nr. 1, 1. Alt. VwVfG ist damit erfüllt, weshalb der Kinderbetreuungszuschlag rückwirkend zurück genommen werden konnte.

Wichtig ist zur Orientierung des Lesers, dass in beiden Prüfungssträngen eine klare abschließende Feststellung zur (Nicht-) Erfüllung der Tatbestandsvoraussetzungen erfolgt, nachdem diese Prüfung insgesamt erheblichen Raum eingenommen hat.

2. Verhältnismäßigkeit

Das Ziel liegt in der Beseitigung der Gewährung einer rechtswidrigen Ausbildungsförderung, und das Mittel stellt die rückwirkende Entziehung dar. Die Auswirkun-

Auch bei der Verhältnismäßigkeitsprüfung setzt sich die Zweigleisigkeit

gen auf B bestehen im Verlust der finanziellen Lebensgrundlage und womöglich auch seiner bildungsbiografischen Perspektiven.

Bezüglich der Grundförderung ist aufgrund deren Rechtmäßigkeit die Zielerreichung gar nicht möglich, weshalb es bereits an der Geeignetheit fehlt.

Mit der rückwirkenden Rücknahme des Kinderbetreuungszuschlags wird ein rechtswidriges Handeln nachträglich ungeschehen gemacht; hier ist die Geeignetheit daher zu bejahen. Ein milderes Mittel, etwa die Belassung eines Teils des Kinderbetreuungszuschlags, ist zur Zielerreichung wegen der Rechtswidrigkeit des gesamten Kinderbetreuungszuschlags nicht geeignet. Damit ist diesbezüglich auch die Erforderlichkeit gegeben. Da B sich den Zuschlag durch Betrug erschlichen hat, trifft ihn die alleinige Verantwortung für die Rücknahme. Da außerdem die Grundförderung nicht entzogen werden kann, beschränken sich die Auswirkungen für B nun auf die Rückzahlung des achtfachen Kinderbetreuungszuschlags und auf den künftigen Verzicht auf diesen Zuschlag. Vor diesem Hintergrund überwiegt daher das öffentliche Interesse an der Rücknahme bei weitem die selbstverschuldeten Auswirkungen bei B; die rückwirkende Entziehung ist somit bezüglich des Kinderbetreuungszuschlags auch angemessen und verhältnismäßig.

3. Ermessensausübung

Zwar räumen die §§ 48 II, 49 III VwVfG der handelnden Behörde in unterschiedlicher Form Ermessen ein („darf", „kann"). Da aber der Wortlaut des zweiten Schreibens nicht bekannt ist und auch sonst keine einschlägigen Anhaltspunkte im Sachverhalt ersichtlich sind, können hier keine Ermessensfehler festgestellt werden.

4. Vereinbarkeit mit sonstigen Gesetzen

Ein Verstoß der Entziehung der Ausbildungsförderung gegen anderweitige Rechtsvorschriften ist nicht zu erkennen.

5. Ergebnis

Die Entziehung der Ausbildungsförderung gegenüber B ist nach alledem wegen fehlender Anhörung insgesamt formell rechtswidrig sowie darüber hinaus bezüglich der Entziehung der Grundförderung mangels Ermächtigungsgrundlage auch materiell rechtswidrig.

fort; während die Prüfung beim Widerruf der rechtmäßigen Grundförderung – dessen Rechtswidrigkeit bereits festgestellt wurde – ganz kurz ausfällt, muss bei der Rücknahme des rechtswidrigen Kinderbetreuungszuschlags die Verhältnismäßigkeitsprüfung mit Geeignetheit, Erforderlichkeit und Angemessenheit sauber dargestellt werden.

In jedem Fall sollte man – so wie hier – vorab Ziel, Mittel und Auswirkungen klar bestimmen.

Die – hier ganz kurze – Ermessensprüfung gliedert sich stets in zwei Teile: Liegt überhaupt Ermessen vor und wurde es gegebenenfalls fehlerfrei ausgeübt?

Wie immer: Das Endergebnis beantwortet – hier gestuft – die Fallfrage.

5. Abschnitt:

Gerichtlicher Rechtsschutz

A. Formlose und förmliche Rechtsbehelfe im Überblick

333 Des Öfteren ist der Bürger Adressat oder Betroffener behördlicher Maßnahmen und Entscheidungen, mit denen er nicht einverstanden ist oder die er gar für rechtswidrig hält. Deshalb gibt es eine stattliche Sammlung an Möglichkeiten des Betroffenen, der Behörde seine abweichende Auffassung mitzuteilen und auch auf ein anderes Ergebnis hinzuwirken. Die erste Grobeinteilung dieser Möglichkeiten unterscheidet zwischen *formlosen* und *förmlichen* Rechtsbehelfen.

I. Formlose Rechtsbehelfe[253]

1. Zur Bedeutung formloser Rechtsbehelfe

334 Das Recht, formlose Rechtsbehelfe einzulegen, ist verfassungsrechtlich in Art. 17 GG abgesichert, wonach sich jedermann „mit Bitten oder Beschwerden an die zuständigen Stellen" wenden kann. Diese Rechtsbehelfe können parallel zu den förmlichen Rechtsbehelfen eingelegt werden. Sie unterliegen grundsätzlich keiner Form und keiner Frist. Allerdings haben formlose Rechtsbehelfe keine Rechtswirkungen wie etwa den Suspensiveffekt (aufschiebende Wirkung) oder den Devolutiveffekt (Entscheidung durch die nächsthöhere Stelle). Auch hat man keinen Rechtsanspruch darauf, dass aus dem formlosen Rechtsbehelf Konsequenzen gezogen werden. Deshalb werden diese Rechtsbehelfe boshaft auch „form-, frist- und *frucht*los" genannt. Wenn man aber berücksichtigt, dass den Behörden häufig Fehler unterlaufen, die sie auf einen entsprechenden formlosen Hinweis zu korrigieren bereit sind (vor allem kann die Behörde beim formlosen Rechtsbehelf besser ihr Gesicht wahren), darf man die praktische Bedeutung des formlosen Rechtsbehelfs nicht gering achten. Der größere Teil der Unstimmigkeiten zwischen Bürgern und Behörden lässt sich außerhalb des förmlichen Rechtsstreits lösen.

2. Die formlosen Rechtsbehelfe im Einzelnen

335 a) Art. 17 GG gewährt jedermann das Recht, sich mit einer Eingabe *(Petition)* über Dinge, mit denen man nicht einverstanden ist, an die Parlamente zu wenden; in den Landesverfassungen gibt es entsprechende Bestimmungen. Dort befasst sich zunächst der Petitionsausschuss damit, der dann dem Parlamentsplenum einen Beschlussvorschlag macht. Die Petition muss schriftlich erfolgen, wenn sie unter den Grundrechtsschutz des Art. 17 GG fallen soll.

336 b) Mit einer *Gegenvorstellung* legt der Bürger seine von der Behörde abweichende Ansicht zu einem bestimmten Fall dar und bittet um Überdenken und Abänderung der behördlichen Entscheidung bzw. Handlungsweise.

---

253 Zu den formlosen Rechtsbehelfen vgl. Schenke, Verwaltungsprozessrecht, Rdnr. 2 ff.

c) Die *Aufsichtsbeschwerde* unterscheidet sich von der Gegenvorstellung nur da-   **337**
durch, dass sie sich an die nächsthöhere Behörde wendet und auf diesem Weg auf
eine Korrektur der Entscheidung bzw. des Handelns der nachgeordneten Behörde
hinwirkt.

d) Die *Dienstaufsichtsbeschwerde* richtet sich gegen das dienstliche Verhalten eines   **338**
Mitarbeiters im Öffentlichen Dienst; im Gegensatz zu den beiden vorgenannten Typen
wird also nicht (primär) die inhaltliche Sachentscheidung und Handlungsweise kritisiert, sondern das Verhalten des Amtswalters gegenüber dem Bürger. Dies ist etwa
dann sinnvoll, wenn sich der Behördenvertreter im Ton vergreift, den Bürger anschreit
oder gar handgreiflich wird; auch eine besonders arrogante Behandlung des Bürgers
kann mit der Dienstaufsichtsbeschwerde angegriffen werden, die an den Dienstvor-
gesetzten des kritisierten Mitarbeiters adressiert wird.

II. Förmliche Rechtsbehelfe[254]

1. Zur Bedeutung förmlicher Rechtsbehelfe

Häufig können sich der Bürger und die Behörde nicht auf ein gemeinsames Vorgehen   **339**
einigen, weshalb es der förmlichen Rechtsbehelfe bedarf. Die förmlichen Rechtsbehelfe sind überwiegend form- und fristgebunden; im Gegensatz zu den formlosen
Rechtsbehelfen kann der Bürger im förmlichen Rechtsbehelfsverfahren die Entscheidung vor ein unabhängiges Gericht bringen und durch eine entsprechende gerichtliche
Entscheidung der Behörde seinen Willen aufzwingen; Art. 19 IV GG sichert jedermann
einen Anspruch auf gerichtlichen Schutz gegen Handlungen und Akte der öffentlichen
Gewalt zu. Aufgrund der *juristisch* wesentlich höheren Bedeutung der förmlichen
Rechtsbehelfe werden in diesem Abschnitt nachfolgend nur noch diese Rechtsbehelfe
behandelt.

2. Die förmlichen Rechtsbehelfe im Einzelnen

a) Die verwaltungsgerichtlichen Klagearten

Im Prozessrecht (sowohl im Verwaltungs- wie im Zivilprozessrecht) werden drei Klage-   **340**
typen unterschieden: Es gibt die Gestaltungsklage, mit der eine Änderung der Rechtslage (durch Gestaltungsurteil) angestrebt wird, z. B. die verwaltungsrechtliche Anfechtungsklage oder die zivilrechtliche Kündigungsklage. Dann gibt es die Leistungsklage,
mit der eine bestimmte Leistung an den Kläger begehrt wird, z. B. die Verpflichtungsklage oder die allgemeine Leistungsklage im Verwaltungsprozess oder die Zahlungs-
klage im Zivilprozess. Schließlich gibt es die Feststellungsklage, mit der ein bestehen-
der Rechtszustand aus Gründen der Unsicherheit oder Unklarheit festgestellt werden
soll, so z. B. bei der Feststellung der Nichtigkeit eines VAs im Verwaltungsprozess oder
bei der Klage auf Feststellung der Vaterschaft im Zivilprozess.

---

254 Zu den Arten und der Einteilung förmlicher Rechtsbehelfe siehe Schenke, Verwaltungsprozess-
     recht, Rdnr. 7.

341   Dementsprechend unterscheiden sich die Klagearten der VwGO durch ihre unterschiedlichen Zielrichtungen. Je nach Art des behördlichen Handelns und des Begehrens des Bürgers kommt eine andere Klageart in Betracht, was die nachfolgende Übersicht verdeutlichen soll:

Handeln der Verwaltung					
belastender VA	begünstigender VA	belastender Realakt	begünstigender Realakt	Rechts-verhältnis	landesrechtliche Satzung oder RVO
Anfechtungs-klage § 42 I, 1. Alt. VwGO	**Verpflichtungsklage** § 42 I, 2. Alt. VwGO	**Allgemeine Leistungsklage** Unterlassungs- oder Abwehrklage	Vornahme-klage	**Feststellungsklage** § 43 VwGO	**Normen-kontrolle** § 47 VwGO
Rechtsschutz des Bürgers					

342   aa) Mit der Anfechtungsklage erstrebt der Bürger die Aufhebung eines (von der Behörde erlassenen) nachteiligen VAs, z. B. eines Gebührenbescheides. Mit der Verpflichtungsklage erstrebt er den Erlass eines (von der Behörde verweigerten) ihn begünstigenden VAs, z. B. einer (bestimmten) Baugenehmigung.

343   bb) Die allgemeine Leistungsklage ist in der VwGO nicht ausdrücklich geregelt, aber in vielen Vorschriften „nebenbei" erwähnt (z. B. §§ 43 II, 113 IV VwGO) und deshalb ganz unstreitig anerkannt. Mit ihr kann entweder ein bestimmtes hoheitliches Handeln angegriffen (Unterlassungs- oder Abwehrklage) oder erstritten (Vornahmeklage) werden, das keinen VA darstellt. Das ist etwa der Fall, wenn ein Schüler gegen eine ehrverletzende Bemerkung in seinem Zeugnis (z. B.: er sei unmotiviert und faul) vorgeht oder ein Bürger eine behördliche Auskunft verlangt[255].

344   cc) Die Feststellungsklage ist gegenüber den bisher genannten Klagearten subsidiär, d. h. sie kommt nur zum Zug, wenn der Kläger sein Ziel nicht mit einer der vorrangigen Klagearten erreichen kann. Das liegt daran, dass eine bloße Feststellung keine Rechtsgestaltung nach sich zieht – im Gegensatz beispielsweise zur Aufhebung eines VAs bei einer Anfechtungsklage. So macht es unter dem Gesichtspunkt der Prozessökonomie wenig Sinn, in einem Feststellungsprozess die Rechtswidrigkeit eines VAs feststellen zu lassen, um dann in einem zweiten (Anfechtungs-)Prozess dessen Aufhebung zu begehren. Daher kann die Feststellungsklage nur in zwei Fällen erhoben werden: Erstens dient die Feststellungsklage zur Klärung des Bestehens oder Nichtbestehens eines Rechtsverhältnisses (besteht z. B. das Beamtenverhältnis des B, nachdem ihm die Ernennungsurkunde nicht persönlich übergeben, sondern postalisch zugeschickt wurde?)[256]; zweitens kann damit die Feststellung der Nichtigkeit eines VAs begehrt

---

255   Vgl. Beispiele bei Schmitt Glaeser/Horn, Verwaltungsprozessrecht, Rdnr. 371 ff.; siehe auch Bosch/Schmidt/Vondung, Verwaltungsgerichtliches Verfahren, Rdnr. 879–892; Bull/Mehde, Verwaltungsrecht, Rdnr. 1060 f.

256   §§ 8 BeamtStG, 10 BBG sprechen vom Erfordernis der „Aushändigung". Darunter wird neben der persönlichen Übergabe – die sicher den Regelfall bildet – auch die postalische Zusendung mit Empfangsbestätigung verstanden, vgl. Battis, BBG, § 10 Rdnr. 5.

werden, da ein solcher VA mangels Rechtswirksamkeit ja gar nicht mehr angefochten werden kann.

dd) Die Normenkontrolle soll nur der Vollständigkeit halber hier erwähnt und im Nachfolgenden nicht mehr berücksichtigt werden. Diese Klageart ermöglicht es jedem Bürger (anders also als bei der verfassungsgerichtlichen Normenkontrolle!), gegen Normen unterhalb des Landesgesetzes vorzugehen, also gegen Verordnungen und Satzungen auf landes- bzw. autonomrechtlicher Ebene. Wird z.B. ein Wald unter Naturschutz gestellt, in dem ein Stück dem Bürger B gehört, kann dieser gegen die in Form einer landesrechtlichen Rechtsverordnung erfolgende Unterschutzstellung vorgehen.   **345**

> *Zur Vertiefung: Überblick verwaltungsgerichtliche Klagearten*   **345a**
> Bosch/Schmidt/Vondung, Verwaltungsgerichtliches Verfahren, Rdnr. 369–378; Bull/Mehde, Verwaltungsrecht, Rdnr. 1026–1031; Detterbeck, Verwaltungsrecht, Rdnr. 1350–1420; ders., Öffentliches Recht, § 27 II–VI; Ipsen, Verwaltungsrecht, § 18; Maurer, Verwaltungsrecht, § 10 Rdnr. 29 f.; Schenke, Verwaltungsprozessrecht, § 4; Sodan/Ziekow, Öffentliches Recht, § 97.

b) Das Widerspruchsverfahren

Die Anfechtungs- und die Verpflichtungsklage setzen vor der Klageerhebung grundsätzlich[257] ein Vorverfahren gem. §§ 68 ff. VwGO voraus, das durch Erhebung eines Widerspruchs eingeleitet wird. Der Widerspruch ist damit als ein vorgeschalteter förmlicher Rechtsbehelf anzusehen. Hierfür hat der Betroffene ab Zustellung des VAs bzw. der Versagung des VAs einen Monat Zeit (§ 70 I VwGO). Der Anfechtungs- bzw. Verpflichtungswiderspruch geht an die Behörde, gegen deren Maßnahme sich der Bürger wendet (Ausgangsbehörde). Diese hat dann die Möglichkeit, dem Widerspruch abzuhelfen, indem sie den angefochtenen VA selbst aufhebt bzw. den begehrten VA nun doch erlässt (§ 72 VwGO). Sofern sie nicht abhilft, legt sie den Widerspruch der nächsthöheren Behörde (Widerspruchsbehörde) vor, die dann über den Widerspruch förmlich durch Widerspruchsbescheid entscheidet[258]. Anders als im nachfolgenden Klageverfahren überprüfen die Ausgangs- und die Widerspruchsbehörde nicht nur die Rechtmäßigkeit der vorausgegangenen Verwaltungsentscheidung, sondern außerdem auch deren Zweckmäßigkeit (soweit die Verwaltung einen Handlungsspielraum hat).   **346**

3. Die förmlichen Rechtsbehelfe in der Fallbearbeitung

Wie schon bei der Verfassungsbeschwerde dargelegt wurde, teilt sich die schulmäßige Fallbearbeitung bei Rechtsmitteln – und so auch bei den förmlichen Rechtsbehelfen des Verwaltungsrechts – in die Zulässigkeitsprüfung und in die Begründetheitsprüfung. Während die Zulässigkeit danach fragt, ob die formalen Voraussetzungen für die Anru-   **347**

---

257 Ein schönes Beispiel für den „Schweizer Käse"-Charakter des Wortes „grundsätzlich": Inzwischen ist der Grundsatz des Vorverfahrens durch viele Ausnahmen erheblich durchlöchert, vgl. unten Rdnr. 364.

258 Eine detaillierte Schilderung des Vorverfahrens mit zahlreichen Beispielen findet sich bei Bosch/Schmidt/Vondung, Verwaltungsgerichtliches Verfahren,Rdnr. 629–756.

fung des Gerichts erfüllt sind, geht es bei der Begründetheit darum, ob der Kläger in der Sache Recht hat[259].

B. Zulässigkeitsvoraussetzungen verwaltungsgerichtlicher Klagen

(1) Erläuterungen

I. Verwaltungsrechtsweg[260]

348 1. Unabhängig von der verwaltungsgerichtlichen Klageart ist zuerst festzustellen, ob überhaupt der Verwaltungsrechtsweg eröffnet ist. Es gibt fünf verschiedene Gerichtszweige[261], weshalb auch einer der vier anderen Rechtswege gegeben sein könnte; da aber nie mehrere Rechtswege nebeneinander eröffnet sein können (Ausschlussprinzip), wäre dann eine Anrufung des Verwaltungsgerichts unzulässig.

2. Der Verwaltungsrechtsweg kann durch eine aufdrängende Spezialzuweisung oder durch die Generalklausel des § 40 I VwGO eröffnet sein.

349 a) Eine aufdrängende Spezialzuweisung ist eine Vorschrift, die für einen ganz engen Anwendungsbereich direkt den Verwaltungsrechtsweg eröffnet; so ist gem. § 55 BeamtStG für alle Streitigkeiten aus dem Beamtenverhältnis der Verwaltungsrechtsweg eröffnet. Das gilt auch dann, wenn man mit der Anwendung der drei Abgrenzungstheorien zu dem Ergebnis gelangen würde, dass der Fall zivilrechtlicher Natur ist. Bei einer aufdrängenden Spezialzuweisung kommt es folglich auf eine solche Prüfung gar nicht mehr an, weil das Gesetz bereits die Entscheidung zugunsten des Verwaltungsrechtswegs getroffen hat. Sofern im Sachverhalt bzw. in den Hinweisen keine besondere Vorschrift über den Verwaltungsrechtsweg erwähnt wird, kann man davon ausgehen, dass es eine solche Spezialzuweisung für den zu prüfenden Fall nicht gibt. Dann fängt man gleich mit der Generalklausel gem. § 40 I VwGO an.

b) Die Generalklausel des § 40 I VwGO

350 Diese Generalklausel eröffnet den Verwaltungsrechtsweg für alle Streitigkeiten, die öffentlich-rechtlich und nichtverfassungsrechtlicher Art sind.

351 aa) Den öffentlich-rechtlichen Charakter untersucht man dadurch, dass man den (vorher exakt zu bestimmenden!) Streitgegenstand (oder die für den Streit maßgebliche Norm) anhand der drei bekannten Abgrenzungstheorien zwischen Öffentlichem Recht und Zivilrecht prüft.

---

259 Vgl. die eingehendere Erläuterung dieser Differenzierung bei der Verfassungsbeschwerde, oben Rdnr. 190 f.
260 Vgl. Bull/Mehde, Verwaltungsrecht, Rdnr. 1021a; Bosch/Schmidt/Vondung, Verwaltungsgerichtliches Verfahren, Rdnr. 168–289; Schenke, Verwaltungsprozessrecht, § 3.
261 Vgl. Fn. 142.

bb) Außerdem muss der Rechtsstreit nichtverfassungsrechtlicher Art sein. Verfas- **352**
sungsrechtlicher Art wäre ein Rechtsstreit nur dann, wenn er formell *und* materiell
(kumulativ!) verfassungsrechtlich wäre. Das bedeutet, dass sich Verfassungsorgane
(formell) um die Auslegung von Verfassungsnormen (materiell) streiten müssten. Sofern ein Bürger gegen den Bund, ein Land oder eine sonstige Körperschaft des Öffentlichen Rechts klagt, fehlt es daher in aller Regel schon an der formellen Verfassungsrechtlichkeit; denn dann ist kein Verfassungsorgan beteiligt. Zwar spielen bei diesen
Streitigkeiten die Grundrechte – die ja Verfassungsnormen darstellen – meist eine gewisse Rolle, ohne jedoch im Vordergrund zu stehen; das reicht schon aus, um auch
materiell von einer nichtverfassungsrechtlichen Streitigkeit auszugehen. Aufgrund des
kumulativen Zusammenhangs von formeller und materieller Verfassungsrechtlichkeit
eines Streites reicht es für den Verwaltungsrechtsweg schon aus, wenn nur eine von
beiden Arten der Verfassungsrechtlichkeit fehlt; dennoch sollte man im Gutachten auf
beide Aspekte kurz eingehen.

cc) Schließlich setzt die Eröffnung des Verwaltungsrechtswegs mithilfe der General- **353**
klausel voraus, dass es keine abdrängende Spezialzuweisung – also zugunsten eines
anderen Gerichtszweiges – gibt. So wäre beispielsweise eine Steuerstreitigkeit öffentlich-rechtlich und nichtverfassungsrechtlicher Art, gehört jedoch zum Finanzrechtsweg.
Wie schon bei der aufdrängenden Spezialzuweisung ist ohne besondere Hinweise
nicht davon auszugehen, dass eine abdrängende Spezialzuweisung vorliegt.

II. Allgemeine Sachurteilsvoraussetzungen[262]

Nachdem der Verwaltungsrechtsweg eröffnet ist, müssten die allgemeinen Sachurteils- **354**
voraussetzungen geprüft werden. Dabei handelt es sich um sehr spezielle formal-
prozessrechtliche Erfordernisse wie z. B. die Fähigkeit der Parteien, den Prozess zu
führen, an ihm teilzunehmen und in ihm mitzuwirken (Antragsrecht), oder Zustän-
digkeitsfragen bezüglich des Gerichts. So ist bei Normenkontrollen gem. § 47 VwGO
gleich schon in erster Instanz das Oberverwaltungsgericht (in manchen Ländern – so
auch in Baden-Württemberg – „Verwaltungsgerichtshof" genannt) zuständig. Am wichtigsten ist das (mitunter fehlende) Rechtsschutzbedürfnis, das nur dann gegeben ist,
wenn der Kläger sein Ziel nicht auf andere Weise (also etwa auch mit einer anderen
Klage) einfacher, billiger und schneller erreichen kann. Die wichtigsten dieser Erfordernisse sind im nachstehenden Schema genannt; da sich dieses Buch aber auf die wesentlichen Grundlinien beschränken will, wird auf diese prozessualen Detailfragen (die
in der Rechtspraxis allerdings ganz erhebliche Bedeutung haben!) nicht näher eingegangen. In einer Fallbearbeitung wäre auch nur bei einem sehr deutlichen Hinweis im
Sachverhalt darauf einzugehen.

---

262 Der Begriff der „Sachurteilsvoraussetzungen" macht deutlich, dass es noch darum geht, ob
   überhaupt in der Sache geurteilt werden kann (und nicht: wie), ob also die Klage zulässig ist. Zu
   den allg. Sachurteilsvoraussetzungen siehe Bosch/Schmidt/Vondung, Verwaltungsgerichtliches
   Verfahren, III. Teil; Bull/Mehde, Verwaltungsrecht, Rdnr. 1022–1025.

III. Statthafte Klageart[263]

355   Die statthafte Klageart bezeichnet die nach dem Begehr des Klägers „richtige" Klageart; der Kläger muss etwas wollen, was man im Verwaltungsprozess auch *erreichen kann*. Der Begriff der „Statthaftigkeit" darf nicht mit dem der „Zulässigkeit" verwechselt werden, da erstere nur einen Teilausschnitt der letzteren erfasst. Die Klage ist dann also nicht statthaft, wenn z. B. ein Bürger die Aufhebung eines Bundesgesetzes verlangen würde, weil es dafür gar keine statthafte Klageart vor dem Verwaltungsgericht gibt. Es ist bei diesem Prüfungspunkt daher zu untersuchen, ob das klägerische Begehr überhaupt zu einer der statthaften Klagearten passt.

1.   Anfechtungsklage

356   Bei der Anfechtungsklage ist demnach zu prüfen, ob es sich bei der vom Kläger angefochtenen behördlichen Handlung um einen VA handelt; folglich bleibt dem Bearbeiter bei einer prozessualen Fragestellung die Prüfung der Rechtsnatur der umstrittenen Maßnahme auch dann nicht erspart, wenn es in der Aufgabenstellung nicht ausdrücklich verlangt wird. Denn hier ist jetzt die VA-Prüfung bezüglich der angefochtenen Maßnahme vorzunehmen.

2.   Verpflichtungsklage

357   Entsprechend geht es bei der Verpflichtungsklage darum, ob die vom Kläger begehrte (hypothetische) Maßnahme einen VA darstellen würde. Da einer Verpflichtungsklage regelmäßig ein Bescheid, der den Erlass des begehrten VAs ablehnt, vorausgeht, wird bei dieser Prüfung gerne der begehrte VA mit der (ebenfalls einen VA darstellenden) Ablehnung verwechselt. Es geht bei der Verpflichtungsklage jedoch nicht „negativ" gegen die Ablehnung; denn bei einem Obsiegen hätte der Kläger nur die Ablehnung aus der Welt geschafft, womit er wieder so weit wäre wie am Anfang, als er den begehrten VA beantragt hat. Deshalb geht es bei der Verpflichtungsklage immer „positiv" um den Erlass des noch nicht vorhandenen VAs.

3.   Allgemeine Leistungsklage

358   Bei der allgemeinen Leistungsklage ist zu untersuchen, ob die bekämpfte bzw. begehrte behördliche Handlung schlicht-hoheitlicher Natur ist; das ist der Fall, wenn die Handlung keine Regelung enthält, aber öffentlich-rechtlich ist. Deshalb spricht man hier – im Gegensatz zu den *Verwaltungs*akten – von so genannten *Real*akten; solche liegen z. B. vor bei der Teilnahme eines Dienstfahrzeuges am Straßenverkehr unter Blaulicht oder bei Schlagstockhieben eines Polizisten[264].

---

263   Knapp und instruktiv hierzu Bull/Mehde, Verwaltungsrecht, Rdnr. 1032 f. (bezogen auf die Anfechtungsklage). Zu Ziel und Anwendungsbereich der Klagearten siehe Bosch/Schmidt/Vondung, Verwaltungsgerichtliches Verfahren, IV. Teil; Schenke, Verwaltungsprozessrecht, §§ 4–10.

264   Vgl. Detterbeck, Verwaltungsrecht, Rdnr. 889.

4. Feststellungsklage

Die Feststellungsklage ist dann statthaft, wenn eine der drei bei dieser Klageart möglichen Feststellungen begehrt wird: Das Bestehen eines bestimmten Rechtsverhältnisses, das Nichtbestehen eines solchen Rechtsverhältnisses oder die Nichtigkeit eines VAs.   **359**

IV. Besondere Sachurteilsvoraussetzungen[265]

Die besonderen Sachurteilsvoraussetzungen hängen von der jeweiligen Klageart ab.

1. Anfechtungs- und Verpflichtungsklage

a) Klagebefugnis § 42 II VwGO[266]

aa) Um zu vermeiden, dass jeder gegen behördliche Handlungen vorgehen kann, die er zwar nicht in Ordnung findet, ihn aber selbst gar nicht betreffen, verlangt § 42 II VwGO die Klagebefugnis. Danach ist nur derjenige klagebefugt, der möglicherweise selbst rechtlich betroffen ist. Damit ist die „Popularklage", die Allgemeininteressen oder zumindest die Interessen Dritter verfolgt, ausgeschlossen.   **360**

bb) Bei der Anfechtungsklage muss daher eine Rechtsverletzung des Klägers durch den angefochtenen VA zumindest möglich erscheinen; bei der Verpflichtungsklage muss dementsprechend der Rechtsanspruch des Klägers auf den begehrten VA möglich erscheinen. Für die bloße Möglichkeit der rechtlichen Betroffenheit reicht es schon aus, wenn nicht „offensichtlich und eindeutig nach keiner Betrachtungsweise die vom Kläger behaupteten Rechte bestehen oder ihm zustehen können"[267]; mit dieser geringen Höhe der Hürde soll vermieden werden, dass durch das Hintertürchen der Klagebefugnis nun doch innerhalb der Zulässigkeit eine rechtliche Prüfung der Sache (also der Begründetheit der Klage) stattfindet.   **361**

cc) In der Fallbearbeitung genügt daher bei der Anfechtungsklage der Hinweis, dass der Kläger in irgendeinem ihm zustehenden Recht (z.B. ein Grundrecht, Baufreiheit, Gewerbefreiheit, Recht auf einen Studienplatz u.a.) verletzt sein könnte, weil dies durch die angegriffene Maßnahme ihm gegenüber beschränkt oder gar vorenthalten werde. Gerade bei der Anfechtungsklage stellt die Klagebefugnis selten ein Problem dar, da man mit der Adressatentheorie meistens die Klagebefugnis begründen kann.   **362**

---

265 Im Gegensatz zu den für alle Klagearten geltenden *allgemeinen* Sachurteilsvoraussetzungen gestalten sich die *besonderen* Sachurteilsvoraussetzungen bei den jeweiligen Klagearten unterschiedlich, weshalb die Begriffe *„allgemein"* und *„besonders"* verwendet werden.

266 Zur Klagebefugnis siehe Bull/Mehde, Verwaltungsrecht, Rdnr. 1034–1051. Sehr ausführliche Darstellungen bei Bosch/Schmidt/Vondung, Verwaltungsgerichtliches Verfahren, Rdnr. 521–628; Kopp/Schenke, VwGO, § 42 Rdnr. 59 ff.; v. Albedyll, in Bader u.a., VwGO, § 42 Rdnr. 61-119 mit zahlr. Beispielen; Schenke, Verwaltungsprozessrecht, § 14.

267 Formulierung der „Möglichkeitstheorie" durch das BVerwG, zitiert nach Bosch/Schmidt/Vondung, Verwaltungsgerichtliches Verfahren, Rdnr. 546; siehe auch v. Albedyll, in: Bader u.a., VwGO, § 42 Rdnr. 107 f.

Denn in aller Regel ist der Kläger bei der Anfechtungsklage Adressat eines belastenden VAs, den er mit der Klage bekämpft. Da jede Belastung eine Einschränkung der persönlichen Handlungsfreiheit bedeutet, ist jeder Adressat eines belastenden VAs zumindest *möglicherweise* in seinem Grundrecht auf freie Entfaltung der Persönlichkeit gem. Art. 2 I GG verletzt. Folglich ist der Adressat eines belastenden VAs – und damit in der Regel der Kläger bei der Anfechtungsklage[268] – immer klagebefugt. In der Fallbearbeitung sollte die Adressatentheorie allerdings nicht nur erwähnt, sondern auch kurz dargestellt werden.

363   dd) Bei der Verpflichtungsklage muss eine Vorschrift genannt werden, die dem Kläger möglicherweise einen Anspruch auf den begehrten VA gibt. Die Möglichkeit der Rechtsverletzung durch die Ablehnung des VA-Erlasses reicht nur dann aus, wenn nicht die Verpflichtung zum Erlass des VAs (Verpflichtungsurteil) angestrebt wird, sondern nur die Verurteilung der Behörde, über den Antrag neu zu entscheiden (Bescheidungsurteil).

b)   Vorverfahren §§ 68 ff. VwGO[269]

364   Wie bereits oben dargelegt, setzen Anfechtungs- und Verpflichtungsklage grundsätzlich das Vorverfahren voraus. Aber auch hier gilt wieder zum Begriff „grundsätzlich" das Bild des „Schweizer Käse": Denn viele Bundesländer haben von der Möglichkeit des § 68 I 2 VwGO, das Vorverfahren durch eine entsprechende Gesetzgebung zumindest in Teilen entbehrlich zu machen, weit reichenden Gebrauch gemacht. Grund dafür sind die vielfältigen Bemühungen zur Entbürokratisierung und Verfahrensbeschleunigung. Daher ist es inzwischen beinahe schon die Ausnahme, wenn ein Vorverfahren stattzufinden hat[270]. Ist dies der Fall, sind in der Fallbearbeitung zwei Gesichtspunkte zu prüfen.

365   aa) Das Vorverfahren muss vom Kläger ordnungsgemäß eingeleitet worden sein, d. h. er muss innerhalb der Monatsfrist des § 70 VwGO den Widerspruch erhoben haben. Sofern der belastende bzw. ablehnende VA keine korrekte Rechtsbehelfsbelehrung enthält, gilt die Frist von einem Jahr gem. § 58 II 1 VwGO. Das ist z. B. der Fall, wenn in der Rechtsbehelfsbelehrung eine von § 70 VwGO abweichende Frist genannt wird (das ist auch schon bei „vier Wochen" statt einem Monat der Fall) oder vom Gesetz nicht vorgesehene Anforderungen an den Widerspruch gestellt werden, z. B. eine Begründung oder mehrfache Ausfertigungen. Natürlich gilt das erst recht, wenn die Rechtsbehelfs-

---

268   Es gibt natürlich auch Ausnahmen. So kann der Hausbesitzer H gegen die Baugenehmigung, die sein Nachbar N erhalten hat, eine Anfechtungsklage erheben, weil das Haus des N z. B. zu nah an die Grundstücksgrenze gebaut sei o. Ä. Dann ist der Kläger H nicht Adressat eines VAs (sondern N ist Adressat eines ihn begünstigenden VAs); deshalb lässt sich hier die Klagebefugnis nicht über die Adressatentheorie begründen.

269   Siehe Maurer, Verwaltungsrecht, § 10 Rdnr. 28; Bull/Mehde, Verwaltungsrecht, Rdnr. 1068–1074; Schenke, Verwaltungsprozessrecht, § 18; Erbguth, Verwaltunsgrecht, § 20 I; Sodan/Ziekow, Öffentliches Recht, § 92.

270   Vgl. den instruktiven Überblick zur Entwicklung des Widerspruchsverfahrens in der Gesetzgebung der Länder bei Biermann, Das Widerspruchsverfahren unter Reformdruck, DÖV 2008, S. 395. Unabhängig von dieser Entwicklung ist das Vorverfahren in bestimmten Fällen entbehrlich oder sogar nicht statthaft, vgl. Schenke, Verwaltungsprozessrecht, Rn. 656 ff.

belehrung ganz fehlt[271]. Bei der Verpflichtungsklage gilt noch eine Besonderheit; so kann es passieren, dass man auf den Antrag, einen bestimmten VA zu erlassen, gar keine Antwort – also nicht einmal eine Ablehnung – erhält. Dann muss man mit der Widerspruchseinlegung nicht bis ultimo warten, sondern kann gem. § 75 I VwGO in der Regel nach drei Monaten sofort – also ohne Vorverfahren – (Untätigkeits-)Klage erheben.

Hat der Kläger die Widerspruchsfrist unverschuldet versäumt, kann er Wiedereinsetzung in den vorigen Stand gem. § 60 VwGO beantragen. Diese ist ihm zu gewähren, wenn er diesen Antrag binnen 14 Tagen nach Wegfall des der rechtzeitigen Widerspruchseinlegung entgegenstehenden Hindernisses stellt und in der gleichen Zeit den Widerspruch einlegt.   **366**

bb) Außerdem muss das Vorverfahren für den Widerspruchsführer erfolglos abgeschlossen worden sein. Das ist der Fall, wenn ein den Widerspruch zurückweisender Widerspruchsbescheid ergangen ist. Wenn allerdings in angemessener Frist nach Einlegung des Widerspruchs (in der Regel drei Monate) weder abgeholfen noch der Widerspruchsbescheid erlassen worden ist, kann ohne erfolglosen Abschluss des Vorverfahrens ebenfalls die (Untätigkeits-)Klage erhoben werden; in diesem Fall gilt § 75 I VwGO auch für die Anfechtungsklage.   **367**

c) Klagefrist § 74 VwGO

Schließlich muss die Klage innerhalb der Monatsfrist des § 74 VwGO ab Zustellung des Widerspruchsbescheides erhoben worden sein. Allerdings gelten die obigen Ausführungen bei der Widerspruchsfrist auch hier, d. h. bei fehlender oder unrichtiger Rechtsbehelfsbelehrung im Widerspruchsbescheid beträgt die Klagefrist ein Jahr, § 58 II 1 VwGO. Außerdem hat § 75 VwGO bei der Klagefrist die Konsequenz, dass bei nicht in angemessener Zeit erfolgter Entscheidung über den Widerspruch die Klagefrist gar nicht zu laufen beginnt, die Klage aber dennoch (also schon *vor* Fristbeginn) erhoben werden kann. Die Wiedereinsetzung in den vorigen Stand ist bei der Klagefrist außerdem ebenfalls möglich.   **368**

2. Allgemeine Leistungsklage[272]

a) Klagebefugnis § 42 II VwGO analog

Bei der allgemeinen Leistungsklage wird nach überwiegender Ansicht die Klagebefugnis analog verlangt, weil es nicht Sinn dieser in der VwGO nicht gesondert geregelten Klageart sein kann, die durch § 42 II VwGO ausgeschlossene Popularklage zu er-   **369**

---

271 Eine andere Rechtsfolge als die Fristverlängerung hat dies nicht; insbesondere wird der VA dadurch nicht rechtswidrig; vgl. Kopp/Schenke, VwGO, § 58 Rdnr. 3; v. Albedyll, in: Bader u. a., VwGO, § 58 Rdnr. 17 ff. Es gibt auch auch viele VAe, die üblicherweise (also mit Absicht) keine Rechtsbehelfsbelehrung enthalten, so z. B. Führerschein, Uni-Abschlusszeugnis und (Abi-) Zeugnis.

272 Ausführlich dargestellt bei Bosch/Schmidt/Vondung, Verwaltungsgerichtliches Verfahren, Rdnr. 872–892; Schenke, Verwaltungsprozessrecht, § 8.

möglichen. Deshalb gelten die bei der Anfechtungs- und Verpflichtungsklage hierzu gemachten Ausführungen sinngemäß auch für die allgemeine Leistungsklage[273].

b) Sonstige besondere Sachurteilsvoraussetzungen

370   Darüber hinaus gibt es bei der allgemeinen Leistungsklage keine besonderen Sachurteilsvoraussetzungen; folglich ist eine solche Klage fristungebunden und setzt auch kein Vorverfahren voraus.

3. Feststellungsklage[274]

a) Feststellungsinteresse

371   Entsprechend zur Klagebefugnis bei den vorstehenden Gestaltungs- und Leistungsklagen gibt es auch bei der Feststellungsklage einen Filter, der fremdnützige Klagen ausschließen soll. Diese Funktion hat hier das sog. Feststellungsinteresse, das nur dann vorliegt, wenn ein eigenes, gegenwärtiges und schutzwürdiges Interesse rechtlicher, wirtschaftlicher oder ideeller Art an der begehrten Feststellung besteht. Außerdem muss dieses Feststellungsinteresse wegen einer Unsicherheit über die Rechtslage bestehen, was logisch ist, wenn man sich die Voraussetzungen bei der statthaften Klageart ansieht; denn dort sind nur Fälle genannt, die eine Unsicherheit beim Kläger verursachen. So ist z. B. der Adressat eines nichtigen VAs bis zu einer verbindlichen Feststellung darüber unsicher, ob der VA wirklich nichtig oder vielleicht nur schlicht rechtswidrig ist; ein erwähntermaßen bedeutender Unterschied.

b) Keine vorrangige Klageart (Subsidiarität) § 43 II VwGO

372   Außerdem darf aufgrund der in § 43 II VwGO geregelten Subsidiarität keine der Gestaltungs- und Leistungsklagen vorrangig sein, was bereits anhand der Prozessökonomie erläutert wurde. Demnach ist hier zu prüfen, ob das klägerische Begehr (und noch mehr) mit einer weitergehenden Klageart auch zu erreichen ist. Wenn das der Fall ist, scheidet die Feststellungsklage als unzulässig aus.

372a   *Zur Vertiefung: Zulässigkeit verwaltungsgerichtlicher Klagearten*
Bull/Mehde, Verwaltungsrecht, Rdnr. 1064; Detterbeck, Verwaltungsrecht, Rdnr. 1319–1420 (ab Rdnr. 1377 mit Begründetheit zusammen); ders., Öffentliches Recht, § 27 (mit Begründetheit zusammen); Ipsen, Verwaltungsrecht, § 18; Schenke, Verwaltungsprozessrecht, § 5–19; Sodan/Ziekow, Öffentliches Recht, §§ 93 ff. (ab § 98 mit Begründetheit zusammen).

---

273   Vgl. Bosch/Schmidt/Vondung, Verwaltungsgerichtliches Verfahren, Rdnr. 878.
274   Ausführlich dargestellt bei Bosch/Schmidt/Vondung, Verwaltungsgerichtliches Verfahren, Rdnr. 824–871, sowie bei Schenke, Verwaltungsprozessrecht, § 10.

(2) Prüfungsschema[275]   373

I. Verwaltungsrechtsweg

1. *Aufdrängende Spezialzuweisung (z.B. § 55 BeamtStG)*
   oder

2. *Generalklausel § 40 I VwGO*

   a) Bestimmung des Streitgegenstandes bzw. der streitentscheidenden Norm

   b) Öffentlich-rechtliche Streitigkeit (anhand des Streitgegenstandes bzw. der streitentscheidenden Norm)
      (1) Subordinationstheorie
      (2) Interessentheorie
      (3) Sonderrechtstheorie

   c) Nichtverfassungsrechtlicher Art
      (1) Formell, d.h. kein Streit von Verfassungsorganen oder

      (2) Materiell, d.h. Verfassungsnormen sind nicht relevant oder stehen zumindest nicht im Vordergrund

   d) Keine abdrängende Spezialzuweisung (z.B. Art. 34, 3 GG, Art. 14 III 4 GG)

II. Allgemeine Sachurteilsvoraussetzungen
(können in aller Regel als gegeben vorausgesetzt werden)

1. *Beteiligten-, Prozess- und Postulationsfähigkeit §§ 61 ff. VwGO*

2. *Örtliche, sachliche und instanzielle Zuständigkeit des Gerichts §§ 45 ff. VwGO*

3. *Ordnungsgemäße Klageerhebung §§ 81 f. VwGO*

4. *Keine anderweitige Rechtshängigkeit § 17 I 2 GVG und keine entgegenstehende Rechtskraft § 121 VwGO*

5. *Allgemeines Rechtsschutzbedürfnis*

III. Statthafte Klageart
(begrifflich nicht mit der übergeordneten Zulässigkeit verwechseln!)

Anfechtungsklage	Verpflichtungsklage	Allgemeine Leistungsklage	Feststellungsklage
Es wird Aufhebung eines VAs begehrt;	Es wird Erlass eines VAs begehrt;	Es wird die Vornahme oder Abwehr schlicht-hoheitlichen Verwaltungshandelns begehrt;	Es wird eine der Feststellungen begehrt: – Bestehen eines Rechtsverhältnisses,
prüfen, ob ein VA vorliegt!	*prüfen, ob die begehrte Maßnahme einen VA darstellen würde.*	*prüfen, ob auch wirklich keine Regelung vorliegt.*	– Nichtbestehen eines Rechtsverhältnisses, – Nichtigkeit eines VAs.

---

275 Siehe auch die Schemata bei Detterbeck, Verwaltungsrecht, Rdnr. 1420; Erbguth, Verwaltungsrecht, Übers. 22–24 (S. 285, 287, 294); Ipsen, Verwaltungsrecht, Rdnr. 1161–1176; Maurer, Verwaltungsrecht, § 10 Rdnr. 29; Schenke, Verwaltungsprozessrecht, Rdnr. 65 ff., Schwerdtfeger/Schwerdtfeger, Fallbearbeitung, Rdnr. 7.

IV. Besondere Sachurteilsvoraussetzungen

Anfechtungsklage Verpflichtungsklage	Allgemeine Leistungsklage	Feststellungsklage
1. *Klagebefugnis § 42 II VwGO* Rechtsverletzung (bei Anfechtung) bzw. Rechtsanspruch (bei Verpflichtung) muss möglich erscheinen *(Bei Anfechtung durch den Adressaten: Art. 2 I GG gem. Adressatentheorie)* 2. *Vorverfahren §§ 68 ff. VwGO* a) Ordnungsgemäß durchgeführt, d. h. v. a. form- und fristgerechte Widerspruchseinlegung b) Erfolglos durchgeführt, d.h. zurückweisender Widerspruchsbescheid oder § 75 VwGO 3. *Klagefrist §§ 74, 75, 57 VwGO* a) Grundsätzlich 1 Monat b) Bei fehlender oder unrichtiger Rechtsmittelbelehrung 1 Jahr (§ 58 II 1 VwGO) c) Ggf. Wiedereinsetzung in den vorigen Stand (§ 60 VwGO)	*Klagebefugnis § 42 II VwGO analog*	1. *Feststellungsinteresse* a) Jedes eigene, gegenwärtige, schutzwürdige Interesse rechtlicher, wirtschaftlicher oder ideeller Art b) wegen Unsicherheit über die Rechtslage 2. *Keine vorrangige Klageart* (Subsidiarität) § 43 II VwGO d.h. keine Gestaltungs- oder Leistungsklage sinnvoll möglich

c. Begründetheitsvoraussetzungen verwaltungsgerichtlicher Klagen

(1) Anfechtungsklage[276]

(a) Vorbemerkung

374   Die Anfechtungsklage ist nach § 113 I 1 VwGO begründet, soweit der VA rechtswidrig und der Kläger dadurch in seinen Rechten verletzt ist. Dieser Obersatz sollte auch in der Fallbearbeitung der Begründetheitsprüfung vorangestellt werden, wobei der VA und der Kläger gleich mit den im Sachverhalt enthaltenen Bezeichnungen (z. B. die Untersagungsverfügung/der A) genannt werden sollten. Aus diesem Obersatz ergibt sich eine Zweiteilung der Prüfung; die Prüfung der Rechtswidrigkeit des VA richtet sich nach dem Schema, das bereits ausführlich dargestellt und erläutert wurde[277] und daher hier keiner weiteren Ausführungen bedarf. Der zweite Teil der Prüfung, der nach der dadurch verursachten Rechtsverletzung beim Kläger fragt, ist meistens unproblematisch. In aller Regel führt ein rechtswidriger VA zu einer Verletzung des Klägers in

---

276   Vgl. Schenke, Verwaltungsprozessrecht, § 20.
277   Siehe oben, Rdnr. 304.

seinen Rechten, vor allem bei einer materiellen Rechtswidrigkeit des VAs; denn dann besteht die Rechtswidrigkeit ja gerade meist im Verstoß gegen ein subjektiv-öffentliches Recht des Klägers. Relevant ist dieser zweite Prüfungsteil allerdings im Dreiecksverhältnis, wie es z. B. im Baurecht häufig vorkommt. So kann ein Grundstücksbesitzer gegen eine Baugenehmigung klagen, die das Baurechtsamt seinem Nachbarn (Bauherrn) erteilt hat. In solchen „Drittanfechtungsprozess"[278] kann sich durchaus herausstellen, dass die angefochtene Baugenehmigung materiell rechtswidrig ist, ohne dass die Klage erfolgreich ist. Denn die meisten Baurechtsnormen dienen nur öffentlichen Belangen (v. a. Städtebau) und sind nicht „nachbarschützend"[279]. Ist eine solche Vorschrift verletzt, ist die Baugenehmigung rechtswidrig, der klagende Nachbar jedoch nicht in *seinen* Rechten verletzt. Außerdem fehlt es an der Rechtsverletzung des Klägers in den Fällen des § 46 VwVfG, in denen das Gesetz trotz Vorliegens bestimmter formeller Rechtsmängel ausdrücklich keinen Aufhebungsanspruch einräumt.

(b) Prüfungsschema   375

Obersatz: Die Anfechtungsklage ist begründet, wenn der Verwaltungsakt rechtswidrig und der Kläger dadurch in seinen Rechten verletzt ist (§ 113 I 1 VwGO).

I. **Rechtswidrigkeit des VAs:** d.h. Mängel in der Rechtmäßigkeit des VAs, die Folgendes voraussetzt:
   1. Ermächtigungsgrundlage (…)
   2. Formelle Rechtmäßigkeit (…)
   3. Materielle Rechtmäßigkeit (…)

II. **Dadurch Rechtsverletzung beim Kläger**
   (Ist in aller Regel unproblematisch gegeben; zu verneinen v. a. bei der Verletzung objektiven Rechts und in den Fällen des § 46 VwVfG)

---

278 Hier spricht man von einem „Drittanfechtungsprozess", weil nicht der Adressat des VA selbst, sondern eben ein Dritter – hier der Nachbar des Bauherrn und VA-Adressaten – den VA anficht.

279 Hier ist wieder der bereits zu Beginn des Grundrechtsabschnitts (s. o., Rdnr. 168 ff.) dargelegte Unterschied zwischen objektivem und subjektivem Recht entscheidend: Während subjektives Recht einen Anspruch oder eine Rechtsposition des einzelnen begründet, betrifft objektives Recht keine individuellen, sondern nur gemeinwohlorientierte Regelungen. Deshalb kann sich der Einzelne immer nur auf subjektive Rechte und nicht auf objektives Recht berufen. Die baurechtlichen Vorschriften, die nur öffentlichen Belangen dienen, stellen objektives Recht dar, während nachbarschützende Normen subjektives Recht sind. Nachbarschützend ist z. B. die Bestimmung über Mindestabstände zwischen frei stehenden Häusern oder über Brandschutzwände zwischen aneinander gebauten Häusern. In der Regel nicht nachbarschützend ist hingegen eine im Bebauungsplan mögliche Regelung über die Dachneigung. Zum Nachbar-/Drittschutz siehe auch v. Albedyll, in: Bader u. a., VwGO, § 42 Rdnr. 82–96 m. zahlr. Bsp.; Bosch/Schmidt/Vondung, Verwaltungsgerichtliches Verfahren, Rdnr. 563 ff.; Kopp/Schenke, VwGO, Art. 42 Rdnr. 96 ff.

(2) **Verpflichtungsklage**[280]

(a) **Vorbemerkung**

376 I. Die Verpflichtungsklage ist begründet, soweit die Ablehnung oder Unterlassung des begehrten VAs rechtswidrig und der Kläger dadurch in seinen Rechten verletzt ist (§ 113 V VwGO). Dies ist der Fall, wenn der Kläger entweder auf den begehrten VA direkt einen Anspruch hat (Verpflichtungsfall), oder aber eine neue Bescheidung durch die Behörde verlangen kann (Bescheidungsfall). Letzteres ist der Fall, wenn das Gericht wegen fehlender Spruchreife in der Sache nicht selbst abschließend entscheiden kann, so z. B. wenn noch umfangreiche Sachverhaltsermittlungen erforderlich sind oder eine fehlerfreie Ermessensentscheidung der Behörde aussteht – diese Aufgaben kann das Gericht der zuständigen Behörde nicht abnehmen.

Mit dem Verpflichtungsantrag begehrt der Kläger, dass das Gericht den beklagten Hoheitsträger zum Erlass des begehrten VAs verurteilt; in diesem Fall hat die Behörde keinen Spielraum mehr. Mit dem Bescheidungsantrag will der Kläger wenigstens erreichen, dass der beklagte Hoheitsträger dazu verurteilt wird, über den Antrag des Klägers erneut (u. U. unter Berücksichtigung bestimmter rechtlicher Vorgaben des Gerichts) zu entscheiden. Da hier nur die wesentlichen Grundlinien behandelt werden sollen, wird im Nachfolgenden nur noch vom Verpflichtungsantrag ausgegangen.

377 II. Der Struktur nach entspricht der Aufbau dem der Rechtmäßigkeitsprüfung bei der Anfechtungsklage.

1. Anstelle einer *Ermächtigungs*grundlage wird eine *Anspruchs*grundlage benötigt; das ist eine Rechtsnorm, die der Behörde den Erlass des VAs nicht nur ermöglicht (Ermächtigungsgrundlage), sondern sie sogar dazu verpflichtet. Denn mit der Pflicht der Behörde zum Erlass eines bestimmten VAs korrespondiert der darauf gerichtete Anspruch des Betroffenen. Allerdings reicht es in *diesem* Stadium der Prüfung aus, wenn eine Norm genannt wird, nach der die Behörde im Sinne des klägerischen Begehrens handeln *kann* (vgl. unten 3b).

378 2. Bei der formellen Rechtmäßigkeit kann nicht ein bereits vorhandener VA geprüft werden, weil es den begehrten VA ja noch gar nicht gibt. Deshalb können nur die bereits vorliegenden Punkte untersucht werden, weshalb von den „formellen Voraussetzungen für den Erlass des begehrten VAs" gesprochen wird. Dazu gehört zunächst einmal, dass der Kläger einen Antrag auf Erlass des VAs gestellt hat, sofern ein solcher dafür (was meistens der Fall ist) erforderlich ist. So kann z. B. eine Baugenehmigung nur auf Antrag erteilt werden; die Behörde kann nicht etwa von sich selber aus tätig werden. Dann muss der Antrag bei der zuständigen Behörde gestellt worden sein, weil sonst ein von der unzuständigen Behörde erlassener VA formell rechtswidrig wäre.

379 3. Auch die „materiellen Voraussetzungen für den Erlass des begehrten VAs" entsprechen teilweise der materiellen Rechtmäßigkeit im Anfechtungsfall.

---

280 Sehr instruktiv Schwerdtfeger/Schwerdtfeger, Fallbearbeitung, § 9; Schenke, Verwaltungsprozessrecht, § 21.

a) So ist auch hier zunächst der Anspruchstatbestand *gegebenenfalls* auf seine Wirksamkeit zu überprüfen und dann *in jedem Fall* im Einzelnen zu subsumieren.

b) Dann allerdings ergibt sich eine Abweichung: Wegen des Anspruchserfordernisses **380** im Verpflichtungsfall muss nun die Rechtsfolge der Anspruchsgrundlage daraufhin untersucht werden, ob die Behörde zum Erlass des begehrten VAs verpflichtet ist. Das ist unproblematisch der Fall, wenn eine gebundene Rechtsfolge („muss", „ist zu …") gegeben ist. Bei dem Wort „soll" ist die Rechtsfolge grundsätzlich gebunden (merke: ein „soll" ist ein grundsätzliches[281] „muss"); denn dann ist bis auf wenige wohlbegründete Ausnahmefälle nach der Rechtsfolge zu verfahren. In der Fallbearbeitung muss man deshalb prüfen, ob eine solche Ausnahme vorliegt; sofern das nicht der Fall ist, besteht der Anspruch des Klägers auf den begehrten VA. Am schwierigsten sind die Rechtsfolgen, in denen der Behörde ein Ermessensspielraum („kann") eingeräumt wird. Dann ist zunächst zu prüfen, ob eine Selbstbindung der Verwaltung i.V.m. Art. 3 I GG oder eine Ermessensreduzierung auf Null vorliegt; diese Rechtsfiguren wurden bereits bei den Ausführungen zum Ermessen im Rahmen der Rechtmäßigkeitsanforderungen an einen VA erklärt[282]. In einem solchen Fall führt die Ermessensreduzierung dazu, dass die Rechtsfolge entgegen ihrem Wortlaut als gebunden anzusehen ist und daher der Anspruch des Klägers besteht. Soweit das aber nicht der Fall ist, sondern die Behörde den Ermessensspielraum wirklich hat, kann der Kläger keinen Anspruch auf den begehrten VA haben. Sein Anspruch richtet sich dann lediglich auf die fehlerfreie Ausübung dieses Ermessens. Deshalb kann in einem solchen Fall nur ein Bescheidungsantrag Erfolgsaussichten haben, nämlich dann, wenn dieses Ermessen bei der Ablehnung des begehrten VAs fehlerhaft (Nichtgebrauch, Überschreitung, Fehlgebrauch) ausgeübt wurde. Schließlich setzt das Bestehen des Anspruchs auch voraus, dass der Anspruch nicht untergegangen ist; das ist etwa dadurch möglich, dass der begehrte VA inzwischen erlassen wurde oder der Kläger darauf verzichtet hat. Dieser Prüfungspunkt hat keine besondere Bedeutung und wird nur der Vollständigkeit halber erwähnt.

Zur Vertiefung: Begründetheit verwaltungsgerichtlicher Klagearten   **380a**

Bull/Mehde, Verwaltungsrecht, Rdnr. 1064–1066; Detterbeck, Verwaltungsrecht, Rdnr. 1377 ff. (mit Zulässigkeit zusammen); ders., Öffentliches Recht, § 27 II–VI (mit Zulässigkeit zusammen); Erbguth, Verwaltungsrecht, Rdnr. 283 ff.; Ipsen, Verwaltungsrecht, Rdnr. 1177–1192; Schenke, Verwaltungsprozessrecht, §§ 20–23; Sodan/Ziekow, Öffentliches Recht, §§ 98 ff. (mit Zulässigkeit zusammen).

---

281 Zur juristischen Bedeutung des Begriffs „grundsätzlich" s.o., Rdnr. 92 (Stichwort: Schweizer Käse).
282 Siehe oben, Rdnr. 301.

381   **(b) Prüfungsschema**

Obersatz: Die Verpflichtungsklage ist begründet, wenn der Kläger auf den begehrten VA (oder wegen fehlender Spruchreife auf Neubescheidung [Bescheidungs-fall]) einen Anspruch hat.

Das Bestehen des Anspruchs setzt voraus:

1. *Bestehen einer Anspruchsgrundlage*
   d. h. Rechtsnorm mit einer den Anspruch ermöglichenden Rechtsfolge

2. *Formelle Voraussetzungen für den Erlass des begehrten VAs*
   a) Ggf. Mitwirkungserfordernisse seitens des Bürgers (z. B. Antrag)
   b) Zuständigkeit der „verklagten" Behörde[283] (bzw. ihres Trägers)

3. *Materielle Voraussetzungen für den Erlass des begehrten VAs*
   a) Voraussetzungen des Anspruchstatbestandes
   b) Rechtsfolge:
      (1) Gebundene Rechtsfolge („muss")
          → *Anspruch auf begehrte Verwaltungsentscheidung*
      (2) „Soll"-Rechtsfolge: Kein sachlicher Ausnahmefall zur Regel gegeben
          → *Anspruch auf begehrte Verwaltungsentscheidung*
      (3) „Kann"-Rechtsfolge (Ermessen):
          (a) Ermessensreduzierung auf Null/Selbstbindung der Verwaltung i.V.m. Art. 3 I GG
              → *Anspruch auf begehrte Verwaltungsentscheidung*
          (b) Ermessen, aber bei Ablehnung fehlerhaft ausgeübt
              → *Anspruch auf Ausübung pflichtgemäßen Ermessens*
              → *„Bescheidungsurteil", wodurch die Behörde zu einer neuen – nicht unbedingt der begehrten – Entscheidung verpflichtet wird*
   c) Kein Untergang des Anspruchs
      (1) Keine Erfüllung des Anspruchs durch Erlass des begehrten VAs
      (2) Kein Verzicht o. Ä.

(3) Allgemeine Leistungsklage[284]

(a) Vorbemerkung

382   I.   Bei der allgemeinen Leistungsklage muss – wie zwischen Anfechtungs- und Verpflichtungsklage – danach unterschieden werden, ob der Abwehr- (bzw. Unterlassungs-) oder der Vornahmefall gegeben ist.

---

283 Die Behörde als solche kann (zumindest in Baden-Württemberg) gar nicht verklagt werden, da das Landesrecht dies nicht vorsieht; vgl. §§ 61 Nr. 3 VwGO, 78 I Nr. 2 VwGO. Anders ist dies in Brandenburg, Mecklenburg-Vorpommern, Nordrhein-Westfalen und im Saarland, wo alle Behörden beteiligungsfähig sind, und in Niedersachsen, Sachsen-Anhalt und Schleswig-Holstein, wo dies nur für landesunmittelbare Behörden gilt, siehe Kopp/Schenke, VwGO, § 61 Rdnr. 13.

284 Vgl. Schenke, Verwaltungsprozessrecht, § 23 I.

II. Beim Abwehrfall ist die allgemeine Leistungsklage (Abwehrklage) begründet, soweit **383** der belastende Realakt rechtswidrig und der Kläger dadurch in seinen Rechten verletzt ist. Aus diesem Obersatz ergibt sich eine Dreiteilung der Prüfung, die sich an die Rechtmäßigkeitsprüfung beim VA im Anfechtungsfall anlehnt. Deshalb sind hier nähere Ausführungen entbehrlich. Im Erfolgsfall hat der Kläger einen sog. Folgenbeseitigungsanspruch auf Rückgängigmachung des Verwaltungshandelns bzw. seiner Auswirkungen.

III. Beim Vornahmefall ist die allgemeine Leistungsklage (Vornahmeklage) begründet, **384** soweit der Kläger einen Anspruch auf die begehrte Leistung (Realakt) hat. Im Wesentlichen entspricht der Anspruchsaufbau dem der Verpflichtungsklage, auf den insofern verwiesen wird. Der Unterschied liegt nur darin, dass sich der Anspruch auf schlichthoheitliches Handeln und nicht auf einen VA beziehen muss.

(b) Prüfungsschemata   **385**

I. Abwehrfall

Obersatz: Die allgemeine Leistungsklage ist begründet, wenn der angegriffene Realakt rechtswidrig und der Kläger dadurch in seinen Rechten verletzt ist.

1. Vorangegangener, belastender Realakt

    2. Rechtswidrigkeit des Realaktes
        a) Fehlende Rechtsgrundlage
        b) Formelle Rechtswidrigkeit
        c) Materielle Rechtswidrigkeit
            aa) Unverhältnismäßigkeit
            bb) Verstoß gegen Gesetze, v. a. gegen Grundrechte

    3. Dadurch Rechtsverletzung des Klägers

II. Vornahmefall

Obersatz: Die allgemeine Leistungsklage ist begründet, wenn der Kläger einen Anspruch auf die begehrte Leistung (Realakt) hat.

    1. Erstreben eines begünstigenden Realaktes

    2. Bestehen eines Anspruchs auf den Realakt
        a) Bestehen einer infrage kommenden Anspruchsgrundlage
        b) Formelle Voraussetzungen des erstrebten Realaktes, d.h. Zuständigkeit der „verklagten" Behörde zur Vornahme des Realaktes
        c) Materielle Voraussetzungen des erstrebten Realaktes
            (1) Vorliegen des Anspruchstatbestandes
            (2) Rechtsfolge: gebunden (muss), grundsätzlich gebunden (soll) oder bei Ermessen (kann) Ermessensreduzierung auf Null
        d) Kein Untergang des Anspruchs (etwa durch Erfüllung oder Verzicht)

(4) **Feststellungsklage**[285]

(a) **Vorbemerkung**

386   I. Da die Feststellungsklage zwei ganz unterschiedliche Problemkreise erfasst, muss auch bei der Begründetheitsprüfung danach unterschieden werden.

387   II. Sofern es um das Bestehen bzw. Nichtbestehen eines Rechtsverhältnisses geht, ist die Feststellungsklage dann begründet, wenn das Rechtsverhältnis besteht bzw. nicht besteht (je nachdem, was der Kläger festgestellt haben will). In einem solchen Fall sind die Voraussetzungen für das Bestehen eines Rechtsverhältnisses der Art des konkret streitbefangenen Rechtsverhältnisses anhand der dafür geltenden Normen zu untersuchen (z. B. beim Beamtenverhältnis die Aushändigung der Ernennungsurkunde).

388   III. Wenn die Nichtigkeit eines VAs festgestellt werden soll, ist die Feststellungsklage begründet, wenn der VA nichtig ist. Die dafür anzustellende Nichtigkeitsprüfung wurde bereits oben ausführlich erläutert[286].

389   ### (b) **Prüfungsschemata**

I. **Bestehen/Nichtbestehen eines Rechtsverhältnisses**

Obersatz: Die Feststellungsklage ist begründet, wenn das streitbefangene Rechtsverhältnis besteht/nicht besteht (je nachdem, was der Kläger beantragt hat).

Prüfung anhand der konkreten Voraussetzungen für das Bestehen eines Rechtsverhältnisses von der Art des streitigen Rechtsverhältnisses.

II. **Nichtigkeit eines VAs** – Prüfung anhand § 44 VwVfG:

Obersatz: Die Feststellungsklage ist begründet, wenn der VA nichtig ist.

1. *Vorliegen eines absoluten Nichtigkeitsgrundes § 44 II VwVfG*
    → VA immer nichtig

2. *(Alleiniges) Vorliegen eines Nicht-Nichtigkeitsgrundes § 44 III VwVfG*
    → VA nicht nichtig

3. *Prüfung anhand der Generalklausel § 44 I VwVfG*
    a) Besonders schwerer Fehler,
    b) der offensichtlich ist.

---

285 Vgl. Schenke, Verwaltungsprozessrecht, § 23 III.
286 Siehe oben, Rdnr. 307 ff.

D. Fall 16: Sucht in Schickeria-Küche

Sachverhalt

Starkoch K leitet in München das ihm gehörende Schickeria-Restaurant „Amuse-gueule" (frz.: Gaumenfreude). Um seine von Feinschmeckern weit über die bayerische Hauptstadt hinaus gelobten Kompositionen entwickeln zu können, versetzt sich K des Öfteren mittels Einnahme von Haschisch in Rauschzustände, in denen ihm die besten Ideen kommen. Zu diesem Zweck deckt er sich in der Regel einmal pro Woche mit seinem Bedarf für diesen Zeitraum ein. Er wird deshalb vom städtischen Gewerbeaufsichtsamt, das durch Kontrollen davon Kenntnis erlangt hat, diesbezüglich mehrfach abgemahnt. Schließlich schaltet sich auch die Staatsanwaltschaft ein und erwirkt beim Strafgericht eine Verurteilung von K wegen unerlaubten Besitzes von Rauschmitteln. Daraufhin erhält K vom städtischen Gewerbeaufsichtsamt als zuständige Behörde ein auf 9.3. datiertes Schreiben, in dem ihm unter Berufung auf § 35 GewO – vor allem Abs. 1 Satz 1 – mit sofortiger Wirkung jegliche Arbeit im Restaurant sowie dessen Betreten untersagt wird.

In einem Antwortschreiben vom 12. 3. protestiert K gegen diese Entscheidung und verlangt deren Rückgängigmachung. Zur Begründung führt er wahrheitsgemäß an, nur zum Eigenverbrauch sehr geringe Mengen Haschisch zu nehmen, was er für eine erfolgreiche Ausübung seines Berufes eben nun mal brauche; seine Zurechnungsfähigkeit sei dadurch auch noch nie ernsthaft eingeschränkt gewesen. Außerdem meint er, dass die Behörde mit ihrem Schreiben weit über das Ziel hinausschieße[287].

Mit einem bei K am 22.4. eingehenden Schreiben, das mit einer korrekten Rechtsbehelfsbelehrung versehen ist, weist die Bezirksregierung Oberbayern das Ansinnen des K zurück und bestätigt die Entscheidung des städtischen Gewerbeaufsichtsamtes. Von diesem Brief erhält K jedoch erst am 8.6. Kenntnis. Denn bei einem Osterurlaub in Spanien hatte er am 14.4. einen schweren Autounfall erlitten, wegen dem er bis zum 7.6. in einem Krankenhaus in Barcelona stationär behandelt wurde, bevor er am 8.6. heimkehrte und seine Post durchsah.

Am 11.6. erhebt K Klage beim zuständigen Verwaltungsgericht mit dem Antrag, die im Schreiben des städtischen Gewerbeaufsichtsamtes vom 9.3. getroffene Entscheidung aufzuheben. Zur Fristwahrung weist er auf seine Verhinderung durch den Unfall im Ausland hin.

Aufgabe

Hat die Klage Aussicht auf Erfolg?

---

287 Dieser Satz ist ein an Deutlichkeit kaum mehr zu übertreffender Hinweis, dass der Bearbeiter sich unbedingt mit der Frage der Verhältnismäßigkeit beschäftigen muss.

Hinweise

1. Bei der Prüfung soll das Gaststättengesetz[288] zugunsten der Gewerbeordnung unberücksichtigt bleiben[289].
2. Zu beachtende Rechtsnormen des besonderen Verwaltungsrechts:

§ 1 I GewO: Grundsatz der Gewerbefreiheit

Der Betrieb eines Gewerbes ist jedermann gestattet, soweit nicht durch dieses Gesetz Ausnahmen oder Beschränkungen vorgeschrieben oder zugelassen sind.

§ 35 I 1 GewO: Gewerbeuntersagung wegen Unzuverlässigkeit

Die Ausübung eines Gewerbes ist von der zuständigen Behörde ganz oder teilweise zu untersagen, wenn Tatsachen vorliegen, welche die Unzuverlässigkeit des Gewerbetreibenden oder einer mit der Leitung des Gewerbebetriebes beauftragten Person in Bezug auf dieses Gewerbe dartun, sofern die Untersagung zum Schutze der Allgemeinheit oder der im Betrieb Beschäftigten erforderlich ist.

391   ### Lösung

Die Klage hätte Aussicht auf Erfolg, wenn sie zulässig und begründet wäre.	*Lösungseinstieg anhand der Fallfrage.*

I. Zulässigkeit

1. Verwaltungsrechtsweg

a) Streitgegenstand

Die Eröffnung des Verwaltungsrechtsweges würde gem. § 40 I VwGO zunächst eine öffentlich-rechtliche Streitigkeit voraussetzen. Dafür ist der Streitgegenstand maßgeblich, der daher vorab festzustellen ist. K wendet sich gegen das Schreiben vom 9. 3.; Streitgegenstand ist folglich das darin enthaltene Betretungs- und Arbeitsverbot.	*Streitgegenstand bestimmen.* *Bestimmung des öffentlich-rechtlichen Charakters anhand der drei Abgrenzungstheorien.*

---

288 Wie beim Versammlungsgesetz (s. o., Fn. 234) ist auch beim Gaststättengesetz die Gesetzgebungskompetenz durch die Föderalismusreform I von 2006 vom Bund auf die Länder übergegangen. Auch hier gilt das (Bundes-) Gaststättengesetz gem. Art. 125a I GG in den Ländern weiter, die (noch) kein eigenes (Landes-) Gaststättengesetz erlassen haben. Von ihrer neuen Landeskompetenz haben bislang die Länder Baden-Württemberg, Brandenburg, Bremen, Hessen, Niedersachsen, das Saarland, Sachsen und Thüringen – nicht aber der in diesem Fall maßgebliche Freistaat Bayern – Gebrauch gemacht, so dass in München nach wie vor das (Bundes-) Gaststättengesetz gilt.

289 Dieser Hinweis entspricht der Rechtslage, da das (Bundes-)Gaststättengesetz keine dem § 35 GewO entsprechende Untersagungsvorschrift enthält, dafür aber in § 31 GastG folgende Verweisung: „Auf die den Vorschriften dieses Gesetzes unterliegenden Gewerbebetriebe [also Gaststätten i.S.v. § 1 GastG] finden die Vorschriften der Gewerbeordnung soweit Anwendung, als nicht in diesem Gesetz besondere Bestimmungen getroffen worden sind; ..." Demnach ist auf diesen Fall die GewO anzuwenden.

b) Öffentlich-rechtliche Streitigkeit

Zu prüfen ist nun, ob dieses Verbot als öffentlich-rechtlich anzusehen ist. Hierfür sind drei Abgrenzungstheorien entwickelt worden.

aa) Nach der Subordinationstheorie würde es sich hier um Öffentliches Recht handeln, wenn das städtische Gewerbeaufsichtsamt in einem Überordnungsverhältnis zum K stünde. Dieses Verhältnis liegt insbesondere dann vor, wenn die Behörde einseitig, also ohne inhaltliche Mitwirkungsmöglichkeiten des Bürgers handelt. K hat hier keine Möglichkeit gehabt, etwa durch partnerschaftliche Verhandlungen o. Ä. die behördliche Entscheidung inhaltlich mitzugestalten. Vielmehr hat das Gewerbeaufsichtsamt einseitig und damit von oben gehandelt. Nach der Subordinationstheorie liegt somit Öffentliches Recht vor.

Subordinationstheorie: Über/Unterordnungsverhältnis einseitiges Verwaltungshandeln)?

bb) Nach der Interessentheorie wäre Öffentliches Recht dann gegeben, wenn das Betretungs- und Arbeitsverbot im Interesse der Allgemeinheit – und nicht nur einzelner Individuen – läge. Die behördliche Maßnahme soll eine Einwirkung des K auf die im Restaurant zubereiteten Speisen verhindern, um die Gäste vor gesundheitlichen Gefahren aufgrund fehlerhafter Zubereitung zu bewahren. Somit ist hier die öffentliche Gesundheit und damit das Allgemeinwohl tangiert. Auch nach dieser Theorie ist Öffentliches Recht folglich zu bejahen.

Interessentheorie: Allgemeininteresse tangiert?

cc) Die Sonderrechtstheorie verlangt für die Subsumtion des Öffentlichen Rechts zum einen, dass auf mindestens einer Seite des fraglichen Rechtsverhältnisses ein Hoheitsträger handelt. Hier handelt die Landeshauptstadt München als Hoheitsträgerin, womit dieses Erfordernis erfüllt ist[290]. Weiter ist es nach dieser Theorie erforderlich, dass der Hoheitsträger – also die Landeshauptstadt München – aufgrund eines Sonderrechts handelt. Ein Sonderrecht ist eine Norm, die nur Hoheitsträger – und nicht jedermann – zu einem bestimmten Tun ermächtigt. Das städtische Gewerbeaufsichtsamt handelt hier aufgrund § 35 I GewO, wonach nur „die zuständige Behörde" – und damit ein Hoheitsträger – ein Gewerbe untersagen

Sonderrechtstheorie: Auf mindestens einer Seite steht ein Hoheitsträger, der aufgrund eines Sonderrechts handelt.

---

290 Behörden haben in den meisten Bundesländern keine eigene Rechtsfähigkeit. Sie sind nur Organe einer Körperschaft – hier der Stadt –, die als juristische Person des öffentlichen Rechts rechtsfähig ist, entsprechendes gilt für den Bund und die Länder (siehe oben, Rdnr. 12a und Fn. 198, 283).

kann. Somit liegt auch nach der Sonderrechtstheorie Öffentliches Recht vor.

Nach alledem handelt es sich hier um eine öffentlich-rechtliche Streitigkeit.

Da alle drei Theorien hier zum Öffentlichen Recht führen, entfällt die bei unterschiedlichen Ergebnissen notwendige Gesamtbetrachtung.

c) Streitigkeit nichtverfassungsrechtlicher Art

Außerdem müsste die Streitigkeit um das Betretungs- und Arbeitsverbot nichtverfassungsrechtlicher Art sein. Dafür reicht es aus, wenn keine Verfassungsorgane beteiligt sind (formell) oder inhaltlich keine Verfassungsnormen im Vordergrund stehen (materiell).

Nichtverfassungs-rechtlicher Art:
– formell oder
– materiell.

Weder die hier handelnde Landeshauptstadt München, noch der K als natürliche Person, sind Verfassungsorgane. Außerdem steht bei diesem Streit § 35 GewO im Vordergrund und somit keine verfassungsrechtliche Norm. Dieser Rechtsstreit ist daher formell und materiell nicht-verfassungsrechtlicher Art.

d) Zwischenergebnis

Nach alledem ist der Verwaltungsrechtsweg vorliegend eröffnet.

2. Statthafte Klageart

Als statthafte Klageart käme eine Anfechtungsklage gem. § 42 I, 1. Alt. VwGO in Betracht, da K das Betretungs- und Arbeitsverbot beseitigen will. Das würde voraussetzen, dass dieses Verbot einen VA i.S.v. § 35 VwVfG darstellt[291].

Anfechtungsklage: setzt VA voraus.

Daher müsste zunächst eine Maßnahme vorliegen. Die Maßnahme ist definiert als Handlung mit Erklärungsgehalt. Die Handlung besteht hier in dem Schreiben vom 9.3. Der Erklärungsgehalt liegt in dem Verbot, in dem Restaurant zu arbeiten oder es zu betreten. Weiter müsste eine Behörde gehandelt haben. Nach dem hier maßgeblichen materiellen Behördenbegriff gem. § 1 IV VwVfG

Maßnahme.

Behörde.

---

291 Korrekterweise wäre hier – da kommunale Verwaltung tätig wird – das bayerische LVwVfG anzuwenden. Dies unterscheidet sich in § 35 jedoch nicht vom (B)VwVfG, dessen VA-Definition im Verwaltungsrecht aller Länder ohne Abweichung gilt. Aus didaktischen Gründen wird vom VwVfG ausgegangen, wie bereits in der Einleitung zu diesem Kapitel dargelegt wurde

ist darunter jede Stelle zu verstehen, die öffentliche Aufgaben wahrnimmt. Das städtische Gewerbeaufsichtsamt nimmt öffentliche Aufgaben wie z. B. Erteilung, Versagung und Entziehung von Gewerbekonzessionen wahr; es ist darüberhinaus als formelle Behörde in den hierarchischen Aufbau der Stadtverwaltung integriert. Des Weiteren müsste die Maßnahme auf dem Gebiet des öffentlichen Rechts erfolgt sein. Der öffentlich-rechtliche Charakter des Betretungs- und Arbeitsverbots wurde bereits beim Verwaltungsrechtsweg geprüft und bejaht, worauf verwiesen wird. Außerdem müsste eine Regelung vorliegen; darunter wird jede Begründung, Änderung oder Aufhebung eines Rechtsverhältnisses verstanden. Im vorliegenden Fall wird ein doppeltes Verbot ausgesprochen, durch das die rechtliche Pflicht des K gegenüber der Stadt begründet wird, in dem Restaurant nicht zu arbeiten und es nicht zu betreten. Damit sind zwei Regelungen gegeben. Da das Verbot mit K einen außerhalb der städtischen Sphäre stehenden Privatmann betrifft, liegt die Außenwirkung vor. Schließlich ergeht dieses Verbot nur gegenüber K, weshalb auch das Erfordernis des Einzelfalls erfüllt ist.

Öffentliches Recht (bei vorangegangener prozessualer Prüfung in der Regel auf die Erörterung beim Verwaltungsrechtsweg verweisen).

Regelung(en).

Außenwirkung.

Nach alledem handelt es sich bei dem Betretungs- und Arbeitsverbot jeweils um einen VA, weshalb die Klage als Anfechtungsklage statthaft ist[292].

3. Besondere Sachurteilsvoraussetzungen

(D. h. besondere Voraussetzungen der Anfechtungsklage).

a) Klagebefugnis

K wäre gem. § 42 II VwGO klagebefugt, wenn er möglicherweise in seinen Rechten verletzt ist.

Rechtsverletzung muss (nur) möglich erscheinen: Keine Vorwegnahme der Begründetheitsprüfung!

Hier könnte er gemäß der Adressatentheorie in seinem Grundrecht auf freie Entfaltung der Persönlichkeit gem. Art. 2 I GG verletzt sein. Diese Theorie basiert auf dem Gedanken, dass jeder Adressat eines belastenden VAs in seiner Persönlichkeitsentfaltung beeinträchtigt ist[293]. Da

Adressatentheorie beim belastenden VA.

---

292 Gegen zwei miteinander in einer Maßnahme verbundene VAe kann man unproblematisch mit einer Anfechtungsklage gem. § 44 VwGO (objektive Klagehäufung) vorgehen. Deshalb muss das in der Fallösung nicht angesprochen werden.

293 Zur Unterscheidung: Damit ist nur gesagt, dass der Schutzbereich von Art. 2 I GG durch einen belastenden VA betroffen ist. Eine Aussage darüber, ob der Eingriff verfassungsrechtlich gerechtfertigt ist oder nicht (und ob daher eine Grundrechtsverletzung vorliegt), ist damit nicht verbunden und ist an dieser Stelle der Prüfung (Zulässigkeit!) auch völlig unerheblich.

K durch das Betretungs- und Arbeitsverbot erhebliche rechtliche wie faktische Nachteile entstehen, handelt es sich dabei um einen belastenden VA. Folglich ist K als Adressat des Verbots möglicherweise in seinem Grundrecht aus Art. 2 I GG verletzt.

Darüber hinaus ist K aufgrund des Verbots in seiner beruflichen Tätigkeit stark beschränkt. Somit erscheint es nicht ausgeschlossen, dass er auch in seinem Grundrecht aus Art. 12 I GG auf freie Berufswahl und -ausübung verletzt ist.

Somit bestehen an der Klagebefugnis des K keine Zweifel.

b) Vorverfahren

Die Anfechtungsklage setzt weiterhin voraus, dass ein Vorverfahren gem. §§ 68 ff. VwGO erfolglos durchgeführt wurde. K müsste also gem. § 70 I VwGO einen Widerspruch erhoben haben. Dabei ist es nicht erforderlich, dass K den Begriff „Widerspruch" verwendet. Ausreichend ist vielmehr jede Äußerung, die eindeutig ein Verlangen nach Überprüfung und Korrektur der Entscheidung zum Ausdruck bringt und gegenüber der Behörde erfolgt. Folglich ist sein Protest vom 12.3. als Widerspruch anzusehen, da er die Rückgängigmachung des Verbots verlangt. Die Monatsfrist ist unproblematisch gewahrt. Die Erfolglosigkeit des Vorverfahrens ergibt sich aus der Zurückweisung des Widerspruchs durch die Bezirksregierung.

Beim Vorverfahren:

– keine zu strengen Anforderungen an das Widerspruchsbegehren stellen;

– Frist beachten;

– Erfolglosigkeit feststellen.

c) Frist

Die Klagefrist beträgt gem. § 74 I 1 VwGO einen Monat. Der Widerspruchsbescheid geht dem K am 22.4. zu[294], weshalb die Klagefrist am 22.5. abgelaufen ist. Die Klageerhebung vom 11.6. wäre somit verspätet.

Die Monatsfrist wurde versäumt; gibt es „Rettungsmöglichkeiten"?

---

294 Für den Zugang eines Schreibens ist die tatsächliche Anwesenheit und Kenntnisnahme nicht erforderlich, wenn die Kenntnisnahme möglich ist und der Absender nach allgemeiner Lebenserfahrung auf die Kenntnisnahme vertrauen darf. Deswegen geht ein am Abend eingeworfener Brief erst am nächsten Vormittag zu (was entscheidend sein kann!), weil dann üblicherweise der Briefkasten geleert wird (st. Rspr., vgl. BGH NJW 2008, S. 843 m. w. N.). Wenn dem Absender die Abwesenheit des Adressaten bekannt ist, kann er natürlich nicht auf die Kenntnisnahme vor der Rückkehr vertrauen. Im vorliegenden Fall findet sich dafür jedoch kein Anhaltspunkt.

Allerdings könnte K gem. § 60 VwGO[295] in die abgelaufene Klagefrist wieder eingesetzt worden sein. Dies würde zunächst einen Antrag auf Wiedereinsetzung in den vorigen Stand voraussetzen. An einen solchen Antrag sind keine streng-formalen Anforderungen zu stellen. Daher reicht der in der Klageschrift im Zusammenhang mit der Frist erfolgte Hinweis auf die Verhinderung als Antrag aus[296]. Dieser Antrag müsste gem. § 60 II 1 VwGO binnen zwei Wochen nach dem Wegfall des Hindernisses gestellt worden sein. Das Hindernis ist vorliegend in der krankheitsbedingten Verlängerung des Auslandsaufenthalts zu sehen. Dieser Aufenthalt endete mit der Rückkehr am 8. 6. Der Antrag wurde drei Tage später und damit fristgerecht gestellt. Außerdem hat K gleichzeitig die Klageerhebung nachgeholt, womit die dafür ebenfalls zu beachtende Zweiwochenfrist des § 60 II 3 VwGO eingehalten ist. Schließlich setzt die Wiedereinsetzung voraus, dass K unverschuldet an der rechtzeitigen Klageerhebung verhindert war. Das Verschulden bezieht sich dabei auf die nicht erfolgte Klageerhebung und nicht etwa auf die Unfallverursachung, auf die es hier gar nicht ankommt. Demnach würde es nur dann vorliegen, wenn K selbst seine Verspätung bei der Heimkehr freiwillig herbeigeführt hätte. Dies ist aufgrund des Unfalls unproblematisch zu verneinen.

Wiedereinsetzung in den vorigen Stand:

– Antragstellung,

– Antragsfrist nach Wegfall des Hindernisses (Hindernis benennen!),

– Nachholung der versäumten Rechtshandlung, hier der Klageerhebung,
– Verhinderung unverschuldet.

4. Zwischenergebnis

Nach alledem ist die Klage zulässig.

II. Begründetheit

Die Klage ist begründet, soweit das Betretungs- und Arbeitsverbot rechtswidrig und K dadurch in seinen Rechten verletzt ist (§ 113 I 1 VwGO).

Obersatz zur Begründetheit einer Anfechtungsklage.

1. Ermächtigungsgrundlage

Aufgrund des Gesetzesvorbehalts gem. Art. 20 III GG sowie des Rechtsstaatsprinzips bedarf jede den Bürger belastende Maßnahme durch einen Hoheitsträger einer

Gesetzesvorbehalt: Erfordernis der Ermächtigungsgrundlage.

---

295 Hier ist für die Wiedereinsetzung in den vorigen Stand § 60 VwGO, und nicht der sehr ähnliche § 32 VwVfG, maßgeblich, weil sich die versäumte Frist (Klagefrist gem. § 74 I 1 VwGO) aus der VwGO ergibt. § 32 VwVfG ist für solche Fristen „zuständig", die sich aus dem VwVfG ergeben (vgl. Kopp/Ramsauer, VwVfG, § 32 Rdnr. 5 ff., und Kopp/Schenke, VwGO, § 60 Rdnr. 3 ff.; v. Albedyll, in: Bader u. a., VwGO, § 60 Rdnr. 25 f.).
296 Sollte man hier strenger sein und den Antrag vorliegend verneinen, so wäre immer noch eine Wiedereinsetzung über § 60 II 4 VwGO zu prüfen.

materiell-gesetzlichen Ermächtigungsgrundlage, die ihrerseits verfassungsmäßig sein muss. Im vorliegenden Fall stellt § 35 I GewO diese Ermächtigungsgrundlage dar, an deren Verfassungsmäßigkeit keine Zweifel bestehen. Allerdings deckt die Rechtsfolge dieser Vorschrift lediglich die im Arbeitsverbot liegende Gewerbeuntersagung ab, nicht jedoch das Betretungsverbot. Da für Letzteres eine andere Ermächtigungsgrundlage zudem nicht ersichtlich ist, liegt die Rechtswidrigkeit des Betretungsverbots schon wegen fehlender Ermächtigungsgrundlage vor. Die weitere Prüfung erfolgt hinsichtlich des Betretungsverbots deshalb hilfsgutachtlich.

2. Formelle Rechtmäßigkeit

a) Die Zuständigkeit des städtischen Gewerbeaufsichtsamtes ist mangels entgegenstehender Hinweise zu unterstellen[297]; ebenso ist von einer ordnungsgemäßen Form des Verbots auszugehen.

Zuständigkeit und Form.

b) Fraglich ist jedoch, ob das Verfahren der §§ 9 ff. VwVfG korrekt eingehalten wurde. Insbesondere ist zu prüfen, ob die von § 28 I VwVfG vorgeschriebene Anhörung des Betroffenen vor dem Erlass des VAs durchgeführt wurde. Aus dem Sachverhalt ist zu entnehmen, dass dem Verbot Abmahnungen vorausgegangen sind. Wegen der besonderen Bedeutung des rechtlichen Gehörs, das als Justizgrundrecht in Art. 103 I GG verankert ist, kann nur die Ankündigung der geplanten Maßnahme in Verbindung mit der Einräumung der Gelegenheit, sich hierzu zu äußern, als Anhörung anerkannt werden. Die Abmahnungen mögen den K auf mögliche Folgen bei fortgesetztem Rauschgiftkonsum hingewiesen haben; aber eine Äußerungsaufforderung ist Abmahnungen fremd. Daher ist das Anhörungserfordernis des § 28 I VwVfG hier nicht erfüllt. Es liegt auch kein Entbehrlichkeits- oder gar Unterlassungsgrund gem. § 28 II, III VwVfG vor. Allerdings könnte dieser Verfahrensmangel geheilt worden sein. Dies wäre gem. § 45 I Nr. 3 VwVfG dann der Fall, wenn die Anhörung noch nachgeholt worden wäre. Da K im Widerspruch seine faktischen und rechtlichen Argumente gegen das Verbot vorbringen konnte, ist dadurch die Anhörung erfolgt. Diese Anhörung fand noch während des behördlichen (Wider-

Verfahren, insbesondere Anhörung.

Heilungsmöglichkeit durch Widerspruchs-einlegung.

---

297 Die Zuständigkeit der Stadt München ergibt sich aus § 35 VII GewO i. V. m. § 1 I Nr. 1 GewV Bay.

spruchs-)Verfahrens und somit vor der letzten und abschließenden behördlichen Entscheidung (dem Erlass des Widerspruchsbescheids) statt[298], weshalb sie den Verfahrensfehler geheilt hat.

Das Betretungs- und Arbeitsverbot ist mithin formell rechtmäßig.

3. Materielle Rechtmäßigkeit

a) Vorliegen des Ermächtigungstatbestandes

Die materielle Rechtmäßigkeit setzt vor allem das Vorliegen des Ermächtigungstatbestandes voraus. Zu prüfen ist daher, ob die Voraussetzungen des § 35 I GewO vorliegend gegeben sind.

Bloße Nennung des Ermächtigungstatbestands (ohne Prüfung): hier § 35 I GewO.

aa) Zunächst müsste es sich bei der Tätigkeit des K um ein Gewerbe handeln. Dieses ist als eine erlaubte, auf Dauer angelegte, selbstständige Tätigkeit mit Gewinnerzielungsabsicht definiert[299]. Die Leitung eines Restaurants ist unproblematisch eine erlaubte und auf Dauer angelegte Tätigkeit. Da K das Restaurant auf eigene Rechnung betreibt, tut er dies auch selbstständig[300]. Schließlich wird ein Restaurant in aller Regel mit der Absicht, damit Geld zu verdienen, betrieben; gegenteilige Anhaltspunkte sind in diesem Fall nicht ersichtlich. Mithin ist der Gewerbebegriff erfüllt.

Gewerbe:
– erlaubt,
– auf Dauer angelegt,
– selbstständig,
– Tätigkeit,
– Gewinnerzielungsabsicht.

bb) Weiter müsste K unzuverlässig sein. Dies bedeutet, dass er keine Gewähr für eine ordnungsgemäße Ausübung seines spezifischen Gastronomiegewerbes in der Zukunft bieten würde[301]. Da die Abmahnungen nicht gefruchtet haben und K offensichtlich vom rechtswidrigen Haschischkonsum nicht loskommen will oder kann, muss seine künftige Tätigkeit in dieser Hinsicht negativ

Unzuverlässigkeit (zukunftsorientierte Prognose).

---

298 Bei der Anfechtungsklage ist der für die Beurteilung maßgebliche Zeitpunkt grundsätzlich der der letzten behördlichen Entscheidung, i.d.R. – wie hier – des Erlasses des Widerspruchsbescheids; vgl. Bosch/Schmidt, Verwaltungsgerichtliches Verfahren, § 39. Die Heilungswirkung wäre auch später noch möglich gewesen, vgl. § 45 II VwVfG.

299 Ruthig, in: Ruthig/Storr, Wirtschaftsrecht, Rdnr. 214–231; aus historischen Gründen zählen trotz Erfüllens der Definition im Wesentlichen die Urproduktion (v. a. Landwirtschaft), die persönlichen Dienstleistungen höherer Art (v. a. die freien Berufe, vgl. § 6 GewO), wissenschaftliche und künstlerische Tätigkeiten sowie die Wahrnehmung öffentlicher Aufgaben nicht zum Gewerbe im Rechtssinn.

300 Auch als Leiter eines Restaurants, das einer größeren Kette angehört, könnte er gem. § 35 GewO belangt werden; Gewerbetreibender wäre dann der Inhaber der Kette, aber K wäre als Leiter eines Gewerbebetriebes gem. § 35 I 2, 2. Alt. GewO anzusehen.

301 Ruthig, in: Ruthig/Storr, Wirtschaftsrecht, Rdnr. 281–301.

prognostiziert werden. Damit ist er als unzuverlässig anzusehen.

cc) Diese Unzuverlässigkeit muss sich zudem an objektiven Tatsachen festmachen lassen. Im vorliegenden Fall ergibt sich die ordnungswidrige Ausübung seiner Tätigkeit als Koch sowohl aus der strafrechtlichen Verurteilung wie aus der fehlenden Reaktion des K auf die zuvor ausgesprochenen Abmahnungen.

Tatsachen (vergangenheitsbezogene Anhaltspunkte).

dd) Schließlich müsste das Verbot zum Schutz der Allgemeinheit erforderlich sein. Dieses Tatbestandsmerkmal beinhaltet den allgemeinen Grundsatz der Verhältnismäßigkeit, wonach jedes Verwaltungshandeln geeignet, erforderlich und angemessen sein muss[302].

Der allgemeine Grundsatz der Verhältnismäßigkeit tritt hier ausnahmsweise als Teil des Ermächtigungstatbestandes auf.

aaa) Für die Prüfung der Geeignetheit müssen zunächst Ziel und Mittel präzise benannt werden. Das Ziel ist hier vom Gesetz schon auf den Schutz der Allgemeinheit eingegrenzt worden; es besteht in diesem Fall konkret in dem Schutz aller potenziellen Restaurantgäste vor Speisen, die aufgrund des Rauschzustands von K unfachmännisch zubereitet werden und daher gesundheitsgefährdend sein können. Das Mittel stellt das Betretungs- und Arbeitsverbot dar. Durch dieses Verbot wird wirksam verhindert, dass K noch an der Zubereitung der Speisen mitwirken kann; da damit die geschilderte Gefährdung der Gäste ausgeschlossen ist, wird das Ziel damit erreicht. Das Verbot ist folglich zur Zielerreichung geeignet.

– Geeignetheit: Vergleich von Ziel und Mitteln.

bbb) Die als nächstes zu prüfende Erforderlichkeit setzt voraus, dass es kein milderes Mittel gibt, um das Ziel ebenfalls zu erreichen. Da K bei jeder Mitwirkung im Zusammenhang mit der Zubereitung der Speisen aufgrund eines Rauschzustandes gefährliche Kochkunstfehler begehen kann, ist das Arbeitsverbot als Koch für die Zielerreichung erforderlich. Das bloße Betreten des Lokals dagegen kann die zu verhindernde Gefahr nicht auslösen, da K im Gastraum auf die Zubereitung der Speisen keinen Einfluss nehmen kann. Folglich hätte es zur Zielerreichung ausgereicht, das Betretungsverbot auf die Kü-

– Erforderlichkeit: Mildestes Mittel für Zielerreichung?

---

302 Insofern ist § 35 I GewO ein atypischer Tatbestand. Denn die Verhältnismäßigkeit ist als allgemeine Rechtmäßigkeitsvoraussetzung neben dem Vorliegen des Ermächtigungstatbestandes bei der materiellen Rechtmäßigkeit sowieso immer zu prüfen. Hier enthält der Ermächtigungstatbestand dieses Erfordernis bereits, sodass die Prüfung der Verhältnismäßigkeit innerhalb des Tatbestandes erfolgt.

che als den Bereich, in dem die Zubereitung erfolgt, zu beschränken. Folglich gibt es gegenüber dem das ganze Restaurant betreffenden Betretungsverbot ein milderes Mittel, weshalb dieses nicht erforderlich und damit unverhältnismäßig ist.

ccc) Somit bleibt noch die Angemessenheit des Arbeitsverbots zu prüfen. Hierbei wird das Ziel mit den Auswirkungen bei dem Betroffenen abgewogen. Letztere bestehen im Verlust des Arbeitsplatzes und damit des Einkommens, weshalb hier erhebliche Auswirkungen des Arbeitsverbots bei K festzustellen sind. Demgegenüber steht die öffentliche Gesundheit sowie das Vertrauen der Bevölkerung in die Gastronomie, dass die dort gereichten Speisen im Zustand voller Zurechnungsfähigkeit zubereitet werden. Diese beiden Werte betreffen eine große Vielzahl von Menschen; da außerdem die Gesundheit, die auch von Art. 2 II GG geschützt wird, ein überragendes Rechtsgut darstellt, überwiegen hier die Gründe für das Arbeitsverbot die Auswirkungen bei K[303]. Die Angemessenheit ist folglich zu bejahen.

> *– Angemessenheit (oder Zumutbarkeit): Abwägung von Ziel und Auswirkungen.*

ee) Nach alledem ist das Betretungsverbot nicht erforderlich, wohingegen das Arbeitsverbot erforderlich ist. Damit ist das rechtsgrundlose Betretungsverbot zudem unverhältnismäßig, sodass dieses aus diesem Grund auch materiell rechtswidrig ist.[304]

b) Übereinstimmung mit höherrangigem Recht

Außerdem könnte das Betretungs- und Arbeitsverbot gegen Grundrechte verstoßen. In diesem Zusammenhang kommen die Berufsfreiheit gem. Art. 12 I GG und die Eigentumsgarantie gem. Art. 14 I GG in Betracht.

> *Verstoß gegen höherrangiges Recht, v. a. Grundrechte, ist denkbar.*

aa) Sofern K die deutsche Staatsangehörigkeit besitzt, wird durch das Arbeitsverbot der personelle und sachliche Schutzbereich von Art. 12 I GG tangiert. In Anlehnung an die vom BVerfG für berufsfreiheitsbeschränkende Ge-

> *Berufsfreiheit Art. 12 I 1 GG:*
> *– personeller Schutzbereich,*

---

303 Der aufmerksame Leser merkt: Hier steckt viel Wertung dahinter; letztlich kommt es bei der Angemessenheit häufig darauf an, wie man die Gewichte im Verhältnis zwischen der Allgemeinheit und dem betroffenen Individuum verteilt.

304 In diesem Fall waren Ermessensfehler nicht zu prüfen, weil die maßgebliche Norm § 35 I 1 GewO eine gebundene Rechtsfolge enthält („ist … zu untersagen"). Die Einschränkung „ganz oder teilweise" eröffnet der Behörde kein Ermessen, sondern bezieht sich auf die im Tatbestand genannte Erforderlichkeit; wenn eine teilweise Untersagung als mildestes Mittel zur Zweckerreichung ausreicht, kann eine Volluntersagung nicht mehr infrage kommen.

setze entwickelte Drei-Stufen-Lehre könnte dieser Eingriff gerechtfertigt sein. Da K aufgrund in seiner Person liegender Gründe die Tätigkeit untersagt wird, handelt es sich um eine subjektive Berufswahlregelung. Diese ist gerechtfertigt, wenn sie zum Schutz eines besonders wichtigen Gemeinschaftsgutes zwingend erforderlich ist[305]. Die hier bedrohte öffentliche Gesundheit stellt aufgrund der hohen Bedeutung der körperlichen Integrität ein besonders wichtiges Gemeinschaftsgut dar. Da die Bedrohung unmittelbar von der Tätigkeit des K ausgeht, ist deren Untersagung zur Abwendung der Bedrohung unerlässlich. Damit liegt ein Verstoß gegen Art. 12 I GG nicht vor.

– sachlicher Schutzbereich,
– verfassungsrechtliche Rechtfertigung mit der Drei-Stufen-Lehre.

bb) Das Eigentumsgrundrecht umfasst auch das Recht am eingerichteten und ausgeübten Gewerbebetrieb. Durch die Gewerbeuntersagung wird K daran gehindert, seinen Betrieb weiter zu führen, womit der Schutzbereich betroffen ist. Allerdings erfolgt hier keine generelle Untersagung des Gewerbes, sondern nur der Tätigkeit des K. Es bleibt ihm die Möglichkeit, einen anderen Koch mit der Wahrnehmung seiner Aufgaben zu betrauen. Es liegt also kein völliger oder unzumutbarer Zugriff auf Rechtspositionen des K vor. Damit bewegt sich die Gewerbeuntersagung noch innerhalb der rechtmäßigen Inhalts- und Schrankenbestimmung i.S.v. Art. 14 I 2 GG, weshalb auch hier kein Grundrechtsverstoß vorliegt.

Art. 14 I GG: Eingerichteter und ausgeübter Gewerbebetrieb ist hier tangiert, aber noch innerhalb der Inhalts- und Schrankenbestimmung.

4. Rechtsverletzung des K

Durch das Betretungsverbot wird K rechtswidrig in seinem Grundrecht auf freie Entfaltung der Persönlichkeit gem. Art. 2 I GG verletzt.

Hier wird die weitere Voraussetzung des Obersatzes gem. § 113 I 1 VwGO geprüft (Obersätze immer vollständig abarbeiten!).

5. Ergebnis

Die zulässige Klage ist folglich insoweit begründet, als sie sich gegen das Betretungsverbot richtet. Im Übrigen ist sie unbegründet.

Das Ergebnis gibt die Antwort auf die Aufgabenstellung (Fallfrage). Die unterschiedliche Bewertung der beiden Regelungen ist dabei herauszustellen.

---

305 Diese Anforderungen entsprechen der zweiten Stufe der Drei-Stufen-Lehre, vgl. oben, Rdnr. 198.

E. **Fall 17: Tierische Ferien mit Tücken**

Sachverhalt   392

T hat die Ausbildung zur Tierärztin erfolgreich abgeschlossen. Da der Markt für Tier-
arztpraxen derzeit übersättigt ist, macht sie sich Gedanken über eine alternative Berufstätigkeit. Aufgrund ihres sehr engen Bezuges zu Tieren möchte sie auf jeden Fall
in diesem Bereich arbeiten. So kommt ihr die Idee, ein außerhalb von Waiblingen
gelegenes Haus mit großem, verwildertem Garten anzumieten und dort das „Holidays
for animals-Institut" einzurichten. Wie sie festgestellt hat, haben viele Tierhalter keine
geeigneten Möglichkeiten, ihre Lieblinge während eines Urlaubs sinnvoll versorgen
zu lassen. Eine Mitnahme des Tieres kommt jedoch namentlich bei Flugreisen nur in
seltenen Fällen in Betracht, weshalb oft auf den gewünschten Urlaub verzichtet wird.
Diese Marktlücke soll nun das Institut der T schließen. Sie beantragt daher mit Schreiben vom 14. Januar beim Landratsamt Rems-Murr, ihr den Betrieb des Instituts zu
genehmigen. In ihrem Antrag führt sie u.a. aus, dass sie zunächst nur Hunde, Katzen,
Wellensittiche, Papageien und Fische in ihrem Institut aufnehmen wolle. Sie weist
außerdem auf das angemietete Haus sowie auf ihren tierärztlichen Abschluss hin. Dem
Antrag fügt sie eine Kopie ihres Examenszeugnisses, des Grundstücks- und Zimmer-
plans des Hauses sowie umfangreiche Belege für Hunde- und Katzenkörbchen, Vogelkäfige mit Spielausrüstungen, Aquarien mit Wasserreinigungs- und Fütterungsanlage
und für eine tierärztliche Grundausstattung bei.

Am 23. Februar erhält sie vom Landratsamt ein Schreiben, wonach ihr Antrag abgelehnt sei. Zur Begründung wird darauf hingewiesen, dass T vor fünf Jahren an
unerlaubten Tierversuchen mitgewirkt hat. In der Rechtsmittelbelehrung wird T darauf
hingewiesen, dass sie „binnen eines Monats ab Zustellung dieses Bescheids in dreifacher Ausfertigung" Widerspruch beim Landratsamt Rems-Murr oder beim Regierungspräsidium Stuttgart erheben kann.

Aufgrund eines am 10. März angetretenen Urlaubs kommt T erst im April dazu, sich
wieder mit der Angelegenheit zu befassen. Am 15. April legt sie gegen den ablehnenden Bescheid des Landratsamtes Widerspruch ein. In der Begründung räumt sie
die Mitwirkung an den Tierversuchen ein, weist jedoch gleichzeitig wahrheitsgemäß
darauf hin, dass sie nur ein einziges Mal daran teilgenommen hätte und ihr die Illega-
lität des Tuns damals nicht bewusst gewesen sei. Außerdem läge der Vorfall nun doch
schon lange zurück.

Nachdem daraufhin nichts passiert, wendet sie sich am 27. August schließlich direkt an
das Verwaltungsgericht Stuttgart mit dem Klagantrag, das Land Baden-Württemberg,
vertreten durch das Landratsamt, zur Erteilung der beantragten Erlaubnis zu verur-
teilen.

Aufgabe

Hat die Klage Aussicht auf Erfolg?

Hinweis

§ 2 TierSchG [Allgemeine Vorschriften]

Wer ein Tier hält, betreut oder zu betreuen hat,

1. muss das Tier seiner Art und seinen Bedürfnissen entsprechend angemessen ernähren, pflegen und verhaltensgerecht unterbringen,
2. darf die Möglichkeit des Tieres zu artgemäßer Bewegung nicht so einschränken, dass ihm Schmerzen oder vermeidbare Leiden oder Schäden zugefügt werden,
3. muss über die für eine angemessene Ernährung, Pflege und verhaltensgerechte Unterbringung des Tieres erforderlichen Kenntnisse und Fähigkeiten verfügen.

§ 11 I, II TierSchG [Erlaubnis]

(1) Wer

1. Wirbeltiere
a) ... zu Versuchszwecken ...
b) ...
    züchten oder halten,
2. Tiere für andere in einem Tierheim oder in einer ähnlichen Einrichtung halten,
2a. Tiere in einem Zoologischen Garten oder einer anderen Einrichtung, in der Tiere gehalten und zur Schau gestellt werden, halten,
2b. für Dritte Hunde zu Schutzzwecken ausbilden oder hierfür Einrichtungen unterhalten,
2c. Tierbörsen zum Zwecke des Tausches oder Verkaufes von Tieren durch Dritte durchführen oder
3. gewerbsmäßig
   a) Wirbeltiere, außer landwirtschaftliche Nutztiere, züchten oder halten,
   b) mit Wirbeltieren handeln,
   c) einen Reit- oder Fahrbetrieb unterhalten,
   d) Tiere zur Schau stellen oder für solche Zwecke zur Verfügung stellen oder
   e) Wirbeltiere als Schädlinge bekämpfen

will, bedarf der Erlaubnis der zuständigen Behörde.

In dem Antrag auf Erteilung der Erlaubnis sind anzugeben:
1. die Art der betroffenen Tiere,
2. die für die Tätigkeit verantwortliche Person,
3. in den Fällen des Satzes 1 Nr. 1 bis 3 Buchstaben a bis e die Vorrichtungen ..., die für die Tätigkeit bestimmt sind.

Dem Antrag sind Nachweise über die Sachkunde im Sinne des Absatzes 2 Nr. 1 beizufügen.

(2) Die Erlaubnis darf nur erteilt werden, wenn
1. mit Ausnahme der Fälle des Absatzes 1 Satz 1 Nr. 2c, die für die Tätigkeit verantwortliche Person aufgrund ihrer Ausbildung oder ihres bisherigen beruflichen Umgangs mit Tieren die für die Tätigkeit erforderlichen fachlichen Kenntnisse und Fähigkeiten hat ...,
2. die für die Tätigkeit verantwortliche Person die erforderliche Zuverlässigkeit hat,
3. die der Tätigkeit dienenden Räume und Einrichtungen eine den Anforderungen des § 2 entsprechende Ernährung, Pflege und Unterbringung der Tiere ermöglichen ...
4. ...

Lösung

Die Klage hätte Aussicht auf Erfolg, wenn sie zulässig und begründet wäre.

Lösungseinstieg anhand der Fallfrage.

I. Zulässigkeit

1. Verwaltungsrechtsweg

a) Streitgegenstand

Für die Untersuchung, ob der Verwaltungsrechtsweg eröffnet ist, muss zunächst der Streitgegenstand bestimmt werden. T strebt die tierschutzrechtliche Erlaubnis für ihr „Holidays for animals-Institut" an, die ihr versagt wird. Demnach liegt in dieser Erlaubnis der Streitgegenstand.

Kurze Benennung des Streitgegenstandes (auch möglich wäre die Benennung der streitentscheidenden Norm, hier § 11 TierSchG).

b) Öffentlich-rechtliche Streitigkeit

Die Eröffnung des Verwaltungsrechtsweges setzt gem. § 40 I VwGO eine öffentlich-rechtliche Streitigkeit voraus, was sich nach dem Streitgegenstand richtet. Es ist daher zu prüfen, ob die streitige Erlaubnis öffentlich-rechtlicher Natur ist.

Bestimmung des öffentlich-rechtlichen Charakters des Streitgegenstandes (bzw. der streitentscheidenden Norm) anhand der drei Abgrenzungstheorien.

aa) Nach der Subordinationstheorie wäre die Erlaubnis öffentlich-rechtlich zu qualifizieren, wenn zwischen dem Landratsamt Rems-Murr und der T diesbezüglich ein Über-/Unterordnungsverhältnis bestünde. Da das Landratsamt einseitig und ohne inhaltliche Mitgestaltungsmöglichkeiten der T über die Erteilung der Erlaubnis entscheidet, steht die Behörde insofern über der T. Danach läge also Öffentliches Recht vor.

Die Subordinationstheorie verlangt ein Über-/Unterordnungsverhältnis.

bb) Die Interessentheorie spräche für Öffentliches Recht, wenn die Erteilung einer tierschutzrechtlichen Erlaubnis im Allgemeininteresse läge. Der behördliche Erlaubnisvorbehalt hat den Sinn, die unangemessene Unterbringung, Ernährung und Betreuung von Tieren zu verhindern; er dient daher dem Schutz von Tieren. Der Tierschutz ist ein wichtiges Anliegen der Allgemeinheit, weshalb damit das öffentliche Interesse betroffen wird. Auch danach wäre folglich Öffentliches Recht gegeben.

Die Interessentheorie orientiert sich am öffentlichen Interesse.

cc) Nach der Sonderrechtstheorie wäre vom öffentlich-rechtlichen Charakter der Erlaubnis auszugehen, wenn diese nur von einem Hoheitsträger aufgrund eines nur ihn dazu berechtigenden Sonderrechts erlassen werden kann. Das hier durch das Landratsamt als untere staatliche Behörde handelnde Land Baden-Württemberg ist eine Gebietskörperschaft und damit ein Hoheitsträger. Da nach § 11 I TierSchG nur Behörden und damit die von diesen vertretenen Hoheitsträger die Erlaubnis erteilen können, ist auch die Sonderrechtstheorie hier zugunsten des Öffentlichen Rechts erfüllt.

Die Sonderrechtstheorie verlangt das Handeln eines Hoheitsträgers aufgrund eines nur ihn berechtigenden Sonderrechts.

dd) Da alle drei Abgrenzungstheorien zur Einordnung in das Öffentliche Recht gelangen, bedarf es keiner abschließenden Abwägung mehr. Der Rechtsstreit ist demnach öffentlich-rechtlicher Natur.

Abwägung wegen „Einstimmigkeit" der Theorien überflüssig.

c) Streitigkeit nichtverfassungsrechtlicher Art

Außerdem müsste die Streitigkeit um die tierschutzrechtliche Erlaubnis nichtverfassungsrechtlicher Art sein. Dafür reicht es aus, wenn keine Verfassungsorgane beteiligt sind (formell) oder inhaltlich keine Verfassungsnormen im Vordergrund stehen (materiell).

Nichtverfassungsrechtliche Qualität der Streitigkeit: formell oder materiell.

Weder das Land Baden-Württemberg, noch die natürliche Person T, stellen Verfassungsorgane dar. Außerdem geht es bei diesem Streit um § 11 TierSchG, weshalb verfassungsrechtliche Normen wie etwa die Berufsfreiheit gem. Art. 12 I GG zumindest nicht im Vordergrund stehen.

Im Gutachten sollte man beide Punkte kurz prüfen.

d) Zwischenergebnis

Somit ist der Verwaltungsrechtsweg vorliegend eröffnet.

Bei einem längeren Prüfungspunkt wie hier sollte das Ergebnis kurz festgehalten werden.

Die allgemeinen Sachurteilsvoraussetzungen wären als nächstes zu prüfen; soweit der Sachverhalt dafür keine besonderen Anhaltspunkte bietet, braucht darauf jedoch nicht eingegangen zu werden.

2. Statthafte Klageart

Als statthafte Klageart kommt in diesem Fall die Verpflichtungsklage gem. § 42 I, 2. Alt. VwGO in Betracht, da T die tierschutzrechtliche Erlaubnis erstrebt. Dies würde allerdings voraussetzen, dass es sich bei dieser Erlaubnis um einen VA i. S. v. § 35 VwVfG handelt.

Die Verpflichtungsklage setzt voraus, dass ein VA begehrt wird.
→ *Fiktive VA-Prüfung bezüglich der nicht vorhandenen, aber begehrten Erlaubnis.*

Die dafür zunächst erforderliche Maßnahme ist als Handlung mit Erklärungsgehalt definiert; die Handlung läge in dem (schriftlichen oder mündlichen) Ausspruch der Erlaubnis und der Erklärungsgehalt in der Erlaubnis selbst. Das Landratsamt müsste ferner als Behörde i. S. v. § 1 IV VwVfG anzusehen sein, also eine Stelle darstellen, die öffentliche Aufgaben wahrnimmt. Ein Landratsamt ist u. a. zuständig für Umweltschutz, Verkehrsschilder und Staatsangehörigkeitsfragen, weshalb es eine Behörde im materiellen Sinn ist. Außerdem aber ist es in die Verwaltungsorganisation des Landkreises und des Landes integriert, womit sogar der (engere) formelle Behördenbegriff erfüllt ist. Außerdem müsste die erstrebte Erlaubnis öffentlich-rechtlicher Natur sein, was bereits beim Verwaltungsrechtsweg geprüft und bejaht wurde; insofern wird also auf die obigen Ausführungen verwiesen. Des Weiteren müsste die Erlaubnis eine Regelung darstellen; das wäre der Fall, wenn damit eine Gestaltung der Rechtslage verbunden wäre. Durch die Erteilung der Erlaubnis wird das Recht der T, das Institut zu führen, begründet, das vorher nicht besteht. Darin liegt demnach eine rechtsgestaltende Wirkung, weshalb die Erlaubnis eine Regelung beinhaltet. Da die T als Adressatin der Erlaubnis in keinem besonderen Näheverhältnis zum Land Baden-Württemberg steht, sondern die Erlaubnis für ihre privat-gewerblichen Zwecke benötigt, steht die Außenwirkung der Erlaubnis außer Frage. Zudem würde die Erlaubnis allein der T die Führung des konkret im Antrag bezeichneten Instituts ermöglichen, womit auch das Erfordernis des Einzelfalles gegeben ist.

Maßnahme.

Behörde.

Öffentliches Recht (Verweis auf obige Prüfung beim Verwaltungsrechtsweg).

Regelung.

Außenwirkung.

Einzelfall.

Demnach würde es sich bei der begehrten Erlaubnis um einen VA handeln, weshalb diese Klage als Verpflichtungsklage statthaft ist.

3. Besondere Sachurteilsvoraussetzungen

a) Klagebefugnis

T wäre gem. § 42 II VwGO klagebefugt, wenn sie möglicherweise einen Anspruch auf die begehrte tierschutzrechtliche Erlaubnis hätte. Da T die Führung des Instituts als Berufsausübung anstrebt, könnte sich dieser Anspruch aus Art. 12 I GG und auch aus der Gewerbefreiheit gem. § 1 GewO ergeben. Damit ist die Klagebefugnis gegeben.

Der geltend gemachte Anspruch muss möglich erscheinen.

b) Vorverfahren

aa) Bei der Voraussetzung des Vorverfahrens wäre zunächst dessen ordnungsgemäße Einleitung zu prüfen. Im hier vorliegenden Verpflichtungsfall setzt das voraus, dass T binnen eines Monats gem. § 70 VwGO ab Zustellung des Ablehnungsbescheids Widerspruch eingelegt hätte. Ausweislich des Sachverhalts erhält T den ablehnenden Bescheid am 23. 2., weshalb die Monatsfrist am 23. 3. abgelaufen wäre. Die am 15. 4. erfolgende Widerspruchseinlegung ist erst nach Ablauf dieser Frist erfolgt, sodass der Widerspruch verfristet sein könnte. Das wäre allerdings dann nicht der Fall, wenn hier nicht die normale Monatsfrist, sondern die Jahresfrist des § 58 II VwGO gelten würde; denn diese wäre erst am 23. 2. des folgenden Jahres abgelaufen und damit unproblematisch gewahrt worden. Die Geltung der Jahresfrist wäre dann gegeben, wenn der Ablehnungsbescheid keine oder nur eine unrichtige bzw. unvollständige Rechtsmittelbelehrung enthalten hätte. Laut Sachverhalt ist eine Rechtsmittelbelehrung erfolgt, die allerdings unrichtig sein könnte. Die gesetzlichen Anforderungen an die Widerspruchseinlegung erschöpfen sich gem. §§ 68 ff. VwGO in der Fristwahrung und in der Form (schriftlich oder mündlich zur Niederschrift). Die Rechtsmittelbelehrung im Ablehnungsbescheid verlangt darüberhinaus, dass der Widerspruch in dreifacher Ausfertigung erhoben werden muss; dieses Erfordernis geht über die genannten Anforderungen im Gesetz hinaus und stellt damit eine nicht gerechtfertigte Erschwerung der Einlegung des Rechtsmittels dar. Folglich ist diese Rechtsmittelbelehrung unrichtig und damit die Jahresfrist gem. § 58 II VwGO einschlägig. Da diese mit der Widerspruchseinlegung am 15. 4. gewahrt ist, liegt eine ordnungsgemäße Einleitung des Vorverfahrens vor.

Ordnungsgemäße Einleitung des Vorverfahrens: Hier tritt das Problem auf, welche Frist überhaupt maßgeblich ist und warum (Fehlerhaftigkeit der Rechtsmittelbelehrung).

bb) Weiter setzt das Erfordernis des Vorverfahrens voraus, dass dieses für T erfolglos abgeschlossen worden ist. Das wäre bei Vorliegen eines den Widerspruch zurückweisenden Widerspruchsbescheids gegeben. Ausweislich des Sachverhalts ist jedoch bis zur Klageerhebung überhaupt kein Widerspruchsbescheid ergangen – weder eine Zurückweisung noch eine Stattgabe. Das Widerspruchsverfahren war zum Zeitpunkt der Klageerhebung noch gar nicht beendet. Das Erfordernis des erfolglosen Abschlusses ist jedoch dann gem. § 75 I 1 VwGO entbehrlich, wenn über den Widerspruch nicht in angemessener Frist entschieden worden ist. Diese Frist beträgt gem. § 75 I 2 VwGO in der Regel drei Monate. Da der Fall keine besonderen rechtlichen Schwierigkeiten enthält, ist diese Regelfrist auch hier als angemessen anzusehen. Nachdem T am 15.4. den Widerspruch eingelegt hat, wartet sie bis zur Klageerhebung am 27.8. über vier Monate auf den Widerspruchsbescheid. Damit ist die Untätigkeitsfrist überschritten und damit das Erfordernis eines ablehnenden Widerspruchsbescheides hinfällig.

Erfolglosigkeit des Vorverfahrens; in diesem Fall fehlt der erforderliche Widerspruchsbescheid, weshalb § 75 VwGO ins Spiel kommt (Entbehrlichkeit des Abschlusses des Vorverfahrens).

c) Klagefrist

Die einmonatige Klagefrist beginnt gem. §§ 74 I 1, 57 I VwGO normalerweise mit der Zustellung des Widerspruchsbescheides. Da dieser im vorliegenden Fall noch gar nicht erlassen wurde, hat die Klagefrist nicht zu laufen begonnen. Aufgrund der Wertung des § 75 I VwGO, der die direkte Klageerhebung ohne Widerspruchsbescheid ausdrücklich erlaubt, ist das jedoch unschädlich, sodass die Klage in diesem Fall schon vor Fristbeginn erhoben werden konnte.

Aus § 75 VwGO folgt der atypische Fall, dass die Frist noch gar nicht begonnen hat; Klageerhebung ist dennoch schon möglich.

4. Zwischenergebnis

Nach alledem ist die Klage zulässig.

II. Begründetheit

Die Verpflichtungsklage wäre begründet, wenn T einen Anspruch auf die begehrte tierschutzrechtliche Erlaubnis für ihr „Holidays for animals-Institut" hätte.

Der Obersatz zur Begründetheit ist als Einleitung wichtig, weil er das weitere „Arbeitsprogramm" umreisst.

1. Anspruchsgrundlage

Der Anspruch auf diese Erlaubnis könnte sich aus § 11 I 1 Nr. 2, II TierSchG ergeben.

Kurze, aber möglichst genaue Nennung der möglichen Anspruchs-grundlage reicht aus.

2. Formelle Voraussetzungen für die Erlaubnis

a) (Formgültiger) Antrag

Eine Erlaubnis nach § 11 I 1 TierSchG setzt einen Antrag voraus, der die formalen Anforderungen gem. § 11 I 2 TierSchG erfüllen muss. Diese verlangen zunächst die Nennung der von der Tätigkeit betroffenen Tierarten; T schreibt, dass sie Hunde, Katzen, Wellensittiche, Papa-geien und Fische betreuen will, womit dieses Erfordernis erfüllt ist. Ferner müsste die verantwortliche Person ge-nannt werden. Da T davon spricht, diese Tierarten in *ih-rem* Institut aufnehmen zu wollen, ist klar, dass sie selbst die verantwortliche Person darstellt. Außerdem müssen die Vorrichtungen angegeben werden. T weist auf das Haus mit dem großen Garten hin und belegt dies durch die Grundstücks- und Zimmerpläne des Hauses; zudem legt sie Belege über Käfige, Aquarien und andere Einrich-tungsutensilien vor. Darüber hinaus verlangt § 11 I 3 Tier-SchG, dass dem Antrag der Nachweis über die Sach-kunde der verantwortlichen Person im Umgang mit Tieren beigefügt wird. Indem T dem Antrag ihr Examens-zeugnis als Tierärztin beifügt, kommt sie auch diesem Erfordernis nach. Damit sind alle an den Antrag zu stel-lenden Anforderungen erfüllt.

Hier lässt sich zum Antragserfordernis einiges schreiben, weil die Anspruchsgrundlage detaillierte inhaltliche Anforderungen an den Antrag formuliert. Diese Gelegenheit zur Subsum-tion sollte man sich nicht entgehen lassen, zumal der Sachverhalt einiges zum Antrag enthält.

b) Sonstige Voraussetzungen

Sonstige Probleme im Bereich der formellen Vorausset-zungen sind nicht ersichtlich. In Ermangelung entspre-chender gesetzlicher Hinweise wird insbesondere die Zuständigkeit des Landratsamtes Rems-Murr unterstellt, zumal die Gemarkung Waiblingen im Landkreis Rems-Murr liegt[306].

Kurzer Hinweis darauf, dass auf sonstige formelle Fragen nicht eingegangen werden kann und muss.

---

306 Wer es ganz genau wissen möchte: Die Zuständigkeit des Landratsamtes ergibt sich aus §§ 15 I Nr. 1, 19 I Nr. 3 lit. b) LVG Ba.-Wü.

3. Materielle Voraussetzungen für die Erlaubnis

a) Anspruchstatbestand

Nun ist zu prüfen, ob die Voraussetzungen der o. g. Anspruchsgrundlage vorliegen.

Entsprechend zum Ermächtigungstatbestand bei der Anfechtungsklage muss nun der Anspruchstatbestand sauber geprüft werden.

aa) § 11 I 1 Nr. 2 TierSchG verlangt zunächst, dass Tiere *gehalten* werden. Bei den von T genannten Tierarten handelt es sich unproblematisch um Tiere; da diese – für eine nicht nur ganz geringfügige Zeitspanne – in dem Institut schlafen, essen und sich aufhalten sollen, werden sie dort auch gehalten.

Tierhaltung.

bb) Außerdem muss diese Tierhaltung *für andere* erfolgen; dieses Tatbestandsmerkmal grenzt die Nr. 2 gegenüber den anderen Ziffern des § 11 I 1 TierSchG ab. Aus der Motivation der T für die Eröffnung des Instituts ergibt sich, dass sie die Tiere nur für die Dauer eines Urlaubes o. Ä. der Tierbesitzer bei sich aufnehmen will. Das bedeutet, dass T sich als Dienstleistungsunternehmen zugunsten der eigentlichen Tierhalter (= Tierbesitzer) anbieten möchte. Damit aber erfolgt die Tierhaltung in dem Institut nicht für T selbst, sondern eben gerade für die Tierbesitzer, also für andere.

Für andere.

cc) Die Tiere sollen in dem Institut für eine bestimmte Zeitdauer „leben", nämlich schlafen, essen und sich aufhalten. Daher handelt es sich bei dem Institut um eine einem Tierheim ähnliche Einrichtung.

Tierheim oder ähnliche Einrichtung.

dd) § 11 II Nr. 1 TierSchG setzt außerdem voraus, dass T für die Tierhaltung fachlich befähigt und geeignet ist. Das kann sich aus ihrer Ausbildung oder ihrer bisherigen Berufstätigkeit ergeben. Als examinierte Tierärztin muss T wissen, was Tiere essen dürfen, sowie welche körperlichen und gesundheitlichen Bedürfnisse sie haben. Folglich hat T eine Ausbildung genossen, die ihr die erforderlichen Kenntnisse über den Umgang mit Tieren und für deren Versorgung und Betreuung vermittelt hat. Von der fachlichen Befähigung ist demnach auszugehen.

Fachliche Befähigung der verantwortlichen Person, hier also der T.

ee) Nach § 11 II Nr. 2 TierSchG müsste T darüber hinaus für die Haltung dieser Tiere als zuverlässig anzusehen sein. Das bedeutet, dass T die Gewähr dafür bieten müsste, in Zukunft die Tiere ordnungsgemäß zu betreuen. Das wäre dann nicht der Fall, wenn zu befürchten wäre, dass

Zuverlässigkeit der T; hier muss man sich mit den illegalen Tierversuchen von vor fünf Jahren unbedingt auseinander setzen.

die Tiere von T unangemessen behandelt oder unzureichend betreut würden. Es ist daher zu fragen, ob aus der
Mitwirkung der T an unerlaubten Tierversuchen vor fünf
Jahren der Schluss gezogen werden kann, dass sie auch
als Leiterin des „Holiday for animals-Instituts" den ihr
anvertrauten Tieren eine gesetzwidrige Misshandlung an-
gedeihen lassen würde. Bei dieser Überlegung ist zu berücksichtigen, dass diese Tierversuche mittlerweile fünf
Jahre zurückliegen und sich zwischenzeitlich nichts mehr
in dieser Art ereignet hat. Aufgrund der Singularität des
Vorfalls kann der Einlassung der T Glauben geschenkt
werden, dass ihr die Rechtswidrigkeit der Tierversuche
damals auch gar nicht bewusst war; dann aber kann nicht
mehr davon ausgegangen werden, dass sie künftig bei
der Betreuung von Tieren deren rechtlichen Schutz miss-
achten werde. Außerdem hat sie seither den größten Teil
ihrer Ausbildung genossen, was sie zusätzlich für das
Problem sensibilisiert haben dürfte. Nach alledem kann
aus einer einmaligen, fünf Jahre zurückliegenden Ver-
fehlung keine entsprechend negative Prognose für die
Zukunft abgeleitet werden. Andere der Zuverlässigkeit
von T entgegenstehende Gesichtspunkte sind nicht ersichtlich, sodass vom Vorliegen dieses Erfordernisses
auszugehen ist.

Argumentation gegen eine Verwertung für die Zukunft.

ff) Schließlich verlangt § 11 II Nr. 3 TierSchG, dass die
Räume und Einrichtungen für die Tierhaltung geeignet
sind. T hat ein außerhalb der Stadt gelegenes Haus als
Institutssitz vorgesehen, das einen großen und verwil-
derten Garten hat. Die Hunde und Katzen werden dort
fraglos auf ihre Kosten kommen. Außerdem ergibt sich
aus den von T vorgelegten Belegen, dass sie Schlafmög-
lichkeiten für Hunde und Katzen, neuwertige Vogelkäfige
und Aquarien jeweils mit geeigneter Ausrüstung sowie
eine tierärztliche Grundausstattung für die medizinische
Betreuung angeschafft hat. Damit ist die Geeignetheit
dieser Räume und Einrichtungen zu bejahen.

Geeignetheit der Räume und Einrichtungen.

gg) Als Zwischenergebnis ist festzuhalten, dass der Anspruchstatbestand vollständig gegeben ist.

b) Rechtsfolge

Nun ist zu untersuchen, ob sich aus dem Vorliegen des
Anspruchstatbestandes der Anspruch der T auf Erteilung
der Erlaubnis oder nur ein Anspruch auf Neubescheidung ergibt. Dies hängt von der Art der Rechtsfolge ab.

aa) Ein Anspruch auf die begehrte Erlaubnis wäre unproblematisch zu bejahen, wenn die Rechtsfolge gebunden wäre. Die Rechtsfolge der Erteilung der Erlaubnis in § 11 II TierSchG ist mit den Worten „darf nur erteilt werden, wenn" angeordnet worden. Das bedeutet, dass außerhalb der Tatbestandsvoraussetzungen keine Erteilung in Betracht kommen kann; innerhalb dieses Rahmens allerdings muss die Erlaubnis nicht erteilt werden, sondern die Behörde *darf* sie erteilen. Damit ist der Behörde ein Ermessen eingeräumt; eine gebundene Rechtsfolge liegt folglich nicht vor.

Keine gebundene Rechtsfolge.

bb) Der Anspruch wäre auch bei einer Ermessensvorschrift gegeben, wenn dieses Ermessen auf Null reduziert wäre. Das kann durch höherrangiges Recht, v.a. durch Grundrechte, geschehen. In diesem Fall käme Art. 12 I GG in Betracht, da T in ihrer Berufswahl betroffen ist. Ohne die Erlaubnis kann sie den gewählten Beruf der Leiterin eines Tierinstituts nicht ausüben. Unter Anlehnung an die für berufsfreiheitsbeschränkende Gesetze entwickelte Drei-Stufen-Lehre des BVerfG kann deshalb bei Vorliegen des Anspruchstatbestandes eine Ablehnung daher nur noch darauf gestützt werden, dass der Schutz eines besonders wichtigen Gemeinschaftsgutes diese zwingend erfordere[307]. Insofern hat die Behörde kein Ermessen mehr, sondern kann nur aus diesem konkreten Grund die Erlaubnis versagen. Da ein solcher Grund hier nicht gegeben ist, hat T demnach einen Anspruch auf die begehrte Erlaubnis.

Ermessensreduzierung auf Null hier aufgrund von Art. 12 I GG (Berufsfreiheit) vertretbar. Dann besteht der Anspruch der T auf die Erlaubnis trotz nicht gebundener Rechtsfolge.

cc) Nur hilfsgutachtlich soll noch auf die Frage eingegangen werden, wie die Lösung bei Ablehnung einer Ermessensreduzierung auf Null aussehen würde. In einem solchen Fall bestünde aufgrund des behördlichen Ermessens kein Anspruch auf die Erlaubnis, sondern nur auf die fehlerfreie Ausübung des Ermessens bei der Entscheidung über die Erteilung dieser Erlaubnis. In diesem Fall wäre deshalb zu untersuchen, ob die Ablehnung vom 23. 2. ermessensfehlerhaft sein könnte. Für eine Beurteilung der Ermessensausübung ist der Sachverhalt bezüglich der Ablehnung zu oberflächlich. Soweit man jedoch z. B. von einem Ermessensnichtgebrauch ausgehen würde, hätte T einen Anspruch darauf, dass das Landratsamt über ihren Antrag erneut – und dieses Mal ermessensfehlerfrei – entscheidet.

Wegen der Angreifbarkeit der Ermessenreduzierung auf Null sollte noch kurz hilfsgutachtlich der alternative Lösungsweg dargestellt werden.

Dieser kann bestenfalls zur Begründetheit eines Bescheidungsantrags führen.

---

307 Diese Anforderungen entsprechen der zweiten Stufe der Drei-Stufen-Lehre, vgl. oben, Rdnr. 198.

c) Ergebnis

Die zulässige Klage ist nach alledem auch begründet. Sie hat daher Aussicht auf Erfolg.

Das (End-)Ergebnis stellt Zulässigkeit und Begründetheit fest und beantwortet die Fallfrage.

F. Fall 18: Hoheitliche Geschäftsschädigung

394   Sachverhalt

In der Max-Mustermann-Straße sollen neue Rohre verlegt werden, weshalb das Tiefbauamt die Straße durch die Aufstellung entsprechender Barrieren halbseitig sperrt; das soll ca. drei Monate dauern. An dieser Straßenseite hat der Modehändler M seine Boutique. Weil durch die Sperrung der Zugang zu seinem Geschäft erschwert ist, sieht er sich schon nach einer Woche einem erheblichen Umsatzrückgang ausgesetzt. Gegenüber der Stadtverwaltung weist er zutreffend darauf hin, dass genauso gut die andere Straßenseite, an der sich Wohnhäuser befinden, gesperrt werden kann; dort würde die Zugangserschwerung keine wirtschaftlichen Nachteile mit sich bringen.

Nachdem seine Eingaben an das zuständige Tiefbauamt fruchtlos geblieben sind, kommt M in Ihre Anwaltskanzlei und möchte über ein etwaiges gerichtliches Vorgehen gegen die Stadt beraten werden.

Aufgabe

Welche Erfolgsaussichten hätte ein gerichtliches Vorgehen des M?

395   Hinweis

PolG Ba.-Wü.

§ 1 Allgemeines

(1) Die Polizei hat die Aufgabe, von dem einzelnen und dem Gemeinwesen Gefahren abzuwehren, durch die die öffentliche Sicherheit oder Ordnung bedroht wird, und Störungen der öffentlichen Sicherheit oder Ordnung zu beseitigen, soweit es im öffentlichen Interesse geboten ist. …

§ 3 Polizeiliche Maßnahmen

Die Polizei hat innerhalb der durch das Recht gesetzten Schranken zur Wahrnehmung ihrer Aufgaben diejenigen Maßnahmen zu treffen, die ihr nach pflichtmäßigem Ermessen erforderlich erscheinen.

Lösung

Ein gerichtliches Vorgehen des M hätte dann Aussicht auf Erfolg, wenn eine entsprechende Klage zulässig und begründet wäre.

Lösungseinstieg anhand der Fallfrage.

I. Zulässigkeit

1. Verwaltungsrechtsweg

a) Streitgegenstand

Um klären zu können, ob hier der Verwaltungsrechtsweg beschritten werden kann, muss zunächst der Streitgegenstand bestimmt werden. M würde sich mit einer Klage gegen die Sperrung der sein Geschäft betreffenden Straßenhälfte durch das städtische Tiefbauamt wenden. Folglich stellt diese Straßensperrung den Streitgegenstand dar.

Kurze Benennung des Streitgegenstandes.

b) Öffentlich-rechtliche Streitigkeit

Die Eröffnung des Verwaltungsrechtsweges setzt gem. § 40 I VwGO eine öffentlich-rechtliche Streitigkeit voraus, was sich nach dem Streitgegenstand richtet. Folglich ist zu untersuchen, ob die Straßensperrung dem Öffentlichen Recht zuzuordnen ist.

Die Prüfung der öffentlich-rechtlichen Streitigkeit erfolgt mit Hilfe der drei Abgrenzungstheorien zwischen Öffentlichem Recht und Privatrecht.

aa) Die Subordinationstheorie würde die Straßensperrung als öffentlich-rechtlich ansehen, wenn darin ein Über-/Unterordnungsverhältnis zum Ausdruck käme. Die Straßensperrung erfolgt einseitig durch die Stadt, ohne dass M an der Gestaltung in irgendeiner Weise sich hätte beteiligen können. Insofern wird die Sperrung von der Stadt aus einer übergeordneten Position verfügt.

Subordinationstheorie (Über-/Unterordnungs-verhältnis).

bb) Mit der Interessentheorie gelänge man zum Öffentlichen Recht, wenn die Straßensperrung im öffentlichen Interesse läge. Aufgrund der Rohrverlegung muss der Straßenbelag geöffnet werden, was für den Personen- und Fahrzeugverkehr in dieser Straße ein erhebliches Gefahrenpotenzial darstellen würde. Die Vermeidung dieser Gefahren durch die Sperrung dient demnach der Sicherung des Verkehrs und liegt folglich im Allgemeininteresse.

Interessentheorie (öffentliches Interesse an der Sperrung?).

cc) Nach der Sonderrechtstheorie wäre vom öffentlich-rechtlichen Charakter der Straßensperrung auszugehen, wenn diese von einem Hoheitsträger aufgrund eines Sonderrechts vorgenommen würde. Die hier handelnde Stadt ist als Gebietskörperschaft ein Hoheitsträger; da die Sperrung öffentlicher Verkehrsflächen eine Maßnahme der Gefahrenabwehr darstellt, handelt es sich dabei um eine ortspolizeiliche Maßnahme, die nur von einem Hoheitsträger getroffen werden kann.

Sonderrechtstheorie (Handeln eines Hoheitsträgers aufgrund eines Sonderrechts).

dd) Folglich gelangen alle drei Abgrenzungstheorien zum Öffentlichen Recht, weshalb der Rechtsstreit um die Straßensperrung öffentlich-rechtlich zu qualifizieren ist.

Zwischenergebnis: Alle Theorien gelangen zum Öffentlichen Recht.

c) Streitigkeit nichtverfassungsrechtlicher Art

Außerdem müsste die Streitigkeit um die Straßensperrung nichtverfassungsrechtlicher Art sein. Dafür reicht es aus, wenn keine Verfassungsorgane streiten (formell) oder inhaltlich keine Verfassungsnormen im Vordergrund stehen (materiell).

Weder die Stadt, noch die natürliche Person M, stellen Verfassungsorgane dar. Außerdem geht es bei diesem Streit um eine polizeirechtliche Maßnahme, weshalb verfassungsrechtliche Normen zumindest nicht im Vordergrund stehen.

Nichtverfassungsrechtlicher Charakter des Rechtsstreits: formell oder materiell.

d) Zwischenergebnis

Somit ist der Verwaltungsrechtsweg in diesem Fall eröffnet.

2. Statthafte Klageart

Als statthafte Klageart käme hier die allgemeine Leistungsklage in Form der Abwehrklage in Betracht. Dies würde voraussetzen, dass M sich gegen einen schlichthoheitlichen Realakt wendet. Daher ist zu prüfen, ob die von ihm bekämpfte Straßensperrung einen solchen Realakt darstellt. Ein schlicht-hoheitlicher Realakt ist definiert als eine hoheitliche Handlung einer Behörde auf dem Gebiet des Öffentlichen Rechts, die keinen Regelungscharakter hat[308].

Die allgemeine Leistungsklage setzt gerade keine Regelung voraus (sonst Anfechtungs- bzw. Verpflichtungsklage).

Definition des schlicht-hoheitlichen Realaktes.

---

308 Umfassend zum Realakt mit Beispielen und Problemkreisen Maurer, Verwaltungsrecht, § 15; siehe außerdem Bull/Mehde, Verwaltungsrecht, Rdnr. 280–283; Peine, Verwaltungsrecht, § 10; Detterbeck, Verwaltungsrecht, Rdnr. 885–890.

Die Handlung besteht in diesem Fall in der Aufstellung der absperrenden Barrieren. Ferner müsste das Tiefbauamt als Behörde anzusehen sein; das Tiefbauamt ist als städtische Stelle in die Stadtverwaltung integriert und erfüllt damit den formellen Behördenbegriff. Außerdem müsste die Sperrung öffentlich-rechtlicher Natur sein, was oben beim Verwaltungsrechtsweg bereits geprüft und bejaht worden ist. Da die Sperrung zur Folge hat, dass dort nicht mehr gefahren werden kann, hat sie nur faktische Wirkungen; eine Änderung der Rechtslage ist damit nicht verbunden.

Handlung.

Behörde.

Öffentlich-rechtlicher Charakter.

Keine Regelung.

Aus diesen Gründen stellt die Sperrung einen schlicht-hoheitlichen Realakt dar, weshalb die Klage als allgemeine Leistungsklage statthaft ist.

3. Besondere Sachurteilsvoraussetzung

Die einzige besondere Sachurteilsvoraussetzung der allgemeinen Leistungsklage besteht im Erfordernis der Klagebefugnis gem. § 42 II VwGO analog. Diese wäre dann gegeben, wenn M durch die Straßensperrung in einem Recht möglicherweise verletzt wäre. Da die Sperrung eine Verschlechterung seines Geschäftsganges zur Folge hat, könnte sein Eigentumsgrundrecht aus Art. 14 GG, das auch den eingerichteten und ausgeübten Gewerbebetrieb erfasst, verletzt sein. Damit ist die Klagebefugnis gegeben.

Bei der allgemeinen Leistungsklage ist nur die Klagebefugnis (analog) zu prüfen.

4. Zwischenergebnis

Da keine weiteren Erfordernisse zu untersuchen sind, ist die Zulässigkeit der Klage somit zu bejahen.

II. **Begründetheit**

Die allgemeine Leistungsklage wäre begründet, wenn die Straßensperrung rechtswidrig und M dadurch in seinen Rechten verletzt wäre.

Obersatz zur allgemeinen Leistungsklage.

1. Vorangegangener, belastender Realakt

Wie bereits festgestellt worden ist, handelt es sich bei der Straßensperrung um einen Realakt. Da dieser den M in seiner Geschäftstätigkeit in Form von Umsatzeinbußen beeinträchtigt, hat die Sperrung eine ihn faktisch (was beim Realakt logischerweise genügt) belastende Wirkung.

2. Rechtswidrigkeit des Realaktes

a) Rechtsgrundlage

Die Rechtsgrundlage könnte mit §§ 1, 3 PolG gegeben sein. Dabei handelt es sich um die allgemeine polizeirechtliche Generalklausel, wonach die Polizei – und zwar nicht nur der (grün uniformierte) Vollzugsdienst, sondern auch die allgemeinen Polizeibehörden (Städte, Kreise u. a.) – berechtigt ist, die zur Gefahrenabwehr erforderlichen Maßnahmen zu ergreifen. Da die Straßensperrung zur Abwehr von Gefahren für den Verkehr (s. o.) erfolgt ist, liegt eine Rechtsgrundlage vor.

b) Formelle Rechtswidrigkeit

Anhaltspunkte für formelle Rechtmäßigkeitsverstöße sind nicht ersichtlich.

c) Materielle Rechtswidrigkeit

aa) Verhältnismäßigkeit

Allerdings könnte die Sperrung unverhältnismäßig sein. Das Ziel stellt hier die Verkehrssicherung dar, das Mittel ist die Straßensperrung und die Auswirkungen liegen im erheblichen Umsatzrückgang bei M.

Einleitende Vorüberlegungen der Verhältnismäßigkeitsprüfung (Merke: jedes hoheitliche Verwaltungshandeln muss verhältnismäßig sein!).

Da durch die Sperrung auf der baubedingt schadhaften Straßenfläche kein Verkehr mehr stattfinden kann, ist sie zur Sicherung des Verkehrs geeignet. Fraglich ist jedoch, ob sie auch erforderlich ist, es also kein milderes Mittel gibt. In diesem Zusammenhang ist von Bedeutung, dass die Sperrung genauso gut auf der anderen Straßenseite möglich ist. Dann wäre das Sicherheitsinteresse genauso gewahrt, und M hätte keine Umsatzeinbußen. Hierbei ist jedoch zu berücksichtigen, dass sich auf der anderen Straßenseite Wohnhäuser befinden, weshalb eine dortige Zugangserschwerung die Bewohner treffen würde. Daher kommt es für die Frage, ob eine Sperrung der anderen Straßenseite wirklich ein milderes Mittel darstellt, auf eine Betrachtung beider Interessenlagen an. Nur wenn die Auswirkungen bei den Hausbewohnern als nicht so gravierend anzusehen wären wie bei M, wäre

Die Geeignetheit ist unproblematisch.

Die Erforderlichkeit dagegen stellt hier den Problemschwerpunkt der Prüfung dar.

die Erforderlichkeit der erfolgten Sperrung nicht gegeben. Es läuft also auf eine Abwägung der kommerziellen
Belange des M gegenüber den Wohnbelangen der Hausbewohner gegenüber hinaus. Die Zugangserschwerung
führt bei M zu einer nicht nur geringfügigen Verschlechterung seiner finanziellen Existenzgrundlage, während
eine solche Erschwerung auf der anderen Straßenseite
zur Folge hätte, dass die Hausbewohner einen kleinen
Umweg bis zum Erreichen der Haustür machen müssten.
Die Kunden von M machen diesen Umweg nicht, was zu
dem Umsatzrückgang führt. Bei der Abwägung zwischen
finanziellen Verlusten eines Geschäftes und dem Mehr-
aufwand der Hausbewohner erscheint Letzteres als weniger gravierend. Deshalb würde eine Sperrung der anderen Straßenseite tatsächlich ein milderes Mittel darstellen, weshalb es an der Erforderlichkeit fehlt. Die Sperrung
ist somit unverhältnismäßig und rechtswidrig. Hilfsgutachtlich ist noch die Angemessenheit zu prüfen. Diese
würde nur dann fehlen, wenn der Umsatzrückgang bei M
gegenüber den Sicherheitsbelangen im Straßenverkehr
in der Bedeutung weit überwiegen würde. Da hinter den
Sicherheitsbelangen das massive öffentliche Interesse
an der Vermeidung von Personen- und Sachschäden
steht, ist vielmehr genau das Gegenteil der Fall. Die
Angemessenheit läge demnach vor, worauf es allerdings
wegen fehlender Erforderlichkeit nicht mehr ankommt.

*Nach verneinter Erforder-
lichkeit ist die Ange-
messenheit nur noch
hilfsgutachtlich zu prüfen!*

bb) Verstoß gegen Art. 14 I 2 GG

Die Sperrung könnte einen nicht gerechtfertigten Eingriff
in den Schutzbereich des Art. 14 I 2 GG im Form des
eingerichteten und ausgeübten Gewerbebetriebs des M
darstellen.

*Das Eigentumsgrundrecht
beinhaltet auch das Recht
auf den „eingerichteten
und ausgeübten
Gewerbebetrieb".*

aaa) Eingriff in den Schutzbereich

Da M Träger des jedermann eröffneten Eigentumsgrundrechts ist, steht die Betroffenheit des personellen Schutzbereichs außer Frage. Der sachliche Schutzbereich umfasst den Betrieb als Rechts- und Sachgesamtheit sowie
das Recht des M, den Betrieb bestimmungsgemäß zu
führen[309]. Da die Boutique des M auf Laufkundschaft angewiesen ist, stellt eine Zugangserschwerung eine Be-

Personeller Schutzbereich.

Sachlicher Schutzbereich.

---

309 Zum sachlichen Schutzbereich beim eingerichteten und ausgeübten Gewerbebetrieb vgl. oben,
Fall 10, II b) (Rdnr. 211) m. w. N.

hinderung des bestimmungsgemäßen Betreibens eines solchen Ladens dar. Folglich ist auch der sachliche Schutzbereich betroffen. Der Eingriff erfolgt dabei durch die hoheitliche Sperrung der Straßenhälfte.

Eingriffsakt.

bbb) Verfassungsrechtliche Rechtfertigung

Somit ist zu fragen, ob diese Eigentumsbeschränkung noch als Inhalts- und Schrankenbestimmung i.S.v. Art. 14 I 2 GG oder schon als Enteignung anzusehen ist[310]. Aufgrund der vorübergehenden Natur der Beschränkung erfolgt kein endgültiger Entzug der Rechtsposition des M, weshalb hier von einer Inhalts- und Schrankenbestimmung auszugehen ist. Ein Verstoß gegen Art. 14 I 1 GG ist demnach nicht gegeben.

Rechtfertigung des Eingriffs.

(Vgl. Aufbau Prüfung von Grundrechtsverstößen im 2. Kapitel.)

3. Rechtsverletzung des Klägers

Durch die unverhältnismäßige Sperrung ist M in seinem Recht auf eine verhältnismäßige Behandlung durch die Verwaltung verletzt.

Die Rechtsverletzung korrespondiert mit der Rechtswidrigkeit des Realaktes, da Letztere auf dem Verstoß eines subjektiv-öffentlichen Rechts beruht.

4. Ergebnis

Die zulässige Klage wäre demnach auch begründet.

Das Endergebnis ist hier nicht im Indikativ formuliert, weil M sich nur über die Erfolgaussichten einer noch nicht er hobenen – also fiktiven – Klage beraten lassen will.

G. Fall 19: Folgenreiches Falschparken – Teil II: Vor Gericht

396 **Sachverhalt**

Für S aus Fall 14 ist der Ärger noch nicht vorbei: Das Ordnungsamt hat nicht nur S, sondern auch Professor P, der die Bachelor-Arbeit von S betreut, über die Exmatrikulation informiert. P sieht sich danach außerstande, die Arbeit von S weiter zu betreuen, weil S nicht mehr Studierender der Universität Tübingen sei.

---

310 Zur Abgrenzung zwischen Enteignung und Inhalts- und Schrankenbestimmung s. o., Rdnr. 203 ff.

Aufgabe

Welche Möglichkeiten hat S, gegen die Exmatrikulation gerichtlich vorzugehen?

Lösung

397

S könnte eine Feststellungsklage mit dem Begehren erheben, die Nichtigkeit des Exmatrikulationsbescheids festzustellen.

Lösungseinstieg anhand der Fallfrage.

I. Zulässigkeit

1. Verwaltungsrechtsweg

a) Streitgegenstand und öffentlich-rechtliche Streitigkeit

Der Verwaltungsrechtsweg setzt gem. § 40 I VwGO zunächst eine öffentlich-rechtliche Streitigkeit voraus. Der Streitgegenstand ist der Exmatrikulationsbescheid, dessen öffentlich-rechtliche Qualität anhand der drei Abgrenzungstheorien zu bestimmen ist.

Bestimmung des Streitgegenstands.

Nach der Subordinationstheorie würde es sich hier um Öffentliches Recht handeln, wenn das städtische Ordnungsamt in einem Überordnungsverhältnis zu S stünde. S hat hier keine Möglichkeit gehabt, etwa durch partnerschaftliche Verhandlungen o. Ä. die behördliche Entscheidung inhaltlich mitzugestalten. Vielmehr hat das Ordnungsamt einseitig und damit von oben gehandelt. Nach der Interessentheorie wäre öffentliches Recht dann gegeben, wenn die Exmatrikulation von S im Interesse der Allgemeinheit läge; da die studentische Mitgliedschaft in einer Universität der Ausbildung des akademisch geschulten Nachwuchses für Staat, Wirtschaft und Gesellschaft dient, liegt deren Begründung wie Beendigung im öffentlichen Interesse. Die Sonderrechtstheorie verlangt für die Subsumtion des Öffentlichen Rechts, dass ein Hoheitsträger aufgrund eines Sonderrechts handelt. Hier handelt die Stadt Tübingen als Gebietskörperschaft und damit auch als Hoheitsträgerin; sie nimmt außerdem mit der Exmatrikulation auch ein Sonderrecht – das allerdings nicht ihr, sondern der Universität zusteht – in Anspruch. Da es für die Sonderrechtstheorie nicht auf die Berechtigung, sondern nur auf die Inanspruchnahme ankommt, ist auch diese Theorie erfüllt.

Abgrenzungstheorien zum Öffentlichen Recht:

Subordinationstheorie,

Interessentheorie,

Sonderrechtstheorie.

Nach alledem handelt es sich hier um eine öffentlich-rechtliche Streitigkeit.

b) Streitigkeit nichtverfassungsrechtlicher Art

Des Weiteren müsste der Streit um den Exmatrikulationsbescheid nichtverfassungsrechtlicher Art sein. Dafür reicht es aus, wenn keine (staatlichen) Verfassungsorgane streiten (formell) oder inhaltlich keine Verfassungsnormen im Vordergrund stehen (materiell). Weder die Stadt Tübingen noch die natürliche Person S stellen Verfassungsorgane dar. Außerdem sind keine Verfassungsnormen unmittelbar betroffen.

Formelle und materielle Nichtverfassungsrechtlichkeit des Rechtsstreits (zwar würde schon eines genügen, aber im Gutachten sollten immer alle Seiten betrachtet werden).

c) Zwischenergebnis

Der Verwaltungsrechtsweg ist folglich eröffnet.

2. Statthafte Klageart

Diese Klage könnte als Feststellungsklage statthaft sein. Dies wäre beispielsweise der Fall, wenn die Feststellung der Nichtigkeit eines VAs begehrt wird. Da S die Nichtigkeit des Exmatrikulationsbescheides festgestellt wissen will, wäre die Feststellungsklage folglich hier statthaft, wenn es sich bei dem Exmatrikulationsbescheid um einen VA handeln würde.

Bei der Statthaftigkeit kann gleich auf diejenige der drei Möglichkeiten einer statthaften Feststellungsklage abgehoben werden, die dann auch einschlägig ist bzw. in Frage kommt.

Dies setzt zunächst eine Maßnahme – also eine Handlung mit Erklärungsgehalt – voraus. Die Handlung stellt hier das Schreiben dar, während der Erklärungsgehalt in der Exmatrikulation liegt. Ferner müsste das hier handelnde Ordnungsamt als Behörde anzusehen sein; das wäre der Fall, wenn es öffentliche Aufgaben wahrnehmen würde. Als Ortspolizeibehörde ist es für die öffentliche Sicherheit und Ordnung im Stadtgebiet Tübingen zuständig, was eine zentrale öffentliche Aufgabe darstellt; außerdem ist es in die Stadtverwaltung Tübingens integriert, weshalb es auch eine formelle Behörde ist. Der öffentlich-rechtliche Charakter des Exmatrikulationsbescheids wurde bereits im Zusammenhang mit dem Verwaltungsrechtsweg geprüft und bejaht. Die Regelung der Exmatrikulation liegt in der Beendigung des studentischen Mitgliedschaftsverhältnisses zur Universi-

Wie bei der Anfechtungsklage ist nun die VA-Qualität der angegriffenen Maßnahme zu prüfen:

– Maßnahme,

– Behörde,
– Öffentliches Recht (Verweis auf die Prüfung beim Verwaltungsrechtsweg)

– Regelung,

tät[311]. Als Student steht S zwar in einem besonderen Näheverhältnis zur Universität, aber nicht zur hier handelnden Stadtverwaltung, zumal S hier auch ganz massiv in seinen persönlichen Ausbildungsbelangen betroffen ist. Damit ist auch die Außenwirkung gegeben. Die Exmatrikulation betrifft außerdem allein S und erfüllt damit schließlich das Erfordernis des Einzelfalls.

– Außenwirkung und

– Einzelfall.

Somit handelt es sich bei dem Exmatrikulationsbescheid um einen VA, weshalb die Klage als Feststellungsklage statthaft ist.

3. Besondere Sachurteilsvoraussetzungen

a) Feststellungsinteresse

Das Feststellungsinteresse setzt voraus, dass S an der Feststellung der Nichtigkeit des Exmatrikulationsbescheids ein eigenes Interesse rechtlicher, wirtschaftlicher oder ideeller Art hat und über die Frage der Wirksamkeit des Bescheids Unsicherheit besteht. Da S von der Exmatrikulation in seinem Grundrecht auf freie Ausbildungswahl gem. Art. 12 I GG betroffen ist, hat er ein eigenes rechtliches Interesse daran festzustellen, ob er nun noch Student ist oder nicht. Zudem hat P aus diesem Grund seine Betreuung für die Bachelor-Arbeit von S abgebrochen, wodurch die Unsicherheit über die Rechtslage bezüglich der studentischen Mitgliedschaft von S in der Universität Tübingen fortdauert. Damit ist das Feststellungsinteresse gegeben.

Feststellungsinteresse als „Pendant" zur Klagebefugnis bei der Anfechtungs- und Verpflichtungsklage.

Rechtliches Interesse und

Unsicherheit über die Rechtslage.

b) Keine vorrangige Klageart

Die Feststellungsklage wäre unzulässig, wenn S auch mit einer Gestaltungs- oder Leistungsklage zum Ziel kommen könnte. So wäre etwa eine Leistungsklage gegen die Universität denkbar, die Betreuung der Bachelor-Arbeit fortzusetzen. Da sich jedoch aus der Exmatrikulation auch andere Probleme (Leistungen des Studentenwerks etc.) ergeben können, stellt der Exmatrikulationsbescheid die „Wurzel des Übels" dar, die nicht durch einzelne Leistungsklagen gegen verschiedene Auswir-

Die Subsidiarität der Feststellungsklage ist ein wichtiger Punkt, an dem die Zulässigkeit häufig scheitert.

---

311   Eigentlich wird ein nichtiger VA nie rechtswirksam und kann daher auch kein Rechtsverhältnis begründen oder sonst rechtsgestaltend wirken. Aber bei dem Erfordernis der Regelung im Rahmen der VA-Prüfung geht es noch nicht darum. Dafür reicht es vielmehr schon aus, wenn der VA diese Rechtswirkungen erzielen will; ob er es auch kann, ist eine andere und hier noch nicht interessierende Frage.

kungen adäquat zu bekämpfen wäre. Daher steht die Frage des Fortbestandes der Mitgliedschaft im Vordergrund, weshalb sich aus der Subsidiarität kein Hindernis für diese Klage ergibt.

4. Zwischenergebnis

Damit ist die Feststellungsklage zulässig.

II. Begründetheit

Die Feststellungsklage wäre begründet, wenn der Exmatrikulationsbescheid nichtig wäre. Das ist anhand von § 44 VwVfG zu untersuchen.

Obersatz zur Begründetheit bei dieser Art von Feststellungsklage.

Es folgt die zu einem positiven Ergebnis gelangende Nichtigkeitsprüfung, wie sie im Fall 14 bereits vorgenommen wurde.

Die zulässige Feststellungsklage ist demnach begründet.

398   Nachbemerkung

I. Allgemeiner Hinweis zum taktischen Vorgehen bei einem VA, der eventuell nichtig sein könnte:

Weil oft Unsicherheit darüber besteht, ob ein VA nichtig, oder aber nur schlicht rechtswidrig ist, sollte in einem solchen Fall immer eine Klage mit einem auf Feststellung der Nichtigkeit gerichteten Hauptantrag und einem Hilfsantrag, den VA bei schlichter Rechtswidrigkeit aufzuheben (Anfechtung), erhoben werden. Denn wenn man zuerst nur eine Feststellungsklage erhebt und im Urteil erfährt, dass das Gericht lediglich von einer schlichten Rechtswidrigkeit ausgeht, ist der Prozess verloren und ein zweiter Prozess mit einer Anfechtungsklage wegen Ablaufs der Fristen (Einmonatsfrist jeweils für Widerspruch und Klage) regelmäßig unzulässig. Nur durch die gleichzeitige Erhebung beider Klagen ist man auf der sicheren Seite.

II. Zum Fall:

Eine Anfechtungsklage gegen den Exmatrikulationsbescheid durch S wäre jetzt – nach über zwei Monaten (vgl. Fall 14) – gar nicht mehr zulässig, weil die Rechtsbehelfsfrist längst abgelaufen ist und somit das Vorverfahren gar nicht mehr ordnungsgemäß eingeleitet werden kann.

Literaturverzeichnis*

Arndt, Hans-Wolfgang/Fischer, Kristian/Fetzer, Thomas: Europarecht, 10. Aufl. Heidelberg 2010
Bader, Johann/Funke-Kaiser, Michael/Stuhlfauth, Thomas/Albedyll, Jörg von: Verwaltungsgerichtsordnung, 5. Aufl. Heidelberg 2011
Badura, Peter: Staatsrecht, Systematische Erläuterung des Grundgesetzes für die Bundesrepublik Deutschland, 5. Aufl. München 2012
Bartholomeyczik, Horst: Die Kunst der Gesetzesauslegung, 4. Aufl. Frankfurt a. M. 1967
Battis, Ulrich: Bundesbeamtengesetz, 4. Aufl. München 2009
Blasius, Hans/Büchner, Hans: Verwaltungsrechtliche Methodenlehre, 2. Aufl. Stuttgart u. a. 1984
Bosch, Edgar/Schmidt, Jörg/Vondung, Rolf R./Vondung, Ute: Praktische Einführung in das verwaltungsgerichtliche Verfahren, 9. Aufl. Stuttgart u. a. 2012
Bull, Hans Peter/Mehde, Veit: Allgemeines Verwaltungsrecht mit Verwaltungslehre, 8. Aufl. Heidelberg 2009
Bumke, Christian/Voßkuhle, Andreas: Casebook Verfassungsrecht, 5. Aufl. München 2008
Degenhart, Christoph: Staatsrecht I – Staatszielbestimmungen, Staatsorgane, Staatsfunktionen, 28. Aufl. Heidelberg 2012
Detterbeck, Steffen: Allgemeines Verwaltungsrecht mit Verwaltungsprozessrecht, 10. Aufl. München 2012
ders.: Öffentliches Recht – Ein Basislehrbuch zum Staatsrecht, Verwaltungsrecht und Europarecht mit Übungsfällen, 9. Aufl. München 2013
Erbguth, Wilfried: Allgemeines Verwaltungsrecht mit Verwaltungsprozess- und Staatshaftungsrecht, 5. Aufl. Baden-Baden 2013
Erichsen, Hans-Uwe/Ehlers, Dirk (Hrsg.): Allgemeines Verwaltungsrecht, 14. Aufl. Berlin u. a. 2010
Gast, Wolfgang: Juristische Rhetorik – Auslegung, Begründung, Subsumtion, 4. Aufl. Heidelberg 2006
Gröpl, Christoph: Staatsrecht I – Staatsgrundlagen, Staatsorganisation, Verfassungsprozess, 4. Aufl. München 2012
Haft, Fritjof: Einführung in das juristische Lernen – Unternehmen Jurastudium, 6. Aufl. Bielefeld 1997
Haug, Volker: Bindungsprobleme und Rechtsnatur parlamentarischer Geschäftsordnungen, Berlin 1994
Hillgruber, Christian/Goos, Christoph: Verfassungsprozessrecht, 3. Aufl. Heidelberg 2011
Hufen, Friedhelm: Staatsrecht II Grundrechte, 3. Aufl. München 2011
Ipsen, Jörn: Allgemeines Verwaltungsrecht, 8. Aufl. München 2012
Jarass, Hans D./Pieroth, Bodo: Grundgesetz für die Bundesrepublik Deutschland, 12. Aufl. München 2012
Katz, Alfred: Staatsrecht, Grundkurs im öffentlichen Recht, 18. Aufl. Heidelberg 2010
Köbler, Gerhard: Juristisches Wörterbuch, 14. Aufl. München 2007

---

* Das Literaturverzeichnis enthält lediglich die in den Vertiefungskästen und Fußnoten zitierten Lehrbücher, Kommentare und Monografien. Soweit in den Fußnoten Aufsätze aus Fachzeitschriften zitiert werden, sind sie jeweils dort mit Titel und Fundstelle angegeben.

Kopp, Ferdinand O./Ramsauer, Ulrich: Verwaltungsverfahrensgesetz, 12. Aufl. München 2011

Kopp, Ferdinand O./Schenke, Wolf-Rüdiger/Schenke, Ralf Peter: Verwaltungsgerichtsordnung, 17. Aufl. München 2011

Liebs, Detlef: Römisches Recht, 4. Aufl. Göttingen 1993

Manssen, Gerrit: Staatsrecht II – Grundrechte, 9. Aufl. München 2012

Maunz, Theodor/Dürig, Günter u. a. (Hrsg.): Grundgesetz Kommentar, München Loseblattsammlung Stand 66. Erg.-Lfg. August 2012

Maurer, Hartmut: Allgemeines Verwaltungsrecht, 18. Aufl. München 2011

ders.: Staatsrecht I – Grundlagen, Verfassungsorgane, Staatsfunktionen, 6. Aufl. München 2010

von Münch, Ingo/Kunig, Philip (Hrsg.): Grundgesetz-Kommentar, 6. Aufl. München 2012

Nemitz, Reinhard: Die Schemata – Band I, Technik der Fallbearbeitung, 5. Aufl. Gießen 2006

Papier, Hans-Jürgen/Krönke, Christoph: Grundkurs Öffentliches Recht 1 – Grundlagen, Staatsstrukturprinzipien, Staatsorgane und -funktionen, Heidelberg 2012

dies.: Grundkurs Öffentliches Recht 2 – Grundrechte, Heidelberg 2012

Pawlowski, Hans-Martin: Methodenlehre für Juristen, Theorie der Norm und des Gesetzes, 3. Aufl. Heidelberg 1999

Peine, Franz-Joseph: Allgemeines Verwaltungsrecht, 10. Aufl. Heidelberg 2011

Pieroth, Bodo/Schlink, Bernhard: Grundrechte Staatsrecht II, 28. Aufl. Heidelberg 2012

Reiners, Ludwig: Stilkunst, München 1974

Ruthig, Josef/Storr, Stefan: Öffentliches Wirtschaftsrecht, 3. Aufl. Heidelberg 2011

Schenke, Wolf-Rüdiger: Verwaltungsprozessrecht, 13. Aufl. Heidelberg 2012

Schwerdtfeger, Gunther/Schwerdtfeger, Angela: Öffentliches Recht in der Fallbearbeitung, 14. Aufl. München 2012

Sodan, Helge/Ziekow, Jan: Grundkurs Öffentliches Recht – Staats- und Verwaltungsrecht, 5. Aufl. München 2012

Stein, Ekkehart/Frank, Götz: Staatsrecht, 21. Aufl. Tübingen 2010

Sachwortverzeichnis

Die Angaben beziehen sich auf die Randziffern.

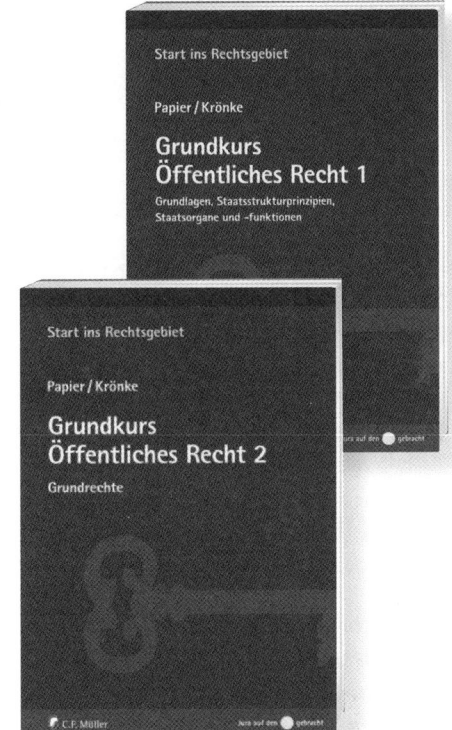
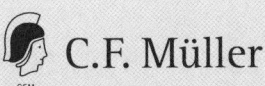

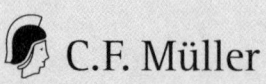